U0447129

国家社科基金
后期资助项目

近代华北乡村的
民间信仰及其空间体系研究

段文艳 著

中国社会科学出版社

图书在版编目（CIP）数据

近代华北乡村的民间信仰及其空间体系研究／段文艳著.—北京：中国社会科学出版社，2024.4
ISBN 978-7-5227-2948-0

Ⅰ.①近… Ⅱ.①段… Ⅲ.①农村—信仰—民间文化—研究—华北地区—近代 Ⅳ.①B933

中国国家版本馆 CIP 数据核字（2024）第 035273 号

出 版 人	赵剑英
责任编辑	刘 芳
责任校对	刘 娟
责任印制	李寡寡

出　　版	中国社会科学出版社
社　　址	北京鼓楼西大街甲 158 号
邮　　编	100720
网　　址	http://www.csspw.cn
发 行 部	010-84083685
门 市 部	010-84029450
经　　销	新华书店及其他书店
印　　刷	北京君升印刷有限公司
装　　订	廊坊市广阳区广增装订厂
版　　次	2024 年 4 月第 1 版
印　　次	2024 年 4 月第 1 次印刷
开　　本	710×1000　1/16
印　　张	18
字　　数	331 千字
定　　价	98.00 元

凡购买中国社会科学出版社图书，如有质量问题请与本社营销中心联系调换
电话：010-84083683
版权所有　侵权必究

国家社科基金后期资助项目

出 版 说 明

后期资助项目是国家社科基金设立的一类重要项目，旨在鼓励广大社科研究者潜心治学，支持基础研究多出优秀成果。它是经过严格评审，从接近完成的科研成果中遴选立项的。为扩大后期资助项目的影响，更好地推动学术发展，促进成果转化，全国哲学社会科学工作办公室按照"统一设计、统一标识、统一版式、形成系列"的总体要求，组织出版国家社科基金后期资助项目成果。

全国哲学社会科学工作办公室

目 录

引　言　中国传统社会的时空观刍议 …………………………… （1）

绪　论 ………………………………………………………………… （18）

第一章　人神共居的家庭信仰空间及其秩序 ……………………… （28）
　　第一节　家宅信仰空间的布局 ………………………………… （28）
　　第二节　人生礼仪与信仰空间的过渡 ………………………… （47）
　　第三节　从木主到墓地的族内信仰空间 ……………………… （65）
　　小结 ……………………………………………………………… （78）

第二章　村落地缘空间与信仰资源的互生 ………………………… （79）
　　第一节　村内地缘信仰空间的构成 …………………………… （79）
　　第二节　村内日常信仰生活及其组织 ………………………… （87）
　　第三节　僧道、香火地与村内信仰资源 ……………………… （99）
　　第四节　空间、仪式与资源、权利 …………………………… （108）
　　小结 ……………………………………………………………… （115）

第三章　乡土的庙会生活及其信仰空间 …………………………… （116）
　　第一节　庙会信仰空间与秩序 ………………………………… （116）
　　第二节　庙会信仰空间与经济 ………………………………… （131）
　　第三节　庙会信仰空间与娱乐 ………………………………… （140）
　　小结 ……………………………………………………………… （152）

第四章　神缘关系中的身体、家庭与庙会 ………………………… （154）

第一节　形神兼具的身体认知 …………………………………（154）
 第二节　灵媒附体与人神交通 …………………………………（162）
 小结 ……………………………………………………………………（171）

第五章　公共信仰空间里的国与民 ……………………………（172）
 第一节　乡民的信仰、教育及其家国认知 ……………………（172）
 第二节　公共信仰空间里的知识分子与农民 …………………（183）
 第三节　国家、社会与民间信仰空间 …………………………（194）
 小结 ……………………………………………………………………（209）

第六章　基督教传入后的信仰空间之竞合 ……………………（211）
 第一节　皈依与分化：传教士与教民群体的形成 ……………（211）
 第二节　上帝与众神：信仰空间的对决与切入 ………………（220）
 第三节　轮回与永生：两种信仰观念的时空交错 ……………（238）
 小结 ……………………………………………………………………（248）

结　语 ……………………………………………………………………（249）

参考文献 …………………………………………………………………（263）

后　记 ……………………………………………………………………（283）

引言　中国传统社会的时空观刍议[①]

时空，是任何时代、任何文化中的人们都无法逃遁的生命坐标系。它关涉着"我是谁""我从哪里来""我要到哪里去"这些基本哲学问题的解答。然而，每一种文化对自身时空坐标的认知方式却不尽相同，有追索时间之永恒的，有固守空间之稳定的，有将时间囿于有限空间之内的，有用空间去物化时间之无限的。于是，空间、时间呈现出了不同的样貌：轮回的、线性的、循环的、层叠的、物化的、超然的、主观的、客观的……不同世界观由此而生。进而，不同的价值观、人生观（文化的本质）得以确立。反观之，不同的文化样貌与其时空观紧密相连。追本溯源，历史文化研究的首要任务之一即在厘清人们的时空观念。

可以说，时空观念内化在历史文化之中，因为历史研究中，时空观照是应有之义，对此不必多言。就目前国内学界的研究来看，以时空观念本身作为研究对象的课题不能说少，特别是在文学和哲学领域多有涉及。然而，在现有的相关研究中，有关时空与文化秩序的内在关系还鲜有人涉及。笔者拟在学界原有研究的基础上，进一步考察时间观念和空间观念于中国传统文化的内在关系，并尝试提出"中国传统时空观念中，比起时间，空间更具有主体意义"的观点，进而意欲在中西文化的对比方面以及中国文化秩序的研究方面有一点儿新的思考。

一

关于中国人的时空观（或说宇宙观），许倬云先生认为始于春秋时代，也即早在中国文化的轴心时代即已定型。彼时人们已将"自然崇拜和祖灵崇拜结合为一，也就是将自然人生合组为一个空间系统，从上有天、地、日、月延伸到人间，然后又深入人体内部，建构一个四个层次的大网络。

[①] 作为引言的《中国传统社会的时空观刍议》一文发表于《文化中国》（加拿大）2022年第4期。

在时间上，将过去和现在以及人生的生前和死后，建构为一个不断流变的过程。空间和时间配合为一个巨大的系统，其中各个部分则有多元性的互动，也特别标出若干因素——例如阴阳、五行等个别的变数，将广宇长宙看作一个各部分和各因素互动的秩序。"① 笔者对许先生的这段论述深以为然。对时空的认知和感受是中国传统文化之精义所在，也因此，我们有必要对这一问题做进一步的探讨。对此，"盘古开天辟地""女娲造人补天"的神话当是绕不开的起点。

三国时期吴国徐整著《三五历纪》载：

> 天地浑沌如鸡子，盘古生其中。万八千岁，天地开辟，阳清为天，阴浊为地。盘古在其中，一日九变，神于天，圣于地。天日高一丈，地日厚一丈，盘古日长一丈，如此万八千岁。天数极高，地数极深，盘古极长。后乃有三皇。数起于一，立于三，成于五，盛于七，处于九，故天去地九万里。②

《淮南子·览冥训》载：

> 往古之时，四极废，九州裂，天不兼覆，地不周载……于是女娲炼五色石以补苍天，断鳌足以立四极，杀黑龙以济冀州，积芦灰以止淫水……背方州，抱圆天。③

在这两个经典神话里，天地混沌之初，生于天地之盘古——人之先祖——用身体开天辟地，孕育万物；作为天地精灵之女娲炼石补天，抟土造人，是人参与天地之再创造的行为。从这两个创世神话中，我们不难看出，天地与人俨然为一体，从天地的大宇宙，到人间秩序的宇宙，再到人体内的小宇宙，彼此之间有内在的感应关系。至汉代董仲舒在建构其"天人感应"的宇宙系统时，不知是否有来自远古神话的启示。所谓三才者之"天地人"统一在同一有机时空系统中当是无疑的。所以，邓晓芒在论述中国人的思维模式时提出了这样的观点：中国人的思维模式归根结底，从本质上讲不是"天人合一"，是"天人未分"④。即天和人本来就是空间一

---

① 许倬云：《中国文化的精神》，九州出版社2018年版，第3页。
② （唐）欧阳询等编：《艺文类聚》卷1天部上本，《四库全书》清文渊阁本。
③ （西汉）刘安撰，许慎注：《淮南鸿烈解》卷6，《四部丛刊》北宋景钞本。
④ 邓晓芒：《中西文化比较十一讲》，湖南教育出版社2007年版，第338页。

体的存在。此外，由以上两段文字我们还可以得到另一层意涵：《三字经》里有三才者"天地人"之语。中国古代神话中的宇宙是从空间（天地）的开辟开始的。无论是盘古，还是女娲，在宇宙创始上，其贡献重在实在的空间之创造，而对于抽象时间的描述则相对模糊不清。其中"万八千岁"形容时间之长，"一日九变""日长一丈"形容时间之短，都是时间计数之语；女娲补天中的"往古之时"也不过是对时间之久的模糊论断。二者均无对时间之始终及其本质的描写。反之，无形无色、循环往复之虚空则成为万物的源泉，道家名其曰"自然"。

另外，中国人关于宇宙时空的最初认知，也集中反映在汉语言的日常表述中。古代汉语中，关于时空的描述词语很多，诸如宇宙、天下、四海、天地间、乾坤、阴阳、寰宇、九州、中原、华夏、六合、太虚、太空、四境、江山、社稷、光阴、日月……在这些内涵丰富的时空词汇中，不难看出这样的问题：与描述宏观空间的词语的丰富性相比，古代汉语中描述宏观时间的词语则相对模糊和寡淡，这是否也反映出中国人对空间的认知和重视要多于时间？另有《淮南子·原道训》曰："横四维而含阴阳，纮宇宙而章三光。"高诱注："四方上下曰宇，古往今来曰宙，以喻天地。"此处，四维、宇宙为表，阴阳、三光为里，而"宇"在"宙"前，是为"宙"之前提，"宙"在"宇"中往来出入，此为时间观念之产生。就此是否可以设论：这种以空间为主的时空观念产生了阴阳、五行等理论体系，并最终直接决定了"中国为中心"的天下观之形成？

阴阳是中国古代哲学范畴最核心的理论，也是中国人对宇宙秩序最精要的描述。所谓"一阴一阳谓之道"。可以说，"阴阳"这一理论中体现更多的是古人对空间层次和形象的认知。由此，古人取类比象，将自然界中各种对立又相连的现象，如天地、上下、内外、生死、男女、尊卑等概念一一对应出"阴阳"的意向，甚而将时间也做类似比附，如昼夜、光阴、寒暑、日月、阴阳时辰等。于是，阴阳八卦、五行生克的哲学推理最终演变为一套复杂的有关空间识别的方法论，成为古人在帝王之学、政治、军事、医术、建筑、天文、历法、地理、艺术等领域的必修之术。以空间为本的时空认知观念于是成为中国文化的基本逻辑起点，并作为基本特征在现实生活中的方方面面表现出来。

二

以空间为本的论断，并非忽视时间观念在中国文化中的重要性。因为，在人类历史的阈限里，时间和空间本来即是一体。一方面，时间的诸种属性在一定的空间中才能有效，也必然会在一定的空间中通过人们的行为被物化并展示出来；另一方面，人类所有的空间行为及其成果中，也必然会留下对时间属性理解的痕迹。在此只想说明：比起空间，古代中国人的时间观呈现出了与西方线性时间观明显不同的表达方式，大体可以表现出以下内容。

客观（自然）时间的循环性。《易经》所谓"观乎天文，以察时变"，即基于对天象之空间布局的观察，去判断时间的运行轨迹。古人根据四季轮回、寒暑往来、日夜交替等天文现象的观察，发现了时间的循环性特征，并用天干地支、阴阳八卦表示出来，形成了六十甲子的历法方式。这种趋于"完足"状态的宇宙时间循环论给人以时间相对稳定且内化于自然空间中的认知，并进而使人们将认知中心转向了空间秩序的变动上。因为人在客观时间的自然循环中是无力且无为的，只能被动地适应、遵循，也只有顺应了自然的变动节奏，人才能在时间中获得自由，在时空合一的大自然中获得超脱。而这似乎正是道家思想的最高境界。

主观（社会）时间的政治性。古代帝王有颁历授时的职责，有圣化时间的能力。不同的年号和帝号是时间的政治性表达。对最高统治的认可，首要即是对其"王正月，大一统"的认可。由此，才能理解康熙历狱案中，传统儒士杨光先所言："宁可使中夏无好历法，不可使中夏有西洋人。"① 在这里，"杨光先们"所"不得已"的不是历法准确与否，而是究竟该奉谁的时间为"正朔"。换句话说，时间在这里并不具有客观性，而是归属于具有空间属性的权力。那么，随着政治权力的更迭，政治上的时间又具备了可更替、可终止的属性。所以，古有一朝一代、改朝换代之说，民间对此亦称为"变天"。这里的"朝"在前，"代"在后，时间的"代"随空间的"朝"而改变，或者说，社会时间因其明显的政治属性而被寓于王朝更迭的政治空间里。

日常（生活）时间的模糊性。日常生活中，人们惯常的计时方式是执有观时，即以随时随地的事件去标识时间。如，燃香（几炷香）、鸡鸣（鸡叫几遍）、城门开合、更夫打更、日影（日上几竿）、生活事件（打个盹儿、上趟厕所、一袋烟、吃个饭、掌灯时分）等，这些看似简单、模糊的计时方式在熟人社会中没有使用障碍。在日复一日的生活劳作中，民众大多不需要过于精确的时间。这种时间的模糊性所反映的正

---

① 〔意〕利玛窦著，〔比〕金尼阁编：《利玛窦中国札记》，何高济等译，中华书局2005年版，第33页。

是相对静态的空间社会之特征。人们甚至常常以表示空间秩序的"上下"来代替时间逻辑的"先后"。比如，上（下）个月、上（下）辈子、上（下）午、上（下）半夜、上（下）次、上（下）半年……这些不经意的空间化表达方式，也是民众时间观念特征的具体反映。在农业社会中，对土里求食的民众来说，空间比时间也许更具有根本的意义。

生命（个体）时间的血缘性。传统中国社会中，人们对于生命时间的理解不同于自然的时间和社会的时间。人们将个体生命称为"寿命"，"寿"是福禄的前提，人们希望小孩子长命百岁，希望老人寿比南山，民谚"好死不如赖活着"就是人们求"寿"观念的直白表现。孟子说："天下有达尊三：爵一，齿一，德一。"（《孟子·公孙丑下》）一个人无官无德，仅凭寿命即可成为至尊。但是"寿命"终究有限，于是人们不得不将个体生命的终极关怀投射在血脉的延传上，即"愚公"所谓的"子子孙孙无穷匮也"。也因此，在中国文化的语境里，保障传宗接代的家庭（族）比个人获得了更为根本的存在意义。"香火不断"为人所羡慕，"绝户"为人所忌讳。所谓"后继有人"就成为上自帝王、下至百姓的所有人在面对个体寿命（时间）有限性时的自我安慰和追求。所以，"满门抄斩""诛灭九族"就是从时间和空间两个层面上对犯人施行无以附加的、全方位的严厉惩罚。被宫刑的太监——没有办法承嗣的人则是不完全的人。当然，历史中也有人并不把个人的生命时间局限在血脉的延续上，他们从某一家族姓氏的"香火"中脱俗，以"天道"为根基，将自身的视野越过家族甚至朝代，修身成圣，以精神立世，如孔孟老庄、屈原、司马迁、关羽、岳飞等，成为后世景仰的先师，获得血缘以外的万世香火。这些历史上超凡脱俗的人亦成为孟子所谓"人皆可以成圣"的典范，得以留名于青史。当然，民间亦有放弃世俗血缘关系的人，他们试图通过宗教信仰或神秘巫术来挣脱时空束缚，以达到延年益寿甚或得道成仙、与天地同寿的目的，此为道教得以形成和传播的重要文化根源之一。

总之，从祖先那里来，到子孙那里去，是中国古代社会中大多数人们对"我从哪里来，我要到哪里去"这一终极生命之问的标准答案。那么，关于"我是谁"这一基本哲学问题的所有回答则都蕴含在此生此世的有限时空里。对传统中国民众来说，唯有活着的身体才能承载时间，死亡意味着生命时间的终结，意味着与此世相联系的另一个空间——阴间的开启（阴间是与阳间相对的另一空间，那里没有时间）。对于死后境界的想象，人们仍以活着的世界为样本，活人和死人仍借由血缘关系链接在一起。或者说，没有此世，来世便是无意义、无根由的存在。许纪霖说："一个个个体的生命，串联成一个群体的生命，成为成个家族乃至整个民族的生命延续。个人的死亡，只不过是下一代'生'的转换。"① 中国人的生命观中，死生是连在一起的，但以生为中心。可以说，后代的生生不息为个体的有限生命带来了必要安慰。而佛教的生死轮回、业缘报应说亦从另一方面补足了人们对生而有憾的认知。

与作为阴间的彼岸的超验性相对，此岸（阳间）的时空意味着经验的、有限度的、可触摸的，其中的秩序和规范更容易传承和仿效，因而具有相对的稳定性。也因此，在这种经验的社会里，通过立德、立功、立言来"称王"和"成圣"均可以为一般人想象和实践。换句话说，当人们放弃了对终极时间的追问后，活着的"我"在一定的空间里就变成了意义中心，于是"血缘"就成为人伦秩序的根本。那么，"我"在此世的身份便成为定义"我是谁"的根本指标。忠、孝、节、义等道德要求即是修饰"我"这一身份的重要标签，是获得他者认可、确定空间位置的必要途径。

由以上内容可以看出，在中国古代，个体的生命与社会文化和政治体制紧密相关，由孝及忠，个体身份与政治秩序发生牵连，人们梦想着通过提升空间身份以名留青史。史家也极其认真地将历朝历代那些具有特别身份的人们记载在史册中。独具中国特色的浩瀚史籍实在是中国人努力追求时空价值的有力证据。在史书中，个体的生命时间、社会的政治性时间、客观的自然时间统合为一体，完整地体现了古代中国人对时间的所有认知。

同时，人们也认为，个体生命的运势由其出生的时辰（生辰八字）所决定。如前文所述，生辰八字是人们对阴阳秩序的进一步解释和体现。换句话说，宇宙（天地）观念内化于个体的生命时间中，并通过血缘表现出来。同时，可循环的客观时间与被政治化的主观时间也通过个体生命的价值观得以具体展示。于是，世界观、人生观、价值观三位一体于中国传统社会的时空观之中，并以传统及文化的名义得到传承与演示。而中国文化之意义无不可以一总地纳入"天长地久"的时空观之中。

三

通过前文论述，我们可以知道中国历史中，时间对民众来说是具有多重属性的。不同属性的时间观念又被人们物化在他们多层次的生活空间

---

① 转引自许倬云《中国文化的精神》，第 vi 页。

里。如德国民俗学者赫尔曼所言："对有约束力的习俗而言，其空间的和社会的本质曾经与其时间——历史的本质同样是根本性的。"① 即多属性的时间与多层次的空间共同构成了历史的本质。那么中国历史文化中，时间之外的空间又是以怎样的方式表达出来的呢？对此，我们且以"天下""国""家""身"四个层次分而论之。

首先，关于天下（即空间）之形态，历来是人们思考的重要问题，在古代天文学领域大体形成两种看法，即空间是有限的（即盖天说和浑天说），和空间是无限的（即宣夜说）②。不过，尽管历朝历代都有人主张宣夜说，以此来反思空间是有限的这一论断，但是不可否认，在天文学领域之外，人们对空间的认识似乎更倾向于空间之有限性。当然，古人并不认为空间是同质单一、枯燥无物的存在，而是更多地将其认为是无往不复、周而复始的、有道运行于其中的、灵动的、节奏化的空间。《易经》："无往不复，天地际也。"（《周易·泰卦》）精确地概括了中国人独特的空间意识。人们以大观小，以小见大，老子故曰："不出户，知天下。不窥牖，见天道。"（《道德经》）可以说，传统社会中，"天地为庐"的宇宙观进而影响了人们日常的时空认知。

古人认为天上地下，所有的一切都在天的下面，所以谓之"天下"。人们认为，整个天下的空间分为不同的层次，人、鬼（怪）、神（仙）分而居之，世俗与神圣并存其中。各种不同层次的空间根据阴阳属性的不同，互相区别，比如阴间、阳间、仙界的区分。但是，这些具有不同属性的空间之间又有多种通道得以联系，比如坟地、庙宇，甚至通灵的动物、跳神的灵媒、得法的僧道等均可以在三界之中穿行。总之，整个天下之空间归人鬼神共同分享，也共同建构起天下之秩序。③ 所谓"神判""福报""刑忌""巫蛊"等刑罚思想亦是神、鬼参与人类空间秩序缔造的反映。无疑，中国传统文化中的天下观是以人为中心的，人在理论上可以沟通三界，群体的人即集体意识——所谓民意可以撼天动地。英雄人物亦可以与天地同在、与日月同辉，恰如文天祥在其《正气歌》中所吟"天地有正气，杂然赋流形，在地为河岳，在天为日星"。在宗教领域则直接表现为

---

① 转引自岳永逸《行好：乡土的逻辑与庙会》，浙江大学出版社2014年版，扉页。
② 盖天说的主要观点为"天圆地方"，该思想最早见于《晋书》；浑天说认为天地如鸡子（鸡蛋），比盖天说对天体的认识更进一步；宣夜说认为"天了无质"，否认有形质的天地，主张时空无限。
③ 相关观点可参见〔美〕王斯福《帝国的隐喻：中国民间宗教》一书（赵旭东译，江苏人民出版社2009年版）。

"奉神为人和奉人为神，即神人一体"的特征。① 此一特征尤以本土道教为著。

古代中国人以自己的国家为天下之中心，视其为"天朝上国"。天朝上国的真龙天子（帝王）是被天所拣选的，有九五之尊的极阳之体，位格在各路鬼神之上，有为天下颁正朔、封禅山川鬼神，以规定时空秩序的最高权力。所以，葛兆光先生说："汉族中国……作为一个边缘相对模糊的'中华帝国'，它的身后又拖着漫长的'天下中央'、'无边大国'的影子，使它总觉得自己是一个普遍性的大帝国。"② 可以说，传统天下观是中国帝王学说的根本，也是空间中国的最高层次，甚而由此还形成了个体的至高无上的道德观——"天下兴亡，匹夫有责""以天下为己任"。这种与大空间相匹配的大道德意识——也可称为集体主义和英雄主义道德——最终成为基因，浸入骨血，流传至今。

其次，关于"国"的空间表述。从字形的起源上来讲，"国"字即是对某一方位、领域等空间的象形描述，最早指"城"。从字义上来说，"国"字表述的空间范围，是有边界有限度的。那么在有限的空间内，生活于其中的人便自然会产生秩序，进而由秩序而生等级，由等级而生权力。位于空间内权力顶端的即为天下之主的"天子"，亦是"中国"之"帝王"。单就字形上，也能看出"王"在"国"中的绝对地位。有着天子身份的人间帝王不仅是所有臣民的主人，甚至有封禅鬼神的权力。另外，历朝历代的皇城建设在风水术的普遍运用上，亦能充分反映出空间布局的象征意义，对此，学者们多有关注。③ 空间占有的范围、方位与权力的大小直接相关。可以说，空间不仅限定了"中国"，也限定了中国之内的"秩序"。不同身份的人生活于"国"这有限的空间内，居中的为天子，居边的为四夷，天子与四夷之间则为各等臣民。

在"中国"之内，臣民权力、身份有高低，生活空间亦有大小。天子在名义上拥有天下的所有空间，即所谓"普天之下，莫非王土；率土之滨，莫非王臣"，但在日常操作上则又为各等臣民甚或夷人留有相对自主的空间，所谓"天子有道，守在四夷""皇权不下县"等。因此，"中国的空间虽然边缘比较模糊和移动，但中心始终相对清晰稳定，中国的政治王朝虽然变更盛衰起伏，但历史始终有一个清晰延续的脉络，中国的文化虽

---

① 岳永逸：《行好：乡土的逻辑与庙会》，第167页。作者在该书中做出如下定义：奉神为人即指将神拟人化对待，奉人为神则指把死去的人甚而活着的人视为神。
② 葛兆光：《宅兹中国：重建有关"中国"的历史论述》，中华书局2011年版，第27页。
③ 如陈金华、孙英刚编《神圣空间：中古宗教中的空间因素》，复旦大学出版社2014年版。

然也经受各种外来文明的挑战，但是始终有一个相当稳定、层层积累的传统"①。具体而言，在阴阳五行的思维路径下，天子与臣民的空间分配有其特定的标志，比如南面为王的方位设定，比如黄色为尊的颜色设定。可以肯定的是，空间的占有关系是隶属的，最后形成权力的秩序定位。这种权力的秩序定位，不仅表现在世俗权力的等级分配上，更体现在信仰层面，如《礼记》所说："天子祀天地，诸侯祀封内山川，大夫祀宗庙，士庶人祀祖祢。"（《礼记·王制》三十一章）由此可以说，"礼"即是中国传统文化中关于空间秩序进行精准表达的术语。

再次，与"国"相对应的另一个基本空间单位是"家"，甚而"国"与"家"相连为"国家"，"家"是"国"的最基本元素，犹如细胞之于身体。家是以血缘关系为核心形成的同居关系，其空间特征尤为明显，院墙、房屋、门窗等要素构成实在的物化空间，即阳宅。在家的空间里，以血缘定亲疏，父为家君，君为国父，所谓家国一体。也即家的空间和国的空间一样，有其必要遵守的内在秩序。家内空间的占有仍以权力高低来定，家庭权力的大小映射在家庭内部的空间秩序中。如作为"高堂"的父母，必要居主屋，处尊位。另外，家庭的空间秩序由神人共同建构，因此，家有世俗性之外，还有其神圣性。可以说，家既是家人日常生活所在，也是神灵、祖先的供奉之所。门神、灶神、财神等各路神灵与家人一样，依照尊卑位序，各有安放。以家居的内外关系而言，家居空间是相对独立的，私密的，神圣的，是"免遭国家干涉的神圣的保留地"②（这一点只能从民众的主观意愿上讲，在皇权的无限性上来讲是失效的），并为个体提供最基本的时空定位。个体以家为基点，继而逐步感知在家庭之外的，诸如村落、府县、国家等不同空间中的身份变换——某家人、某村人、某乡人、某地人等，即如费孝通所论：中国人独特的"私"的个性，造就了中国独特的"差序格局"③。

最后，中国人对身体的认知亦显示出明显的空间特征。无论是盘古的身体化生万物，还是女娲抟土造人，圆颅方足（象征天圆地方）的"身体"都天然地与天地产生了感应关系，亦从根本的存在方式上具有了空间本质。以后，阴阳理论影响下的两性关系中，男阳（喻天）女阴（喻地）、男尊女卑，男女婚配乃天地（阴阳）之合；身体健康方面，阴阳、

---

① 葛兆光：《宅兹中国：重建有关"中国"的历史论述》，第 26 页。
② 岳永逸：《行好：乡土的逻辑与庙会》，第 109 页。
③ 具体观点可参见费孝通《乡土社会》，中华书局 2013 年版。

五行、藏相、经络这些中医理论中的关键词均具有明显的空间意涵，至于中医之身体穴位系统中的相关命名如"门""关""口""府""库""海""池"等，无不是对身体内部之空间方位的表示；民间养生学里的同类相补、吃啥补啥更是简单明了地表达了身体各部分的空间对应关系；礼教上，"身体发肤授之于父母"的看法与"割股疗亲""披麻戴孝"等孝道直接相关，"三跪九叩""五体投地"等各种礼仪也是通过改变身体的空间形态来表达身份的尊卑关系；刑法上，以"五刑"为首的各种体罚，是通过对身体的不同部位用刑，来表达对犯人的不同罪过的惩治；民众的宗教观念中，身体亦分为魂魄两部分，魄（体）为魂的载体，魂可以离开魄，因此民间有"叫魂"习俗，亦有巫婆神汉有能力降神，民人可能被鬼怪附身等说法。

综上，我们不难看出在中国文化中，作为立体空间存在的身体是空间的又一表现层次。如果将"天下""国"和"家"看作"外空间"，那么"身体"则可以看作"内空间"。如许倬云先生所论，人体本身是一个自然平衡的小宇宙，而人之所处的外在自然环境则为大宇宙，两个宇宙之间互相呼应，这个形而上学的理论，既影响中国人的身心，也影响中国人的世界观。①

根据以上论述，大体可以看出，传统社会中关于"修身""齐家""治国""平天下"这人生志向四部曲，正反映了人们对自身所感的空间层次大小的相应描述，而"修""齐""治""平"这四个字则为人们指出了空间提升的合法路径，也是空间秩序得以稳固的要诀。这些要诀在实操上，又具体体现为统治者通过"科举""选拔""户籍""重农轻商""统一思想"等政治手段将人们固定在相对稳定的生活空间里，以维护皇权独尊的空间秩序。专制制度将那些觊觎皇权、妄图改天换地的行为称为叛乱，最严重者要被抄家并诛灭九族。可以说，专制制度正是身居高位的统治者为维护自身空间安全和权力所采取的对策，而中国传统政治在某种意义上讲也可以称为空间秩序的统治术，即所谓"人君南面之术"。只是，有关各空间维度内的秩序规则，并非变动不居，而是在责任的约束下呈现出一种相对稳定的状态，当然也是无自由的状态。

此外，尽管个人生命时间可以在血脉延传上获得安慰，个人"寿命"的有限性也终究是不可忽视的客观问题，在寿命时间中的"无法作为"使得人们必然会在空间的扩展中去寻求更多安慰感。所以在空间秩序的问题

---

① 许倬云：《中国文化的精神》，第87页。

上，个人的行为就产生了两个面向：其一，人们会努力守护对自己有利的空间的安全秩序；其二，要努力打破对自己不利的空间限制，并努力扩建更加有利的秩序。正如费孝通先生在论述乡土中国时所提出的两个概念——"差序格局"和"熟人社会"。对个人来说，"差序格局"是客观被动的秩序限定，而"熟人"关系则是人们能够跨越空间限制的有效路径。所以，虽然有试图维护"龙生龙、凤生凤"的外在的政治制度，但并不妨碍人们拥有"望子成龙""望女成凤"①的内在的人生梦想，甚至总有人冒险验证自己就是"真龙天子"，进而"替天行道"，打破现有规制去实现自己的终极目标——"家天下"。

当然，探讨以上问题的时候，我们绝不能忽视血缘关系在空间秩序里的核心作用。血缘像黏合剂抑或经脉一样，规定了各层次空间的秩序及联系。费孝通先生在其著作《乡土中国》中论道：

> 血缘是稳定的力量。在稳定的社会中，地缘不过是血缘的投影，不分离的。"生于斯、死于斯"把人和地的因缘固定了。生，也就是血，决定了他的地。世代间人口的繁殖，像一个根上长出的树苗，在地域上靠近一伙。地域上的靠近可以说是血缘上亲疏的一种反映，区位是社会化了的空间。我们在方向上分出尊卑：左尊于右，南尊于北，这是血缘的坐标。空间本身是混然的，但是我们却用了血缘的坐标把空间划分了方向和位置。当我们用"地位"两字来描写一个人在社会中所占的据点时，这个原是指"空间"的名词却有了社会价值的意义。②

如以上所论，在中国传统文化中，血缘是时空秩序的核心。它既赋予时间以生命的意义，亦给空间以稳固的秩序。离开血缘谈中国文化及历史，无异于隔靴搔痒。反之，把握了血缘之于中国人的时空价值，也便能对中国文化探至幽微。关于血缘之于中国文化的根本意义，我们可以进而将其升华成具有普遍性的"人情"来理解也许更为透彻，因为在血缘以外的"地缘"关系与拟人的"神缘"③关系均是基于人情而存在的联结方

---

① 想象中的龙凤之所以能成为中国图腾文化之首，应当与其具有超越时空的神力有关，皇帝、皇后以龙凤为喻，大概亦是同理。
② 费孝通：《乡土中国》，第70页。
③ 中国传统社会的民间信仰中，对神的称呼常常是拟人的，如祖、爷、妈、奶、姑、姐等均是神灵名称的惯用后缀。

式。李泽厚将这一总的人情统称为"情感",并认为中国传统文化实在是一种"情感本体论"。这里,姑且尝试将其称为"空间本体论"的话,是否能更进一步呢?因为情感似乎不过是作为空间秩序的润滑剂而存在的。

四

时至近代,在中西交流的背景下,"天下观"逐渐崩散,传统时空观念首先在国家层面发生了天翻地覆的变化,完成了"天下"到"列国"的转变,中国不再以自己为天下之"中"国,而是认识到自己不过是列国之"中国"。于是中国人也不再需要作为天子的皇帝来封禅名川大山,不再需要皇帝来祭祀天地之神、颁正朔,而是顺理成章地在时间上选用了线性的公元纪年法,对时间进行政治祛魅,将自己置身于人类历史的长河之中,认可了时间的客观属性。在空间上努力将国家权力通过法定的民权渗透到个人,以打破通过血缘、地缘建构起来的传统的家—族—村的空间局限,解放被束缚、被定义的身体,然后重新建构起公民(个人)—国家这样的二元势位关系,以适应世界时空秩序,获得相应的世界地位。可以说,近代中国完成对时空的客观认知,是其后来得以接受马克思之唯物主义的大前提。

然而,国家寻找现代时空坐标系的努力,在社会层面却未必全然产生相应的效果。如前所述,中国传统社会中,时间有四种属性:自然的、社会的、日常的和生命的。现代国家在接受了西方的时空观念后,将自然的和社会的时间在政治性和神圣性方面祛魅,认可了时间的客观、线性的属性。与此相对,在客观无情的时空观念里——传统社会中,天人是合一的,也即个人的内在空间和天地是相互感应而存在的——个体生命时间的有限性却愈发显得突兀而孤立起来了。于是,倍加珍惜有限的寿命,进而通过空间价值体现生命之价值就成为中国人的价值观之根本。另外,在客观的大历史背景下,个人生命价值的落脚点不得不仍然从集体主义中寻求救赎。由此,个体从集体中获得意义,某种情境下,个体的死亡可以上升为集体名誉的"牺牲",这与传统王朝国家中的必要性"尽忠"是同义的。总之,近代以来,比起政治时间、社会时间,附着于生命的个体时间观念并没有发生根本的变化,仍然指身体的"寿命",而现世"寿命"的有限性及其重要性依然是中国文化中无可更改的最基本底色。如此,在空间上拓展个人生活范围也依然具有无限可能性,熟人关系仍然是跨越空间界限的有效路径。

因此,对一般中国人来说,在时间上,养生求寿,同时努力延传后代,留下身体的血脉;在空间上,努力开拓,齐家治国仍是确证自身时空坐标,并获得安全感的根本路径。"当家做主""顶天立地""闯天下"就成为不同朝代、不同身份的人们实现其人生意义的共同的终极目标。也即"家天下"与"国天下"是内在统一的。而在一定空间内对资源——通常以"财富"和"地位"为表征——占有的多少也便成为人们证实自己人生价值的重要指标,在精神层面,似乎也可以提炼出"唯物"的特征。或者说,空间观念的本质在此被绝对物化了。

总之,从个体生命层面来说,近代中国人的时空观念并没有发生根本的变化。人们仍然和其先祖一样,不相信生命以外时间的永恒,仍然相信此生的空间才是生命价值得以实现的全部对象。也即,长时段来看,政治性的时空观还是比较容易改变的,但是相比较而言,社会性的时空观却不容易发生变化,因为民众的时空观是渗透在日常生活里的,是他们用生命感觉出来的,是受到传统习俗规训的。只是,在现代文明的冲击之下,感应不到天地的个人越来越从家、乡等传统空间中疏离出来,这些被从集体中"解放"出来的孤独的个人,在强大的国家面前,在被物化的变动不居的生活空间中,又该如何在此生此世得以安身立命,又该如何获得终极安全感呢?

时空观的不同认知,最终体现在个体的思维方式上——逻辑产生于对时间的认知:因为时间是顺序流动的有前才有后,不可更替;① 秩序产生于对空间的布局:因为空间是涵盖的,有大有小,可以隶属——并最终形成不易更改的传统。说到底,中国文化最根本的特色即在将对时间的理解物化于一定的空间之中,由此布局起互有隶属的时空秩序。可以说,中国传统文化中具有核心地位的儒家文化即是以空间秩序为本的最好例证。当然,如前文所提,在这种以空间为主轴的时空秩序里,人们的价值观念更多地体现出"相对"性,这种相对性既可以表现为同一事物在不同时代具有不同的意义,也可以表现为主流价值,如儒家价值体系的宽泛性和包容性。② 可以说,文化中的空间本位,决定了其秩序至上,又进而促进了其群体意识和实用观念的产生和发展。总之,中国传统文化重秩序、轻逻辑的特征到底是其时空观念最为根本的反映,并由此和先逻辑、后秩序的西方文化形成鲜明对比。

---

① 关于逻辑和时间的关系以及中国传统文化逻辑不足等问题,邓晓芒教授在其《中西文化比较十一讲》(湖南教育出版社2007年版)一书中曾多次论及,可资参照。
② 有关价值或道德的相对性,费孝通先生在其著名的"差行格局"理论中也有过精到的论述。

五

寻找中国文化的精神所在，必然要立足于中西文化的比较。有关中西文化的对比，长久以来，一直是中外学界探讨的重要话题，如国内老一辈学者梁启超、梁漱溟、胡适、冯友兰等先生均有专论，当代学者邓晓芒、刘小枫、徐行言等先生亦有深论。其中尤以梁漱溟先生的中西文化的"意欲观"影响最大。窃以为，本书中所持的中国文化以空间意义为主轴的看法，亦是对梁先生所谓"中国文化意欲持中"这一论点的进一步论证。在此，不做过多论述，只是就中西时空观念之异同这一问题，略作涉及。

与中国文化诞生于自生自足的天下时空相比，渊源于古希腊、古罗马的西方主流文化，则呈现出了开放的时空观和世界观。希腊神话的史前时期，即认为最初没有宇宙，意即时空没有边界，是开放的。在诸神时代，混沌以后，归属于空间一系的大地女神、地狱之神、天宇之神、海洋之神等，与归属于时间一系的黑暗之神、黑夜之神、光明之神、白昼之神等，以及超越时空的爱神共同建构起了诸神世界。① 其中的"时""空"都是"无限"的元素之一，诸神之间没有分明的上下隶属关系，但是个性（或曰性格）却非常鲜明突出，甚而发生矛盾和争斗。如果说希腊神话里体现出的时空观念是开放的、无限的，神人之间的关系是对立的。那么犹太—基督教系统的时空观则呈现了另一种情况，在犹太—基督教系统中，"不可名"② 的独一神——耶和华——以天、地、人的创造者之身份，更是独立于人之生存的时空之外。不难看出，无论是希腊神话中的时空观念还是犹太—基督教系统的时空观与中国创世神话中体现出来的"天地人"一体的时空观均存在根本上的差别，如《圣经·旧约》中所载：

> 起初上帝创造天地。地是空虚混沌。渊面黑暗。上帝的灵运行在水面上。上帝说，要有光，就有了光。上帝看光是好的，就把光暗分开了。上帝称光为昼，称暗为夜。有晚上，有早晨，这是头一日……上帝看着一切所造的都甚好。有晚上，有早晨，是第六日……天地万物都造齐了。到第七日，上帝造物的工已经完毕，就在第七日歇了他一切的工，安息了。上帝赐福给第七日，定为圣日，因为在这日神歇

---

① 参见〔美〕布尔芬奇编著《希腊罗马神话》，杨坚译，高等教育出版社2009年版。
② 《圣经·旧约》的《创世纪》记载，"上帝"是没有名字的，或者说人类的语言无法对其作出定义。这与老子在《道德经》里对"道"的描述类似。但是，老子所谓"道"当然与"上帝"不是共同所指。

了他一切创造的工,就安息了。①

在这里,由"起初"这一表示时间性词汇作为开篇,接下来,对于上帝创造天地一笔带过,但是再接下来却是不厌其烦地描述了上帝按照"第一日"到"第七日"的时间顺序进行创世的情况。上帝用光暗区分了"昼""夜"以后,又一再强调"有晚上,有早晨",并特别祝圣了"第七天",以之为"圣日",并"歇了他一切创造的工",就"安息了"。如果说"起初"代表时间的开始,那么"安息"则示意时间的结束,"圣日"最终作为上帝之日的确立,似乎也昭示了时间远超于空间的重要地位。总之,时间在这里是创世的核心要素,或者说比起空间,时间在基督宗教的信仰系统里更具有根本意义。

还需要注意,上帝用精神性的"语言"来创世的这一行为,也表明上帝是外在于天地的,那么按上帝肖像所造之人的终极意义也要在天地之外去寻找。与此相比,盘古用物质性的"身体"化生天地这一举动,则表明盘古(即人)是内在于天地的,那么孕育于盘古身体里的人之终极意义也不可能超越天地之外去寻得,或者说,盘古的身体便是中国文化的时空阈限。所以,中国人的最高精神境界便是"我心即是宇宙""尽心知性而知天"。也即,与中国创世神话中明显具有的空间意境相比,基督教的创世故事则重在对时间意义的强调,而空间在这里则是模糊不清的。或者说,基督教世界里,"时间在宇宙观的渊源处就已经被当成了一种工具、方法来对待,至少是上帝为自己进一步造物而设置出的一种方便。没有进入宇宙生成的时间,无疑也不可能成为人生生命的组成内容,因为它始终不与人的生存状态直接关涉"②。窃以为,从时空观上来说,中西文化的分别即从此凸显,并以此作为各自的底色,从根本上影响了东西历史文化的特征和路向。至明清以来的基督宗教传华,中西文化发生深层碰撞,其间的诸多矛盾、纠葛以及后来基督宗教于中国之命运等问题终究都可以归结到时空观念的差异上。对此,我们可以在谢和耐的《中国与基督教:中西文化的首次撞击》一书中得到详细解释。③ 然后我们会发现西方宗教信仰的起点是"信不信",而中国民众的信仰起点则是"灵不灵"。概因,西方文化以"神"定时间(精神性的、超验的)为中心,而中国文化则以"人"

---

① 《圣经:创1:1—2:4》,香港思高圣经学会出版社1968年版。
② 余治平:《唯天唯大:建基于信念本体的董仲舒哲学研究》,商务印书馆2003年版,第371页。
③ 〔法〕谢和耐:《中国与基督教:中西文化的首次撞击》,耿昇译,商务译书馆2013年版。

居空间（物质性的、经验的）为中心。当然，中西文化的时空差异不仅体现在对信仰的影响上，还体现在其他许多方面，如宗白华便在其《美学散步》一书中将中西艺术精神归结为这样一种结构差异：中国艺术精神是一种空间意识的时间化，西方艺术的精神是时间意识的空间化。宗先生说："俯仰往还，远近取与，是中国哲人的观照法，也是诗人的观照法。而这观照法表现在我们的诗中画中，构成我们诗画中空间意识的特质。"①可以说，西方艺术的美之核心在于对永恒时间的终极追求，而中国艺术的美之核心则在于对自然空间的终极追求中。

关于东西方时空观念差异的问题，是具有根本性质的。如果就此深入下去，我们还可以将其延伸至西方文化中的个体的、理性意识与中国文化的集体的、感性的意识之差别上去。这是因为以时间定位的人与人之间的关系是相对独立而平等的，相反，以空间定位的人与人之间的关系则必然是互相隶属而同时存在差异性的。或者说，不同个体相对于无限时间来说即具有客观的、平等的关系属性，而个体相对于有限空间来说则不可避免地具有主观的、等级的关系属性。无限时间里的个人必须找到他者即上帝才可以认识定位自己，由此而来的个体是绝对的、唯一的，因为上帝是唯一的。而有限空间里的个人则需要以自己为中心去定位自己，去寻找天道，由此而来的个体便是相对的、之一的，并只能在空间关系里认识自己。这里与费孝通有关"己"的论述是同义的。

可以说，在近代西方文化以神为中心的相对开放的时空观念中，寻找事物在时间上的"绝对"逻辑关系比确立事物在空间中的"相对"秩序更能给人带来安全感；思考人和神的关系比思考人和人的关系更重要，因为神是终极时空的来源和归依，也是西方文化回答"我是谁""我从哪里来""我到哪里去"的关键之关键。当然，基督教神学之外，西方众多哲学家们也一直在努力回答"神是谁"（或者"谁是神"）这一根本问题，有关形而上、下的哲学解答在相当长的历史时期内对东西方社会都产生了深远的影响，并在近代以来的东西时空观念之沟通上起到了根本性的作用。总之，中世纪以后，以自然实在性为根据的人本主义价值观，颠覆了原有的人神关系，从诸多方面将西方社会的终极意义引到了现世福利上，从此种意义上说，东西方的世界观才开始有了可沟通或者相似之处。特别是马克思唯物论指导下的关于共产主义的理想社会与中国传统文化中的人间天国观不谋而合，并由此成就了中国当代历史的革命成果。当然，这一

---

① 宗白华：《美学散步》，上海人民出版社2015年版，第111页。

问题还有待深入探讨。

综上所述，对中国文化而言，唯有在"时空"中才可以真正理解。以上文字也正是基于时空观决定世界观，世界观决定人生观和价值观这一基本的逻辑关系，对中国传统社会的时空观念进行了初步考察，并尝试探讨时空观念与文化理路的内在逻辑关系，以期对历史文化研究乃至中西文化差异之根源提供一个新的视角。

最后，再次强调，以上作者试图提出的中国传统文化以空间为本的观点，并非忽视时间的重要性。毋庸置疑，中国文化中空间（宇）、时间（宙）与人的关系是三位一体的，即所谓"天人合一"，这是中国传统文化一总的根本特征。也是中国大一统文化的哲学根源，更是探究中西文化差异的起点，实在是个费思量的大课题，而开篇引言仅略为刍议。接下来本书即在时空视野下，以华北地区的民间信仰为例来探讨普通民众的时空观，试证以上所言不虚，并求教于学界前辈及同人，恳请批评指正。

绪 论

"民间信仰"这一课题具有丰富的学科属性，对其进行研究的学科至少包括历史学、人类学、民俗学、社会学、宗教学等。从研究内容上看，高丙中于2008年曾将之前的民间信仰研究总结为四大类，即"神灵系列""庙会系列""灵媒系列""仪式系列"①。至2018年，王霄冰、王玉冰研究发现，十年过去了，民间信仰的研究内容仍然和原来一样，没有大的变化。②也即，个案研究至今依然是民间信仰研究的主要方法，原有的研究范式和理论也并无根本的变化。覃琮在2012年时对民间信仰的研究进行总结时感慨："当我们审视中国民间信仰研究之时，不仅发现其成果丰硕，而且支脉庞杂繁多，观点各异，很难对相关研究进行全面而系统的文献综述。"③换句话说，虽然对民间信仰介入的学科很多，但是各学科之间，甚至各论文之间可以沟通的途径或统领的理论却相对缺乏，以致呈现出一种各自为政，各守一盘的研究状况。这既是现状，也是面临的问题。那么在统合众多个案研究的基础上，综合各学科的研究方法，对民间信仰这一研究对象进行理论的提升和推进就成为当前学术研究的必要任务。

法国人类学家劳格文在谈到中国民间信仰的研究时曾说："我们除了空间和时间还有什么？老百姓懂得怎样把自己放在一个结构性的空间时间中，这样才有好的效果。"百姓"按照空间时间结构把自己的行为放到框架里。这是一种智慧"④。劳格文对时空观念在民众意识中的重要性之强调，提醒我们有可能从"时空"这一宏观的视野中去审视一种文化或信仰。因为，时空观是人们确定自己行为价值的最根本向标，也是我们在展

---

① 高丙中：《中国民俗学三十年的发展历程》，《民俗研究》2008年第3期。
② 王霄冰、王玉冰：《从事象、事件到民俗关系——40年民间信仰研究及其范式述评》，《民俗研究》2019年第2期。
③ 覃琮：《人类学语境中的"民间信仰与中国社会研究"》，《民俗研究》2012年第5期。
④ 黄晓峰：《劳格文谈中国的民间信仰》，《东方早报》2010年6月20日第2版。

开具体的学术研究时需要时刻考量的基本要素,并能最大限度地为不同学科、不同研究对象的研究结论提供交流的可能。毕竟,人们对时空的基本认知会毫无例外地反映在他们的一切行为里。因此,在民间信仰的研究领域里,如果我们需要在当前纷繁的个案研究中寻得一个涵盖许多领域的共同视角,那么"时空"应该是个可行的选择。

以时空为维度,去观察中国民间信仰,我们很容易得到一个初步印象,即比起时间,空间在中国的民间信仰中有着更为明确且更为重要的表达。且举一例如下。

中国民间有谚语"一人得道,鸡犬升天",说的是某人因为修道成功,他的妻儿、家畜甚至房屋都跟着沾了光,升到天上一起做了神仙,从此过上好日子。甚至有玉皇大帝的天宫就是如此而来的传说。如今人们多用这个典故讽刺那些依权附势而升官发财的人。但从本源来讲,这就是个很能反映民众时空观念的典故。

首先,在这里,我们可以发现民众的信仰有三个空间层次,即能够修道的身体,可以被圣化的住居和神仙所在的天上(宇宙)。通过身体的修行,身体所在的住居可以被圣化,并进而被整体提升到天上;其次,家是神圣的共同体。中国的民间信仰是集体主义的,而不是个人主义的。个人的修道成功,与整个家庭的命运息息相关,而不单单是个人的灵魂得救;最后,家的信仰是空间性的。通过家居空间的圣化,家居空间内的所有人、事物都能得其福荫。

从上面这个谚语可以看出:空间是理解民间信仰本质的一个重要概念。那么,为何中国民间信仰会有如此明显的空间感?这种空间感对于民间信仰的存在到底意味着什么?这种信仰的空间感与乡村社会秩序有何关系?民间信仰的空间感以何种方式表现出来?民间信仰的空间形式是否能自成体系?对民众而言,空间和时间到底是什么关系?等等。这些问题无疑都关涉民众对时空观念的基本认知。

受人类学、民俗学等跨学科研究方法的影响,"空间"这一词汇在民间信仰史的研究中经常出现。例如郑振满、陈春声所编《民间信仰与社会空间》[1],劳格文、科大卫所编的《中国乡村与墟镇神圣空间的建构》[2] 两部著作所收录的文章,均以"空间是社会和文化的建构"这一基本认识为

---

[1] 郑振满、陈春声编:《民间信仰与社会空间》,福建人民出版社2003年版。
[2] 〔法〕劳格文、〔英〕科大卫编:《中国乡村与墟镇神圣空间的建构》,社会科学文献出版社2014年版。

前提，探讨信仰—空间—社会之间的脉络和联系。这里的"空间"与"社会"相关联，用来表达民间信仰作用于社会秩序、百姓生活的内涵、范围和过程。或者说，"信仰"和"空间"在此多被作为工具、路径来运用。其最终的研究目的在于社会，而非信仰。岳永逸等人在关于民间信仰的民俗学研究中也较频繁地提到了"信仰空间"①。只是，"空间"在这些研究中并不具有显明、独立的意义，而是与"信仰"一起连用，辅助人们对信仰本身的理解。虽然研究路径不一，但是学界前辈的研究无论从何种角度来说，都是本书得以展开的必要支持和基础，同时也为笔者思路的展开提供了至关重要的启发和帮助。

杨念群在构建其"中层理论"时，也强调"空间"概念在历史研究中的价值。② 在杨先生以后关于医疗史的专题研究中，对于"空间"概念的运用亦有充分的实践。③ 只是，作者的讨论核心是在政治而不是信仰。但是，这对于笔者发现"空间"作为一个意义独立的概念与"民间信仰"的内在联系，却很有启发。另外，杨庆堃先生用了"弥散性"这个颇具空间感的词汇来定义中国民间信仰，使得我们能更进一步地体会空间与信仰的内在关系。然而"弥散性"之于民间信仰本质的描述似乎总缺少一点恰切。

杨庆堃认为"弥散性宗教（diffused religion）"比起制度性宗教（institutional religion）而言，是没有系统的组织机构、专业神职人员和固定教义，它与日常生活、道德意识等各种各样的社会制度镶嵌在一起，难以对其进行清晰的界分。④ 相当时间内，"弥散性宗教"成为学界讨论民间信仰的热门概念。但也如李向平所说，杨庆堃提出了这一概念，却没能进一步

---

① 相关方面的成果还有岳永逸的《行好：乡土的逻辑与庙会》，浙江大学出版社2014年版；刘婉霞的《民间信仰空间再造的社会学探析——以河南省Z县七星寺调查研究为例》，硕士学位论文，华中师范大学，2014年；沈喆莹的《建筑现象学下的福建省永卫传统聚落民间信仰空间研究》，硕士学位论文，华东理工大学，2015年；郑衡泌的《基层行政区划型民间信仰祭祀空间结构及其特征——以泉州东海镇典型村落为例的研究》，《世界宗教研究》2011年第6期；李凡、司徒尚纪的《民间信仰文化景观的时空演变及对社会文化空间的整合——以明至民国初期佛山神庙为视角》，《地理研究》2009年第6期；沈洁的《反迷信与社区信仰空间的现代历程——以1934年苏州的求雨仪式为例》，《史林》2007年第2期；等等。

② 杨念群：《中层理论：东西方思想会通下的中国史研究》，江西教育出版社2001年版。

③ 杨念群：《再造病人：中西医冲突下的空间政治（1832—1985）》，中国人民大学出版社2006年版。

④〔美〕杨庆堃：《中国社会中的宗教：宗教的现代社会功能与其历史因素之研究》，范丽珠等译，上海人民出版社2007年版。

讨论中国宗教为何呈现弥散性的根源。周越也说，"弥散性宗教"这一概念描述重于解释。① 换句话说，所谓的"弥散性"只是民间信仰存在的形态。或者说，这一词语与大家公认的民间信仰具有多神性、功利性、世俗性等特征都是表象。至于"为何呈现如此形态"，才正是民间信仰研究中的关键问题。笔者以为，"空间"正是解决这一问题的重要词汇。可以说，在本书的研究中，空间与民间信仰具有同等重要的地位，是相对独立又互相关联的两个探讨对象。

在时空的维度中如何理解自己的地位和价值，是人们获得自身生存意义的必然起点。那么，从根本上来说，宗教信仰即是民众对宇宙时空秩序最为直白的理解，并在此理解上为建构自身安全感而形成的一系列认知和措施。于此，宗教信仰的终极面向无非有二，空间的和时间的。进而，从这个层面去观察，很容易发现中国民间信仰与西方基督宗教有着明显不同的路向。即，与基督教等追求灵魂永生的时间性宗教不同，民间信仰的目的更多地集中在此世平安顺遂上（这点与中国文化的整体特征有着内在一致性，对此引言已有论述）。"此世"是一个有限的时空范围，而这有限的时空正是民间信仰存在的价值阈限。民间信仰里，此生被称为"阳间"，与死后世界"阴间"相对应，很显然，在民众的话语表述里，其信仰的"空间"感认知亦十分明显。发现这一点，也便能更好地解释杨庆堃所说的民间信仰与现实社会秩序的互嵌性。

杨庆堃的"弥散性宗教"这一概念提出后，在学界引起了众多关注。学者中赞赏者有之，批评者有之。批评者通过具体实证，不断论证了这一理论的诸多缺陷。② 但至今仍没有一个为大家所公认的替代概念以重新定义民间信仰的独特体系。据此，在劳格文关于时空意象与民间信仰关系之论述的提点上，笔者不揣浅陋，以为"空间"感是关涉民间信仰本质的基本内容，也是建构民间信仰体系的基础。

另外，关于民间信仰研究的学术动态，路遥先生曾对20世纪80年代以来的研究进行总结说："由于西方人类学、社会学理论的引进，促使研究者比较集中趋向于民俗学与人类学两个领域的探讨。"③ "这两个领域的

---

① 杨庆堃的"弥散性宗教"定义引起学界强烈反响。2013年，范丽珠、李向平等几位学者围绕"弥散性宗教"与民间信仰的关系，进行过专题讨论。参见范丽珠、李向平、周越、陈进国、郑筱筠《对话民间信仰与弥散性宗教》，《世界宗教文化》2013年第6期。
② 岳永逸：《行好：乡土的逻辑与庙会》，第83—84页。
③ 路遥等：《中国民间信仰研究述评》，上海人民出版社2012年版，"序言"第9页。

研究都有丰富成果出现。"① 但也如范正义所说："不同学科的学者们往往借用民间信仰研究这一工具来服务于不同学科的不同研究旨趣，结果就对民间信仰研究的完整体系产生了肢解作用。所以，我们在引入多学科方法来研究民间信仰时，也要注意加大对民间信仰体系本身的研究力度。"② 本书的研究立意即在于此。

从内容上来看，本书前三章以近代华北乡村社会中，民众对信仰空间的日常建构为线索，分别探讨以家庭为核心信仰单位的民间信仰，在追寻空间安全感时，对自身生活空间的神圣建构。具体包括以下方面。

第一章，主要探讨家（族）血缘关系与民众对家（族）神圣空间的布局。近代华北乡村社会中，家庭是民间信仰的基础单位。以此为核心，乡民围绕家内空间之安全，进行了建筑格局、日常禁忌、神灵供奉等各种考量和设计。同时，对四时节令中的信仰风俗也充满了空间安全之期待。另外，出生礼仪中的空间融入、婚礼中的空间位移、葬礼中的空间分离等技术也在习俗流传中被谨守。祖先崇拜是家族信仰的主要内容，其中家空间是相对私密的，族空间是相对公共的。族内信仰空间的设计，集中体现为同族祭祀活动的组织和墓地（阴宅）选址上。最后，论证人神共居的、以血缘关系为基础的家（族）信仰空间的自我建构，是乡民追寻此生终极安全的意识投射。

第二章，主要探讨村落的地缘空间与信仰资源的互生关系。近代华北乡村中，村落的地缘信仰空间主要由内外两部分构成，以庙为界，其一为庙内，其二为庙外。庙内的神圣空间具有世俗性，庙外的世俗空间同时又有神圣性。村落公共信仰空间不仅是一种神圣的存在，同时还与村落现实秩序的维系相一致，尤其体现于村落集体信仰活动中。其中，以家为单位的村民于集体信仰组织中的身份、权利之展现，集中诠释了家与村这一二维信仰空间的势位关系。这种世俗、神圣互相交织的信仰空间中，村庙外的村民和村庙内的和尚、道士之间的关系，更多地体现为空间资源共享而不是精神寄托上。最后，通过探讨村落之间关于公共信仰空间、仪式、水利资源及使用权利之间的关系，进一步考察了村落神圣空间与乡民日常生活秩序之间的内在关系。

第三章，主要探讨基于神缘关系而产生的乡村庙会之空间表现形式。

---

① 关于民间信仰的研究，路遥等人在《中国民间信仰研究述评》中做了详细的研究综述。该书分为中国大陆地区、中国港澳台地区、海外其他地区三个部分，论述全面、详细。故此，本书不再对综述赘言。
② 范正义：《民间信仰研究的理论反思》，《东南学术》2007 年第 2 期。

通过对华北乡村庙会的分布、规模、神灵的设置，庙会的组织、秩序、信众的参与特征等问题的考察，可知庙会信仰空间是家、村信仰空间的移动与延展。也因此，乡民的日常生活与庙会紧密相关，这种关联既体现为经济行为上的互相依存，也反映了乡民在家之外的空间中寻求终极安全感的持续努力。同时，通过对庙会公共观演空间的娱神和娱人之双重功能（圣俗一体）的分析，可知庙会这一定期建构起来的神圣空间，是调节近代华北乡民生存秩序之平衡的必要存在。

前三章以家庭、村落、庙会为对象建构起了民间信仰的地缘或曰乡土系统。接下来的第四章则以身体、家庭、香头及其坛口建构起了民间信仰的神缘系统。该章在传统文化的视野下，分析了民众对身体空间性及神圣性的认知，以及神人一体的基本特征。然后，对生病的身体与失衡的家庭之间的关系进行了探讨，进而以"四大门"信仰为例，围绕香头及其坛口展开论述，廓清身体、家庭、坛口和庙会的内在联系。最后，提炼出了民间信仰基于神缘关系存在的空间系统。

综上所述，前四章主要论述了近代华北乡村社会中乡民日常信仰空间中"不变"的、长时段的生态。然而，近代华北乡村因之特殊的地域及时代处境，可谓动荡不安，基于其中的民间信仰也不能安之若素。接下来，研究的视点则转向了非常历史情境中的民间信仰之"变"的、短时段的空间动态。这部分内容主要包括以下两章。

第五章，主要探讨国家在接受了西方时空观念后，在现代化的名义下对民众的信仰时空之改造。传统乡村社会中，民间信仰不仅为民众提供了生存空间的必要安全感，而且对于乡民教育有着重要的教化作用，其中包括道德的、生产的、娱乐的等诸多方面。基于此，乡民形成了自身的家国意识。然而，在传统天下观崩散，近代西方时空观念传入后，提倡科学，反对迷信就成为知识分子的主流话语和实践。作为"迷信"的民间信仰于是成为再造新民的主要障碍。进而，出于经济和政治两种目的，华北乡村社会的信仰空间成为国家现代化建设的改造对象。可以说，近代华北乡村的民间信仰的空间异动，最初不是来自乡村社会本身的发展需求，而是在致力于现代化建设的国家政权之干预下被迫发生的。然而，"正统"的国家权力，对于"非正统"的民间信仰的认知更多的是自以为是的想象。因此，围绕着神祠存废、庙改学堂而开展的信仰改造过程也难免简单和粗暴。同时，国家对民间信仰的改造只能停留在公共空间的领域，对于民众的信仰意识之改造以及基于家庭等私密信仰空间的改造是无力的。另外，乡民在维护自身信仰空间之安全时的对策，既反映了国家政权在面对民间信仰时的虚弱，也体现了民间信仰之于民众生存的必要。因而，可以说，近代华北乡村的反迷信运动，与其说是一场思想启蒙运动，毋宁说是一场关于公共空间与信仰资源的争夺问题。

第六章，主要讨论基督宗教传入后，其与民间信仰所发生的空间竞争与整合。作为村落熟人社会中的他者，传教士对原有村落信仰空间所带来的影响，既是破坏也是重构。在信仰并非个人行为的特殊历史环境中，乡民在传教士的带领下皈依基督的同时，也从原有的日常生活空间中分化出来，并最终成为边缘群体。这种因不同信仰产生的空间裂变，直接影响了乡民的日常生活。甚而在战乱、灾荒的环境中，受诸如义和团等外来因素的刺激，在官员、传教士不适当的干预下，乡村社会从日常到非常的界限十分微妙。但事实上，教友与非教友的关系，往往像波纹的涟漪一样牵连不清。教堂与村庙的博弈，虽有不同文化调适的内容，但更是归属于不同信仰空间的乡村民众于日常生活中分裂又互为认同的过程。

通过以上横与纵两个线索，"常"与"非常"两个层面对近代华北乡村社会的民间信仰及其空间本质进行论述后，笔者将试图对民间信仰之空间本质性进行理论概括和提升，并尝试对民间信仰之"空间"系统性的建构提出探讨。另外，对中国民间信仰予以宏观的时空层面的观照，力图通过采取世界性的视野，既避免我们在区域的、个案的研究中自说自话，也能躲开以西方制度性宗教为本的偏见，同时给东西宗教文化的对比提供了可能的平台。

庞杂的神灵、模糊的信众、繁复的祭仪向来是学界研究民间信仰的主要对象。但是事实上，无论从历时性，还是共时性来说，于民间信仰而言，供奉信仰的神灵可以变换、借鉴、再造甚至取消；信众可以选择或改变，即同一神灵，任何人都可以在其香炉中燃起香火；信仰方式虽在一定的时空范围内，有其传承性，但也可以因地而异，与时俱进。因此，学界诸多的田野的、个案的研究就呈现出从神灵到信众、到祭仪全然不同的、五花八门的"散开"样态来，这似乎正印证了杨庆堃关于民间信仰是一种散开的宗教的论断，但其实这些个案也可以从另外的角度论证民间信仰"不变"的内核。仔细观察，不难发现，诸多的个案研究都不约而同地涉及"家""村""地方"等空间概念，至于"空间"这个词在近些年的关于民间信仰的研究中也频繁出现。可以说，无论研究的神灵、信众、仪式如何不同，但唯有基于家庭、村落、地方而产生的空间感是相对稳定不变的。因此，本书尝试以空间入手，将不同的空间层次作为民间信仰的主体进行研究，以此来挖掘信众共同的信仰观念和思维习惯，并试图摆脱地域局限，在学界现有的诸多个案研究已经证实的基础上，再以全局的眼光建构中国民间信仰体系的整体特征。

以"空间"的视角去统摄历时的、共时的民间信仰研究，还有一个好处，即可以打破"学科"的藩篱，争取各研究领域的互证和观照。如此，无论民间信仰是"历史"的、"民俗"的、"宗教"的、"人类"的，还是"社会"的，全都可以在"空间"的范围内展开讨论和交流。所以，就方法而言，[①] 本书尝试以历史学的实证方法为基础，在一定的历史背景下，通过对不同文献资料的解读，同时结合各个时期的田野调查材料，尽量借鉴社会学、人类学、宗教学、民俗学等相关学科的理论和方法，遵循自下而上的研究路径，深入探究近代华北乡村社会的民间信仰从家到村再到庙会的日常表现情态，及其在特定历史背景下从日常到非常的信仰空间之转换。研究过程中，同时运用了比较方法，通过对城乡、古今、官民、中西、男女、知识分子与乡民、权利主体与边缘人群、不同信仰群体等诸多类项进行了比较分析，是为了尽量验证研究结论的普适性，但是在具体论述中依然难以避免区域经验和个案碎化的问题。

名不正则言不顺。对此，接下来有必要对书中所涉及的两个关键概念做一下界定。

其一，杨庆堃曾将中国宗教分为两类：一是有组织的宗教，如佛教、道教和民间秘密教派，因为在这些宗教中有明显的组织、领导、仪式、经卷和信仰；二是被称为弥散性宗教的民间信仰。文中所使用的民间信仰一词与杨庆堃所定义的"弥散性宗教"大体相同，指普通百姓所具有的神灵信仰和宗教意识，包括围绕这些信仰和意识而组织的各种仪式活动，而不包括有一定教规和教义的民间秘密宗教。与西方的制度性宗教相比，华北的民间信仰有其独特的信仰体系，而空间性对其自身体系的影响尤其值得做进一步的探究。

其二，"空间"。搞清楚"空间"这个概念，可以帮助我们更为具体地理解民间信仰，在这个意义上来说，"空间"是一个工具。但从另一角度来讲，以民间信仰作为案例，来说明中国文化的空间本质也能讲通。那么，如此说来，"空间"又是作为研究对象出现的。但无论是作为工具还是作为对象，书稿中所论及的空间都是与时间相对应的，具有实在的、独

[①] 海外著名民间宗教专家欧大年曾在总结自己及诸多专家的关于民间信仰的研究成果的基础上，建议尝试一种新的综合性方法，即"历史、文本和田野考察"。对此，笔者在本著作中力争有所实践。

立的意义。只是，这种空间有时是以实体的方式表现出来，如地方、房屋、院落、庙宇等，但有时又是通过感觉来确定的想象空间。因为，空间是立体的、多维的，土地仅仅是空间最显而易见的一个平面维度，文中所涉及的空间却是多维立体的。

最后，关于本书研究材料的主要来源，大体包括以下几个部分。

一是民国以来的调查材料。主要包括20世纪二三十年代顾颉刚、李景汉及北京大学社会学系在北京周边地区的民俗调查；1940年代日本侵华时期满洲铁道株式会社在华北地区的调查，即六卷本的《中国农村惯行调查》；1986—1990年日本学者佐佐木卫等人联合中国学者路遥等对近代华北农村的调查，即《近代中国的社会和民众文化：日中共同研究·华北农村社会调查资料集》（《近代中国の社会と民衆文化：日中共同研究·華北農村社会調査資料集》）；山东大学的路遥等人于20世纪60年代关于义和团和民间宗教的大量田野调查；2000年前后欧大年、侯杰、范丽珠等人专门对河北地区的民间信仰进行的调查；2009年、2010年侯杰等人针对山东、河北、河南一些地区的女性信仰、庙会发展状况等进行的继续调查；笔者在论文写作的过程中也陆续通过各种方式对内蒙古部分地区及华北其他地区进行了补充调查。

以上这些调查材料中，尤其值得注意的《中国农村惯行调查》[①]的运用。该调查是研究近代华北乡村社会的重要资料，学界对其已有相当多的使用，其中尤以杜赞奇、黄宗智等人为著。[②] 由于日本满铁调查员身份的特殊性，前辈学者对于满铁材料的使用方法及注意事项都积累并总结了很多经验，这为本书的写作提供了十分必要的借鉴。[③] 不过，以往研究主要集中于农村经济和社会构成等领域，对于民间信仰的关注较少。因此，笔者争取对满铁材料在学术研究中的运用有一个新的尝试和扩展。

二是方志及档案材料。主要包括中国台湾"中央研究院"所编《教务

---

① 中国农村惯行调查刊行会编：《中国农村惯行调查》（日文6卷本），东京：岩波书店1952—1958年版。

② 除黄宗智和杜赞奇外，马若孟的《中国农民经济：河北和山东的农民发展（1890—1949）》、三谷孝的《从村落解读中国：华北农村五十年史》、中生胜美的《中国村落的权力结构与社会变化》、祁建民的《中国的社会结合与国家权力》、兰林友的《庙无寻处：华北满铁调查村落的人类学再研究》等著作均为学者们利用该调查材料在不同领域里的研究成果。

③ 〔美〕黄宗智：《华北的小农经济与社会变迁》，中华书局2006年版，第31—50页；〔美〕杜赞奇：《文化·权力与国家：1900—1942年的华北农村》，王福明译，江苏人民出版社2003年版，第6—7页。

教案档》;中华书局在1950年代及1990年代分别出版的《义和团档案史料》《义和团档案史料续编》,以及近代以来华北各地的方志材料、文史资料等。比起调查材料,方志材料虽然不够翔实、细致,但是可以做概述方面的补充研究。

三是其他材料。主要包括文人笔记、游记、传记、报刊,以及族谱等。例如《京津风土丛书》《退想斋日记》《大公报》《亲历晚清四十五年——李提摩太在华回忆录》《交河李氏族谱》等。

作为主体研究对象的华北民间信仰,本身具有长时段性与地域广泛性相结合的特点,加之其在近代中国历史中的特殊地位,导致相关研究材料分散,或地域失衡。因此,相关的搜集工作便往往很难做到有效和集中。于是,如何充分发挥不同类型材料的使用价值便尤为重要,这也正是本书一直试图克服却始终不能如愿的难点和缺点。对此,恳请读者的批评指正。

第一章 人神共居的家庭信仰空间及其秩序

家庭是中国乡村社会中的最基本单位，社会组织生活的基础就存在于家庭中。[①] 家庭也是华北乡村民间信仰的基本单位，家族的信仰则是家庭信仰中祖先崇拜部分的进一步延伸。家、族信仰区别于村落和庙会信仰的最明显标志就是其与世俗血缘关系的密切结合，或说其反映了血亲在空间上的义序关系。

第一节 家宅信仰空间的布局

家庭信仰空间主要由风水、禁忌以及神灵信仰、祖先崇拜等要素共同建构而成，并与民众生活密切结合。其中，风水作为核心因素，与日常禁忌相配合，完成了家居神圣空间的基本架构。家神及其供奉地点的选择、设置与家庭日常生活秩序相匹配，这种人神共居、家庙同构的信仰方式强化了家居空间的神圣性和独立性。在节令轮转的信仰风俗中，家庭空间的神圣性得以反复强调和维护。由此，神圣时间被内化到神圣空间里。

一 风水、禁忌中的家居空间之确立

风水（也叫堪舆）就是以占验方式对宅院、聚落、陵墓等营建所进行的凶吉预测与设置安排，是一种古老的信仰民俗活动。[②] 如李亦园所说："空

[①] 〔美〕杨庆堃：《中国社会中的宗教：宗教的现代功能与其历史因素之研究》，范丽珠等译，第270页。
[②] 日本学者渡边欣雄曾对风水的分类进行过详细的归纳，他认为风水大体可以分为阴宅和阳宅两类，阳宅又分为室内（インテリアの風水）和室外风水（エクステリアの風水）两类，室外风水又分为住宅风水和聚落风水（コミュニティの風水）两类，聚落风水又分为都城风水和村落风水。参见渡边欣雄《风水的社会人类学：中国与其周边的比较》（《風水の社会人類学：中国とその周辺比較》），东京：风响社2001年版，第40页。

间观念在民间信仰中最具系统表达的仍在各种风水地理上。风水地理可说是民间信仰空间观念的核心。"① 目前学界关于风水的研究,主要集中在华南地区。② 关于华北地区的风水研究则相对较少(因为从风水学本身的发展史来看,其系统成形、发展以及传播大多集中在南方地区)。③ 这当然并不意味着北方没有风水传统。从华北风水先生的别称"南蛮子",也能看出南北风水观念的同源性。④ 事实上,近代以来的华北地区,风水学始终是影响乡民日常生活的重要因素,其中尤以阴阳宅地的设置受其影响最甚。

阴阳两宅构成了所谓阴阳空间的主要布局。独立的阳宅是每一家庭作为基本社会单位的重要标志。房屋为家庭成员提供阖家而居的基本空间,其风水的好坏会直接影响到每一位家庭成员,因此,既为提供舒适的生活环境,也为祈愿家庭成员的健康、财运、平安等,家居风水作为信仰民俗的一部分为民众所重视。

华北乡村以看风水为专门职业的人叫风水先生,或阴阳先生(仙)等。虽然人们出于对未知灾祥的困惑而对其不得不产生依赖,但同时又对这些人的谋生手段有着一定的忌惮。这一方面是因为人们对风水抱有神秘感和恐惧感——它既可以给家庭带来兴旺,也有可能导致家庭的败落。另一方面也是因为风水先生常常游走于外村,很容易给人一种来自陌生空间的不安全感。同时,由于行业的神秘性及个人看风水的能力等因素,风水先生的工作很难在熟人社会中展开。因此,风水先生一般都属于本村落中的边缘人物,这一点与华南地区的风水知识多掌握在士绅群体中有所不同。当然,也并非所有村落中都有风水先生,不过其活动往往是有其固定的地域范围,以避免同行之间产生竞争。⑤

风水先生常用的工具是罗盘。具有空间定位功能的罗盘可以测定五行和24向。据此,吉凶被分为12种:长生、冠带、临冠、帝旺、胎、养是吉;沐浴、衰、病、死、墓绝、税是凶。也就是说,在风水观念中,不同的空间方位在不同的时辰,各有吉凶。风水先生的任务就是趋吉避凶,以其专业知识和手段帮助人们营造出安全的生活空间。例如,就阳宅的建造

---

① 李亦园:《人类的视野》,上海文艺出版社1996年版,第150页。
② 陈进国:《信仰、仪式与乡土社会:风水的历史人类学探索》,中国社会科学出版社2005年版。
③ 直江广治在游历中国时证实,至少在抗日战争以前的山西、河北、山东等地都常有从湖南、湖北、江西等地来的风水先生,他们被乡民称为"南蛮子"。参见〔日〕直江广治《中国民俗文化》,王建朗等译,上海古籍出版社1991年版,第131—132页。
④ 岳永逸:《行好:乡土的逻辑与庙会》,第185页。
⑤ 《中国农村惯行调查》卷3,第154、159页;卷4,第437页。

来看，从房屋选址到上梁盖顶都有一套系统的风水规范。在山东沂源地区，一般院落选择避风、土层深厚、离水源较近、不正冲山脊并向阳的方位。按照当地风俗要避开以下地方：

（1）院落、房屋不能冲石线，即不能冲山的石缝或岩石中有其它矿物的纹线，避免地下通气。
（2）除学校、厂房、官府外，民居不建在原寺庙位置。
（3）住庙前不住庙后，确要居住时，要离开一段距离，中间必须有道路隔开。
（4）不选择油坊（榨油的地方）、宰场、原墓穴等地方。
（5）不选择大风口处建宅。
（6）不选择正冲大街的地方，不选"井"字路中间（宅旁四边是路）。
（7）不选剪子路，也称长蛇吐信，据说蛇口之中不吉利。
（8）不冲桥眼，百步之外无妨。
（9）不选正冲山涧、河沟等地，可在百步之外用石墙隔挡。[①]

从以上风水禁忌的条例中不难看出，这是一套营造安全空间的象征技术。虽然各地的建筑民俗在具体实践中有所区别，但守阳避阴的基本规则都类似。因为，阴阳是民众意识中的两个互相对立，又相互映射的空间层次。阳间充满光明、生命力，阴间则是暗沉、死亡的所在。阴阳两个空间层次是对立的，但又是重叠、交错的，特别是阴间里的晦气总是处处威胁着阳间的安全。于是，在人们的日常生活中，凡是与阴、暗、背、下、死、低、老、乱等相关的空间或地点，皆为人们忌讳小心。比如坑、庙宇、坟地、水井、老树等处均被人们认为是危险的对象。如满铁调查中记载民众建房选址常会遵循"洼地取高，高地取低"的规则。理想的风水是前面是水、后面是山。前面的水表示玉带缠腰，后面的山象征后背有靠。另如，主房不能低于厢房，否则家道中落等。总之，乡民选择居处的原则是"求神佑、避鬼祟、躲战乱、图清静、多生殖、恐讼争等"[②]。这些风水习俗既体现了民众基本的生活目标和人生价值，也反映了民众在家居选址上对于空间安全感的追求。

不仅选址，房屋建筑也有风水要求。《鲁班经》的广泛流传即说明了建

---

① 刘曙升主编：《沂源民俗》，人民日报出版社2002年版，第214—215页。
② 任骋：《中国民间禁忌》，作家出版社1990年版，第271页。

筑风水在民众中的影响。例如，动工前要摆案焚香敬土地、山神、太岁等。此种祭祀行为表明了人与自然（神）在空间上的神圣关联。因对屋主怀恨或受人之托，民间常有工匠在建房时将桃木或钉子（属阴、凶之器）等放在地基中，以此风水巫术破坏房主运程；根基打好后，门窗的安装也颇为讲究，大多都会贴上红对联，上书"安门大吉""安窗大吉""太公从此过，今日安门吉"等语。因为，门窗是家居空间的内外连接之处，故此，趋吉避凶是最基本要求。上梁是新家居空间得以建成的最后一道关键工序，因此，一定要请风水先生查看黄道吉日，并隆重祭神，是为通过时间的神圣来强化空间的安全。人们相信通过这些风水布置和设计，可以引导超自然力量，并避免其带来伤害，进而保证自身生活空间的安全。① 事实上，人们在日常生活中，也确实常常将身体的健康状态与家居风水的好坏联系起来。

在建筑风水中，作为两个空间的连接之处，门的安置方位至关重要。② 因为门的安置除基本的安全、保暖、居住舒适等实用性方面的考虑外，还是保障家庭私密生活空间、区分家之内外的重要分界点。有学者发现，在风水学中"门口之于整个住宅的关系，几乎是纲目关系，一门定位，纲举目张"。"门为君主房为宾，门转兴移定君臣。"③ 因此，民众在盖房建屋时，不仅要考虑门口设置的便捷性，同时也要请风水先生来化解、布局。例如大门不能高于主房，大门不能正对屋门等，否则会导致贫困。类似"门前水圈门，家里出贵人""走了五鬼门，家道必逢凶"等谚语也都说的是"门"之重要性。④ 不仅如此，在风俗节庆的仪式中，门的空间通过作用，也不断地被标识、强调。对此，我们下节分别论述。

"庙宇和房屋具有宇宙生成的象征意义。"⑤ 家居神圣空间的建构，也因此存在很强的技术性。倘若实用性与风水发生矛盾，就需要采用一定的破解手段。例如，影壁的使用在华北农村有着广泛的分布，靠路的农户大都在院内或者大门对面设立一座影壁。据岳永逸调查，河北梨乡的家居设置中，无论影壁怎样装饰，面对院门，其正中距地面一米五六的地方通常

---

① 根据岳永逸的研究可以知道，今天河北梨乡的房屋建筑，仍大体保持了传统社会的建筑方式和规则。参见岳永逸《行好：乡土的逻辑与庙会》，第110—120页。
② 关于门的信仰的研究，王子今在其《门与门神》（上海三联书店1996年版）这本著作中，对门神祭拜的历史流变、风俗礼仪、禁忌神话、形式意义等内容均做了深入全面的论述。
③ 赵复兴编著：《固安地区民俗辑录》，天津古籍出版社2006年版。
④ 苏洪源：《冀南峰峰矿区庄里村苏氏家族》，欧大年等编《邯郸地区民俗辑录》，天津古籍出版社2006年版，第250页。另参见刘曙升主编《沂源民俗》，第435页。
⑤ 〔罗马尼亚〕米恰尔·伊利亚德：《神圣与世俗》，王建光译，华夏出版社2002年版，第46页。

都有凹进去的空间，用来供奉土地。① 对此，有两种解释。其一，留运。阻挡外来晦气，留住院内运势。其二，防鬼。民众相信鬼魂只会走直路，有了影壁的阻挡，那些外来的邪煞之物便不能轻易闯入家门。于此，土地神亦作为家之空间合法性、神圣性的标志而存在。

此外，石敢当在华北乡村也有着广泛的信奉，作为一种风水镇物用来化煞。宅基直冲通街要道，或者面对庙宇、林岗，人们便认为阳宅犯忌，就必须在道路旁或墙上置"（泰山）石敢当"或"太公在此（诸神归位）"②。凿立石敢当、石碑揭不可以随便行事，而是有一定的时间和规矩。对此《鲁班经》记载："凡凿石敢当须择冬至日后甲辰、丙辰……壬寅此十二日，乃龙虎日、用之吉，至除夜用生肉三片祭之，新正寅时立于门首，莫与外人见，凡有巷道来冲者，用此石敢当。"③ 用时间之吉来改变空间之凶，是风水技术中的常用操作。另外，也有农家因院落窄小不易设置影壁，遂在房子正面安放一块镜子，意在照出靠近宅院的危险事物，亦有辟邪的功能。此即利用镜中形成的虚拟空间来化解实际空间的运势。1826年，直隶④即今河北保定地区的几个村中曾有过祖师会，该会通过一些降神附体仪式给人看病，其中最后的一条仪规是"画符一纸，贴在病人家门外，称系能使邪祟不敢再来"⑤。在这里，纸符所起的基本作用就是强化门的空间区隔功能。关于门的空间区隔作用，伊利亚德在其《神圣与世俗》中论证，世界上的其他宗教文化中，"门"具有同样的意涵。他说，门是宗教的象征，同时它们也是从一种性质的空间进入另一种空间的中媒。⑥

院门、房门、屋门分别将院内院外、房内房外、屋内屋外加以区隔，

---

① 岳永逸：《行好：乡土的逻辑与庙会》，第114—115页。
② "石敢当"的文字记载最早见于西汉史游的《急就章》："师猛虎，石敢当，所不侵，龙未央。"元代陶宗仪《南村辍耕录》中记载："今人家正门适当巷陌桥道之冲，则立一小石将军，或植一小石碑，镌其上曰石敢当，以厌禳之。"石敢当在不同的地方也有不同的样式，有浅浮雕的，有圆雕的，有的刻有八卦图案，有的什么装饰也没有，只刻有（泰山）石敢当。关于"石敢当"的由来，有三种说法：其一，一块神奇的石头；其二，一个姓石名敢当的仙人；其三，姜太公就是石敢当。传说姜太公封神，封来封去，到最后竟然忘记了自己的名姓，最后只好自封为石敢当。于是民众将刻着"姜太公在此，诸神归位"的砖砌于墙壁，用来降服鬼妖。参见叶涛《泰山石敢当源流考》，《民俗研究》2006年第4期。
③ 浦士钊校阅：《绘图鲁班经》，上海鸿文书局1938年版，第36页。
④ 直隶省为清朝单省设总督的行政区之一，行政中心设在保定。1928年改为河北省，下文凡属该行政区域内的地方，均统称为河北省。
⑤ 陆景琪、程歗编：《义和团源流史料》，中国人民大学（校内用书）1980年，第100—103页。
⑥ 〔罗马尼亚〕米恰尔·伊利亚德：《神圣与世俗》，王建光译，第4页。

不同的空间对于乡民来说有着不同的意义，他们会根据空间的差异来判断个人行为的恰当与否。门内为私，门外为公，公共的空间对于私密的个人空间总是存在未知的威胁。因此，如何在"门"这一关卡上设置玄机就显得十分关键，实用的风水学也自然会在此大加发挥，并与其他民俗一起构建起了家内私密空间的神圣性。关于这一点，岳永逸曾以河北"梨乡"为例，对当地"门"的风水观念有过详细的研究。① 从农家院落风水的设置来看，不仅可以明显地体现民众对于私人生活空间之隐秘性的努力维护，其实也有与其他人争夺风水资源的考虑。也即将更多有利运势吸纳到自己的空间范围内的同时，也防止已有的好风水被他人破坏或劫走。②

风水作为神圣资源被民众竞争的事还体现在房屋高矮的设计上。华北较为普遍的说法就是：前排不能比后排高，左边不能比右边高。民众对此的解释是怕被挡了财气，从实际情形来说，这与光线的采集有着密切的关系，也即从地理科学的角度来说亦有其一定的道理。华北乡村中，在盖房时与邻居就高矮闹纠纷的事很普遍。例如农村地区即常有类似案例：两邻居为了争夺风水，不断加盖房屋高度，以致倾家。也因此，农村民居建筑大多都有其内在的规则可循，其中既有整体美观上的考虑，亦有风水方面的彼此照顾，这也在一定程度上起到了防止村落失序的作用。正如陈进国所论，风水作为一套精致的文化象征系统，它"以规避自然界中的各种'异己''克己'的力量，并范导各种'利己''顺己'的力量，从而确立一种臆想中的合理化的时空秩序和生命秩序，以消解个人生活中的边缘情境"③。风水观念反映了人们对时空的认知和理解，也即人们通过风水术对以"我"为中心的时空进行精密布局后，获得存在感和安全感，进而建构起价值秩序，并完成自我认知。在此基础上，人们细致而繁复地运用风水技术指导自己方方面面的生活。对此，我们后文将会陆续谈及。

不仅房屋的建筑需要参照风水规则，住居的分配也同样要顺应风水，即要符合尊卑长幼之序。图 1-1 为沙井村中一户农家的房屋构图。④ 如图所示：一个有着 4 间正房，6 间厢房农户的各房间之大小顺序依次为 C > B =

---

① 岳永逸：《行好：乡土的逻辑与庙会》，第 113—115 页。
② "门"在民众宗教意识里是个特殊的词汇。其引申的意向不仅表现在民间建筑风水上，还常用来指称鬼神、各种宗教的名号和派别，例如，胡黄长（柳）白"四大门"，"某某教门"等，故此民间有成语"歪门邪道"。
③ 陈进国：《信仰、仪式与乡土社会：风水的历史人类学探索》，中国社会科学出版社 2005 年版，第 691 页。
④ 该图引自《中国农村惯行调查》卷 1，第 233—234 页；另参见卷 4，第 59 页。

D>A=E。A、B之间没有间壁，实为一室。因为风水规则中忌5取4，五间是给鬼住的意思。这一点与祭神时摆放祭品或线香要遵循的"神三（或五）鬼四"之规则正好相反。房间E也不住人，一般多为仓库。有钱人家在D、E间不做间隔。H为厨房，无祭坛，与之相对的I也不住人。在房屋不足的情况下，家人居住的顺序根据长幼之序从右到左，再向南分别为A（B）、D、E、F、G、J、K，也即右边的房间为上位。家内若有雇工，就住最下级的房子（J、K），或者住院子（作业场）的房子。房间C摆放祭坛，在这里祭灶神，视为家庭之核心所在。每个家庭的房间数及院落布局未必相同，但神灵的供奉位置与家庭成员根据身份而设的住居安排相对一致。换句话说，在家庭内部生活空间的划分上，除神圣与世俗的布局外，家人身份的尊卑、长幼关系也是构成空间区隔的重要因素。

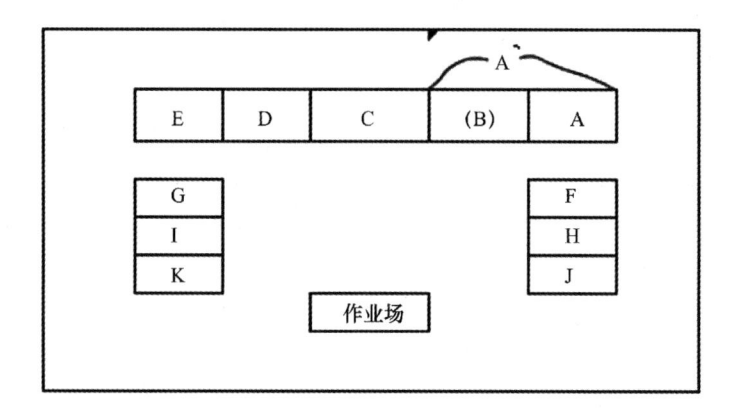

图1-1 沙井村某农户房屋构图

这种世俗社会的长幼之序与风水的上下之分互相依存、匹配，家居空间的神圣性由此得以建构。同时，日常禁忌与风水习俗的结合亦在实践层面加强了民众对房屋空间的认知，并以此做内外区隔的基本划分。例如，家中的镜子不能正对着床或房门；熬中药的砂锅不能放在衣柜或窗台上；前不栽桑，后不栽柳，家院不栽鬼拍手（杨树）；有瘟疫的时候，用桃树枝做成一个小弓，用五色线做弓弦，同时把一块红布尖一起悬在门上，可以避瘟疫；喜鹊对着房屋叫为吉，乌鸦叫则为凶等，各种禁忌都被民众小心遵守。① 类

---

① 静海县志编修委员会编著：《静海县志》，天津社会科学院出版社1995年版，第724—725页。另参见蔺朝国《磁县北贾璧村蔺氏宗族与民俗》，欧大年等编《邯郸地区民俗辑录》，第210—211页。类似的民间禁忌的说辞在华北地区很是普遍。

似的禁忌习俗并不像房屋风水那样需要阴阳先生的专门指点，而是作为生活常识为民众所熟知。繁复的禁忌习俗在华北乡村各地都有，具体内容略有差别，但大体都是通过谐音、颜色、联想等方式附会而成，并得以广泛传播。

禁忌的来源很大程度上是乡村民众的生活经验之总结，虽则缺少科学根据，但在某些情况下，却对缓解乡民的焦虑情绪，维护其空间安全感等方面发挥着一定的效用。与禁忌相比，黄历则是根据五行八卦等术数系统，从时间上判断人们行为之吉凶性质的另一重要手段。乡民大到婚葬、动土，小到出行、言谈，莫不参照黄历而行。换言之，日常信仰空间的存在要与神圣时间的设定相互结合才能有效。总之，无论是风水，还是禁忌，事实上都是以对超自然力量的安抚技术为存在基础，并保证家居空间安全的巫术手段。二者的不同之处就在于风水具有趋利避害的两面性，禁忌则是单纯的避害行为。

在风水、禁忌共同建构起来的神圣家居空间中，神灵和祖先的牌位得以安置。新房建好后，第一件事就是请神。为神灵设位既是房屋建设的收束工作，也标志着新居生活的开始。金镐杰关于山西窑洞村的民居民俗研究中，也论证了类似民俗事项的存在和意义。① 在祖先牌位外，华北乡村社会供奉最多的神灵即门神、财神、灶神、土地神和天地三界十方万灵真宰（另有天地君亲师十方万灵真宰的神名及后文论述的天地十方三界的神棚）。仅从名称上就很容易看出，除财神外的其他被普遍供奉的神灵都有着明显的空间特质。而普遍被供奉的财神，从根本目的上来讲，也同样反映了民众通过财源广进来稳固家居空间的意愿，或者说普遍的财神信仰是民众的空间意识最终物化的象征和证明。20世纪二三十年代，有条件的北京农民家中大多都有一个造价不菲的财神楼，当外人走近财神楼时总会受到主人有意无意的监视，因为担心自家财神爷被冲撞。在相对稳定的空间社会中，人们扩大自家空间影响力的途径并不多，钱和权是其中最有效的方式，比起权力的获得，对民众来说，获得金钱更有可能也最为便捷。因此，财神就成为传统社会中最受民众欢迎的神灵。

除了普遍被供奉的居家神灵，民众还会根据自家的实际情况，在家庭不同方位，供奉其他神灵，比如井神、马神、床神、厕神、四大门、观音、关公等。甚而，民众直接在自家神案中供奉全神神案，这实为民间多神信仰的典型体现。从民众的多神信仰态度来说，他们对于自身生活空间

---

① 〔韩〕金镐杰：《山西省吕梁西部地区窑洞民居民俗研究——以柳林县三个窑洞村落为个案》，博士学位论文，北京师范大学，2001年，第93—97页。

安稳的追求要重于对神灵的信仰。或者说，多神的信仰正是民众维护生活空间安稳的必要手段。对此，黄育楩在其《破邪详辩》中说："将天上人间并阴间所有诸神，尽数置一棚之内，名为全神。"① 多多益善的多神信仰反映了民众唯恐挂万漏一，影响家居太平的心理。通过诸种神灵的供奉，整个家居空间可以说又被化解为许多小空间，比如灶神、厕神、门神、床神、井神、仓神等都各守一方，共同构建起完整的家居神圣空间。

对于家庭来说，血缘是维系家庭最重要的要素，家庭成员以孝为核心形成必要的秩序和等级，以维护家居空间的稳定和平衡。其中，家庭内部所供奉的神亦拟照血亲关系，参与到家庭秩序的建构中。依此，家神自然像家人一样获得了相应的亲属身份，如爷、奶、娘、姑、婆、公、祖等神灵的后缀称谓就在情感表述中拉近了神人距离。由此，神灵既获得了家庭身份，当然也就具有了保家的责任。家和庙的一体化，即有家居神圣空间相对独立的内在之意。

总之，每一个家庭供奉的神灵都不一样，每一神灵都处于不同的方位，同一神灵在不同家庭中也处于不同的地位或方位。可以说，一个家庭即一个庙宇。于此，民众以家庭为中心，建构起属于自己的神圣时空（这一时空是相对独立和私密的），以实现自己当家做主的价值追求，即安全感。又或者说，无论是神，还是人，家居的空间属性是其获得身份和世界观的根本。

二 日常风俗中的时空观念

华北乡村社会中，岁时年节中的神灵供奉是风水、禁忌之外另一项重要信仰内容。与村神祭祀不同，家神祭祀一般都与各个时节相对应。虽然也有些家庭每日供奉特定神灵或者给祖先上香，但大多数家庭都只是在特殊日期才会敬神或拜祖。因为人们认为在特定神圣时间内祈福或者辟邪才会更灵验。从另外的角度看，民众对于信仰的委身是季节性的、周期性的，而不是一种长期的交换过程。这种性质的委身不需要特定的宗教组织来定义或监督，只需要根据时节的变换周期性地重复一定的仪式即可。② 换言之，民间信仰的神圣时间是以神圣空间为轴心的。

---

① 黄育楩：《破邪详辩》，载中国社会科学院历史研究所编《清史资料》第3辑，中华书局1982年版，第121—122页。
② 斯达克将"宗教委身"定义为"人们及时满足跟神的交换条件的程度，这些条件是由一个特定宗教组织的解释所列出的"。参见〔美〕罗德尼·斯达克等《信仰的法则——解释宗教之人的方面》，杨凤岗译，中国人民大学出版社2004年版，第127页。

民国以来，政府大力推行阳历，新知识分子也力图将废除阴历（即农历）作为"反迷信"的手段。然而事实上，乡村民众的传统时间观念早已融会到他们的生活习俗之中。① 因此，国家政权的更迭，各种激进思想的传播并没有对他们的生活观念带来根本性的触动和改变。不仅婚丧嫁娶等依然择期选日，一般的信仰习俗也都得以保存。从年初到年末，民众日常生活仍旧以传统节日作为重要的时间标识，并在节日当天特别地予以庆祝或纪念。根据地域不同，各地的习俗亦有差异，不过近代华北地区节日内的主要活动还是大同小异的。下文即通过对几个主要的传统节日的各种祭神活动的考察，来进一步分析家内民俗信仰空间的存在。

正月初一，也即春节。"春""节"表示初始，时空更新的节点，是乡村社会中最为重要的节日。这一天早上的"第一件事就是在天地神、财神、灶神、门神与祖先等供奉处，供上饮食。然后焚香，点烛，烧纸，放鞭炮，合家跪拜行礼。拜完祖先神佛，小辈才会向长辈拜年"②。此时，神佛祖宗和家人共度新春，同处家居这一神圣空间之中，他们不仅要享受美食，而且和家中在世的长辈一样，欣然接受家人跪拜，并赐祝福给家庭。自家互祝新春后，接下来要等待亲朋好友、左邻右舍等前来拜年，自己也会走出家门到其他人家去拜年。一般情况下，拜年的人进屋后要先向堂屋中的神像叩头，然后再按照辈分给人拜年。③ 对民众来说，家庭神圣空间向外开放的时刻，在一年中仅此一次。需要注意的是，人们在接受亲邻登堂拜年时也做了必要的防护准备。比如鲁东南地区、河北、内蒙古赤峰地区的民众于大年初一早上都在自家门口放上一根拦门棍，以防止来拜年的人将晦气带进门，将自家福气带走。同时，被祭拜过的门神也在外人入院时承担着监察责任。换言之，外人要经过身体被净化、监察的程序后，才可通过院门、影壁、屋门等屏障，进入院内的神圣空间。在亲邻互相拜年后，民众也需要到坟地去拜祭。④ 因为，请回家过年的祖先仅是血缘上最近的两三代，远祖则需要到作为阴宅的坟地去祭拜。或者说，阳宅的家，只对在时间上相对亲近的祖先开放。

总之，人们穿新衣戴新帽、打扫庭院、吃饺子、换新神像、在门口贴上新对联等各种行为，都不仅是事实上的空间更新、清洁的行为，同时具有一

---

① 下文中凡未特别标明之处，用汉字表示的日期均为农历。
② 李景汉编著：《定县社会概况调查》，上海人民出版社2005年版，第392页；《中国农村惯行调查》卷4，第59、434页。
③ 《中国农村惯行调查》卷1，第253、260—266页。
④ 《中国农村惯行调查》卷3，第132—133页。

定的仪式象征性,并成为内心世界的一种自我更新和鼓励,以准备迎接新一年。新年中的忌讳也特别多,例如不能打碎家具碗筷;不能说不吉利的话;不喜欢乞丐登门乞讨……以此来努力维护家内神圣空间的安全。同时,与其他节日相比,新年中的家庭在某种程度上也具有半公开性。人们彼此串门拜年,平时有矛盾的邻居、亲戚等在这一天也会互相打个招呼,恭贺新年,以此辞旧迎新。此时的乡民都慷慨地互相分享祝福,共同营造新年气象,亦被和谐的气氛所感染,直至初五。初五这日是新年禁忌破除的日子。因此,华北乡村称此日为破五,南方称隔开日。在此时间节点,经由一定的仪式,春节的神圣空间过渡为世俗空间,意味着新年的结束。初五民众开工劳动,财神下凡,送穷娘(神)于门外。送穷娘就是大扫除,将初一至初四的垃圾清除至门外点燃,同时放鞭炮。穷是百姓最为害怕的,因此民间专设送穷日,把穷神赶出家门,象征性地洁净旧门户,企盼今后能送往迎来、发家致富。此类相关记载,南北地方志中皆较普遍。

春节过后,接下来的重要节日就是正月十五元宵节,也称上元节,是一年中的第一个月圆之夜。这一天,无论是对村落还是对家庭来说,都是十分重要的日子。很多村落会举行集体活动,村民大多都会参与其中。与新年相比,元宵节中各个家庭内部的神圣空间对外人来说是相对封闭的。村民在这一天即使有走街串巷的灯会活动,也仅限于在各家院门前表演一番,最多会走入各家宅院中进行简单的祭神仪式或说些吉利话,而不会像过年时那样可以随意进入屋门内。同时,各家庭除参与集体的灯会活动外,还会在自家各个门前、墙角等处摆放自制的灯笼等,并把新年时迎来的天地爷、财神、关公等神送上天,表示新年的真正结束。① 关于放灯的习俗,虽然不同地区各有差异——河北地区燃放孔明灯,山西晋中地区点社火,内蒙古中部地区撒路灯②等。但各种灯火的摆放位置都明显具有空间象征性;同时,灯火本身即有点亮空间的作用,所以,其中的寓意也是不言自明的。另外,民众努力用各种灯光照亮宅院甚至周围街道的仪式本身和全家人吃元宵一样,也有期盼日子团圆、红火的意思。

二月的第一个节日是龙抬头日。所谓"龙抬头"是指农历二月二日位于青龙颈部的角宿出现抬起的天文现象,也是季节变化的重要分界点,即大地回春,万物复苏之时。华北大部分乡村都有这天吃面条、炸油糕、爆玉米花或炒豆子的习俗,意喻"挑龙头""吃龙胆""金豆开花,龙王升天,兴云

---

① 《中国农村惯行调查》卷3,第3、82页;卷4,第59、434页。
② 撒路灯就是把棉花或谷糠包在纸里,蘸上汽油,撒放在路边或各家门口,甚至坟地。

布雨，五谷丰登"，以示对大地之上阳气上升的庆祝。河北省栾城县在太阳没出来前不能打水，理由是太阳没出来前打水的话，井中的龙正抬头，打水会碰到龙头，同时还会祭祀土地神，① 否则便会影响该年气候，不利于风调雨顺。定县乡民则用新灰撒在井边上，再由井边引入院门与屋里，叫作"引龙"。还有的家庭用秫秸做出许多小鸡形状，插在屋里墙上，意思是用它来吃蝎子等毒虫。② 山西安泽县"贴画葫芦于屋壁，以避毒虫"③。山东沂源乡民早晨在庭院、场院用灶灰画灰圈，具体做法：用柴灰由小到大向外延展画同心圆，并在圆圈中心埋上几粒粮食后压上小石板，以祈求丰收。同时还将灶灰撒在门前，以驱邪避毒。妇女在这天不做针线活，防止扎瞎龙眼，影响风调雨顺。④ 乡村民众通过以上种种具有象征性的空间巫术仪式来迎接时令转换，以使整个家庭在接下来的时节里能平安度过。

清明节。《历书》记载："春分后十五日，斗指丁，为清明，时万物皆洁齐而清明，盖时当气清景明，万物皆显，因此得名。"⑤ 在此日，阴间得不到祭祀的野鬼会出没于阳间，给人们带来潜在的威胁。而柳树在人们的心目中有辟邪的功用，被称为"鬼怖木"。人们为防止鬼的侵扰迫害，在门上插柳驱鬼。这一天的另一重要习俗就是墓祭祖先，即到坟地去烧香焚纸摆供品等，所谓"'清明日'祭扫先茔，填土于墓"⑥。有每家每户单独祭祀的，也有同族一起祭祀的，还有家、族祭祀分别进行的。⑦ 在此阴气重于阳气的时日里祭祀先祖，既是传统孝道的体现，同时也是有效沟通阴阳两界关系，安抚亡灵，以保证阳宅太平的重要手段。在民众的意识里，阴阳两界并非决然分开，死去的祖先依然需要后代的香火祭祀，否则便会作祟家人，使之不得平安。

端午节（也叫端阳节）在五月初五，端为初始之意。之所以称为"端午"是因为这一天的午日太阳行至中天，达到最高点，午时尤然，故称为"天中节"。不过，顺义县从五月初三即开始过节。顺义县端午节早上纷纷

---

① 《中国农村惯行调查》卷3，第82、133、46页。
② 李景汉编著：《定县社会概况调查》，第393、396页。
③ 民国《安泽县志》，丁世良等编《中国地方志民俗资料汇编（华北卷）》，书目文献出版社1989年版，第647页。
④ 刘曙升主编：《沂源民俗》，第244页；另参见蔺朝国《磁县北贾璧村蔺氏宗族与民俗》，欧大年等编《邯郸地区民俗辑录》，第209页。
⑤ 转引自张枫逸《让清明节祭祀真正"清明"起来》，《兰州日报》2013年4月3日第2版。
⑥ 《续修嶂县志》，丁世良等编《中国地方志民俗资料汇编（华北卷）》，第564页。
⑦ 《中国农村惯行调查》卷4，第86页。

把艾草、蒲棒、枣枝插在门上，在门上贴符纸，在孩子的肩膀上缝符。①也有挂荷包辟邪的，女人则在辫子上插艾叶。俗语有"端午不带艾、死了变个土拉块"。不论男女，一直系到十几岁。② 定县地区"家家的门前，都插着艾和杨柳条，并用红纸剪成'葫芦'，贴在门上"③。山西襄垣县"门悬艾虎，酒泛菖蒲，亲戚以角黍相饷。儿童系'长命缕'，涂雄黄沫，以避蜓虫"④。武乡县"包角黍相馈遗。采艾戴，饮雄黄酒，悬艾虎于门首，小儿戴五色线、系百索，以雄黄涂耳、鼻孔，谓之'避恶'"⑤。这里可以看出民众将身体的空间意识与家庭的空间感觉融合在一起，以维护身家安全的努力。其中，小孩子是家庭之希望，但是身体空间却比较软弱，因此容易受邪祟之侵，就格外需要一些禁忌行为来保护。另外，民间有端午祭祀屈原的说法，事实上，对华北乡村民众来说，他们更为在意的显然不是节日的纪念性，而是春夏之交，艾草、角黍、雄黄、荷包、柳枝、五彩线等具有明显季节性特征的物件，在此时此刻所具有的神秘功能，借此祈愿身体空间能顺利适应时空的自然迁转。可以说，神圣的节日时间本身，即是民众获取日常空间安全感的要素、途径或者手段。在这里，空间显然具有不言而喻的主体地位。

农历七月初七是七夕，又叫乞巧节。《周易·复卦》有："反复其道，七日来复，天行也。"孔颖达疏曰："天之阳气绝灭之后，不过七日阳气复生，此乃天之自然之理，故曰天行。"⑥ "来复"有生命轮回之意，那么七夕即为庆祝生命复生（生育）之节。近代华北乡村的民众于傍晚时分，便把摆满各种时令水果的桌子抬到院子里供奉月神。女孩子在院内桌前烧香叩头，然后穿针引线，以祈求心灵手巧并由此实现爱情美满。也有人把装满水的碗摆在桌上，烧香叩头后，再把一根针放入碗中，通过观察针下沉的情况，来预测将来是否精于手工。瓜果初熟、气候宜人的季节里，生命复生于天人相合、阴阳相交之时，于此，女孩子借由乞巧寻觅爱情的意涵也由是而生。男欢女爱即为婚育之始，敬奉月神（代表阴），确是以人道顺应天道，完成身体空间与宇宙空间的契合。

七月十五为中元节，也叫鬼节或盂兰会。祭祀仪式类似于清明节，不

---

① 《中国农村惯行调查》卷1，第265页；另参见卷4，第59页。
② 《中国农村惯行调查》卷4，第437页。
③ 李景汉编著：《定县社会概况调查》，第394页。
④ 民国《襄垣县志》，丁世良等编《中国地方志民俗资料汇编（华北卷）》，第612页。
⑤ 民国《武乡县志》，丁世良等编《中国地方志民俗资料汇编（华北卷）》，第632页。
⑥ （清）阮元校刻：《十三经注疏》，中华书局1980年版，第38—39页。

同之处在于清明节仅祭祀先祖，而中元节还需要在路口、河边、荒野等处焚纸、烧香给没有家人的孤魂野鬼。河北昌黎县有七月十五日在新坟上插麻和谷子穗，并烧纸的习俗。① 山西马邑县"家家携酒脯，拜祭先陇，如清明。以麦面蒸作孩提状，曰'面人'，互馈亲戚之幼者"②。河北赞皇"祭扫先墓，烧地头纸"③。河南新乡中元节为放焰日，并放河灯、路灯，以为幽魂照路。因为传说该日酆都鬼城会把所有的鬼都从阴间放出来，而此时阳间正是瓜果、谷物新熟之际，因此人们为防止被鬼祟，遍地祭祀。山西、河南等地还比较普遍地上演目连戏，以超度那些死后仍游荡人间的孤魂野鬼。在这种仪式剧的高潮中，观众可以直接参与其中，切身地体验一种人鬼共存的神秘意境。④ 当然，这种对公共空间的孤魂野鬼进行安抚的根本目的，是为维护家内私密空间的安全。

八月十五中秋节，家人团聚，并以吃月饼、拜月为主要活动内容。月饼是圆形的，"圆"即"完满"的意思。在定县农村的晚上，乡民"在院里对着月亮放一张桌子，上头放一个香炉，几个盘子，盘子里摆满了月饼，点心，葡萄，梨等供品。并且焚香，烧纸，向月跪拜，叫作'供月'。拜罢以后，所供的东西，合家分食"⑤。民众"必吃的月饼也象征团圆之意，代表人生圆满无缺的意境"⑥。民间虽有"男不拜月，女不祭灶"之说，不过，也有地域差异性，例如山东历城地区便男女皆拜月，其他地区女人祭灶也颇为常见。⑦ 事实上，乡民欢度中秋节的主旨是在秋收时节月圆时分向神灵表达谢恩之意，并借此享受家庭空间圆满之美。北京⑧房山区的上岸村在八月十五的时候会举行谢秋活动。那时，会首事先到各家敛钱，然后领着村民到龙王庙前烧香上供。同时在黄色的纸条上写好"大报

---

① 《中国农村惯行调查》卷5，第121—132页。
② 《马邑县志》，丁世良等编《中国地方志民俗资料汇编（华北卷）》，第557页。
③ 《赞皇县志》，丁世良等编《中国地方志民俗资料汇编（华北卷）》，第122页。
④ 侯杰、范丽珠：《世俗与神圣——中国民众宗教意识》，天津人民出版社2001年版，第362—365页。
⑤ 李景汉编著：《定县社会概况调查》，第394—395页。《中国农村惯行调查》卷3，第3、133页；卷4，第59、436—438页。
⑥ 李少兵：《民国民间传统礼俗文化研究——地方志、田野调查的综合考察》，《历史档案》2003年第2期。
⑦ 《中国农村惯行调查》卷3，第3页；卷5，第457页。
⑧ 1928年北伐战争后，北京改名为北平特别市。1930年6月，北平降格为河北省省辖市，同年12月复升为院辖市。1937年七七事变后，伪中华民国临时政府在此成立，且将北平改名为北京。1945年8月日本投降后，重新更名为北平。1949年再次更名为北京。为行文方便，本书统称为北京。

龙天"四个字，贴在每户门口，院子有几户就贴几张，以表示对苍天和龙王的感谢。① 民间有"七月十五定旱涝，八月十五定收成"之说，其中所体现的正是年俗佳节作为乡村节气标识的重要功能。而中秋节是诸多民俗中禁忌较少，而专以庆贺为主的节日。

九月九日为重阳节。"九"在五行中为极阳之数，此日日月并阳，两九相重，故而叫重阳，也叫重九，是一年中阳气最盛的一天，鬼怪不现，所以民众以为大吉，登高祈福，也称登高节。人们在此阳盛阴衰的日子里，拜神祭祖，宴饮求寿。对民众来说，是少有的出门祈福的传统节日。同时，民众亦"研茱萸酒，洒门户以俟禳。"王子今以为此种民俗当然与民众的"门户"崇拜意识有关。② 显然，"俟禳门户"和"登高祈福"是这一节日里人们空间意识的行为表达。

农历十月初一寒衣节，也称下元节，与清明、中元并称"三大鬼节"，其来源于秦时孟姜女为修长城的丈夫送寒衣的民间传说。③ 由于正值入冬第一天，天气寒冷，乡村妇女在这天剪纸作衣，祭祀祖先，叫作"送寒衣"。山西马邑县乡民"携酒脯，拜墓祀祖先，剪纸为衣，焚之垅头"④，此为墓祭。另"有祖坟过远，不能往祭，而烧纸衣于门外者"⑤。此外，十字街口在乡民信仰意识中明显具有特殊的空间象征性。至今在华北、东北等地仍有远离家乡的人们在十字路口烧纸烧香遥寄祖先的习俗。传统习俗中亦有"秋后天凉，农家都要糊窗，可是在十月初一以前要把窗户糊好，就得在窗上的一角留一小孔，等到过了初一以后再补着糊上。据说鄷都城于七月十五日放出来的鬼，在十月初一就得回去。若早把窗户糊好，不留一孔，那就把鬼糊在屋里了"⑥。在民众意识中，鬼虽属阴界，但在特定日期和场合下，也可能与人处于同一空间内。换句话说，在阴气上升、阳气下行的时空，如果不对鬼魂进行适当安抚，便会造成日常生活空间的失衡。

腊月二十三日，民间俗称"过小年"。从这天开始，人们开始准备过年。"家家吃糖果，大扫除，使屋子院子各个地方，都干净整齐，预备过年。"⑦

---

① 刘铁梁等主编：《中国民俗文化志·北京·门头沟区卷》，中央编译出版社2006年版，第158页。
② 王子今：《门祭与门神崇拜》，陕西人民出版社2006年版，第107页。
③ 顾颉刚：《孟姜女故事研究集》，上海古籍出版社1984年版，第214页。
④ 《马邑县志》，丁世良等编《中国地方志民俗资料汇编（华北卷）》，第557页。
⑤ 《翼城县志》，丁世良等编《中国地方志民俗资料汇编（华北卷）》，第651页。
⑥ 李景汉编著：《定县社会概况调查》，第395、399页。
⑦ 李景汉编著：《定县社会概况调查》，第395、399页。

其中较为重要的仪式就是送灶王爷上天，又称"祭灶"。传说灶神是玉帝监督各家庭的神祇，一般供于灶上。以丰润县为例，腊月二十三下午，每家都用秫秸篾子扎成三匹马，在面箩里放些草料，"喂"马匹，边"喂"边诵："大马驮金，二马驮银，三马驮聚宝盆。"意谓送灶王上天述职后给该户驮回财宝。晚饭后，全家在灶旁祭祀。将灶王像从墙上取下放在马背上，然后将糖瓜贴在灶门口上并祷告："灶王上天，好话多说，坏话少说，破的烂的给瞒住。"祷告完毕，焚化纸马。祭毕，家人分食糖瓜。① 作为一家之主的灶神，在家庭中的位置甚至不次于祖先。即使家庭再大，人口再多，只要不分家，便只能供一个灶神。因为灶是家的代表，一家一灶。倘若分家，则灶神也要随之分开。其他的神灵可以不供奉，但灶神则为必祀之神，并成为家庭共同体存在的空间象征。② 据阴阳家言，腊月二十三日以后的七天，"诸神朝天，百无禁忌，民间嫁娶可不必择吉日矣"③。换句话说，这段时间家内信仰空间中的神圣性暂时隐退，这既是民众除旧布新之心情的体现，也反映出民众日常生活空间具有世俗与神圣的双重特征。

十二月三十日除夕。④ 乡村里家家户户男女老少都穿上新衣服，预备过年。贴春联，贴纸花，贴门神⑤，贴灶王⑥，贴天地神、关公、财神、土地等。糊灯笼，预备香烛，黄纸等。洒扫房屋，院子，街道等，到处都被清洁整理，以示新年气象。到了晚上，家人则在各种神灵与祖先灵位等处，烧香，点烛，挨次行跪拜礼。同时，在街门口挂上灯笼，叫"天灯"。拜完神灵以后，家中男女老少，同族长幼，聚在一堂，欢呼畅饮，叫"喝年酒"。夜里，全家都不睡觉，一边吃喝，一边说笑，叫"熬岁"。还有人家在院中地上撒芝麻秆，叫"撒岁"。另外，祖先的亡灵也被家人迎接回来一起过年。除夕晚间，"由家里的男人和小孩手里拿着谷草，到祖先的

---

① 魏宏运主编：《二十世纪三四十年代冀东农村社会调查与研究》，天津人民出版社1996年版，第443页；另参见《中国农村惯行调查》卷1，第262页；卷3，第3页；卷4，第59、434、438页。
② 《中国农村惯行调查》卷4，第59页；卷5，第457页。
③ 《翼城县志》，丁世良等编《中国地方志民俗资料汇编（华北卷）》，第651页。
④ 除夕，也叫新年。民间传说中，"年"是一种凶猛的野兽，每年冬季都会给乡民带来很大的灾难。为此，人们想出用大的声响来驱逐它的办法。此后，"年"不敢再来，民间却留下了过年的习俗。
⑤ 各地所贴门神一般为秦琼和尉迟敬德，均做怒目圆睁、杀气腾腾之状。也有贴钟馗的，乡民认为门神可防凶魔进宅。
⑥ 灶王在二十三送上天后，7日后返回家中。灶王像边上的对联一般是"上天言好事，下界降吉祥"。横批是"一家之主"。有的神像只有灶王爷一人，有的还增加了灶王奶奶，是模仿人间夫妇的形象而作。

坟地，先把谷草点着，再挨着次序向坟头叩拜，嘴里还说'老爷，老奶奶回家里吃水饺子'。祭完之后，便往回走，一路上不许谷草熄灭，嘴里仍不断的叫着'老爷，老奶奶回家吃水饺子'。到家门，就把谷草焚在门外，只留一根，供在屋里祖先牌位的前面，并供些食品。这样每天三餐的供奉到五天，再焚纸把祖先送回坟地，这叫'燎星'"①。十二点过后，各家开始放鞭炮，吃饺子，家内神圣空间也随着神圣时间的结束而完成了过渡，新的一年开始。

上述这些节日风俗在华北各地都类似。此外，一些地区或村庄也有各具特色的节日。例如河北省顺义县等地，乡民在六月雨季时有剪小纸人挂在门左侧的习俗，以祈求天晴。②栾城县的花神生日是正月二十日，在棉花仓库的墙壁上贴上神像，然后烧香祭拜。二十五日祭祀粮仓神，在谷仓的屋墙贴神像，烧香祭拜。二十五日打囤，即从灶里掏出灰，在院子里画出仓子、梯子的形状，在正中间放上粮食给鸡吃，以祈求丰年。③山西安泽县"四月一日插皂角叶于门首，亦有贴印牛者"④。山东单县农村正月初七有火神会，村民扎制火神像，搭建神棚，烧香礼拜，夜深时到村南焚烧神像。⑤尽管因地区差异，华北各地的风俗习惯未必相同，但所反映的民众宗教意识却是一致的。家庭内部的信仰不仅具有明显的空间性，而且具有整体性。神灵信仰与依据天干地支、五行风水产生的巫术相互对应，共同构成了家庭内部的信仰体系。另外，各地不同的信仰习俗也正反映了区域社会空间的存在及其相对独立性。

综上所述，随着季节的变换，家内的神圣空间通过一定的信仰仪式完成周期性的更新。其中饮食、衣着的各种讲究，屋院的洒扫、装饰等行为都是空间过渡仪式的表现内容。伊利亚德说："在节日中，生命的神圣向度得到了恢复，节日的参与者体验到了人作为一种神圣创造物的神圣性，而在所有其他的时间，总会有着将这种基本的东西忘却的危险。"⑥进言之，民众通过圣化节日的仪式，将流动的、不可把握的时间囿于与"我"

---

① 李景汉编著：《定县社会概况调查》，第266、399页；《中国农村惯行调查》卷4，第438页。另参见〔美〕杨懋春《一个中国村庄：山东台头》，张雄等译，江苏人民出版社2001年版，第92页。魏宏运主编：《二十世纪三四十年代冀东农村社会调查与研究》，第438页。
② 〔日〕直江广治：《中国民俗文化》，王建朗等译，第81页。纸人被叫作"扫晴娘"。
③ 参见《中国农村惯行调查》卷3，第82、133页；卷4，第434页。
④ 山西《安泽县志》，丁世良等编《中国地方志民俗资料汇编（华北卷）》，第646页。
⑤ 山曼等编《山东民俗》，山东友谊书社1988年版，第351页。
⑥ 〔罗马尼亚〕米恰尔·伊利亚德：《神圣与世俗》，王建光译，第46页。

有关的空间之内,并通过年复一年的重演、强化,最终获得生命的空间安全感和归属感。

在某种情况下,家内的祭神活动还会延伸到家外。但这种空间范围的延伸或转移并不妨碍家庭作为信仰主体的存在形态,仍保持其相对的私密特征。例如,定县"农家在场上收粮的时候,先要向农神上供,焚香,烧纸,并放鞭炮,为求丰收。他们还不愿意别人打听粮食收成,更不愿意被人问粮食快要收完了没有。他们认为这类话,都是不吉利的。恐因一语之错,少打几斗粮食"①。房山地区的农人不愿意外人夸自己家庄稼好,因为据说如果被青苗神听见,自家庄稼的收成就会被降低。该区在秋收时还有"祭堆"的习俗。即村民在准备打场(即给收回的麦秸脱粒)时,首先把木锨、扫帚插到麦堆上,把簸箕也放在上面。麦堆在场子正北位置,人民在麦堆前面放上桌子,摆上供品,再烧一股香,恭恭敬敬跪下磕三个头,求老天爷保佑多打点粮食。祭祀完毕才开始扬场。②显然,在谷场中,人们可以根据需要,临时建构起一个家内信仰空间用来祀神求福。另外,农忙的时候,农人在地里干活,离家很远,不能回去吃饭,家里就要送饭到地里。在吃饭以前,先盛一勺饭,撒在地上,敬"青苗神"。据说此神手拿鞭子,绕地行走。吃饭不敬他的,他就鞭打庄稼穗,叫庄稼不茂盛。凡是吃饭敬他的就使庄稼茂盛。③这里,农人自家的田地也与青苗神之间构建起了一个相对独立的神圣空间,并由此形成互惠互利的神人关系。即,民众会根据自己的身心转移,临时建构起神圣空间。

不仅各地祭祀仪式有差,甚至同一地区、同一村落内的不同家庭之间都各有自己的祭神仪式。例如乡间麦秋时有祭祀青苗神的习俗,房山区的上岸村要集体祭祀,其他村落则各家单独祭祀。同为坝房子村的家庭,彼此之间亦有差异:

> 生活比较富裕的人家,祭拜前先买来青苗神的画像。然后在太阳刚露头时,在自己家的院子里正北方向,放上一张八仙桌子,往桌上摆一个斗,斗口封上红棉纸,再贴上青苗神像,点三炷香。没有香炉的人家,就用碗盛上谷子或高粱当香炉,供品是点着红点的馒头。祭

---

① 李景汉编著:《定县社会概况调查》,第396页。
② 《满铁调查》卷5,第441页,另参见刘铁梁等主编《中国民俗文化志·北京·门头沟区卷》,第157页。
③ 李景汉编著:《定县社会概况调查》,第396页。

青苗神时，祭拜人跪下朝青苗神连续磕三个头，求青苗神保佑苗子长得水灵、整齐、壮实，好多打粮食。那些日子过的紧巴的，只有一二亩地的，就简单多了。他们在日出之时，在自己家的地头上点上三炷香，摆上一包中果条（即江米条），直接对着地里的庄稼苗磕头。然后，再把一点供品揉碎撒到地里，给青苗神抹抹嘴，祭祀就算完毕了。①

祭神仪式的繁简反映了不同家庭的经济水平，家庭经济结构也会影响家庭神灵体系的设计。也可以说一家即一庙，家庙同构的情形在近代华北乡村是普遍存在的。例如，养马的人家会祭祀马神，做生意的人家会祭祀财神等。② 家庭之间祭祀仪式的差异性一方面是家庭私密信仰空间的体现，另一方面也是其具有相对独立信仰体系的重要内容。

乡村家庭中的神灵供奉是家庭信仰空间独立存在的重要象征，关系着家庭自身的福祸安危，也因此具有一定的私密性。一些地区即使在春节时可能会有允许外人敬拜自家神灵的习俗，但此时的神灵仍是作为家庭的一部分来接受外人敬拜的，而非村庙中的神灵那样会赐福给所有村民。甚至在河北迁安和乐亭的农家，家内供奉"四大门"③的神案，平时都会特意用红布遮盖起来，不准外人随便观看。自家人则于每月的初一、十五在神位前摆上供品，点香叩头祷告。其祷告内容无外乎保佑农业生产丰收，全家安泰之类。④ 山东青州地区的人们将家中所祭的土地神，亲切地称为"看家的"，内蒙中东部地区也将家内祭神统一称为"保家仙"。如果说庙会上的神灵福佑一方，村庙的神灵祝佑一村，那么家神的神力范围则仅限于一家一户，或者说，这是一种空间有效性，超越了家的空间界限，神的福佑便会失灵。另外，家庭信仰空间的相对公共性正是民间信仰的空间系统得以完整建构的基础。

总之，血缘家庭是近代华北乡村民间信仰的基本单位。家内信仰空间中，以祖先崇拜为核心的神圣秩序，与以家主为核心的世俗秩序合二为一，共同形成相对稳固的神人共居的家庭空间形态。"一人得道，鸡犬升天"的民谚可以说是其生动写照。一家即一庙，家庙同构。因此，家神的供奉频次要远远高于其他神灵。

---

① 刘铁梁等主编：《中国民俗文化志·北京·门头沟区卷》，第156页。
② 刘铁梁等主编：《中国民俗文化志·北京·门头沟区卷》，第166页。
③ 关于民间四大门和四小门之称谓，不难看出"门"字在民众时空观念中所代表的内涵。
④ 魏宏运主编：《二十世纪三四十年代冀东农村社会调查与研究》，第443页。

第二节 人生礼仪与信仰空间的过渡

家庭信仰空间的存在，不仅体现在节令风俗的往复更新中，在人生的礼仪中也有充足的体现。本节内容借鉴了人类学家范·根纳普提出的过渡礼仪这一理论，分别就华北乡村社会中的出生、婚嫁、丧葬三种礼仪习俗进行探讨。如果说家庭信仰的节令习俗更多的是同一空间内时间的轮回过渡，那么人生礼仪则更多地体现为不同空间内时间的循序过渡。同时，也是将个人的身体空间纳入家庭生活空间的信仰仪式。

一 出生礼仪的空间融入

俗语有"不孝有三，无后为大"，血缘的延续是民众时间意识在现实空间里的落实。家庭之新生成员的增加是家庭香火延续的重要前提，也是家庭信仰空间得以改变的契机。因此，产妇生产时在饮食起居等各方面都会获得特别的照顾，当然也会有很多禁忌。关于孕妇和新生儿的各种禁忌，事实上都是婴儿这一新个体融入家庭信仰空间的必要过程。在此基础上，家庭做好迎接新生成员及其所带来变化的准备。对民众来说，这些既是保护母婴安全之需要，也包含着家人对于血缘继嗣的重视。有子即有后，无子即无后。无后不仅是血缘时间的终结，也是家庭空间的潜在消亡，因而，华北民间把无子叫"绝户"。由此可见生育对于民众的意义之重。

怀孕乃男女顺应天地之道阴阳相合的结果，但自受孕之日起，女性身体的阴阳平衡便发生变化，也因此而产生了很多禁忌：包括不倒坐门槛、不坐搓板、不串门，以防止家内阳气外流；不到井边提水、不过独木桥、不进寺庙、不看戏剧、夜晚不外出、不见死人及发丧等，因为这些事项所涉及的空间地点，都阴气过重，很容易伤害产妇本就屡弱的阳气。在产房内外，禁止搬移器物，不能钉钉子，室内不能挂人物画像，室外附近不能拴各种牲畜。孕妇的房间由此成为暂时从家庭原有空间中分离出来的一个相对独立的神圣空间。整个孕期，产妇及其居室成为必要的保护对象，以免偶有不慎伤及新生命的阴阳平衡。

孕妇在临产前二十天左右，要请接生婆（又称吉祥姥姥、老娘婆或稳婆）前来认门，对产妇的情况作初步诊视。及至临产时，家人马上请来接生婆接生。接生的人进门被款待后，便要设祭上香，供奉催生娘娘。神灵参与出生礼仪，一是为保佑母子平安，也在某种意义上体现了民众对于生命来源本身的重视。通过供奉仪式，人神之间的关系得到了确认和强化。在各种仪式准备妥当后，随着婴儿的出生，其生辰八字也成为新生儿加入家庭空间的时间节点，并作为其生命体的一部分，相伴终生。因而，常有家庭通过定名讳，来调整、中和生辰八字的生克关系。另外，孩子出生后，胎衣要挖坑埋掉，男孩的胎衣埋在屋门口外的左边，女孩的埋在右边；也有埋在厨房屋梁之下的，意即希望孩子长大能成为家庭顶梁柱。男左女右的胎衣埋法，亦同样符合家居空间内的阴阳次序。范·根纳普认为："禁忌不是自主的，它仅仅是作为某种积极仪式的对应物存在。也就是说，如果孤立地看，每个消极仪式都有自己的个性。但是一般而言，只有与共存于同一典礼中的相关积极仪式结合起来，才能理解禁忌。"① 也就是说，女性怀孕和婴儿出生中的各种禁忌是出生礼仪的组成部分，这些禁忌虽然是相对孤立的消极性仪式，但事实上都是以婴儿顺利出生为目的的积极行为，并与出生之后的各种庆祝仪式一起构成将婴儿纳入新空间的必要仪礼。

婴儿一出生，首先要拜神祭祖，因为神灵是家庭秩序的一部分，新成员的到来有必要先得到家神的允许和祖先的祝福。紧接着，家内家外的庆祝活动便开始了。例如山东省莱阳地区会用红线串起枣、栗、葱、钱挂在门楣。这既是一种祈福仪式，同时也有向家外空间公布喜讯的含义。所谓对新生儿未来能"早""立""聪""财"的寓意，也是人们对家庭空间安全感的追求，毕竟早有钱财，才早有保障。孩子的父亲当天或第二天要到岳父家报信。娘家人则给产妇捎回鸡蛋、红糖等。一般情况下，根据孩子性别的不同，礼物也有差异。例如，山西平遥"生子，三朝蒸馒首，馈外家以报喜。九日，外家送米粥，褓衣、衾枕。弥月，外家以银镯、首饰、绸帛遗其女；以银锁、衣帽、衾绸遗外甥。亲友亦有作幛文并银物往贺者"②。

产妇坐月子期间，仍有诸多禁忌要遵守，例如不见神位，不见死人，产房周围不能动土等。且不论这些禁忌到底是否有科学依据，但家人通过屏蔽潜在的外来威胁以保护自家母婴之需求的意图是不容否认的。产房作为神圣的独立空间在这段时间得到更为谨慎的维护，是为母子重新回归世俗空间的重要过渡。同时，产房也被认为是污秽之地。在未满月前，除本家人外，外人不得进。进了产房的人不能祭神、祭祖，否则被视为不洁。

---

① 〔德〕范·根纳普：《〈通过仪礼〉第一章　仪式的类型》，岳永逸译，《民俗研究》2008年第1期。
② 《平遥县志》，丁世良等编《中国地方志民俗资料汇编（华北卷）》，第581页。

直到满月，禁忌才可消除。民间有所谓"为人三不进"之说，即"不进暗房、不进监狱、不进侯知所"。这里的"暗房"就是指产房。否则会被冲运、压运。① 这种说法可以解释为，产妇在生产后，流血较多，阴气较重，故此在一定空间范围内容易伤及其他属阳事物。孩子出生几天后，亲戚、邻里等前来贺喜，乡人称为"望粥米""看欢喜""下汤米"等。贺喜的人们在送礼物时都要拿回一点压底，这是为避免福气全部外流的意思。娘家人还要把拿回的粮食倒点儿在河边或路旁。② 此是安抚路鬼，免于骚扰婴儿的意思。

婴儿出生后的第三天，是一个重要的时间节点。因此，需要"洗三"，也叫"三朝礼"，南北均有。各地洗三仪式不一，但均有洗去前世带来的污秽，祈求今世荣华富贵的意思。洗三需由接生婆主持，亦有感谢接生婆之意。在山东，产儿家要煮面送邻里，谓之"喜面"，并设祭于房，由产婆奠酒焚楮，谓之"谢送生神"，本家族人参与庆贺。③ "三"为兼阴阳之数，代表稳定、平衡。因此，三日对民众来说具有特别的意义。出生"洗三"表示生命的正式开始，去世"送三"表示生命彻底的结束。这种生命历程中对时间的有意标识与刻画，正体现了民众对生命时间的认知态度。个人的生，延续着家族的血脉。换句话说，对缺少来世想象的中国人来说，此生此世即是时间的完全表现。个人的生命是家族生命的链条，缺少任何一环，家族生命在此世便无以为续，无子即户绝。那么在这个意义上来说，子之重要便无须多言了。

满月后，舅舅要给孩子剪头发。剪下的头发用红线拴成两束，挂在门闩上，有的掖在舅舅的鞋底，或用脚踩一下，意思是能一辈子管住外甥。显然，这是一种规范空间秩序的象征仪式。也是借由孩子的出生，强化母亲在婆家地位的一种暗喻。显然，血缘关系对空间秩序的稳定作用在这里显露无遗。母婴满月后，回娘家小住叫"过满月"，这也是婚礼之后，对姻亲关系的再一次确认。定县乡村，母亲带婴儿"回娘家的时候还有一种不普通的习俗，就是每到一个十字路口，产妇就撒一把米，一把钱，撒米的意思，是恐怕没满月的产妇路口被祟。撒钱是为给初次路过的小孩向鬼神买路用"④。因为作为陌生人的婴儿是原有空间的闯入者。同时，母子出

---

① 《中国农村惯行调查》卷5，第489页。
② 《中国农村惯行调查》卷5，第489页。
③ 潘倩菲主编：《实用中国风俗辞典》，上海辞书出版社2013年版，第220页。
④ 李景汉编著：《定县社会概况调查》，第397、403页。

婆家门前,婴儿头上要蒙红布,并用锅底的黑灰涂前额,用来辟邪。① 从婆家到娘家,是产妇和婴儿在两个信仰空间之间的转移,在连接两个空间的路上,属于公共空间。公共的空间,在乡民的信仰观念中往往是游魂散鬼的藏匿之地,因此充满不安全的变数,有必要通过一定的巫术手段来化解危险,来保障母子平安。

如果说,洗三表示家庭空间对婴儿的正式接纳,满月住外婆家表示血缘空间对婴儿的接纳,那么百日在家外的庆祝,则表示社会空间对婴儿的接纳。婴儿百日这一天,家人在村里十字路口上摆放一条木凳,母亲抱着孩子在上面坐好,然后由姑姑、姨姨们给孩子穿衣,还要请一个姓刘的人参与,意思是"留住"。在穿裤子之前,分别在裤腿里放上一个煮熟的鸡蛋、一个小馒头、一毛钱。孩子穿裤子时,小脚蹬出,东西落地。周围看热闹的孩子会捡去,以图吉利。这种仪式的用意是:在具有公共性明显的"十字路口",举行"留住"仪式,并辅以施舍财物——"鸡蛋、小馒头、小钱"的方式(舍与得是相对的),来安抚不利于孩子生长的潜在危险,并取得家外空间中的生存地位。如马林诺夫斯基所言:"宗教信仰及仪式使人生重要举动和社会契约公开化,传统地标准化,并且加以超自然的裁认,于是增强了人类团结中的维系力。"② 孩子的个体借由这些超自然的仪式,内化到自然的生活空间中。

百日这一天,家人还要供神以保佑母子平安。也有向一百家邻里各要一块布,给孩子缝成一件小褂,叫"百家衣"③。还有人家在百日这天,因孩子命硬而认干亲,意思就是将孩子认出去后,即使有专门和自家过不去的鬼神也无可奈何了。岳永逸在其《行好:乡土的逻辑与庙会》这本著作中,曾详细讲述了华北乡村带孩子到某神坛寄坛、挂锁、扫堂的仪式。④ 其用意与穿"百家衣""认干亲"一样,是为那些生辰八字与家内原有空间不合的"难养"孩子,寻找名义上更适合的寄养空间,以适应婴儿本身的八字秩序,来达到身体空间与家庭空间的契合。

周岁,是乡民记述生命年轮的基本单位,有时间周而复始之意。婴儿

---

① 因此,有民间俗语说:"黑狗来,白狗蹓;外甥是狗,吃饱就走。"
② 〔英〕马林诺夫斯基:《文化论》,费孝通译,商务印书馆1944年版,第78页。
③ 刘曙升主编:《沂源民俗》,第70—83页。参见山曼等《山东民俗》,第169页。
④ 寄坛,是指将"难养"的孩子名义上寄放在庙或坛上,意即将孩子过继给神灵了;挂锁,是指在寄坛之后,每年在一定时间里例行到庙或坛上祭拜,以确认与庙或坛的寄养关系,也叫扫堂(坛)。还愿,是指年满12周岁的孩子,和所寄庙坛取消寄养关系,回归家庭。参见岳永逸《行好:乡土的逻辑与庙会》,第1—3页。

平安度过完整的一周岁是值得庆贺的事情。"抓周"是婴儿周岁时的重要庆贺活动。定县"小孩子到周生的那一天,家里预备一本书,一朵花,一块土,一个小锄。要是女孩多加上一把剪刀。把这些东西,都放在天地神前边,然后全家向天地神烧香叩头。再把小孩抱到天地神位前,让他随意拿东西。如果拿书,将来一定爱读书。拿花男的必好色,女的必不务正。拿土的不能成人,拿锄的必尽力种地。女孩拿剪刀,将来会做活"①。天地神是华北乡村各个家庭供奉较多的神灵,也是家内所祀神灵系统中的主神,新生儿在神位前抓周既象征着对其作为家庭成员的正式认可,同时也有这样的意涵:希求天地神保佑其成人后本分、勤劳或者通过读书来闯出一片天地,以光耀门楣。此时敬奉的"天地神",与将来的"闯天下",无论表里,民众生活的空间感都一目了然。

周岁过后,幼儿的养育仍有许多禁忌,直到其长大成人。华北很多地方,那些从小被认领到庙里(或堂口)的孩子,要在十二岁(成人)时,举行扫堂礼,从此才正式回归家门。此节所述的生育中的习俗因地域之别,各有不同。在各种庆贺仪式中,围绕着妇婴的诸多禁忌、娘家人的特殊地位、邻里庆贺的重要,都毫无例外地反映着人们意欲表达的两种心绪:对空间上添丁增口、时间上香火有继的欢喜之情和努力保护母婴空间安全的谨慎与小心。同时,以外婆家为首的来自家庭外部的庆贺,体现着人们希望孩子能得到更多的祝福和支持,并有一个和谐的成长环境的心愿。另外,对孩子本人来说,从出生之日起,作为一名家庭成员,他(她)的社会关系网络便在家人的帮助下得以建立和确认。对于家庭生育的各种参与和庆贺,事实上也正是家庭未来社会关系的展示和延续。"宗教使人类的生活和行为神圣化,于是变为最强有力的一种社会控制。在它的信条方面,宗教与人以强大的团结力,使人能支配命运,并克服人生的苦恼。"② 神灵见证性的参与也成为孩童家庭及社会关系建构的重要组成部分,如前文所述,其参与途径包括两种:向家内所供奉神灵的祈福;对超自然力量的禁忌。

通过上述一系列的生育礼仪,婴儿与家庭、祖先、神灵、亲邻的各种空间关系得以确认,这些关系共同构成婴儿的最初社会身份,并在其成长过程中得到进一步的维系和扩展,进而在孩子成人并生儿育女后继续传给

---

① 李景汉编著:《定县社会概况调查》,第403页;另参见胡朴安《中华全国风俗志(下)》,河北人民出版社1986年版,第19页;苏洪源《冀南峰峰矿区庄里村苏氏家族礼仪风俗录》,欧大年等《邯郸地区民俗辑录》,第221页。

② 〔英〕马林诺夫斯基:《文化论》,费孝通译,第78—79页。

下一代，周而复始，生命时间的轨迹印染在以血缘为核心的社会空间秩序中。

二 婚礼中的空间位移

众所周知，传统社会以家庭为基本单位，婚姻也实在是两个家庭的联姻，因此最起码的要求即"门当户对"，而不是"情投意合"。如前文所述，家庭是空间性的存在，那么婚姻于两个家庭来说，便是两个家庭空间的沟通和联合，此即姻亲。婚礼是姻亲得以缔结的一系列必要礼仪，是为确保女孩从娘家的家庭空间中顺利分离出来，并得以融入进男方的家庭空间。也可以说，婚礼是女孩从娘家到婆家进行空间位移的重要仪式。

婚礼对男女双方来说，也是重要的人生礼仪。在当事家庭之外，媒人、亲朋好友、邻里等对婚礼的集体参与既是出于祝福的意愿，也有着公证的意涵。同时，神灵、祖先作为家庭神圣空间的重要建构因素，也成为婚姻礼仪中不可缺少的参与者。

"合八字"是传统婚姻礼仪中的首要程序。双方家庭有合适的婚配对象时，先要请媒人说合。媒人既要努力促成婚姻的缔结，也要在其过程中充分维护男女双方家庭的面子。所谓"明媒正娶"中的"明"与"正"两个字都显示了媒人的公证作用。媒人说合后，便要请风水先生合八字，就是看男女双方的属相和生辰八字是否相克。[①] 生辰八字和属相是一个人生来就有的，在阴阳空间里的位序，决定了一生命运的好坏。而婚姻，是结合男女二人八字的重要事件，因为八字相合，身体才能相合，家庭运势才会因合而和。所以，八字相合是婚姻关系成立的前提。

各地合八字的方法不同，说法也不一。例如，北京房山斋堂川地区合八字的方法是"把写上男女双方八字的纸张称为'龙凤帖'，写好之后，由男方家长带回家去，放在祖宗台（供奉祖宗牌位的地方）上，如果三天之内，家中没有发生失火、死亡、生大病、出意外事故等灾难，就算是二人的八字相合，该女子不会给男方家带来晦气，可以成亲。反之则是八字不合，二人就不能结合"[②]。显然，在这种具有占卜性质的仪式中，祖先是内在于婚姻关系之中的，换句话说，来自祖先的祝福，是新人幸福的保

---

① 华北地区有"白马犯青牛""龙兔泪交流""蛇虎如刀剁""猪猴不到头""金鸡怕玉犬""一山不容二虎"等各种说法。另外，既有根据属相判断的"犯大相""犯小相"之说，亦有根据属相和月份综合起来的大忌。例如，三月出生属牛的人和六月出生属狗的人都不宜婚嫁，男女双方的家长往往会为此特意隐瞒孩子的出生年月。

② 刘铁梁等主编：《中国民俗文化志·北京·门头沟区卷》，第290页。

证。对于生辰八字的重视，一方面是婚姻神圣性的体现，另一方面也反映了民众试图通过婚姻来稳固或改善家庭命运的盼望。这里的"八字"是按天干地支来计算的，所依据的是一种传统的时空观念。显然，"合八字"是借由婚姻中男女两个个体的相合，促成两个家庭的相生。个体和家庭的重新组合，只有符合时空理路，达到阴阳平衡，才能实现民众对空间圆满的想象和追求。

八字相合后，双方家庭在媒人的联络下才可以筹办结婚事宜。正式婚礼之前还要经过相亲、定亲两个程序，各种日期都要请风水先生查看，均需择黄道吉日，并了解当守的禁忌。以沂源地区为例：在婚礼前需要请算命先生根据《婚元通书》推算出最佳合婚时辰和各种禁忌事项，并写成"要贴"。要贴内容一般包括娶亲日期、过门时辰；相关陪同人员的禁忌属相；洞房方向、安床时辰、新娘梳妆的时辰方向；新娘上下轿、坐床的方向；从娘家到婆家的一路禁忌等。① 这些繁杂的关于时辰、方向的禁忌，目的都是使新人在恰好的时间里顺利地融入到新的生活空间中，也是为保证家庭信仰空间在婚礼中的平安过渡。这里对时辰的各种讲究说到底仍是以保护空间安全为目的的。

娶亲时也有很多讲究。民国时期的华北乡村社会在娶亲时大多仍使用花轿，并雇请乐队，其数量和装饰既要符合当地习俗，也要根据双方门户大小。② 和"明媒正娶"一样，"八抬大轿"也是新娘身份的显示。事实上，这也是婚礼本身之公共性的体现。婚礼公共性既影响到男女双方面子，也切实地关系到婚后女性家庭之地位。吴店村娶亲时新郎到女方家里后，有专门背喜包（里面装有红纸、铜钱等）的人要在女方开门前从大门上方把喜包扔到院中，叫撒满天星。有的要向女方的祖先及父母叩头后才能娶走新妇，亦有新郎需要到女方家坟地祭拜的。③ 新郎的祭拜仪式是维护和尊重女方家庭神圣空间之完整性的表示。

房山地区在新郎接走新娘后，要立即锁上新人的房间，以防戴孝的、毛毛女（未出嫁的姑娘）或"不全人"（寡妇、鳏夫）进出，给新人带来晦气。也就是说，直到婚礼举行，新娘在娘家住过的房间与花轿、婚房一样，都是婚礼中神圣空间的一部分。而且，那里的人们娶媳妇讲究天不亮

---

① 《中国农村惯行调查》卷5，第479—480页；另参见刘曙升主编《沂源民俗》，第98—100页。
② 《中国农村惯行调查》卷5，第480页。
③ 《中国农村惯行调查》卷4，第448页；卷5，第480页；另参见刘曙升主编《沂源民俗》，第107页。

花轿就得回到婆家,是为了避免在路上遇到穿孝之人以及毛毛女等,乡民认为这两种人会冲了新人的喜气。一旦在路上遇见了这两类人,新娘子就把自己的裤脚撕开一点儿,来破解"晦气"①。戴孝人、毛毛女、不全人在民间都属阳气不足之人,因此,乡民认为此类人会破坏新娘的阳气,以致给未来的婚姻生活带来晦气。

新妇在上轿以前,当胸要藏着一面镜子,叫作"照妖镜",如此,妖魔就不敢侵犯她了。男方则要带上许多小块红纸写的喜字。在娶亲回来的路上,凡路过大树、碾盘、墙角、三岔路口、小庙、石碑等特殊地点时,都贴上一张,因为这些公共的空间往往有"不干净"的东西存在,花轿经过时会出来捣乱作祟,贴上一张红喜字,就可以把这些东西镇住。② 在顺义县沙井村和良乡县吴店村,接亲的队伍要带上红毛毯,途中遇到坟、井、庙、孤树的时候用毛毯将轿子两侧盖上,以防止妖魔鬼怪作祟。另外,过桥、过河的时候,要烧香敬神。③ 人们相信这些公共的空间更容易藏匿危险的事物。而"红喜字""红毛毯"都是属阳的镇符,可以起到化煞的作用。新娘离开娘家时,脚不能沾地,要由兄长背出门,一为避免沾染地上不洁之物,二为避免带走娘家风水。同样,抬起的花轿也不能落地,若轿夫累了,或找人换,或用轿杠撑。花轿在路上遇见另一家娶亲的,两家亲友要预先交换准备好的顶针或手帕。从上轿到入洞房,新娘不能回头,④ 以免破坏了彼此的阴阳平衡。从娘家到婆家,新娘的生活空间发生着根本的改变,两个家庭也需重新调整生活秩序。而这一转变的过程,正是以婚礼为过渡。婚礼的神圣性既是空间发生合法性变化的必要条件,也是新妇为婆家带来福气的契机,于是,禁忌便成为人们规避潜在危险的重要手段。冯玉祥因此叹道:"喜轿择吉迎送,顾忌方向生肖。女家寡母不吉,回避定要趁早。轿门不对西北,有碍婆家运兆。往往正向粪堆,院落本不为小。"⑤ 这首诗生动地体现了乡民在婚礼中对时空安全的守护愿望。同时,婆家对于新房及院落的清扫、贴对联等行为,均是家庭信仰空间借由婚礼而做的更新准备。

从婚轿到洞房的转移过程,是婚礼空间转移的又一关键阶段。其中,各种与"门"有关的禁忌尤其需要严格遵守。因为,此时作为神圣象征符

---

① 刘铁梁等主编:《中国民俗文化志·北京·门头沟区卷》,第290页。
② 刘铁梁等主编:《中国民俗文化志·北京·门头沟区卷》,第95、292页。
③ 《中国农村惯行调查》卷1,第280页;卷5,第480页。
④ 刘曙升主编:《沂源民俗》,第123—124页。
⑤ 冯玉祥:《娶亲》,弗伐、洪志编《冯玉祥诗歌选》,黑龙江人民出版社1982年版,第53页。

号的"门"是新娘生活空间完成位移的最后一关。甚而,"过门儿"成为华北婚礼的代称。首先,是男方家里的院门口,要提前预备谷草两束放在两旁,等到迎娶回来的时候,家人把谷草一齐焚烧,也有的地区在门口摆火盆,用意相同。即祝福新人成婚以后,家境如火一样兴旺起来。另外,火在阴阳五行中,本身即属长阳之物,因而门口烧火也是提升家庭阳气的技术。新妇下轿后,在门槛上放一马鞍,新妇从上迈过,这是祝新妇过门后,步步平安。亦有"新妇轿至,婿先用五谷、铜钱、草节等,向新妇之面洒之,谓之'打五鬼'"①,再次祛除新娘所带阴晦之气。

新娘子进门后,先要行结拜礼,即拜天、拜地和夫妻对拜,以请男方家里的天神和土地爷接纳自己。新娘进屋时要从院子的大门口踩上红毡子,脚依然不能沾地。在迎娶新妇进门的时候,男家有一人拿一块年糕,往上抛去,叫作"过门糕",意思是说新妇过门后,家境年年高。②定县地区,"新妇自己先暗暗地带上许多黑豆,到了婆家下轿进新房的时候,把黑豆撒在看热闹的人身上和屋子四周围,防备有凶星"③。此前婆家对新妇的诸种除祟仪式与此处新妇对婆家的辟邪手段似乎可以视为新婚礼仪的空间融合中,不同身份的人们对各自主权的宣誓。吴店村新娘入洞房后还要洗脸换衣服,然后出来"拜三堂",即家堂佛、灶王爷和财神爷,接着才见亲友。④也就是说,在拜完男家所奉神灵后,新娘才算正式成为婆家中的一员。

在获得婆家祭祀权利的同时,新娘也由此从娘家的血缘空间中脱离出来。作为新家庭中的一分子,婆家的祖先也变成了她的祖先。库朗日说:"一个人不可能属于两个家庭,或者属于两个家庭的宗教。这位妻子完全成了她丈夫的家庭和宗教的一部分。"⑤传统中国社会,新娘结婚后,即换成婆家的姓氏,道理即在于此。至今,虽然新娘不再改变姓氏,但是民间仍有将结婚的姑娘唤作婆家姓氏的习惯,比如,李家姑娘嫁给王家后,被人称作老王,而不是老李。进一步说,新妇保障了婆家血脉的延传,却流失了娘家的血脉,因此,人们也把女儿看作"早晚泼出去的水",俗语有

---

① 《翼城县志》,丁世良等编《中国地方志民俗资料汇编(华北卷)》,第 652 页。
② 《中国农村惯行调查》卷 4,第 448 页;卷 5,第 480—481 页。另参见刘铁梁等主编《中国民俗文化志·北京·门头沟区卷》,第 293 页;刘曙升主编《沂源民俗》,第 108—109 页。
③ 李景汉编著:《定县社会概况调查》,第 396—397 页。
④ 《中国农村惯行调查》卷 5,第 479—482 页。
⑤ 〔法〕莫里斯·哈布瓦赫:《论集体记忆》,毕然等译,上海人民出版社 2002 年版,第 130 页。

"灰土打不了墙，闺女养不了娘"。

拜堂入新房后开始吃喜宴。凡是送了礼的亲戚、朋友、邻居都参加喜宴。在华北乡村，结婚不仅是新娘新郎之间、亲家之间的事情，而且是整个村庄的事情，是与之有着不同联系的许多家庭的事情。全村人一同参与吃喜宴，既是对新人的祝福，也是人们对喜庆的追求，同时，还意味着事主家良好的人缘和面子的大小。由于喜宴是整个村庄的喜事，所以亲戚邻里通常都会主动前往帮忙，或者听从主事人的安排、调度。乡间有谚语"不图庭，不图院，就图男家好人缘"。因为一家人缘的好坏代表该户人家空间影响力的大小，这又直接关系到以后新人的日子过得顺利与否。北京、内蒙古中东部等地的婚宴上新人席和正席都是8个座位，但仅坐7个人，空出来的一个座位是留给老祖宗的。男方家在办喜事的头一天就要把老祖宗请回来。其方法是到祖坟去，点上一炷香，再把香捧回来之后插在堂屋的香炉里。喜事办完后，再用香把老祖宗送走。燃着的香烛是连接祖坟与家的媒介，也是阴阳得以沟通的手段。祖宗的参与体现了男方家庭亲缘关系上对于新娘子的接纳，即婚礼在某种意义上也是香火延续的庆祝仪式，因为在传统社会文化中，成婚才能成人。

洞房花烛夜，新人喝过"合卺酒"后，忌讳走出门口，以免看见"破财星"和"绝户星"①。"绝户"即不生儿子，没有男孩，血缘便无以为继，家族时间的延续便会受到威胁。这也再次证明婚姻不只是新婚夫妇的仪式，而且是整个家庭的仪式。洞房里的灯，要一夜长明，不准吹灭，相传新婚夫妇谁先把灯吹灭，谁就先死。所以二人谁也不吹灯，一直到天明。这是否可以说明：即使在同一生活空间内，关系亲密如夫妇者，彼此之间也仍然存在一种空间资源的竞争关系呢？大多数地区亦有听房的习俗，民间有"人不听鬼听，人听传喜，鬼听传忧"之说。所以，新郎家一定会安排好听房的人，实在没有合适的人听房，也要暗中在新房窗下竖上一把扫帚，搭上件衣服，假装有人在听。② 范·根纳普说："神圣并非一种绝对的标准，而是一种相对的情境。一个人在进入与他先前身份不同的地位时，对其他那些保留世俗状态的人而言，这个人也就成为'神圣的'。仪式营造出的这种新情境最终将这个人融进特定群体，并使其重回生命的

---

① 刘曙升主编：《沂源民俗》，第124页。
② 《中国农村惯行调查》卷5，第483页。另参见李景汉编著《定县社会概况调查》，第398页；刘铁梁等主编：《中国民俗文化志·北京·门头沟区卷》，第297页。

例行程序之中。"① 新娘过门后,其身份的神圣性至此消退,她终于正式成为新家庭中的一员。

婚后第二天,过门的媳妇要拜祖先。即"合卺次日,婿妇拜祖先、父母及亲族"②。"厥明,男女谒庙。"③ 此处"谒庙",也为拜祖先之意。内蒙古绥远省清水河县亦存此种习俗"拜祖先,谒翁姑,自亲友以及家族,次第称呼即拜,受拜者有拜礼,名曰'认大小'"。这个"认大小"明白无误地表达了新娘子对夫家家庭秩序的确认与自我认位。④ 各地还有"上喜坟"的风俗,就是新娘在丈夫的带领下到男方坟地里认坟头。祭祖的时间也有安排在结婚当天下午的,其目的无非向逝去的族人报告喜讯,告慰他们的长辈将来香火有续。⑤ 华北乡村各地的婚礼习俗各有不同,但基本的程序、禁忌、参与人员等却也大同小异。其主旨都是表达人们对新人的各种祝福和期盼,希望新娘给家庭带来福气等。从算八字开始,男方家庭对于新娘所给予的各种期望都在众人参与下的诸多仪式中体现出来。如马林诺夫斯基所说:"人生的各种圣礼将人们集合起来,不仅是为着举行个人的仪式,并且是为着促进彼此的利益和保证彼此的责任,而唤起公共行动。"⑥

与新婚女性的婚礼相比,传统乡村社会中的寡妇再嫁之礼仪则要简陋、寒酸得多。例如在北京附近的挂甲屯村,女子再嫁时,"只用喜轿一顶,在夜间迎娶过门,少有办事者……本村不但不赞成妇女再嫁,且将其视作家门不吉祥之事,甚至在孀妇出嫁的那一夜,没有亲友肯留她在自己的房屋中上轿。若在本村找不着适当空房为上轿的所在,则需到村外的野地上轿。据说那夜孀妇所站的地方连草也不能生长"⑦。乡民认为,再嫁的孀妇不洁,阴气过重,甚至与她亲近过的人和物,都会受到污染。寡妇再嫁也不拜天地,只是两人在灶神前互行三拜之礼就行了。在这里,个人的人生礼仪不仅是关系个体的,还与其所属群体密切相关,也会通过仪式与

---

① 〔英〕梭纶·T.金博尔:《〈通过仪礼〉英文版导言》,岳永逸译,《民俗研究》2008年第1期。
② 《阳曲县志》,丁世良等编《中国地方志民俗资料汇编(华北卷)》,第541页。
③ 《翼城县志》,丁世良等编《中国地方志民俗资料汇编(华北卷)》,第651页。
④ 《绥远省分县调查概要·清水河县》,丁世良等编《中国地方志民俗资料汇编(华北卷)》,第749页。
⑤ 《中国农村惯行调查》卷4,第448页;卷5,第459、483页。另参见刘曙升主编《沂源民俗》,第114—115页。
⑥ 〔英〕马林诺夫斯基:《文化论》,费孝通译,第78页。
⑦ 参见李景汉《北京郊外之乡村家庭·挂甲屯》,第86—87页。

民众所理解的神圣空间发生交感。

三 葬礼中的空间分离

死亡带给人们的不仅是悲伤，还有亲人逝去后家人面临的空间缺位，及尸体带给周围人的潜在威胁。于是，丧葬仪式的举行，就成为将死者从生者空间中分离乃至消除其影响，并重整家庭社会秩序的重要礼仪。如范·根纳普所说："在社会互动中的变化即将来临或者已经发生时，仪式具有某种恢复和平衡的功能。"① 与出生礼仪和婚礼一样，丧葬礼仪的参与对象不仅包括死者家人，还会扩及亲朋好友及同村人。正所谓"家有婚，举村称庆；有丧，阖村往吊"②。下文主要按照葬礼的一般顺序来展开，并深入分析仪式中的行为隐喻及信仰空间的内在秩序。

华北乡村有人去世，要首先预备好葬礼中所需要的物品，例如棺材、寿衣、香纸、饭食等。亲邻好友们也会主动前来帮忙。葬礼与婚礼一样，家人会请村里善于主事的人来安排各种事项。因地区风俗差异，各地葬礼的具体内容也有不同，但基本程序还是类似的。③

穿衣、停床（停尸、上灵床）。人在将死的时候，家人便把提前预备的"寿衣"给他穿上，否则死者便会光着身子去阴间。衣服则无论冬夏都是棉衣，概因人们将阴与寒相联系，认为阴间必为寒地。穿衣也叫"穿祜"。同时要趁着还有最后一口气，将快死的人抬到地上，以免死在炕上。民间认为，人若死到炕上，会发生"背炕"的凶事。所谓"背炕"，有两种说法：其一，炕属阳间之物，若人死在炕上，人死后便永远不能脱离炕，在阴间也只好一直背着炕生活；其二，认为发生此种情形，会伤及住在同一炕上的其他家人的健康。人一咽气，阴阳两界便发生了交感，存放于现世的尸体已成为另一个世界的所属，并具有了危害家内世俗空间之安全的可能性。穿好衣服后的临死之人被家人抬到临时搭起的床铺上，头朝着门口的方向，并在脚上拴两根绊脚线，防止诈尸。一些地区在死者胸口上压一个盐碟子，起着同样的作用。④ 盐在五行中属金，具有强阳性，风水中常被用来化煞，以净化稳定环境。根据房间不同，尸体停放的位置也

---

① 〔英〕梭纶·T. 金博尔：《〈通过仪礼〉英文版导言》，岳永逸译，《民俗研究》2008年第1期。
② 民国《新河县志》，丁世良等编《中国地方志民俗资料汇编（华北卷）》，第498页。
③ 以下内容主要参照李景汉编著《定县社会概况调查》，第384—391页，为行文简洁，恕下文不再赘引，其他引用则另外注释。
④ 《中国农村惯行调查》卷5，第490页。参见刘曙升主编《沂源民俗》，第134页。

不同。在冷水沟村按照正房朝南、东厢朝西、西厢朝南，不向北与东的规则停放。也有放院子正中间的。① 沂源地区，人死后要专门空出对着房门的房间作为"明间"。如果人在咽气前没来得及挪到明间，死者的灵魂便会留在卧室，得想办法将灵魂引出，否则会闹鬼。② 这里的"明间"明显有着从"阳间"向"阴间"过渡的临时中转空间的暗喻。

报庙、送浆水。庙宇是丧葬礼仪中家庭信仰空间的重要延伸，起着分担家庭空间压力的作用，同时也是沟通阴阳两界的中转站。死者在床铺上安置好后，家人暂不哭泣，默默无声。此后，孝子便要立即去五道庙"报庙"，也就是焚香烧纸。报庙后，立即回家，并在路上大声哭喊，不许间断，直到床前。此后，家人还需带上一碗粥水和纸钱到庙里两次，叫"送浆水"，也有带门幡去报庙的。③ 报庙的人一般为死者的儿子或者儿媳。④ "浆水"是给去庙里暂住的死者的灵魂预备的。人们相信，人死后尸体与灵魂是分离的，这里的"报庙"就是将死者的亡灵暂时安置在庙宇的意思，也是安抚亡灵的重要仪式。

贴阴阳状，发丧贴。用一张绵纸，中间写上死者的姓名，年岁；左边写生辰，右边写忌日、时辰。写好后贴在死者停床的门旁，男左女右，叫阴阳状。也有挂门幡的。即按照死者的年纪，预备白纸张数，并剪成三联，再照一定的方式绑在木棍上，放在靠街的大门旁，同样男左女右，表示家里有人去世的意思。同时，写丧贴通知亲朋好友，特别是姻亲，这叫"报丧"。同时也是在非常情境下，将家内私密空间公开，寻求外人帮忙的一种告示。

入殓，开吊。一般情况下，死者在第二天被移入棺材，叫入殓。入殓前，孝子要为死者净面，并要在棺材底分别铺上细灰、白绵纸、纸钱（垫背钱）等。并将"绊脚线"取下来，然后将死者抬入棺材，且立即将床搬到屋外，三天内不能碰。人们相信与尸体接触过的物品都受到了污染，并与尸体一样具有了危害周围环境的可能。棺木钉好后，活人与死人便再不得相见。家人、亲戚开始痛哭。入殓后，家人开始接受吊唁人们的祭奠，叫开吊。亲朋好友带着香纸或其他物品前来吊祭，并有人登记造册，以备将来还礼，晚辈需向死者叩礼。⑤ 另外，死者去世后，家人根据相应的身

---

① 《中国农村惯行调查》卷1，第281页；卷4，第103—104页；卷5，第490页。
② 刘曙升主编：《沂源民俗》，第132—133页。
③ 《中国农村惯行调查》卷5，第121—132页。
④ 《中国农村惯行调查》卷6，第84页。
⑤ 《中国农村惯行调查》卷5，第121—132页。

份穿不同的孝衣。本家也会将白布发给前来吊唁的亲戚朋友做孝布。白色孝布是外人加入丧葬仪式的身份标志。如王铭铭所说："一个人的死可以视为个人一生中的最大危机，而一个人的死对于整个群体（尤其是小群体）也是一个危机。群体中一个成员离去了，因而就打乱了它的平衡。因此，生存下来的人必须重新调整并恢复平衡。同时，他们必须和生前与他们有感情联系的死者重新建立友好关系。那么，丧礼就可以看作让活着的人以破坏性的方式向死者致哀，并且让社会得到重新调整的强化礼仪了。"① 葬礼中亲朋好友集体参与的作用即在于此。

送三（也叫送盘缠、送库等，与婴儿出生后的洗三相对应）。入殓后的当天晚上，家人把提前预备好的纸糊车、马、包袱摆在街门外的大路上，一般都是十字路口。车马的头朝着城隍庙或西南方向。② 在车马的周围撒灰一圈，叫"灰栏"，并在灰圈上留一小口，死者由此登车。在路旁摆上一张桌子，桌子上摆3碗饺子，还摆上一个镜子，一块毛巾，一盆洗脸水，用来给亡灵践行。这时，孝子在家守着棺材，其余家人提着灯笼，带上一把扫帚、死者生前穿过的一件衣服、一根木棒到土地庙里去。在土地庙里，人们把衣服铺在地上，然后卷起挂在扫帚上拉回来。意思是将报庙后暂时寄存在土地庙的灵魂带回来。回到家门口，孝子也出来迎接，并将扫帚放在摆好的桌旁，人们齐声说："爹（或娘），洗洗你的脸，照照镜子，吃些东西上车去吧。"然后将所有物件连同门幡一起焚烧，死者的灵魂由此乘车到城隍庙或西天。内蒙古绥远地区称"送三"为"过三天"，"其子孙晚提灯笼，至城隍庙或孤魂庙前告庙，亲友鼓乐随其旁"③。人们相信，通过这些仪式，死者灵魂带给家庭空间的压力会逐步转移出去，这也是家庭空间净化仪式的组成部分。

守灵、哭灵。从死者咽气到下葬之日，无论白天黑夜，尸体旁都需有人守护，谓之"守灵"。"哭灵"就是家人围着死者哭泣，只要有人来吊祭，家人就会陪哭，同时也有邻人、亲友专门在旁劝说的。有家庭内兄弟、姑嫂、妯娌等关系不合时，便常借哭灵的机会，诉自己的冤屈，发个人的牢骚，甚至指桑骂槐，反话正说，对方也同样指东说西，含沙射影。④

---

① 王铭铭：《想象的异邦：社会与文化人类学散论》，上海人民出版社1998年版，第154—156页。
② 《中国农村惯行调查》卷4，第103—104页。
③ 《绥远省分县调查概要·丰镇县》，丁世良等编《中国地方志民俗资料汇编（华北卷）》第744页。
④ 刘曙升主编：《沂源民俗》，第140页。

此时，死者的葬礼便成为家庭矛盾得以宣泄的空间。然而，这种借丧葬仪式将家丑外扬的事情不仅会加剧矛盾，而且常常遭人耻笑，成为村邻饭后的谈资。总之，死亡事件发生后，不间断地哭泣就有了双重意义：其一，宣泄悲伤的情绪，广而告之逝者与生者的亲密关系；其二，悲戚的哭喊，在礼仪程序中也成为一种空间净化的技术。通过这种不同寻常的情感表达，丧家获得亲邻的援助，并让死者的魂灵获得他已不属于此生此世的空间感知。

出殡（也称发引）。出殡在第3天，亦有第7天的，一般要请阴阳先生确定。有钱人家会请僧、道、乐队等陪送。棺木抬走前，孝子在灵前的小盆内烧纸，然后将盆摔碎，叫"摔献"（也叫"顶牢盆"）。出殡的时候，长子在棺材前拿着"引魂幡"指路，其余晚辈痛哭送殡。摔献和指路的人便是财产和香火的主要继承人，民间往往因此发生纠纷。乡亲多在村子的路口，放一个小桌子，上头放些纸钱、酒果、猪头、小鸡等，灵柩到时，众乡亲对其叩拜，孝子叩谢，名曰"路祭"。对此，王铭铭曾说："宗教仪式是人们赖之与神灵联系的手段，它是活动中的宗教。仪式是……减少诸如死亡一类的危机在社会上的破坏作用，使个人易于忍受的一种方法……在群体生活的关键时刻举行，其作用是团结社会成员。"① 也即葬礼既是将死者从生者的空间中分离出去的仪式，也是空间秩序重构的途径。送葬队伍沿路抛撒的纸钱，叫"买路钱"②，显然，"买路钱"的对象是指孤魂野鬼。这再次说明家外的公共空间不仅属于人，也受某些超自然力量的掌控。换句话说，家外信仰空间的公共性是多层次的。送殡的队伍一般为"鼓手—和尚—送殡官客—丧种—灵—孝家—女人—送殡堂客"的顺序，时间多在上午。③ 这种以鼓手、和尚为首，以女人、堂客为末的送殡顺序，也是葬礼在空间时序上的讲究。

下葬，祭祀。坟冢根据家境差别而有所不同，有砖砌的，亦有土坑下葬。孝子先填三锨土之后，众人再埋，将坟坑填满并做成坟头，并用石头垒上坟门，以供日后灵魂出入。这里的坟门显然是阴阳两个空间的交通要道。所以，其朝向、大小均有风水上的细致讲究。葬礼结束后，有些地区还要请阴阳先生根据死者咽气的时辰，推算出犯什么星象，对哪个家人不利，然后画符贴在门口避灾。并把朱砂、铁末等撒在院中镇邪。朱砂、铁

---

① 王铭铭：《想象的异邦：社会与文化人类学散论》，第154—156页。
② 刘铁梁等主编：《中国民俗文化志·北京·门头沟区卷》，第95页。另参见刘曙升主编《沂源民俗》，第147页。
③ 《中国农村惯行调查》卷5，第490—491页。

末都属强阳之物,可以抵挡阴晦之气。临街大门口贴上长条白纸,并在柳条上挂白纸插在门旁,表示家中有丧。① 由此可以看出,与婚礼一样,作为禁忌符号的门在葬礼中也具有重要的空间象征意义。

葬礼后次日,家族男性再到坟地祭拜,然后将坟继续修理周正,叫作圆坟。太阳出来之前圆坟务必结束,之后家族晚辈女性再去坟地焚香烧纸。吴店村还有"开鬼门关"的仪式,即"圆坟那天夜里过了十二点,长子拿着一把新笤帚、一个碗、一双筷子去坟地,在死者头部的方向挖个坑,把碗扣着放,筷子放在旁边,然后埋好。拿着新笤帚在坟头周围边扫边绕边说'一扫天门开,二扫鬼门开,三扫开门来'。说完后,在头的方向跪下,听到咣唧一声响动,就跑回家去"②。阳间的门对死者关闭,阴间的门向死者打开。这里的"门"再次显示了民间信仰的空间本质。内蒙古清水河县在殡后三日,"子孙等于黎明时,以纸糊锡瓮等器送至墓所焚化,谓之'安锅灶'。戚友亦往助祭,名曰'服三'"③。

葬礼中的空间分离仪式完成后,接下来进入祭礼阶段。除在三七(第21天),五七(第35天),七七(49天),百日及头三年(或五年)的忌日外,每年的新年、清明、七月十五、十月一日等日以及家内有重要事情时,家人也要祭祀。④ 这些特殊时日的祭祀行为,既是对过世祖先的纪念,也是安抚亡灵,平衡阴阳空间的手段。民间常有亡灵得不到很好的祭祀,而通过托梦等方式警告亲人的传说。

从参与对象来看,华北乡村社会的葬礼完全可以称得上是一个公共活动,除家人外,同族人、同村人、亲戚朋友等比起参加婚礼等其他礼仪,会更加主动地参与其中。这既是村落互助行为的体现,同时也在某种层面上反映了死亡对整个村落日常生活空间的影响。这种影响或隐或显地体现为两个层面:其一,对死者家庭的同情和帮助;其二,因着对死亡及尸体的恐惧,主动参与到事件之中,以使自家及村落空间尽快摆脱死亡带来的负面影响。或者说,死亡既是家庭中的大事,同时也是村落中的重要事件。定县乡村有农家死人,附近邻家都要在门口横着撒一条灰,意思是恐怕死人的阴魂跑到自己家里来。⑤ 人们对死亡本身的恐惧使得他们感觉尸体的存在已经不属于

---

① 刘曙升主编:《沂源民俗》,第151页。
② 《中国农村惯行调查》卷5,第490页。
③ 《绥远省分县调查概要·清水河县》,丁世良等编《中国地方志民俗资料汇编(华北卷)》,第749页。
④ 《阳原县志》,丁世良等编《中国地方志民俗资料汇编(华北卷)》,第167页。
⑤ 李景汉编著:《定县社会概况调查》,第399页。

生者的空间，并对生者安全存在着未知的威胁。因此，对丧礼的参与在某种程度上也有防止整个社区空间秩序免受危害的目的。

与邻居及同村人相比，参与葬礼的姻亲更多地体现为一种监察的角色。死者亲友中十分重要的参与者就是姻亲，特别是死者为女性时，姻亲的作用就更为重要，甚至会影响到葬礼的具体花销。① 寺北柴村原村长张乐卿的两个嫂子去世时，因为害怕被其娘家人找麻烦，不得不在家境破落的情况下大办葬礼。② 在钉棺时，如果死者的娘家人不在场，对方就会大找麻烦。因非正常死亡而影响葬礼程式的事件中，尤以年轻儿媳的被逼自杀为典型。乡间有俗语"青衣菜，红骨凸，十二三岁作媳妇，婆婆打，公公骂，小姑上来采头发，女婿就说死了罢。也不死，也不活，跳了南边葡萄河，捞上来，水带泥，使好棺材穿好衣，笛儿喇叭两台戏"③。说的就是年轻媳妇自杀后，婆家不得不好生安葬的事。大办葬礼有两方面的目的：其一，安抚死者的魂灵，因为人们相信那些非正常死亡的魂灵更容易返回原来的家中作祟（在民众的意识里，鬼魂很容易在阴阳两界出入）；其二，安抚死者的亲人，以免发生闹丧，使生者在自己的熟人社会中丢了面子。

为避免在葬礼中发生矛盾，有着娘家人身份的"舅爷"就成为重要角色。④ 例如门头沟区：

> 老人死了以后，孝子要先把舅爷（孝子的舅舅，舅爷是指着孩子叫的）请来。在舅爷的主持下，给死者的儿女们召开家庭会议。如果死的是父亲，母亲（即舅爷的姐妹）尚在，那么就要讨论今后的儿女对母亲的赡养问题。如果死的是母亲，那舅爷的权利就更大了。俗话说"活到九十九，娘家留后手"。这时候，舅爷不到，死者不能入殓。因为舅爷是老太太的亲兄弟，也是她的主要靠山，所以在入殓前一定要请舅爷到场。在舅爷检查、确认死者的死因清楚，属正常死亡，子女孝顺，发送（丧葬用品合礼仪）得也不错之后，死者方能入殓，否则舅爷会"闹丧"。而且，出殡时钉棺材盖，舅爷要钉第一锤子，葬埋时，舅爷要填第一锹土。⑤

---

① 《中国农村惯行调查》卷5，第121—132、490页。另参见刘曙升主编《沂源民俗》，第133页。
② 《中国农村惯行调查》，卷3，第347页。
③ 《平山县志》，丁世良等编《中国地方志民俗资料汇编（华北卷）》，第130—131页。
④ 刘曙升主编：《沂源民俗》，第137、142、143、147页。
⑤ 刘铁梁等主编：《中国民俗文化志·北京·门头沟区卷》，第298页。

未必所有地区的"舅爷"都在葬礼中发挥如此重要的作用,但事实上,"娘家人"的存在,的确始终是华北乡村女性在出嫁后,遇到人生重大事件时的首要依靠。换句话说,娘家的势力影响着女性在婆家的家庭地位,从订婚直到死亡。于是"娘家有人"或"娘家没人"就成为女性处理婆媳、夫妇、母子关系时经常运用的重要筹码,也深刻地反映出传统乡村社会中姻亲关系与血缘关系的复杂交织。除舅爷有权干涉葬礼程序外,葬礼的主持人也是整个礼仪的核心人物。因为葬礼仪式复杂,禁忌繁多,稍有疏忽便会给家人带来不祥,所以葬礼的主持人一般都是村内有威望和经验的老人。他不仅要为丧家张罗各项开销,主持各式礼仪,还需调节仪式中的纠纷,甚至有权责罚不孝子女。

死者的葬礼基本结束后,其家人便要宴请前来帮忙的人们,并重新安排家庭财产的继承和分配等事宜,并为纪念死者而承担相应的祭祀责任,例如服丧。子女与父母骨肉相连,并受父母养育之恩,父母去世,子女表达长久的哀痛之情就是应有的孝道。当然,这种孝道的表达也有确认及强化死者与家庭关系的意向,并有借此重新凝聚家庭力量的愿望。

乡村葬礼的程序与农家经济状况密切相关。有钱人家请僧、请道、请乐队,停尸数日,礼仪烦琐奢华;穷人家甚至连棺木都要在人死后临时募化,为减少花销,死后都尽早埋葬,草草了事。华北乡村有谚语云:"念经和尚饱,烧纸风刮了,想法花了大洋钱,人人都说好。"说的便是儿女们为了表示孝心,大办葬礼之事。话语背后也道出了乡民大办丧礼的另一层实质——"活人的眼目"①。山西阳曲有"富家或以僧道对坛,迎经通街,以张夸美,戚戚背礼,习焉不察"②。可见,葬礼既是为安葬死者所举行的必要仪式,也是生者借此展示家庭实力,或重新规划自身生活空间的时机。③

此外,死亡的方式也是影响葬礼程序的重要因素。死在外面的人,遗体运回家乡安葬时,要带一只"领魂鸡"(白公鸡)。遗体不准进家门,意外死亡的人甚至不准进村。停灵在外面,白公鸡随死人一起埋葬。不过,外死的"绝户"(没有后代人)可以进家门,要脚先进门,头在后面,停灵时头朝门口。④ 这些基本的空间区隔仪式都是防止死者灵魂对家庭或村落带来未知伤害的防范手段,具有某种恢复和平衡的功能。范·根

---

① 刘铁梁等主编:《中国民俗文化志·北京·门头沟区卷》,第297页。
② 《阳曲县志》,丁世良等编《中国地方志民俗资料汇编(华北卷)》,第541页。
③ 〔美〕杨庆堃:《中国社会中的宗教:宗教的现代社会功能与其历史因素之研究》,范丽珠等译,第49—50页。
④ 刘铁梁等主编:《中国民俗文化志·北京·门头沟区卷》,第300页。

纳普曾认为:"特定的葬礼可能始终主要由对抗诸灵魂的防卫手段和预防死污染的控制组成。"① 在民众的意识中,非正常死亡者及在外死亡者的灵魂因为没有经过必要的仪礼,极不容易安抚,所以很容易给周围的人带来不可预知的伤害,有必要通过一些特别的方式来杜绝隐患。这也与人们相信屈死的灵魂会回来复仇的想法类似。

以上所述各种葬礼仪程,与岁时年节、出生礼、婚礼等一样,十里不同风,百里不同俗,甚至同村人家也会因家境好坏致仪式有别。每一个家庭都是相对独立的信仰单位,葬礼只是家庭信仰系统中的一部分。诸多葬礼仪式基本都包括出殃、避煞、净宅三种空间净化程序,其共同目的都在于:让死者尽快得到安息;让生者摆脱死亡带来的负面影响。换句话说就是努力将死者从原有生活空间——阳间分离出去,并帮助其顺利到达另一空间——阴间。这种空间分离并非一劳永逸,而是特殊时空条件下,生死双方仍能通过香火祭祀得以沟通,也叫"祭礼"。

第三节 从木主②到墓地的族内信仰空间

在传统中国社会,家族是指具有血缘关系的同姓家庭的共同体。根据血缘关系的亲疏,家族关系也有远近。血缘关系的远近反映在日常生活的彼此交往中,在祭祖活动更被集中体现和强化。因为,就时间层面来说,共同的祖先代表着族人共同的血脉来源;众多的后代也代表祖先的血脉在时间上得到了延传。就空间层面来说,血脉相连的族人共同体,在有限的生存环境中,更容易获得生存资源,并能互相扶持,将祖先的血脉尽可能地延传下去。

与华南相比,近代华北乡村社会中的宗族组织不甚发达,较少有跨村落的大宗族,一般的宗族都是聚居在一个自然村内。③ 同族之间的关系也并不像南方乡村那样紧密,而且有共同祠堂和族产的很少。不过,如杜赞奇所说"北方宗族并不是苍白无力的,虽然它并不庞大、复杂,并未拥有巨额族产、强大的宗族意识,但在乡村社会中,它仍起着具体而重要的作用"④。华北

---

① 〔德〕范・根纳普:《〈通过仪礼〉第十章结论》,岳永逸译,《民俗研究》2008年第1期。
② 华北乡村中,人们把家庭中供奉的祖先牌位尊称为木主,以与在世的家主相区分。
③ 〔美〕杨庆堃:《中国社会中的宗教:宗教的现代社会功能与其历史因素之研究》,范丽珠等译,第52页。
④ 〔美〕杜赞奇:《文化、权力与国家:1900—1942年的华北农村》,王福明译,第65页。

乡村的同族集体活动主要包括婚丧嫁娶和同族"祭礼"等内容。同族祭祖是以血缘关系为基础，并以祠堂和墓地为主要活动空间，处于个体家庭和村庄之间的一种集体信仰行为。

一 同族祭祀活动与组织

乡村宗族空间存在的两个重要的显性标识就是祠堂和墓地。近代华北乡村的祠堂分布并不普遍，一般只限于较有势力的缙绅之家。如山西安泽县"士大夫家设木主，立祠堂，墓祭各有其时；贫家则祀于中庭"①。临汾县"营庙置主，仅搢绅家有之，余多设龛于中庭内寝"②。介休县"邑中有家庙者，不过数大姓"③。如果没有祠堂，家内的祖先祭祀大多只是在三代以内，三代以外的只有墓祭。事实上，多数祠堂也都只是在家族兴旺时使用一时，一旦有变故，便很快破落。例如，冷水沟村的李姓同族曾有家祠。但是，该家祠既没有专人管理，也缺乏修缮。最后，成为一个单身汉同族的住所，甚至连李氏家祠的牌子，也在1922年时摘掉了。④ 类似的例子在其他地区也很常见。⑤ 至20世纪40年代，华北有祠堂的宗族已较为稀少。⑥

华北乡村的祠堂分布情况既是当地宗族组织程度的反映，事实上也与区域经济水平有着密切的关系。毕竟，祠堂的建筑和维持都需要经费。在经济条件相对较好的地区，祠堂在联系同族时还起着一定作用。例如民国初年，任县大陆泽路村在面临水灾时，村民还曾带上干粮到祠堂内避雨。⑦ 交河李氏宗族在民国时也仍于祭期到祠堂内拈香行礼。⑧ 邯郸地区的固义村，大户人家都建有祠堂，李家祠堂的房屋院落至今仍保存完好。⑨ "由于祖先灵魂的神圣性，祠堂成了家族传统和道德氛围的象征。"⑩ 其中，沉默的木主与碑匾，燃烧的香烛与冥纸，无不提醒着生者与死者之间的血脉相连。

与祠堂相比，共同的墓地在维系同族关系上发挥着更为重要的作用。

---

① 重修《安泽县志》，丁世良等编《中国地方志民俗资料汇编（华北卷）》，第646页。
② 《临汾县志》，丁世良等编《中国地方志民俗资料汇编（华北卷）》，第641页。
③ 《介休县志》，丁世良等编《中国地方志民俗资料汇编（华北卷）》，第593页。
④ 《中国农村惯行调查》卷4，第136页。
⑤ 《中国农村惯行调查》卷6，第39、42页。
⑥ 郑起东：《转型期的华北农村社会》，上海书店出版社2004年版，第169页。
⑦ 《中国农村惯行调查》卷6，第240页。
⑧ 李桐文、李桐蔚等修：《交河李氏族谱》，民国二十六年（1937）铅印本。
⑨ 杜学德：《武安市固义村迎神祭祀暨社火傩戏》，欧大年等编《邯郸地区民俗辑录》，第51页。
⑩ 〔美〕杨庆堃：《中国社会中的宗教：宗教的现代社会功能与其历史因素之研究》，范丽珠等译，第52页。

第一章　人神共居的家庭信仰空间及其秩序　67

杜赞奇在研究满铁调查的 6 个村庄时，曾将这些村庄分为两种类型：宗族型和宗教型，并得出宗教型村庄邻近城市，而宗族型村庄远离城市的结论。① 作者对宗族型村庄的判断依据，既包括宗族对村政的影响程度，同时也包括宗族内部的关系。在联系宗族的问题上，坟地起着十分重要的作用，一般的姓氏都会有共同的祖坟，即使年代久远，很多家庭因为风水及其他缘故从祖坟地迁出，但每年仍会到祖坟地去祭祀。②

华北乡村合族上坟的日期一般是每年正月初二、清明节以及十月初一等日期，同族祭祀组织的名称有"清明会""父子会""吃会""坟会""家谱社""宗子社"等叫法。也有村庄在清明前的寒食节扫墓，其组织就叫"寒食会"③。这些同族会一方面为联络感情，另一方面也会商量本族公共事务。以下便是其主要的活动方式及内容。

首先，上坟扫墓的费用，一般都来自同族共有的土地，这些公地往往是同族祖先的遗产。本会的公地，有出佃给个人家的，每年所收的租钱，就充作会里经费。会里的本金及每年余额，一般都会以一定的利息贷款给个人。每次活动经费多少，根据本族公地当年的收入与本金利息多少而定。如果经费太少，会中就要限制每家的参与人数，有时不但限制人数，并且到会的人还得缴纳份子。公地有时也由本族各家轮流承种，或由本族穷人耕种。同族租种的人或者缴纳租金，或者负责清明墓祭后的会餐费。④ 沙井村杨姓的坟茔地共有十五六亩，归同族耕种。耕种的代价就是清明节的时候要培土、买供物（肉、馒头、酒、纸钱）。⑤ 同族中没有祖坟地的，便需各家根据自己的土地收入摊款，或者缴纳入会费作为祭祀的基金。⑥ 进而可以说，经济能力是宗族信仰空间得以维护的基础。

其次，参与同族扫墓组织的一般为各家的成年男性，女性往往被排除在外。因为男性才是家族血缘时间的延传者。在参与祭祀的人数上既有规定每家 1 人的，也有不限人数的。同时亦设有主要负责人，例如定县乡村：每次开会都有会首 1 人，敛首 2 人或 4 人。会首是同族各家轮流担任的，任职 1 年为限。敛首是每次接会的时候，大家选举出来的。除会首、

---

① 〔美〕杜赞奇：《文化、权力与国家：1900—1942 年的华北农村》，王福明译，第 11 页。
② 《中国农村惯行调查》卷 1，第 6 页。
③ 《中国农村惯行调查》卷 3，第 43 页。
④ 《中国农村惯行调查》卷 1，第 81—82、319 页；卷 4，第 19、438 页。参见李景汉编著《定县社会概况调查》，第 390—391 页。
⑤ 《中国农村惯行调查》卷 1，第 251 页；卷 6，第 86 页。
⑥ 《中国农村惯行调查》卷 1，第 47 页；卷 5，第 109 页。

敛首以外，还有人专管账目和会中公务。这些人多是族中能人，当然也是公推的。会首为每次"吃会"的主人，筹备一切。敛首专门经管出入钱财与购买物品，有时还得亲自做饭。族人有无故不上坟的，会里还有一定规罚。普通罚酒1斤或2斤，作为警戒。① 顺义县的郝家疃村李姓同族由其中四户轮流做值年。沙井村杨姓同族则在每次扫墓时一起选举值年，负责土地、金钱管理、聚餐等诸种事宜。② 寺北柴村郝姓宗族的清明会组织则通过抓阄和推举两种方式决定大小头。具体做法就是全族八十几个成年男性通过抓阄选出5个人在5年内轮值大头，4个小头则是由前一年的小头推举决定。大头负责做饭、提供吃饭场所等各种杂事，小头则主要负责敛取租粮、利息，买东西等财务方面的事。总之，每一宗族都各有各的规程。换言之，宗族信仰空间与家庭信仰空间一样，都是相对独立的。

最后，清明会的活动内容主要包括两个部分：扫墓和聚餐。每次到了合族上坟的日期，会首都预先通知本族各家，准备到坟地祭祖。合族的人在清早就都聚齐，然后带着必要的祭祀物品前往坟地。很多村庄的族长仅仅是个名义，平时并不负责什么工作，但在清明会共同祭祀祖坟的时候，族长的身份就会有所体现。年老的族长一般都会站在前排给最老的祖坟烧第一炷香或第一刀纸。③ 然后，同族人在族长的带领下次第给其他坟墓烧香、烧纸、叩头、培土。也有一起种树的，灵石县"'清明节'展墓，邑人重之，甚至客他乡者，亦多归祭，并于墓地栽植松柏等树"④。侯家营村的侯姓宗族甚至在坟地里当场杀猪祭拜。⑤ 事实上，此种阖族祭祀的场合不仅能加强同族间的认同感，也是长辈对晚辈进行宗族谱系教育的重要机会。那么，参与祭祀的后人数量之多少，即是先祖血脉延传的直接展示。中国民众认为生命是有限的，会随着死亡的来临而结束，生命结束后，灵魂去往阴间，并仰仗后代儿孙的祭祀而存在。因此将自己的血脉留在现世，以获得香火祭祀，便成为延续自身生命时间的唯一途径和目的，于是，子嗣繁多就成为人们在血脉时间上追求的终极目标。

同族聚餐。扫墓结束后，大多数的清明会还有同族聚餐。如果经费充足，预备的菜饭也很丰富，全族达到一定年龄的男人都可以到会。有的会并

---

① 李景汉编著：《定县社会概况调查》，第390—391页。
② 参见《中国农村惯行调查》卷1，第47、315、319页。
③ 《中国农村惯行调查》卷1，第6页；卷4，第440页；卷6，第42页。
④ 《灵石县志》，丁世良等编《中国地方志民俗资料汇编（华北卷）》，第583页。另参见《中国农村惯行调查》卷1，第262页。
⑤ 《中国农村惯行调查》卷5，第60—67页。

不限定岁数，从能托碗吃饭的男孩以上，都有到会的资格。妇女与不能托碗吃饭的小孩，则不许到会。① 至于坟地的修理，树木的补种，公地的出佃，以及其他一切关于本会的各种问题，都可以在"吃会"时大家共议。也有少数宗族允许女性参加，例如，顺义县郝家疃村的李姓同族在清明节祭祀结束后，各家出一个人（无论男女）一起吃酒宴。安次县祖各庄的曹姓宗族聚餐时男人按辈分坐，小孩子和女人则不按辈分，随便坐。② 在关系比较密切的宗族中，同族聚餐时要严格按照辈分、年龄安排就座。③ 例如，寺北柴村的郝姓宗族规定：男人不到15岁不能入席，女人也不能入席，不过同族中的小孩子可以来领馒头吃，据说吃祖宗的供品吉利。吃饭时的座次如图1-2所示。④ 按照习俗，座位以右为长，次以坐北面南为大。因此族长在最右面，面南而坐。每一小支的家族长则坐在族长左边。其余座位为3人一排，而族长和家族长则2人一排。郝姓宗族不仅清明节时如此，在婚葬礼仪等同族聚会时也按此位次安排。这种座次安排是义序的血亲于祭祀仪式中的空间布局。众所周知，吃饭时讲究位序的礼仪，不仅体现在宗族聚餐中，还体现在所有的相对正式的餐饮场合。这也是中国文化之空间本质的表现内容之一。

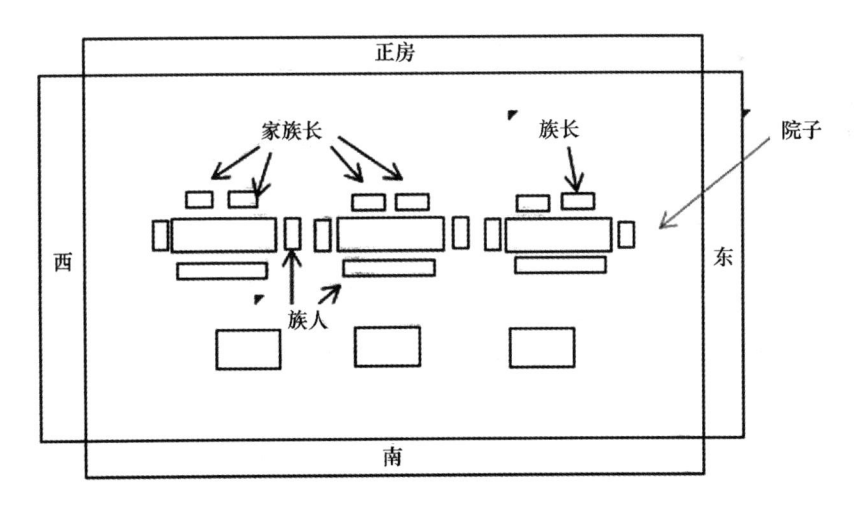

图1-2 寺北柴村郝姓宗族清明节聚餐座次图示

---

① 李景汉编著：《定县社会概况调查》第390—391页；另参见《中国农村惯行调查》卷4，第419、453页。
② 《中国农村惯行调查》卷1，第81页。
③ 《中国农村惯行调查》卷4，第438页。
④ 该图参见《中国农村惯行调查》卷3，第91页。

一般情况下，在同族聚餐前，当年的主要负责人要向大家报告账目收支等问题。具体报告内容包括：谷物及售卖经过；利息基金；清算买东西的钱；余额及其处置方式等。① 聚餐的地点多集中在族长或值年家中，无疑，此时被定为同族聚餐场所的人家实际上延伸成了同族在墓地之外共有的公共空间，代替祠堂发挥着作用。当然，家庭空间变为家族空间，只限于清明节一天。另外，不住在同一村，而祖坟埋在一起的同族，在清明节时也会借着共同祭祖的机会，联络同族感情。② 换言之，在信仰层面的同族空间，并不以实在的宗祠为限，而是由血脉联系而成的感觉的空间。

以上所论仅为同族共有的坟地，也可以说是祖坟或老坟。事实上，在华北乡村社会中，随着同族的扩大、血缘关系的逐渐淡化、坟地大小的限制以及风水等原因，很多家庭会把自己直系亲族的坟墓另葬他处，称为拔坟，意即阴宅的分家。新拔的坟经过几代后，又逐渐形成一处老坟地，这些坟冢在清明时都需要祭祀。③ 例如，寺北柴村的郝姓在清明节时需要祭祀的坟就包括：郝家老坟、一门的老坟、各家的老坟三处。④ 河北省安次县祖各庄村的曹姓清明墓祭时，老坟由五大家轮流，新坟由四小股轮流。⑤ 相对来说，越老的坟，祭祀的人也越多，但得到祭祀的频率也会下降。因为随着血缘关系的传承，人们在非同族祭祀的时候——例如婚葬礼仪及逢年过节时——一般都只会祭祀两到三代的祖先，而不会去祭祀所有祖先。⑥ 可以说，血缘关系的远近与族内信仰空间的凝聚程度直接相关，发展到一定程度，人们甚至可以从原来的族内信仰空间中独立出来，重新构建自己的神圣空间。

此外，虽然华北乡村有家谱的宗族很少，形式也各不相同，但人们对此并不陌生。家谱在同族意识中像墓地一样可以代表宗族的神圣性。后夏寨村的吴姓家族每年正月初二同族的墓祭组织叫宗子社，宗子社由轮流保管家谱的人家组织，扫墓结束后，同族人还要到存放家谱的人家给家谱烧香上供。穷人家因为买不起祭品，所以不在轮流之列。⑦ 由此观之，贫富是家庭空间影响大小的重要因素，太过贫穷，甚至不被纳入本来紧密的血

---

① 《中国农村惯行调查》卷3，第136页；卷4，第362页。
② 《中国农村惯行调查》卷4，第361页。
③ 《中国农村惯行调查》卷4，第440页。
④ 《中国农村惯行调查》卷3，第150页。
⑤ 《中国农村惯行调查》卷6，第74页。
⑥ 《中国农村惯行调查》卷3，第294页；卷5，第104、109、132页。
⑦ 《中国农村惯行调查》卷4，第440页。

缘空间。极端者，如鲁迅的笔下的阿Q，便因为穷而被赵太爷排除在本家之外，不得姓赵、不配姓赵。因此，也就不难理解财神信仰对于民众的重要意义了。

河北省大义店村的张姓宗族在每年过年时要把平时卷起来收放的家谱特意挂在堂屋中，并烧香焚纸，接受同族人的叩拜。① 在此，家谱与祠堂、墓地一样起着维系宗族关系的重要作用。一方面，它是同族信仰空间的凝结；另一方面，墓地和祠堂的信仰空间也因为家谱的书写和传承而更加神圣。

从性别构成来看，同族祭祀祖先的活动都是男性参加，女性被自然地排除在外。甚至扫墓后的聚餐，也是由男性自己做饭，而不会请女性帮忙。不过，这并不是说女性完全不参与墓祭活动。事实上，家庭内部的坟地祭祀，也常常由女性负担。山西武乡县，清明节时"男妇祭先祖茔，添土，挂纸"②。在吴店村，男性共同祭祀老坟地，而女性则负责自家的坟地。若家里有女人，男人还去坟地祭拜的话，便会遭到邻人笑话。只有单身汉才不得已去自家坟地拜祭。③ 同样都是墓祭，但同族共同的祭祀活动与家庭内部的单独祭祀活动得到清晰的划分，其中所反映的不仅是群体与个别的关系，更是传统家族中根深蒂固的重视男性血脉传承的表现。总之，在每年的同一天，当同族内的家庭按照统一的仪式，参与祭祖活动时，人们的注意力便从世俗转向了亡灵存在的阴间。在共同分享食物的过程中，共同的亲缘关系强固了同族男性对于自身家族身份的认知。而将要或已经外嫁的姑娘是绝对被排除在祭礼之外的，故此，民间无子的家庭又被蔑称为绝户。意为香火断绝，信仰的时空也无以为继，所以"香火"又成为乡村社会中男孩的代称。血缘和信仰于此纠结在一起，成为华北乡村社会家庭信仰空间得以存在的根本。

二 坟地：血缘的空间化

坟地又称阴宅，是华北乡村中维系亲族关系的重要途径，也是阴、阳两界得以交流的空间节点。因此，坟地的位置一般都位于远离村落的地方，最近的也只是在村落周围，而绝不会在村落中。不仅坟地的确定需要符合风水布局，在埋葬方式上亦需根据血缘亲疏以及承嗣情况来安排。因

---

① 笔者于2009年2月赴河北省农村的调查材料。
② 《武乡县志》，丁世良等编《中国地方志民俗资料汇编（华北卷）》，第632页。
③ 《中国农村惯行调查》卷5，第470、474页。

为乡民深信，坟地的风水与家运密切相关，去世的祖宗对后代的荫庇亦决定于其是否得到了恰当的安葬和祭祀。

乡民在自家坟地的选择上，必会慎而又慎。① 他们认为，风水对于每一家族的兴衰至关重要。倘若祖坟地址选择不当，住宅位置不佳，都被认为会影响到一家甚至一族人的吉凶祸福。山西沁水县贾氏就曾将家族内连续丧亡事件归因于动宅西北方有煞，因此匆忙迁移墓地，并以红砂石为墓门，世代承继。② 同时，如果家族中有突出的财运或人才，也必是坟地风水好的因应。因此人们对待坟地的选择和坟地内的土壤、植被格外关注，甚至常有因坟头草和坟旁树被割而气急败坏者。与阳宅的选择一样，风水先生对于坟地的选择也有许多规则，如坟茔选址时就有所谓的"十不葬"："一不葬祖顽块石；二不葬急水滩头；三不葬沟源绝境；四不葬孤独山头；五不葬神前庙后；六不葬左右休囚；七不葬山岗撩乱；八不葬风水悲秋；九不葬坐下低少；十不葬龙虎尖头。"③ 如果说阳宅风水还有一定的科学根据，那么阴宅的选择则完全来自人们宗教意识中的比附和联想。

以上十条仅是乡民总结出来的一般埋葬规律。事实上，风水家选择墓地要复杂得多。选择葬地，首先就是"寻龙"，即巡视龙脉，然后才是"安穴"。所谓"十年寻龙，二十年安穴"。他们认为地龙在地里走，距水很近，就是所谓"水不离龙，龙不离水"，所以地龙茂盛的地方才适宜。"安穴"后还得"调向"，就是按照地形与水法、天干地支、五行生克制化等来选择最适宜的方向。一般用"罗盘"依照八卦的标准来确定，向着西南、东北、西北等，没有正方向，叫子午葬。④ 定好方向后，才可依此埋葬。以上是指确定新坟时的程序，如果埋在老坟地，直接按照辈分远近埋葬即可。还有年代久远的坟地，次序容易混乱，因此也有"抢葬"的，就是后人不按次序，随便选好的地方埋葬。也有经风水家看出原有的墓地，气脉不好，或是年代太久，已经没有地方埋葬，就需要另外寻觅新的坟地。⑤ 被风水先生看好的地，买卖的时候，地价也会随之上涨。⑥ 总之，在民众的宗教意识中，坟地的风水至关重要。坟地的选择是祖先荫庇后代的重要保障。也即，风水不但

---

① 晋代郭璞所著的《葬经》是古代地理堪舆的开山之作，也是古代风水理论的奠基之作。
② 贾景德撰：《沁水贾氏茔庙石刻文稿》，民国二十五年（1936）排印本。
③ 魏宏运主编：《二十世纪三四十年代冀东农村社会调查与研究》，天津人民出版社1996年版，第445页。
④ 《中国农村惯行调查》卷6，第39页。
⑤ 李景汉编著：《定县社会概况调查》，第401—402页。另可参见《中国农村惯行调查》卷4，第74—75、99页；卷6，第42、67页。
⑥ 《中国农村惯行调查》卷3，第275页。

第一章　人神共居的家庭信仰空间及其秩序

是一种空间信仰行为，它同时还具有一种世代传承的时间性。换句话说，墓地风水是祖先荫庇得以世代传承的实现途径。

乡民因为各种原因另置坟地时需要把老坟地里埋葬的几代内的直系祖先移到新坟地去，叫作"拔坟"。定县乡村"若因年久棺材腐烂，无法搬移的时候，就把新坟应占的正穴里，放一个小棺材，里面装进一个长木板做成的牌位。在牌位上用朱砂写上'显考×府君讳××字××之灵位'字样。然后也照样堆成坟丘，这就算替代搬移一样。不过所移的世系，都是很近的，自己的父亲，祖父，至远到曾祖为止，再远的就不移动了"①。沙井村在挪坟时只许挪到父辈，祖父辈的灵柩不能动，而是另做灵牌埋葬来代替。因为当地有"孙子不拔爷爷"的说法。②

华北乡村的坟墓埋葬方式与生前所属辈分和年龄等相对应，夫妻并葬或同穴，同辈的列在一行，以左为上。因此，一般的埋葬方法如图1-3所示，这种方式也叫祖领葬。③另外几种常见的埋葬方式有：人字葬；一字葬；排葬；排骨葬；昭墓葬（携子抱孙葬）；抱头坟；带子上堂葬等很多种。地区不同，风俗也不一。排葬是较为普遍的埋法（见图1-4）④，其具体埋法就是以祖坟为中心，各代分别埋。相对于祖坟，正中央是年长的人，接下来往右，再接下来往左埋。人字葬或者一字葬也很多（见图1-5）。⑤这两种方式的关键就是以明堂为中心，明堂右为大，左为次。所谓"明堂"，就是指阴宅前方的范围，风水术中以这里为地气聚合之所。

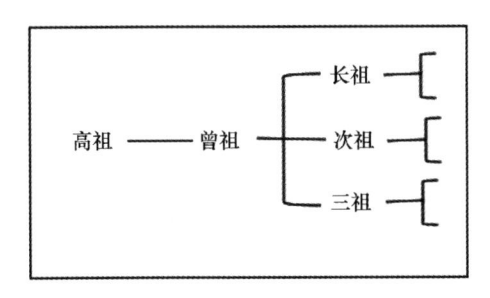

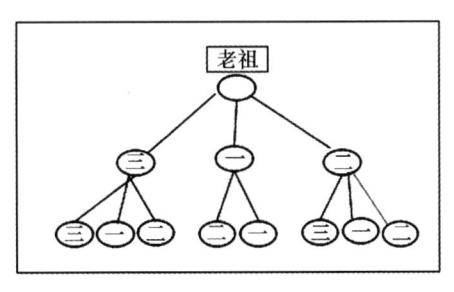

图1-3　祖领葬示意　　　　图1-4　排葬示意

---

① 李景汉编著：《定县社会概况调查》，第405页。
② 《中国农村惯行调查》卷1，第286页。
③ 李景汉编著：《定县社会概况调查》，第405页；参见《中国农村惯行调查》卷6，第35、54页。
④ 《中国农村惯行调查》卷1，第6、16页；卷3，第141、158页。
⑤ 《中国农村惯行调查》卷1，第47、258、264页；卷5，第63、482、484页；卷6，第38、47页。

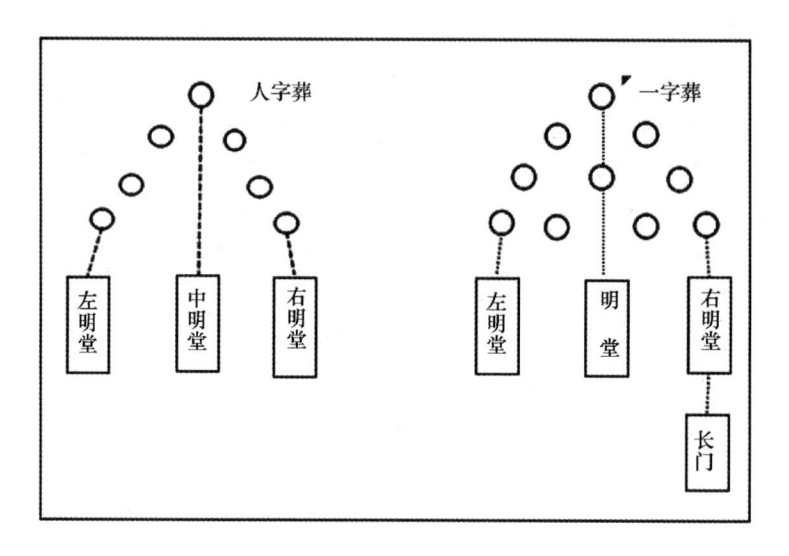

图 1-5　人字葬和一字葬

　　冷水沟村还有一种抱头坟，指幼儿去世后不能立即埋在祖坟，待其母亲去世后可以埋在母亲坟的旁边（见图1-6）。意思就是怀中抱子，这样孩子便能分沾母亲的香火。河北栾城地区还有一种昭墓葬，埋葬规则就是按左昭右穆的顺序排列，有三个孩子时则单昭变穆（见图1-7）。① 墓葬的排列顺序不仅要顺应风水，还必须讲究血统继承关系。乡间有"绝次不绝长"，或"一子两不绝""兼祧"之说。就是指如果哥哥没有儿子，弟弟的两个儿子就要过继给哥哥一个。若弟弟只有一个儿子，在埋葬的时候仍需将儿子过继哥哥，但孙子仍是弟弟的（见图1-8）。② 在血脉时间的延传上，无论何人，都无法保证香火永继。对此，民众有着实在的认知，并采取了尽可能的补救方法，如过继、抱养等。或者说，为了香火永继，人们并不十分严格地要求血缘的纯正，而只需要名义上的家人和后代。当然，无论是过继还是抱养都要经过正式的认亲仪式，并在以后的诸种人生礼仪中，特别是在丧礼中履行必要的服丧义务。当然，被过继或抱养者，在接续了承嗣血脉时间的责任后，也有资格继承关于家的相关空间权利。

---

① 《中国农村惯行调查》卷3，第158页；卷6，第36页。
② 《中国农村惯行调查》卷1，第286页；卷5，第487页。

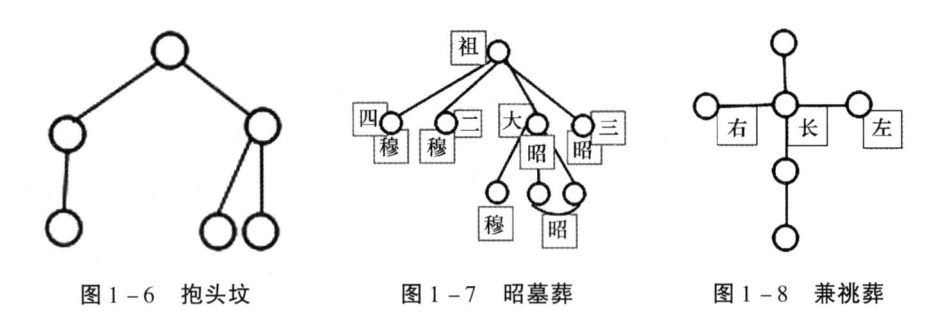

图1-6　抱头坟　　　图1-7　昭墓葬　　　图1-8　兼祧葬

冷水沟村一个人有多个妻子的时候，男人在右，妻妾依次在左叫排骨葬。有两个妻子的时候，男人在中，妻右妾左叫夹骨（或棍）葬。① 此外，"坟头与坟头的距离不可太远，平常都是相隔三四尺。意思是如果太远，恐怕事业不能继续，有上气不接下气的危险"②。总之，墓葬的空间布局事实上正是家族祭祀的依据，也是以男性血脉为依据的祖先崇拜的重要组成部分。换句话说，坟地的空间布局是血亲关系在祖先崇拜中的直接映射。有学者论：

> 祭祀中生者与死者的关系，是一种生前的社会关系的维持，表现为这种关系中的伦常义务，这才是祖先崇拜最主要的宗教精神表现。更重要的是，祖先崇拜不是一种个人性的礼仪行为，而是整个家族网络的根本，家族关系均由此派生。它的活动的本质还是一种关系——信仰模型。所以，祖先崇拜作为一个敬奉神明的礼仪，连同铺张的丧葬及献祭仪式，发挥了团结及巩固中国家族组织的关键作用。中国家族制度之能长期稳定，实基于此。可以说，惟有祖先崇拜才是中国嗣系制度的基础，它既维护了中国的宗族制度，也扮演了培养亲属团体的道德、整合及团结亲属团体的功能。③

坟地是集中埋葬死者的地方，墓祭是生者与死者得以直接沟通的仪式。因此是否能在同族墓地中获得应有的位置，就代表着死者是否能得到相应的祭祀，更进一步关系到灵魂是否能够安息或转世。因为，在民众的

---

① 《中国农村惯行调查》卷4，第74—75、362页；卷5，第489页。
② 李景汉编著：《定县社会概况调查》，第405—406页。
③ 李向平：《中国人的"关系—信仰"模式》，http://lxp0711.blog.hexun.com/5794486_d.html。

宗教意识中，人死后在阴间仍会像活人一样有日常生活，后代的香火直接关系到他们在另一个世界过得顺利与否。没有正常的承嗣，在阴间就只能做孤魂野鬼。然而，并非所有人在死后都能顺利地被葬于宗族墓地，其中包括没有儿子的人、未婚男孩和未出嫁的女孩。不过，也并非没有转圜之地。上文所叙及的民间"一子两不绝"之俗，说的便是兄弟两人可以通过过继的形式来分沾香火的事。同样，亲人也可以帮助未婚的男孩和女孩承继后人。当然，在过继之前，他们需要经过一定的仪式，才可以进入祖坟，即冥婚。

根据地区不同，冥婚也有不同的说法，例如"结阴亲""鬼婚""死夫妇""娶尸骨"等。其大概过程就是：未婚男女去世后，家里因为孤男孤女不能入坟地的习俗，只好把他们暂时埋在荒野或地边，叫寄葬。又不忍心让他们独守凄凉，于是便想给他（她）继子立后，迁移到坟地，以接续香火。接续香火的首要程序就是要为其成亲，因为不结阴亲就不能有过继子。埋在坟地以外的坟墓也只叫圻子，而不能算坟。① 不同地区结阴亲的方式也不同，例如山西地区"凡亡女之未婚者，例不得葬之祖墓，必择已故未婚之男子以为偶。鼓乐导引彩舆在前，丧车在后。送之夫家之茔而合葬焉。但计亡者生年之相若与否，而不论死亡之先后也。谓之冥婚"②。冷水沟附近的路家庄，男方请媒人用轿子把女方的牌位（红色的）放在凤冠霞帔上，并把尸体一起接来，尸体放在村外，然后死者的妹妹抱着一只白色的公鸡与轿子上的牌位在院子里拜天地，据说经过一定的仪式后，死者的灵魂就会附在公鸡上。③ 通过冥婚仪式，未婚男女便有资格进入坟地，接受过继的"后代"或者同族人的祭祀。这也是乡民通过重建血缘关系来改变信仰空间格局，并进而达到改变亡者身份的仪式。

另外，仍有一部分人在死后不能进入坟地。例如七八岁以下的儿童和非正常死亡者。前者一般是因为年龄太小不适合结冥婚，后者被认为魂灵不够洁净，所以不能入祖坟地。④ 这些不得已被埋在荒野中的圻子，除非至亲在年节忌日时为他们送去一点香火，否则便逐渐被冷落了，隆起的坟头也终至变成平地。也就是说，坟地祭祀空间的公共性是有限的，其开放

---

① 《中国农村惯行调查》卷3，第143页；卷4，第75—76、87、98—99、138、444、449、452页；卷5，第132、483页；卷6，第34页。另参见刘曙升主编《沂源民俗》，第123页。
② 贾景德撰：《沁水贾氏茔庙石刻文稿》，民国二十五年（1936）排印本。另参见李景汉编著《定县社会概况调查》，第399页。
③ 《中国农村惯行调查》卷4，第362页。
④ 《中国农村惯行调查》卷3，第143页；卷4，第87页；卷5，第132、483页。

的条件，不仅包括同族之内的血缘关系，同时也需要以成年男性继嗣为前提。那些长期无法得到祭祀的魂灵在民众的信仰观念里，便最终成为到处游荡的孤魂野鬼，甚而会对阳间造成威胁。因此，也需要在一定时节，在公共的十字路口等处对其进行必要的安抚。

祖坟地周围的土地一般都有些暂时还没有被使用的空地，叫作护茔地。护茔地是华北乡村少有的同族共有财产。其耕种方式不一，既有照顾本族穷人，归其免费耕种的，也有由同族人轮流耕种，或者租佃给外人耕种的，收入便常用于正月、清明等时期的同族共同祭祀之费用。护茔地一般很少买卖，买卖的话需要得到全族人的同意。① 被迫买卖坟茔地的情况大多都是因为生活境况实在不如意才会发生，买卖后的坟茔地并不包括坟家已经使用的部分。乡间有约定俗成的规矩：买家绝不能破坏别人的祖坟；卖家则许起不许葬，起坟之后不保留地基。② 另外，承佃别人的土地，不可在上面做坟，因为将来土地还要归还所有人，若做了坟，土地所有人便会认为承佃人窃取了自家的风水。③ 坟地空间的神圣性不仅在乡俗中得到公认和维护，甚至法律对其也有明确的保护政策。除了家庭的后人，没有任何人可以随意破坏别人的坟墓，更无权去召唤或打扰"存在"于坟丘下的亡灵。这块土地明显具有宗教性，神圣不可侵犯。这种神圣性在葬礼仪式中得到公开的确认和发布，并从此成为家庭资源的一部分。在这个意义上可以说，坟墓的所有权一方面属于过世的死者，另一方面也属于整个家庭，而不是家庭中的某一个人。

总之，比起一般的土地来说，坟地及坟茔地虽是实实在在的地理性空间，但事实上，在民众的宗教意识中，从现实生活空间到墓地的距离是阴阳两隔的。或者说，坟地是阳间通往阴间的通道。这不仅表现在葬礼时复杂的空间分离仪式里，还体现在日常生活中人们对坟地的态度上。比如，华北地区的坟地全都被安置在远离村庄的地方，民间鬼故事传说的发生地也往往都是阴森可怖的坟地。民间亦有很多路过坟地时要进行驱邪仪式的风俗。例如，用唾液、狗皮鞭子、柳枝等镇鬼。总之，供奉木主（牌位）的祠堂与埋葬死者的坟地并不直接相连，二者之间的距离不仅是现实的，也存在于信仰意识中。特殊时节里，宗族集体的墓祭仪式便成为不同性质的空间得以联系的重要途径。所谓族内信仰空间的公共性之存在价值也正在于此，更进一步

---

① 《中国农村惯行调查》卷3，第275页；卷4，第86、206、216、496页；卷5，第487页。
② 《中国农村惯行调查》卷3，第298页；卷4，第74—75、108、202、286、434、440—447页；卷5，第70—76页。
③ 《中国农村惯行调查》卷3，第275页。

说，人们对男嗣承继关系的看重，事实上就源于坟地祭祀空间的有限公共性，因为获得"合法"的被祭祀身份，是进入公共祭祀内的唯一有效途径。

小　　结

家庭是通过血缘关系形成的基本社会单位，这决定了家庭的信仰首先是集体的信仰行为。家庭信仰的内容主要包括：对神灵和祖先的敬拜和供奉两部分。家庭信仰的主要功能就是为家庭住居提供必要的空间安全感。这种空间安全感是民间信仰存在的本质，也是民间信仰的空间体系得以建构的基础。

家庭的信仰空间与民众世俗生活紧密相关，或者说就是民众世俗生活的一部分。信仰对于家内成员吃喝住行等事项的影响既有显性的方面，也有隐性的方面。显性的方面主要体现为特殊时节中，民众向神灵、祖先进行祈福的积极性信仰仪式，隐性的方面则主要指民众为了祛灾避祸而对禁忌规条的消极性实践。无论是隐性还是显性，不可否认的是在乡土社会中，家居空间既是家又是庙，是人、神、祖先、鬼共享的空间。① 对民众来说，家庭即是其"天下"的中心，在此"天下"之内，民众"当家做主"，按照血缘的亲疏远近，并根据实际需要建构起自己的神圣空间。在生老病死、年俗时节的时间流转中，民众对于家之空间稳固性的追求成为其生活的底气和目标。

各个家庭作为独立的信仰单位，其信仰的神灵、祖先祭祀的方式都各有不同，这不仅受当地风俗的影响，也有家庭经济本身的因素。另外，作为相对独立的家内信仰空间，对于家庭内部的所有成员来说是公共的，这种公共性不仅限于长期居住在家庭内部的成员，也开放于虽然离家谋生，但仍未分家的成员。不过，家庭的私密性也是有限的。因村落集体生活的必要，在发生诸如盖房、生产、婚嫁、丧葬等重大事件时，家内原本私密的空间都会向亲戚邻里开放。同时，家内神灵在某种情况下相对灵验时，个体家庭的神龛香火也会超越家庭，进而发展成为一个单一的社会单位，甚至最终还有可能盖起一座庙宇。②

---

① Wang Sung-hsing："Taiwanese Architecture and the Supernatural", in Arthur Wolf edited, *Religion and Ritual in Chinese Society*, Stanford：Stanford university Press, 1974, pp. 183 – 192. 转引自岳永逸《行好：乡土的逻辑与庙会》，第109页。
② 关于从家到庙的信仰实例，岳永逸在其著作《行好：乡土的逻辑与庙会》中，对今天河北梨乡"行好"的"家中过会"发展成"庙会"的经过有精细的论述。

第二章　村落地缘空间与信仰资源的互生

"村民"是乡村民众在"家人"之外的又一身份标识,"我们村"和"我们家"一样是人们身份得以展示的空间。村由家构成,但是村落又不是家庭的简单组合,而是村民于家庭之外,以村落共同体的身份,共同寻求住居空间安全而继续努力的结果。村落与家庭的关系,很像一个麻袋和袋子里的土豆之间的关系:土豆大小不同,形状各异,但本质相同;一个袋子里的土豆互不隶属,但是同处一个空间之中,难免接触和摩擦;每一个土豆的质量之好坏都会影响到麻袋里其他土豆的质量;麻袋有缝隙,可以通风通气,以免土豆腐烂;麻袋有口,土豆可以进出;麻袋是有限度的,可以饱和,也有可能破损。如果说这个比喻还算形象,那么,我们接下来要讨论的问题就是,这个作为村落的"麻袋"到底是用什么材料做成的?又是怎么编织起来的?作为材料之一的"信仰民俗"在其中起到了怎样的作用?

第一节　村内地缘信仰空间的构成

村落是华北乡村社会的基本组织。村落空间本身是浑然一体的,但能通过一定显性的因素得以界分。这些因素首先包括地缘和信仰两个层面。地缘因素为村落空间提供了纵向的(从村落历史的时间延续上来说)相对稳定的架构力量,而信仰因素则为其提供了神圣的、合法性认定。这一方面体现为以村庙为核心的村落信仰活动是构成村落公共空间的重要因素;另一方面,对于村民来说村落空间本身就是具有宗教意义的存在。村内信仰空间是指村落内部用来举行集体祭祀活动,或具有神圣意义的所在。既包括庙宇、祠堂或神棚等具有明显信仰符号的地点,也包括道路、水井等不具有明显信仰符号,却在特定情况下被乡民赋予神圣性的地点、器物等。

一 庙内：神圣中的世俗

村庙的修建与神灵的供奉不仅是要解决村落生活中的实际问题，其本质是一个村落的村民对自己生活空间的思考和建构，是其世界观的物化。① 近代华北乡村广泛存在的庙宇正是人们世界观的突出反映，不过，这些庙宇中新建的却很少。根据庙内碑石等材料的记载，其大多都建于明朝中叶，至民国时则多成残垣断壁，荒凉破败。② 但庙宇仍是村落信仰空间得以存在的主要表征，首先体现为它是由村民共同建筑，归村民共同使用，也作为村落财产被村民保管。村庙中所供奉的神灵作为村庄的保护神，同时接受所有村民供奉的香火，并为村落提供长期的公共祭祀空间。

华北地区各式庙宇遍布乡间，甚至同一村落就有很多个。1928年修纂的《新河县志》，专门列有《地方考》，在"各村分述"中，作者不仅详细标明村界、广袤、氏族、集市、庙会等项，而且绘有村图，具体情形如图2-1、图2-2所示。③

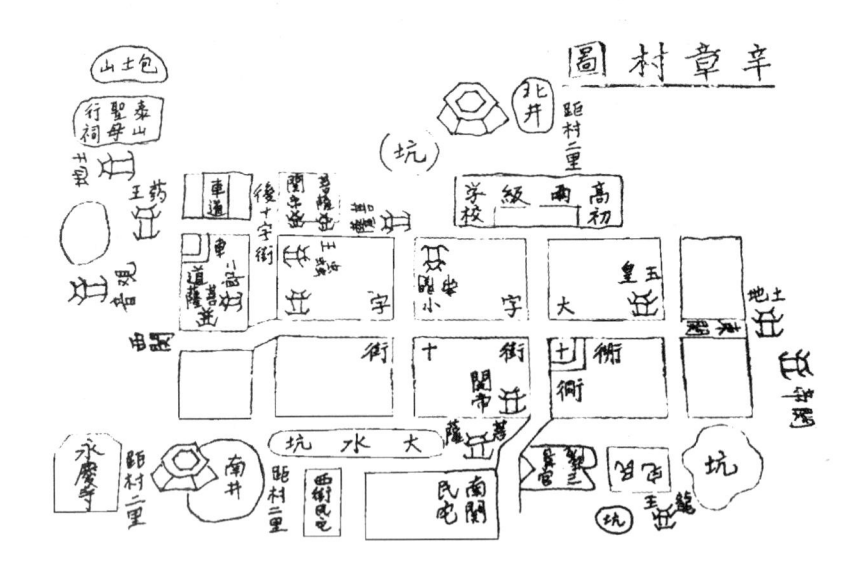

图2-1 辛章村庙宇分布

---

① 俞孔坚：《理想景观探源——风水的文化意义》，商务印书馆1998年版，第88页。
② 水野薰：《北支の農村》，華北交通社員會1941年版，第26页。
③ 民国《新河县志》第5册，考之三《地方考》篇一《村镇总述》，第791页。

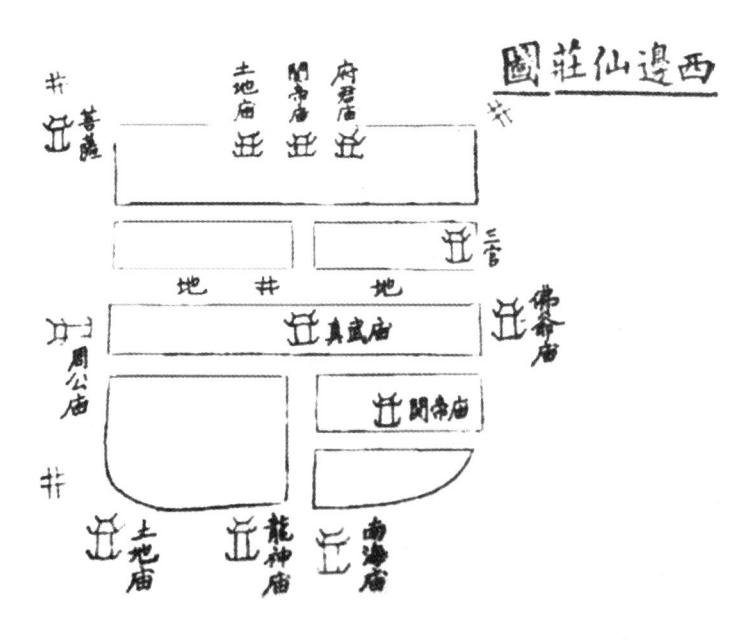

图 2-2　西边仙庄庙宇分布

从以上两幅村图中，我们可以看到庙宇在村落内部的分布格局。辛章村有 17 座庙，西边仙庄有 12 座庙。这些庙宇多分布在村落周围及街道两旁，很难从整个村落布局中分清圣俗之界，而这也正是庙宇之世俗性的表现之一。村庙信仰空间为村民提供两种服务：一是年节祭日时在此举行信仰活动；二是日常生活中，某一家庭或村民根据自身需要的自愿供奉。例如，在沙井村有两座庙，其中观音寺里供奉着老爷、药王、二郎、土地、虫王、青苗、普贤、观音、文殊、财神、龙王等神灵，人们除一年五次在该庙举行集体祭祀仪式、聚餐外，家庭中有人生病的时候，也会自行到庙里供奉药王，祈求痊愈。如果病得痊愈的话再到庙里还愿。① 不过，他们与所有神灵的交换关系都不是长期的，而是根据神灵的灵验程度与个体所需来决定临时的委身对象。这也是村落存在众多庙宇的根本原因。

村落的信仰风俗对于村落共同体的存在，起到了一种必要的群体整合的作用。在信仰风俗的促成下，生活在同一村落的村民，形成了共同的信仰体系和空间观念。村落保护神作为外在于世俗生活的力量象征，成为平衡村民关系的合法性权力来源，为村民认可并依赖。必要的时候，人们可

---

① 《中国农村惯行调查》卷 1，第 90 页。

以通过对神意的恭顺来达成现实利益关系的协调。例如，在沙井村，如果有人因为偷盗庄稼被抓，就要交给警察，但是如果能找到保证人，也可以在村内解决。解决的办法就是罚其买线香，在庙里的神像前跪拜，发誓今后改邪归正。轻者罚其烧香跪拜，重者甚至罚其为庙里演戏。村里的其他纠纷，也常在庙内得到调节。在侯家营村，如果有人做了错事，村民就可以按照村长的命令来惩罚他。但这仅限于在庙外，并且不可以动用其他工具，进了庙以后，没有村长的命令就不可以惩罚当事人了。用什么方式或者惩罚到什么程度都由村长或董事决定。发生这种事情并在庙里进行惩罚时，不会特别通知村民，但村民可以自愿参与。村正会向人们解释情由，具体的惩罚对象大多都是各种各样的小偷，如果是穷人的话，就会容易获得同情，轻打几下即可。不是穷人的小偷会受到相对较重的处分。据说，因干了坏事挨打的一年总会有一两次。① 为村民普遍认可的村落神明，既是信仰意义上的信靠对象，同时又作为正义、公平的象征参与了村落日常生活秩序的构建，促进了村落团结。村庙在这里则明显起到了公共空间的作用。

民间信仰中，神灵很少对乡民的行为起到规训的作用，而村神的这种功能的发挥，无疑是与村落公共秩序的需要相关。此外，村落共同信仰行为也促进了村落内部的群体认同。村民们为了共同目的，借由共同仪式，共享信仰生活带来的利益和价值。周期性的集体仪式，不仅使作为个体的家庭和个人意识到群体的存在，而且不断表达了他们在信仰活动中的主体存在感。可以说，信仰空间的存在是村落内部群体生活的内在需要。

虽然宗教性是村庙的主要特征和价值，但是一般情况下，位于村民日常聚落空间之内的庙宇又不会仅是纯粹的信仰空间，它同时还是世俗活动的地点。各样庙宇杂处在民居之间，大人们在茶余饭后常到庙内聊天，孩子们也在此任意玩耍。如晋县地区有歌谣："小小孩上庙台，跌了个爬爬，拾了个钱，拿的家去又买油又买盐，又娶媳妇又过年。"② 另有《静海县志》载："狼来了，虎来了，和尚背着个鼓来了。哪里藏，庙里藏，一藏藏了个小二郎。"③ 说的都是孩子们在庙内日常玩耍的情形。时至今日，神圣庙宇也依然发挥着它的世俗功用，如金泽考察所见："当下活跃的许多民间信仰场所，同时又是老年活动站，有的还设有图书室和农民夜校。"④

---

① 《中国农村惯行调查》卷5，第15页。另参见《勾家庙庙会》，《民众周刊》1933年第20期。
② 民国《晋县志料》，丁世良等编《中国地方志民俗资料汇编（华北卷）》，第97页。
③ 民国《静海县志》，丁世良等编《中国地方志民俗资料汇编（华北卷）》，第73页。
④ 金泽：《当代中国民间信仰的形态建构》，《民俗研究》2018年第4期。

总之，村庙不仅是传统村落中乡民日常集会、消遣的地点，还承担着更加现实的功用。近代以来，随着村务的增多，村公会往往就设在庙中。清末新政后，很多学校也直接由庙宇改成，村庙还作为无家可归者的留宿地点。① 村民并不会因为这种神圣到世俗空间的转变而产生反感。至于利用庙宇的场所，商讨村务或举行一般的村落集会等就更是再平常不过的事了。这是因为民众的信仰活动本身也是服务于现实生活的，也即民间信仰的功利性既决定了民众的信仰目的，也必然会影响到他们对信仰空间的态度和使用方式。所以，华北乡村信仰空间与民众日常生活的密切关系也就成为一种必然。或者可以说，乡民在信仰中的空间意识是内化到其日常生活中，并通过日常生活才得以展示的。

二　庙外：世俗中的神圣

村落内除庙宇外的其他公共空间在特定情况下也具有神圣性，但这种神圣性大多不是通过神灵祭祀体现的，而是以风水的形式为村民所信守。传教士明恩溥在河北省中部地区的一个小村庄传教时，经历了这样一件事情：

> 村庄上住着一个老太太，生活境况不错，不过，她的一部分土地却年年都因为周围地区排水而遭受水灾。这种灾难还非常严重，农作物根本不可能用马车拉回家，只能将其扛在肩上涉水而过，如果水位够高的话，那么，可以将农作物放在木筏上拉走。这倒启发老太太想出了一个好主意，她让家里的人沿着路边挖了一条沟，使得路面高出可能的水位，这样，彻底解决了前面的麻烦。整个施工的花费都是老太太家独立开支，新修好的路却让全体村民受益。可是，在接下来的冬天，传染性的流感在这一带盛行，该村庄上有好几个人因此了结生命。在死了五六个人之后，村民们开始躁动不安地寻求灾难的潜在根源，最终确认为是老太太家新修的那条公路。当又有一个人因流感而丧生时，村民们怒不可遏，集中起来将新公路铲平到了早先的位置，因此而提升了一个对抗流感的根本障碍！②

这样的故事在华北乡村中并不少见，人们往往会将一些无法解释的事情归因于风水问题。换句话说，信仰对于一个村庄来说，有时候是隐而不

---

① 《中国农村惯行调查》卷1，第15、26页；卷3，第57页；卷4，第8、38、48页；等等。
② 〔美〕明恩溥：《中国乡村生活》，陈午晴等译，中华书局2006年版，第32页。

彰的，即使这个村庄没有一个庙，也不代表这个村庄没有信仰。一旦村民的公共事务靠既往经验不能解决，而又没有其他任何外来援助的时候，求神、辟邪是村民常常可能寻求的最后依靠。河北省唐山的乐亭县西关娘娘庙里，曾供奉着一块陨石，由于陨石常"出汗"，表面总带着水迹，人们无法解释，就把它作为神物供奉起来。每逢四月初八，人们纷纷来到娘娘庙，既拜娘娘，又拜陨石。另外，在兴隆县五指山区，也有一些人给山边的一块巨石烧香叩拜。原因是在山洪暴发中，这块巨石自山而下，却停在了房屋后面，没有砸坏屋子。这块巨石被认定为"神石"①。同样，民国初年，沙井村庙旁的大树上出现了很多松鼠和蛇，因为发现当天是农历四月初八，于是，村民们决定以后将原来每年只有四次的庙祭改为五次，也就是增加了这一天的集会祭祀。② 这些形形色色的祭祀对象在村民眼中却有着不容置疑的正当性，原因当然不在石头或大树本身的灵性，而是民众的有限经验无法解释这些"诡异"之事，于是这些形形色色的物件就成为乡民日常信仰生活的一部分。或者可以说，有限的生活经验构建了民众的信仰空间，而日常的信仰空间反过来又加固了人们的空间感觉。久之，神圣的空间便内化于民众的思维方式里，成为他们生命感知的一部分。

  不仅石头，河流也会与村落福祸发生关系。1940年代，山东省沥城县的东沙河庄与其北邻苏家庄、朱家庄两村发生了纠纷。具体情况是：小清河在两村间东西流向，其支流从东沙河向北流去。在朱家庄对面与小清河合流。因为支流水流很急，东沙河人认为湍急的水流会冲走财源，于是就想让水势缓和一点，因此在河中央做了一个石坝。但是，六七月增水期，支流的水增加，水就从石坝上逆流回小清河。这样轰隆轰隆落水的声音传到朱家庄和苏家庄，让两村村民不安的还不止这些，因为这也带来了水流冲击北岸堤坝的危险。这件事从风水上来说，对北岸诸村也不好。两方在交涉失败后，不得不向县公署提起了诉讼。③ 从这个由风水问题引起的村落纠纷中，能看到的不是河流作为生活水源的现实功用，而是其作为村落风水的一部分为村民所关注。属于村落范围的一切事物都是村落风水的一部分，或者说人们就生活在由风水观念构建起来的神圣结界里。某种程度上，甚至可以说风水就是人们生活安全的屏障。破坏了风水，即破坏了安全。冷水沟村公所挖井时，曾被请来的风水先生告知：高处不可以挖，低

---

① 魏宏运主编：《二十世纪三四十年代冀东农村社会调查与研究》，第442页。
② 《中国农村惯行调查》卷1，130页。
③ 《中国农村惯行调查》卷4，第37、43页。

处可以。① 总之，风水作为村落信仰空间的一部分，隐性地存在于民众的信仰意识之内，影响着他们的宇宙观念，甚至干预其行为取舍。因此，自然崇拜物（如石头、树木、河流、山川等）相对稳定的空间属性，也便成为民间信仰乡土性的表现内容。

另外，公共墓地也是村落信仰空间的一部分，公共墓地也叫义地。村中没有墓地的鳏寡孤独者，不能葬在家族墓地的未成年人等都可以葬到义地。虽然未必所有的村落都有明确的义地边界，不过一般都会有指定的埋葬地点。义地的坟墓也要顺应风水，而不能随意而为。例如沙井村的义地是村西南约十亩的沙地，村中没有墓地的人或者夭折的孩子都可以葬到这块不长庄稼的义地里，村民把这里叫作乱葬岗子。如果死者是孩子，那么根据节气的不同，埋葬的地方也不一样。大概有"正九离南（南）、二月坤（西南）、三七正北（正北）、十一巽（东南）、五乾（西北）、八艮（东北）、六十东、西腊往西行"的说法。事实上，在固定的义地之外，孩子的坟墓也可以埋在没有庄稼的任何地方。一两岁的孩子埋得较浅也很随便，但是五六岁的孩子就要装在箱子里尽量深埋，并稍微隆起一个土堆，以免被野狗偷吃。本村村民可以自由使用义地，但外村村民则需要得到村长的许可。② 由此亦可见村落信仰空间的独立性，这种独立性不仅体现在对俗世资源的共享，还体现在阴宅的使用资格上。③

村落的信仰空间不仅体现在村落内部，在某种情形下还会延伸到村外。例如河北省邢台县的百泉闸会的组织方式，该闸会由9个用水的村庄组成，每年到龙王诞日时，这些村庄都会聚集于百泉旁的龙王庙中，并由两三个村分别结成三个小集团举行祭祀仪式。礼毕后，各村会首再单独会餐。不难看出，虽然闸会因共同用水目的，结成了一种村际联合组织，但是其构成单位——村庄在其中的身份却是独立的，村庄会首在闸会中代表自己的村庄行事。常见的村际联合祈雨行为也有类似情形。无论两村联系多么紧密，在面对共同的利益时，信仰行为和村落利益关系就会紧密结合，村落归属成为决定人们行为动机的根本要素。在这里，村落的信仰空间就延展到了村外，虽然会首们在白龙泉旁的龙王庙里共同祭拜，但是他们代表的却是本村落。明恩溥在山东省西部某县区传教时还遇到过这样一件事：

---

① 《中国农村惯行调查》卷4，第332页。
② 《中国农村惯行调查》卷1，第142页。
③ 刘铁梁将这种信仰空间的独立性，称为"自足性"。参见刘铁梁《作为公共生活的乡村庙会》，《民间文化》2001年第1期。

一伙村民们打着旗、敲着鼓，走在去庙堂求雨的路上。这时，他们遇到一个男人牵着一匹马，马上坐着一个去娘家后返回的妇人，她手上还抱着一个小孩儿，那个雇佣的牵马人头上戴着一顶宽草帽……村民们对那个粗汉的大草帽大为不满，用医生的话说，它是"禁忌"。他们冲上前去大声叱喝，并用长矛柄插进他的帽子，将其扔到了马头上，马受到惊恐后脱身就往前冲。马上的妇人当然坐不稳，先是脱手掉下她的小孩，这个小孩摔到地下立刻就死了；接着，由于妇人的脚绊在马鞍上，她被奔马一直拖了很长一段距离，当马终于停下来时，她也断气了；那位妇人还正怀着孕，结果是一下牺牲了三条人命。①

在这一事件中，村落的信仰空间是随着祈雨队伍的行进而转移的，因而路上戴草帽的农夫才会因为犯忌受到攻击，最后酿成惨祸。可以说，乡民的宗教意识既体现在具体的、实在的信仰空间内，也被贯彻到具体的生活经验中。他们的信仰空间随着现实的需要发生转移，乡民可以在路上、田地、旷野甚至在外乡建构起自己的信仰空间。

另外，村民也可以根据需要在村落中建造很多庙宇，并可以在香火分配上厚此薄彼，因此，乡间有很多弃之不用的破庙。同时，不同的庙宇也会有不同功用，既有节庆祭日举行仪式的，也有专为葬礼时报庙用的。例如吴店村的关帝庙祭祀关帝、龙王、娘娘、菩萨。村西侧的小庙是五道庙，也叫七圣祠、土地庙，里面祭祀虫王、龙王、关帝、土地、青苗、马王、财神。其中虫王是防止作物遭虫害的神，龙王是祈雨的神，土地是人死的时候祈求的神，青苗是作物的神，马王是马、骡、驴等家畜的神，财神是求发财的神。② 不仅不同的庙有不同的功用，不同的神也分工不同，这完全根据村民的现实需要而设定，每个村庄都未必相同。而且，看似神圣的庙宇可以被用于世俗用途，甚至高高在上的神像在失去人们的信赖之后，也可以被随意处置。某一村庄决定把众神从庙里移出来，将庙改为学堂，村民们一度希望能用从神像心里掏出的"银两"来顶一部分搬迁费。但当他们寻找金贵的心脏时，发现里面只是些锡块！③

不难看出，一方面，村民们既可以将神圣的世俗化，也可以将世俗的

---

① 〔美〕明恩溥：《中国乡村生活》，陈午晴等译，第171—172页。
② 《中国农村惯行调查》卷5，第407页。
③ 〔美〕明恩溥：《中国人的气质》，刘文飞等译，上海三联书店2007年版，第227页。

神圣化。当然，二者之间的转化以村民在村落内部的集体生活经验为依据（即使那些发生在村外的例子也仍是以村落名义发生的）。同时，村落神圣空间的效力也仅限于村落内部，而与外村人无关。河北省高碑店市大义店村有着悠久历史的冰雹会，在外打工的一些村民每年都会在会期特意赶回来，以祈佑一年的平安。村里有位年轻人，在北京工作。为求得家人平安和工作顺利，他自愿连烧三年全香。① 如果因事不能回家，他就在北京西山或法源寺烧香，并提前告知管事会的人。也就是说，外村人可以到村内献香敬拜，但除非公开的庙会，村庙里的村神只保佑本村人。并且只要属于村民，即使身在他乡，也能得到村神的护佑。在神圣的层面，"我们村"与"他们村"的分别与世俗上的地域分界一样清晰。

综上所述，村落信仰空间的存在形态并非恒常不变，而是在不同情况下有着特殊的体现方式。作为村落共同体的一部分，它既是村民配置公共资源的场所，也是村落认同的重要途径。确切地说，村落信仰空间既是一种可触碰、现实的物理存在，也是一种隐性的、意识形态的精神性存在。村民的日常生活就在这个隐而不彰的神圣空间中进行，并通过定期或不定期的信仰仪式得以规划和确认。如果说家庭是在风水布置下的神人共居的空间，那么，村落同样也呈现了这一特征，神圣和世俗无论是在家庭中，还是在村落中常常并没有显而易见的分界。

第二节　村内日常信仰生活及其组织

一　集体信仰生活

华北乡村社会中每一家庭所供的神灵谱系各不相同，每个村落中的庙宇数量、名称及内部所供神灵也都各有差异，因此以村落为单位的日常信仰生活也就各自表现为不同的方式。另外，由于相同的地域社会环境、社会结构、民众宗教意识等，村落祭祀活动的方式和组织性质又具有同一性，也都以全体村民为参与对象。村落的日常信仰生活可以从两个角度进行考察：其一，以村庙为中心的空间性祭祀活动；其二，以村民为主体的时间性祭祀。两种角度所能观察到的村落信仰呈现出不同的形态。

庙宇是村落信仰生活的重要地点。人们不仅需要在庙宇中完成必要的

---

① 烧全香是指连续三年为24位神灵分别烧一炷香，并同时对每位神灵三跪九拜。有的老人因年纪太大，而无力完成，就由儿女们代烧。

祭祀活动，同时庙宇建筑的存在本身，也是村落公共信仰空间的组成部分。不同的庙宇在村落空间中代表着不同的神圣空间，同一庙宇中的不同神灵表现了村民在信仰生活中的具体诉求。例如，沙井村共有两个庙，即观音寺和五道庙。观音寺又称大庙，也是村公所的所在地，但这并不影响村民在此祭神。该寺分为前、中、后三殿，有 15 个神位，各自在庙中的位序如图 2-3①所示，其中有两个神位的包括文殊、普贤、老爷。这些神灵各司其职，分工明确，村民对所奉神灵也有着不同的认识。其中，释迦普度众生；观音救苦救难；财神赐人发财；龙王消除旱灾；关公（老爷）为道德模范；青苗神守护庄稼；虫王惩罚无德；土地守护平安；二郎退却鬼怪；药王消灾祛病。

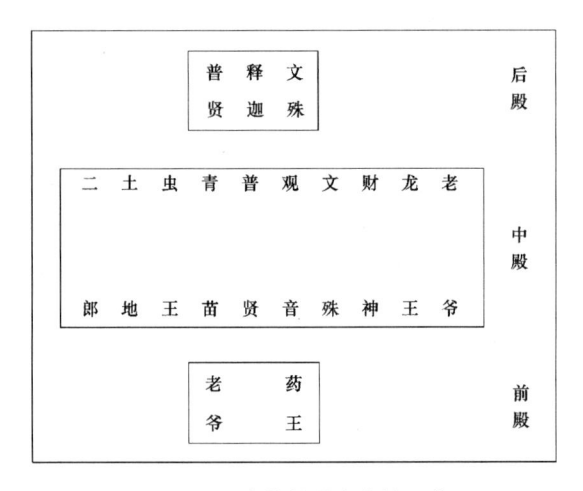

			普贤	释迦	文殊			后殿
二郎	土地	虫王	青苗	普贤	观音	文殊	财神	龙王	老爷	中殿
				老爷	药王			前殿

图 2-3　沙井村观音寺神灵位

村民眼中的神灵是与他们的世俗生活息息相关的，不仅可以求得运势财路、庄稼丰收、病患痊愈，如果做错事，神灵还会实施不同的惩罚，同时还与鬼神世界相联系。这些神灵有着不同的生日或祭日，例如释迦生日是四月八日，观音为二月十九日。村民们在一年中分五次对所有的神灵供香，具体到某一神灵的祭日，则每户随意去庙里烧香，各求所愿。总之，神灵以不同职能在同一神圣时间中集聚在村落信仰空间之内，共同接受信众的各式祈愿。换句话说，神灵虽然繁杂，但共同为村落空间带来福佑的职责却是同一的。

---

① 《中国农村惯行调查》卷 1，第 210 页。

第二章 村落地缘空间与信仰资源的互生

近代华北乡村中，数量最多，分布最广的庙宇是土地庙。伊利亚德说："一块土地可以通过对它的再次创造，即通过对它的圣化从而使它成为我们的土地。""在一块土地上的定居，也就是对它的圣化。"① 对民众来说，土地庙的存在，就是使村落有了神圣的定位，这既是一种居住权力的宣示，也具有向神灵寻求空间保护的意图。

土地信仰是华北乡民自然崇拜的核心内容，也是民间信仰之空间本质的重要体现。对华北乡村民众来说，土地庙在村落信仰生活中有着特殊意义。无论村落大小，土地庙是村落必有的庙宇。不过，由于土地神的神格不高，所以相对而言，土地庙的建筑大多就比较简陋，小者甚至在树下、路旁用三块石头即可垒搭为庙。但是不论庙宇大小，其职责和神圣性都是同一的。

吴店村人认为土地爷不仅负责在丧礼中安置亡灵，而且兼管村事。人们相信土地庙的上面是城隍庙，人死后到阴间接受裁判时，相当于县知事的城隍神通知土地爷，土地爷就会把死人的灵魂叫来，并把死者生前做的坏事告诉城隍爷。如果做了错事，甚至在生前也可能受到土地爷的惩罚，例如不孝敬父母、懒惰等就会生搭背疮，这属于现世现报。倘若今生没做错，还遭受了病患就是因为其前世作了孽。做了好事的人死后到城隍庙，不会被责打，也不会被投地狱，还会得到奖赏。做坏事的人来生不会再投胎成人，而是会投胎成骡子等。② 村民关于现世现报、投胎转世等轮回观念，是佛教对民间信仰在时空观念上的影响。

每年过年的时候，吴店村土地庙里都会由负责村务的人重新贴上"你也来了"的对联。③ 其中关于死亡面前人人平等的暗喻显而易见。人们甚至还相信土地爷会听从城隍的命令调到其他村庄去任职。④ 由此能看出民众宗教意识与现实世界的映象关系。可以说，土地庙是村落内部阴阳两界最为直接的交通空间。

通过丧葬仪式，人们的灵魂借此进入另一个世界。所以，无论村落大小，庙宇大小，都必然会有负责丧葬仪式的土地庙。而且，这类庙宇的建筑时间往往很早，一般都是建村伊始就已存在。进而可以说，土地庙在村落信仰体系中有着地标的作用，是村落得以定位的神圣标志，也是村落发展的见证。

---

① 〔罗马尼亚〕米恰尔·伊利亚德：《神圣与世俗》，王建光译，第7—10页。
② 《中国农村惯行调查》卷5，第429页。
③ 《中国农村惯行调查》卷5，第429页。
④ 《中国农村惯行调查》卷5，第429页。

不过，也有村落没有专门的土地庙，而是将土地爷供奉在五道庙里。五道庙由此也担负起土地庙的功能。五道庙也是华北乡村分布较广的庙宇。比如，沙井村的五道庙，其神位配置如图2-4所示。村里的观音寺和五道庙都有土地爷，丧礼时到哪个庙里都可以，但是村民一般都会去拜五道庙。① 也就是说，在沙井村中，观音寺的功能偏向于日常祭祀，而五道庙则多用于葬礼时与阴界沟通。事实上，在华北乡村，这也是民间信仰的两种主要祭祀功能——保佑现世的生活，与死后世界的交流。在这两种祭祀功能中，前者还可以通过家庭内部或者村落外部的庙宇来实现，后者则成为每一村落中必须具备的祭祀空间。

土	虫	青	二 地 藏 菩	王	老	龙	财
地	王	青	郎 萨	道	爷	王	神

图2-4 沙井村五道庙神灵位

吴店村也有两个庙宇，即关帝庙和五道庙。② 关帝庙中主要供奉关帝和娘娘。村民们在孩子出生后要参拜娘娘，以祈求孩子的健康。对于关帝的供奉，则不只是为现世的好处，还表达了对关公人格的敬重。事实上，除六月二十四日的集体祭祀外，每月初一和十五日开庙，总有村民来烧香、供物，祈求平安。吴店村人也相信土地爷掌管着村民的生老病死，除亡者家庭去参拜外，村民还会专门在六月二十四日烧香敬拜土地爷。不同的是，死人的时候只给庙里的土地爷烧香，六月二十四日则要给全部的神烧香。

庙宇是村落内部日常信仰生活的主要空间，其中所供奉的神灵是民众时空观念的直接反映。"村庙中的神神交织成一张网，满足村民需求的同时也包裹、净化、守望着村落……相同名称的村庙对不同的村落而言，意义迥然不同，它是这个村的，而不是那个村的。当这些村庙作为村落的景观存在于村民的视野、记忆中时，它已经深深地打上了这个村的印记，并成为村民感觉结构和心灵图景的一部分。"③ 对村民而言，生活在有村庙的

---

① 《中国农村惯行调查》卷1，第211页。
② 民间对于五道庙和土地庙的区分并不明显，两种庙宇的功能也大体类似，因此在不影响内容表达的情况下，本书没有对二者进行严格的区分。
③ 岳永逸：《行好：乡土的逻辑与庙会》，第109页。

村落才有安全感和归属感。虽然未必天天去烧香，但是村庙的存在本身就是空间被圣化的标志——这个村是我们的，我们的村是由神祝佑的。

受经济、社会治安、战争等因素的影响，近代华北乡村的日常信仰生活较之以前处于衰落状态。一方面表现在庙宇的建筑情况上，随处都可见的坍塌庙宇，或者干脆改为他用，很少有新建的庙宇。另一方面，村落集体信仰生活无论是规模还是频率都不如以前兴盛。① 日本人于20世纪40年代初在华北进行调查时，发现乡民的祭祀活动和在庙会时举行的娱乐活动都非常少，仅有的也多是村落聚餐，甚至聚餐规模也一年不如一年，或者干脆取消了此种聚会。例如，侯家营村在六月十四日老爷（关帝）诞生日和九月十七日的财神诞生日有祭祀，原本在祭日当天村民会点灯、烧香、供点心，还有演戏、聚餐，后来因为村民经济每况愈下，先是取消了演戏，后又停止了聚餐，仅剩下了香火供奉。吴店村在六月二十四日的关帝庙祭祀也存在同样的情况。② 在沙井村，村落祭神费用也降到了最低限度，祭祀开支一年花费15.5元，与名目繁多的摊款和闲杂人等的招待费相比，这点花费几乎可以忽略不计。③ 到民国时期，诸如演戏这种花费较高的娱神项目，多数村庄都已无力承担。寺北柴村在1926年的时候村里还能演戏，但在满铁调查时就不得不停止了。④ 同一时期的后夏寨村还能请济南的剧团演戏，以后也停止了，1942年就只能从附近村落请人来吹吹喇叭。因为请剧团一天要花200元，吹喇叭（包括祭品在内）仅用15元就够了。⑤ 更多村落能回忆起的集体娱乐盛况都是发生在清末甚至更早的时候。不过，以村落为主体的集体信仰生活并没有完全消失，甚至说还相当普遍。例如，沙井村祭神的四会不仅得以维持，还增加为五会。也许我们可以这样判断：民间信仰并没有消失，也不是民众不需要了，只是没有经济条件来支撑这种需要花钱的信仰方式了而已。而且，我们在接下来的论述里确有例证来说明。

沙井村的五会是全村在正月十五和二月十九日、四月八日、六月二十四日、七月三十日这五天烧香拜庙，也叫上供会或者烧香会。五会的筹办

---

① 笔者以为，战争对于民间信仰的影响主要表现在两个方面：其一，动荡的社会环境使民众更加依赖向神灵寻求平安；其二，凋敝的社会经济又使得乡民无法维系正常情况下的信仰生活。至于哪种情况对于民间信仰的影响更加明显，则不同地区各有差异。在满铁调查材料中，民众就常常以"七七事变"为分界点，来描述日常生活的变化情况。
② 《中国农村惯行调查》卷5，第27、429页。
③ 《中国农村惯行调查》卷1，第108—112页。
④ 《中国农村惯行调查》卷3，第32、43页。
⑤ 三谷孝等：《村から中国を読む》，東京：青木書店2000年版，第322页。

一般由两到三个值年香头共同商定。香头虽是自愿的职务，但因为值年香头要在办会前垫钱买供品，因此该职一般都由家境稍好的人来担任。祭日前几天，看庙老道带着印好的会叶到各家拜访，并同时收取参加者的饭钱。祭日当天烧香时，值年香头站在前面，持表的站中间，其他人站在后面。人们各为自家的需求向神灵祷告，但保长、甲长则为村落祈福。然后参加的人一起吃饭，村民称其为破供，也就是把祭祀的供品吃掉。需要提到的是，并不是所有的村民都参加五会，一些交不起饭钱的农户大多都不参加。例如没有土地的李哑巴、张了头、赵文升等，仅有二三亩地的杜复新、孙二、刘珍等人。不过，从外村来的村小学教师却可以参加五会。①虽然村落集体信仰活动表面是公共的，但对于那些经济能力低下的村民来说，他们却被排除在外。也即各个家庭的经济能力与村落信仰资源的享用和分配权利直接相关。

每个村落一年内祭祀的日期各有不同，大多是根据村庙里所供神灵的祭日来确定。例如，冷水沟村每年二月二土地诞、六月十六玉皇诞、五月十三关帝庙磨刀会时分别举行集体祭祀活动。②苏家庄则在六月十九（玉皇），五月十三（关帝），二月二日（三圣堂）三天进行。③吴店村的庙祭时间为正月初一、十四、十五、十六和六月二十四。④寺北柴村在三月三日（三官庙）、三月十五（真武庙）、五月十三日（关帝庙）、十月十五日（观音老母庙）举办庙祭，特别是十月十五日，村里的老年妇女们还会一起到观音庙里念佛。因为观音老母庙最大，所以村里的会首又叫观音会会首，村民认为做会首可以得到神灵的特别保护，庄稼也会因此丰收，所以都争相担任会首一职，于是会首的任命就采用了抽签的方式。会首在照顾观音庙的同时，也要看守村里其他庙。

作为相对独立的信仰空间，每个村落都有自己的庙宇，每个村落也都根据自己的实际所需，安排庙祭时间和庙祭形式。从这个层面上来说，村庙不仅建构了属于本村村民的独特的神圣空间，还自己设定神圣时间。由此，各个村落俨然就是一个独立的信仰团体。从另一个角度来看，村民就是村落的主人，而不是神灵或者其他角色，正如家人是家的真正主人一样，所以，从结构和性质上来说，村与家在信仰层面是同构的，但当然比家庭信仰空间要松散。这也是我们在研究民间信仰这一课题时，必须时刻

---

① 《中国农村惯行调查》卷1，第130—136、143—145、153、216—217页。
② 《中国农村惯行调查》卷4，第17页。
③ 《中国农村惯行调查》卷4，第42—43页。
④ 《中国农村惯行调查》卷5，第407、457页。

注意到的问题，即从各种繁杂的表象中发现共性。此处所论，为其一。

此外，寺北柴村还在旧历新年时举行神栅会，就是从新年到正月十五村民在街中央做一个神栅，挂上提灯，在其中供奉天地诸神。在"街中央"供奉神灵的仪式，是村落共享信仰空间的明显体现。各家大门口所挂提灯，又显示了家与村的空间共融关系。每年大头、小头轮值购买蜡烛做栅焚香，费用则由全体村民出。这里的大头、小头，每年由村民轮流担任。① 后夏寨村每年二月十九日是菩萨庙的祭祀，村里的女善人到庙里做御舆、读经。三月三日真武庙举行祭祀，人们纷纷到庙里烧纸烧香，做御舆，并将神像放入其中，过午后抬着在村子里游行，村民出来迎接礼拜。类似这种以村落为单位，个体家庭参与其中的村落祭祀活动很有普遍性，祭祀仪式也比较简单，大多是烧香和聚餐。活动日期也主要在某一庙神的诞日，但在祭祀时往往都是村内所有神灵全部接受香火。

除特定日期的信仰活动外，谢秋也是华北乡村较为普遍的祭祀仪式。顾名思义，谢秋就是指农作物丰收后，向神灵的保护表达谢意。沙井村每年要在麦秋和大秋时开两次谢秋会。集会当天，村长要特别给青苗神上香。年景好时有会餐，看庙人将写着："于九月初九日午刻，清茶恭候，谢大秋会，会末同拜。请随带每亩地大洋×元"的会帖发给各农户，收到会帖后，人们带着相应的青苗钱到庙里集合。有会餐的时候，把"清茶"改成"粗茶"。② 在卢家村："二月十九和六月廿四日，当然由乡公所职员代表村民行敬神之礼，麦秋和大秋谢秋时也都在收敛'地底'（即青苗钱）后，由乡公所职员行敬神礼"。③ 黄土北店村在农历四月二十八日和七月二十五日举办麦秋和大秋的谢秋会，这一天"由老道供上香烛祭品，村长即代表全村将供在桌上的黄表纸印就长三尺至五尺、宽约五寸的纸筒子取下，写上全村的名字，封入筒内，在阶前焚化，并依次叩头。在关帝庙面前叩头已毕，更由老道率领全村会首到村内一切庙宇焚香上供叩头"④。在清河村"每年麦秋大秋结束时，青苗会即将村中一切开支，按各家地亩摊派。这日各农户便携带应交摊款，至会所缴纳并吃面。由看庙老道和会中办事人预备钱粮、纸马供品等，并由村长及青苗会会头在村中各庙代表全村致祭，这叫谢秋……到会的人还可以作点社交，或是到神前烧香，所

---

① 《中国农村惯行调查》卷3，第31、43、82、302页。
② 《中国农村惯行调查》卷1，第192、215页。
③ 蒋旨昂：《卢家村》，《社会学界》1934年第8卷。
④ 万树庸：《黄土北店社会调查》，《社会学界》1932年第6卷。

以,村民对于赴会反而认为是去结人缘和结神缘"①。如果说神诞日的集体祭祀是祈神仪式,那么谢秋则是村落丰收后的谢神仪式。也就是说,如果年景不好,村落便会视情况取消谢秋会。② 这种以年景为依据而设定的祭神活动,说明了村落信仰空间的应时性。这种应时性,还常体现于村落应对灾害等非常情境的信仰仪式。

当发生各种灾害时,村落也会通过举行集体祭祀仪式来向神灵祈求平安。例如,20世纪20年代初,由于军阀混战,社会动荡,后夏寨村于是决定在每年的三月三日特别祭祀真武神,具体方式就是由村长带领全村男子到庙内烧香,此外还视经济情况间或举行演戏敬神的活动,以求得真武大帝保护村庄不受匪帮扰害。③ 非常境况下,村落内部的群体信仰生活是以家庭为主体的集体祭祀活动,其祭祀目的也是为求得整个村落的福祉。李景汉曾对定县62村自1923年至1927年5年内的公共祭神费用进行了调查,其各项费用支出如表2-1所示。

表2-1　　　　　定县62村5年内公众敬神之各项费用④

敬神原因	有此项用费之村数	用费（元）	
		五年内总数	每年平均数
庙会	6	2300	460.00
求雨	14	1551	310.2
显圣	3	1150	230
免虫灾	15	996	199.2
免兵灾	10	649	129.8
免雹灾	1	600	120
免病灾	3	440	88
免水灾	1	70	14
综合	—	7756	1551.20

如表2-1所示,62村5年内公共敬神费用共计7756元,平均每年1551元。62村平均每村在5年内用125元,每年用25元。为免虫灾所用

---

① 黄迪：《清河村镇社区》，《社会学界》卷10，1938年。
② 佐々木衞：《中国民衆の社会と秩序》，東京：東方書店1993年版，第160页。
③ 《中国农村惯行调查》卷4，第410、413、416页。
④ 李景汉编著：《定县社会概况调查》，第431—432页。

款项为996元，此项祭神包括15个村庄。有14个村庄组织求雨，用去1151元。有10个村庄为求免兵灾而敬神，用去649元。其中作为日常敬神活动的庙会仅有6个村庄。这种为避免灾害而举行的祭祀活动超越了个体家庭的范围和能力，同时又建立在家庭参与的基础上。与日渐衰落的日常信仰生活相比，个体家庭对于这种为免受灾害的信仰仪式的广泛参与，事实上体现的是一种防卫性的消极协同关系，也是村落信仰空间的性质发生变迁的反映。但尽管村落集体信仰活动的本质不过是各个家庭祈愿之集合，集体活动本身仍为参加者之间的感情交流及融合提供了可能的空间和途径。换句话说，共同的信仰活动既是传统村落自治组织的构成部分，也是村落内部群体彼此不断认同的过程。

综上所述，村落内部的日常信仰仪式是以家庭为单位来组织的，其祭祀目的既是为求得整个村落的福祉，也是家庭祭祀的重要补充。另外，从村落内部来看，村落日常祭祀活动也必然会有为村民认可和接纳的组织方式，并作为村落社会秩序的一部分而长期存在，甚而直接与村政相重合，由村内行政人物所领导。

二 信仰活动的组织方式

尽管华北乡村的民间信仰不存在跨村落的严密组织和固定仪式，但村落内部的信仰生活还是具有一定的组织性，并以村落边界为其有效范围。华北村落信仰组织形态主要有两种类型，一种是与村政密切相关的，由村政负责人与村落精英人物共同组织，并将集体信仰活动视为村政的一部分。例如前文所述的沙井村的五会及谢秋等信仰组织。另一种是独立于村政之外的，较为纯粹的信仰组织。前者以整个村落的名义，代表所有村民组织活动，其开支也包含在村费内。后者虽然也以村民为参与对象，但一般采取自愿的方式，未必所有村民都会参加。例如在河南村，村民根据各个庙的祭祀内容，分别组成了果供会、路灯会、戏会、香灯会、月会、地藏会等14个祭祀组织。村民自愿加入一个或几个会中，因为这名目繁多的"会"未必在同一天举行活动。例如，果供会是在正月十日（关帝的忌日），香首出钱买水果、点心等供品祭拜；路灯会则在十二月末一起出钱供奉罗祖，并在香首家的门前放上路灯（长方形的纸罩坐灯）；虫王会在正月二日（虫王的祭日）给虫王供物；药王庙也在同一天给药王上供。[1]这些组织都是村民自愿参与，为村落集体祭祀活动服务。

---

[1] 《中国农村惯行调查》卷1，第193页。

在华北乡村，不仅有类似河南村这种相对独立的祭祀组织，而且有多会服务一会的信仰组织形式。例如河北省大义店村的冰雹会。该村位于河北省高碑店市东南约 40 千米处，属张六庄乡管辖。冰雹会是一个传承 600 年的祭祀冰雹神的信仰组织，负责村落内部每年正月十五前后的祭祀活动。主要是由香头、先生、攒官、10 人管事会构成。其结构如图 2-5 所示。

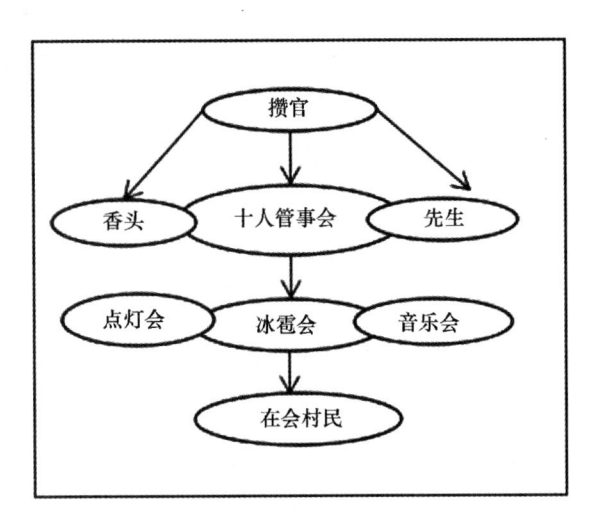

图 2-5　大义店村冰雹会组织示意

位于冰雹会组织最上层的是攒官，由村里几位有威望的老人共同担任。他们在冰雹会中不参与具体工作，只负责安排人事和随时指导、监督。人事安排妥当后，具体的工作就由管事会的人、先生及香头来负责。先生是请神、念符的直接负责人，也承担了冰雹会中具体的指挥调度工作，为终身制，每代单传。轮值的香头负责保管香火及其他祭神器物，香头家是冰雹会供奉地藏神和议事、聚会的地点。此时的香头家成为村内公共空间的一部分。香头由攒官们指定，任期 6 年，可以连任。管事会的人选历年皆由攒官们商定，忠厚、能干是必备条件。10 名管事人分工处理冰雹会、十幡音乐会和点灯会中的各项具体事务。整个组织中的人员只存在分工的不同，而不存在地位的差别，所有事情按照公开、民主的原则进行，共同协商决定。当然，这种公开与民主并不是绝对的，而是建立在经验基础上，并得到他者的认同。① 或者说，民间信仰的机制、组织与地区

---

① 参见侯杰等人《信仰民俗的历史传承与乡村社会秩序探析——以河北省高碑店市大义店村冰雹会为中心的考察》，《民俗研究》2010 年第 4 期。

性的社会结构交织在一起。

通过祭祀组织的推动，村民较为普遍地参与到了村落集体信仰活动中，不仅村落内部掌握世俗权力的会首、村长等常常成为信仰活动的组织者，村落中的边缘人物也可以借着对集体信仰活动的参与，成为村落信仰空间中的公众人物。特别是在与信仰活动密切相关的娱乐活动中，这些贫穷的村民往往凭借一技之长成为集体活动中的重要成员。在此，民俗仪式通过村民的积极参与得到实践和传承，同时也为不同身份的村民提供了村落认同的机会。例如，位于北京市房山区大柴坞乡的元武屯有灯花会和铜锣会。这两个会在每年正月十五和四月十八的天仙宫庙会时都会组织活动。灯花会会首苗林和王玉都属于村里的穷人阶层，而参加铜锣会的二十几个年轻人也多是没地或少地的穷苦人。两会的组织虽然需要颇有威望的村正给予各方面的支持，但这些事实上的操演者也是庙会祭祀中不可缺少的重要人物。在苗林和王玉等三位会首去世后，元武屯的灯花会就不得不废止了。①

同属大柴坞乡的肖庄的穷苦农民也组织了小车会，他们在农闲时间练习，在正月时到村里各家庄院中，或者人多的地方去表演，说一些吉利话。一般的村民们只欣赏他们的演技，从不在金钱方面有所慰劳。"能得到一碗水喝就很不错了"，也有"在门前放上桌子并摆出茶水等待小车会到来的，在这样的家里，小车会通常会表演两次"。同时，他们还在村里的其他节庆或祈雨时表演。小车会的参加者需要缴纳少量的粮食，用来买锣鼓等道具，不参加的一般村人不用缴纳这些费用。由于活动是娱乐性的，和保长没有关系，所以保长既不将其活动视为村落活动，也不对这个完全自发的组织负责。

另外，村里最重要的宗教祭祀活动——六月二十四日三教堂举行的"吃会"，却为保长等人更加重视。这个吃会既为祭祀关帝的诞生日，也为祈求村落的平安和丰饶。祭祀仪式除烧香叩头外，参加者的会餐就成为核心内容。但由于饭食较好，每人大概需要几元，所以，并不是所有村民都会参加。②参加的人要么属于村里"十八大家"，要么也"有一定财产和地位"③。这些家庭虽未必主导村内所有的集体活动，但肯定处于村落的核心地位。与此相比，小车会的组织则显然处在村落的边缘位置。尽管如

---

① 佐々木衛：《中国民衆の社会と秩序》，東京：東方書店 1993 年版，第 185—194 页。
② 与此相比，沙井村的五会更加具有广泛性，因为只需要缴纳几十钱，所以一般村民都能参加。
③ 佐々木衛：《中国民衆の社会と秩序》，第 194—200 页。

此，这些穷苦村民却通过特殊方式展示了其在村落中的主体性，并在村落公共空间中分得一席之地。

尽管所有村民都自愿参与小车会和吃会，但这种表面公平公开的村落集体生活，却因家境不同而形成了一种阶层划分。内山雅生在论述看青组织时曾指出："以村公会为中心的村落统治机构并不只靠赤裸裸的暴力就能维持统治的，这里它必须披上自己是集聚了多数村民的'团体性协同事业'这一外衣，用共同关系来立足于村民之中。只有取得了这样的共识，它才能发挥作用。当然这里并不存在明显的隶属与支配关系，存在着的是以村落成员这种伙伴意识为纽带而建立起来的多层结构。"① 同样，村落集体信仰活动一定程度上必然体现了基于经济关系所产生的阶层划分，但其存在的合法性也必须以村民协同的名义为基础。

近代华北乡村社会中的集体信仰活动，是展示村落组织的重要内容。每一村落都有各自的实践方式，并自成系统。不过，众多形态各异的信仰活动所反映出的村落秩序却有类似之处。也即村落集体信仰的组织主要由两种性质不同的势力所构成。其一，是以村长为首的，乡长、保长、甲长等为国家机构服务并被其认可的正统性权力；其二，是以会首、香头等为代表的，得到村民认可的村落内部权威。可以说，前者是外生型的，后者是内生型的。不同村落内两种势力的主导作用不同，或各有差异，或互有重合。例如，沙井村在修庙时，庄长就需要和会首商量各种事宜。② 民国初年，沙井村的五会（也叫善会）是由村正、村副担任会首，但因为疏于组织，就停止了活动。在善会停止的两三年内，每逢会期，就只有看庙的老道烧香上供，村民不再集合聚餐。后来，村里17户中等人家开始自任香头，他们认为"因为善会是我们佛的会，我们得做。和村副、村正没有关系也做"。于是善会重新开始，并规定普通人家参加善会只出60钱，17位轮值的香头则要出1元，而且选出5人做长期会首。当五会重新开办时，村正、村副也想加入，但被拒绝。直到第二次二月十九日的聚会才获准参加。③ 虽然，其他村落中组织集体信仰活动的会首未必如此强势，但其中村落自治组织对村落秩序的影响力还是显而易见的。这也体现出传统村落内部权利关系的复杂性。

1939年，侯家营村乡长侯全武和几个校董商量后，决定将现有大庙直

---

① 〔日〕内山雅生：《二十世纪华北农村社会经济研究》，李恩民、邢丽荃译，中国社会科学出版社2001年版，第100页。
② 《中国农村惯行调查》卷1，第130页。
③ 《中国农村惯行调查》卷1，第174页。

接改建成学校和乡公所,而将神像迁到新盖的小庙里。在将决定的结果开会通知村民时,有人提出反对,但最终还是按计划挪了庙。民国以前在村里主持庙里祭祀活动的是会头,但随着政局动荡和经济萧条,祭神工作逐渐由甲长、村正、村副或乡长、保长等人负责。原来由会头替全村所求的福祉,也就改为由甲长等代求。村民认为,由会头等组织集体的祭祀仪式是必要的,因为诸如求免旱灾等事项时,一个家庭求是没有效果的,要全村人都祈祷才会有效。① 也就是说,村落的信仰活动是集体性的,并具有一定的空间性,同时,以村里的头面人物为代表来祭祀神灵是可行的,而且是必要的。

在传统村落中,集体信仰活动是村落生活的重要组成部分,并多与世俗的日常生活相结合。其组织形式也并不具有一种纯宗教性,因此,村落的信仰生活,既因内在于村民的日常生活而获得强韧的生命力,同时也容易受到世俗生活变迁的影响,并常受制于村落头面人物对民间信仰的态度。在反迷信思想通过各种渠道得以渗入,国家加强对乡村基层社会控制,村落内生的组织系统日益衰落的背景下,村落的集体信仰生活越来越容易受到外部环境的影响,并逐步从民众日常生活中离析出来。旗田巍在考察沙井村五会组织的变迁情况时发现,办五会与村公会有着密切的关系,"会首"也逐渐成为与"香头"一样为村民所通用的称呼。会首一定是香头,但香头中却有越来越多的人不是会首。旗田氏认为这与香火地到公会地的转变一样,都反映了以庙为中心的村落公共活动逐渐向庙外事项转移的过程。② 对此,笔者深以为然。总之,村落民间信仰的组织和制度所反映的根本内涵在于:民间信仰的空间本质内嵌于世俗社会,并通过世俗社会的空间秩序得以表现出来。

第三节　僧道、香火地与村内信仰资源

较之正规寺观里相对脱俗的神职人员,生活在村落中的僧道与普通乡民的关系无疑要更为密切。对村庙中的僧道来说,他们虽有宗教上的师承关系,但大多都在生活上仰仗于村民。于是,村里的庙宇、香火地就往往

---

① 《中国农村惯行调查》卷5,第35—36、46—47页。
② 旗田巍:《廟の祭礼を中心とする華北村落の会——河北省順義縣沙井村の辦五會》,小林弘二编《旧中国農村再考——変革の起点を問う》,第130—131页。

成为其安身立命的根本。但是，随着近代乡村社会中土地资源的愈加紧缺，僧道与村落在经济上的紧张关系就逐渐凸显出来。这种世俗与神圣的较量，既体现了民众宗教意识的本质，也昭示了民间信仰在近代乡村社会中的历史命运。

一　村庙僧道的圣与俗

华北乡村社会中，并非所有的村落庙宇中都有和尚或道士。这一方面是因为僧道并非民间信仰的必要组成部分，另一方面是由于和尚的存在与村落大小、庙宇大小及经济状况有着密切关系。换句话说，村落有没有能力，或者愿不愿意供养专门的神职人员是非常关键的问题。因为即使僧道在衣食上可以独立于村落，但是在居住等问题上仍然不可避免地要占有村落公共资源。对村民来说，比起信仰的因素，他们往往更看重僧道在村落中的经济问题。

村落里的道士一般来说分为两种类型，一种是与村落关系较为紧密的在家道（也叫伙居道），他们住在庙里，自己或雇人耕种庙里的香火地，较少或不需要外出化缘，甚至有道士还有自己的家眷和土地，过着与普通村民类似的生活；另一种是与附近较大寺观关系相对密切的出家道，这些道士过着一种相对严格的宗教生活，他们不仅保持着密切的师承关系，在经济上也主要依靠外出化缘维持生活。这两种类型的道士在村落都有着相似的处境，即他们在村落中的地位既不同于普通村民，又不完全是个村外人，只在收到村民邀请时才参与村落世俗生活以外的信仰活动，并听命于村里的领导者。庙内的香火地只归看庙的道士使用，但不归其所有，更无权处置。道士在村落中的地位反映了华北乡村民众在宗教信仰上的功利性格。他们根据实际需求对各种信仰方式作出取舍。因此，不仅纯粹的道教徒很少，而且民众对于神职人员也缺乏应有的恭敬。

民众信仰的功利性格决定了神职人员在村落空间中的尴尬地位。村里的僧道往往是由于经济原因才出家，并不具有世俗生活中道德典范的作用，也不具有教理上的必要造诣或者宗教仪式中的权威地位，当然也就很少被尊敬。他们在村落信仰生活中只处于附属的地位，平时除看庙、上香外，偶尔应邀到丧葬仪式中念经、做法事，常常无权支配庙产，也不参与其他村民集体生活。有的和尚甚至连经也念不了。[①] 如果德行有亏，僧道

[①] 《中国农村惯行调查》卷1，第172页。类似内容另可参见李景汉编著《定县社会概况调查》第420页。

还会被村民赶出村庙。沙井村的庙里居住过几个和尚,先后都因为行为不端被村民赶走,他们中有常外出给人看病的,有赌博的、吸食鸦片并找女人的。此后,村民再也没有请过和尚,而是雇用了村里的穷人做老道。① 可以说,和尚或道士在乡村社会的权力空间中处于可有可无的边缘地位。

和尚一旦到了某一村子,就要一直住下来,除非其因为犯错误被村民赶走,否则直到去世都不能主动离开。勤快的和尚会自己耕种香火地,生活费欠缺的时候就到外面化缘。他可以自己选任弟子,并将自己的私人财产留给弟子而不是村里。有传承关系的和尚在去世后,他的弟子自然接任他的职位。那些没有传承关系的,则由村里重新到寺庙或其他地方邀请,或者干脆就雇用村里的无地老人做在家道,管理庙宇。和尚与老道在村民眼中并不会因为宗教归属上的差异有所不同,他们在村庙里的职能是完全相同的,同属于一个村落信仰空间。庙内供奉的神灵由村民决定,甚至可以说,大多情况下都是先有庙宇和神灵,后有僧道。总之,村落的信仰生活取决于村民,而非僧道。

与和尚相比,在家道与村落的关系要更为密切,并常常由村民直接充任。他们的生活也与正常村民一样,例如沙井村老道杨永才的家里就有6口人(妻子、儿子、儿媳、孙子、孙女),他每年的看庙报酬是100元,或者以租种庙内的土地为代价。此外,庙内粪土归杨永才所有,用于他家的耕地。杨永才只做道士,家里的农耕由孩子做。庙里每年需要的线香和馒头都是他从商店里买,村长付钱。线香每天都得插,一天两次。旧历正月会特别地多做些供品,特意买蜡烛点上。他只听村长的命令就可以,和会首没关系,所以不参加会首的会议。看庙的人除看守、打扫、收拾供品等庙内的工作外,还负责给村公会和庙内新建的学校打杂,甚至村长不方便的时候还代理村长去县城参加会议。杨永才不会念经,他认为"看庙的没有必要会念经,只要工作做得好就可以了"。显然,对他来说,本职的工作不是信仰,而是其他杂务。② 冷水沟玉皇庙的老道有三个儿子,租种庙内的土地。三圣堂里的道士有妻子没有土地,以糊匠(丧仪用的纸帐、马、轿等)为生。③ 吴店村的看庙人虽然可以耕种庙里的土地,但不足以糊口,因此还需要村民偶尔自愿接济些钱粮。看庙人的工作就是接待县里来的人,村公会有事的时候通知各户。

---

① 《中国农村惯行调查》卷1,第171页;卷2,第500页。
② 《中国农村惯行调查》卷1,第249、273页;卷2,第9、99、124、480页。
③ 《中国农村惯行调查》卷4,第264、286页。

值得注意的是，满铁调查时期，吴店村看庙的老道国永顺是三十年前从易州随其叔父到本村做苦力的，三十年后，他认为自己有一点土地所以已经是村里人了。但在村民看来，"这些人都不是本村人，本村人不能看庙，看庙的必须是外村招来的人，因为庙产属于全村人的，如果本村人看庙的话，会容易产生夺取庙产的嫌疑"①。虽然每个村落内老道的工作及其与村民的关系都各有差异，但比起和尚来说，会更多地参与到村落的公共生活之中，也似乎更容易为村民所接纳。这是因为，道士的生活方式与村民接近，相反和尚的独身生活在村落熟人社会中却容易引起异质感，或者说容易妨碍村民的生活安全感。至1940年代满铁调查的村落中，看庙人中已没有一个是和尚。这其中固然受出家和尚越来越少的影响，但另外一个重要原因就是经济问题。大多村落都无力担负起一个全职和尚的生活费用，而只能选择稍微有一定经济能力，并可以随时解雇的在家道。

除了像杨永才这样不会念经的在家道，较大的庙宇里也有会念经、打醮的出家道。与在家道相比，出家道与村民的关系一般要疏远得多。他们大多有自己的产业，而且会念经，有相对独立的宗教生活。例如北京市房山地区紫草坞乡肖庄有个三教堂，是北京白云观的下院，庙里住着一个叫穆和奎的道士和一个年轻的长工常志修，常志修是本村人。因为之前的道士与现在的道士、长工都吸食鸦片，庙地因此被卖掉很多。但这些庙地属于白云观，和村里没关系，所以村民不能干涉。道士们的日常宗教活动很简单。早上五点起床，在神像前焚香、念"早坛"。接下来，常志修去地里干活，穆和奎准备早饭，常志修干完早上的农活回来吃早饭，这和普通的农民一样。午后，常志修仍到地里干活，或拾粪回来，用作肥料。外面黑得看不见路的时候，回到庙里烧香念"晚坛"。穆和奎念经的时候，常志修敲磬，最后叩头。即日常的宗教活动其实就是早晚焚香读经。

三教堂有大祭祀的时候，是在正月元宵节举行的灯花会和六月二十四日举行关帝诞生日的吃会。灯花会是祛灾的仪式，"灯花"是指用棉花做的小纸捻，浇上胡麻油，放在村子周围和房屋各角落点着火，用来祛灾。这个仪式首先是从三教堂开始，傍晚的时候，村长带领村民到三教堂的正殿集合。在正殿，穆和奎读经，点燃黄纸。黄纸上写着"肖庄村公所，保长某某（名字）"。这个火不能落在地上，村民各自拿着灯花从这个火开始依次点着，并放到村子周围和房屋的各个角落，这样，村子就包围在这些小小的火光中。但是仪式的准备和进行都是由村长指挥的，穆和奎除读经

---

① 《中国农村惯行调查》卷5，第407、429页。

和点燃黄纸外就没有其他事可做，甚至也不参加拿着纸捻灯的队伍。① 这样看来，住在三教堂里的道士穆和奎虽然属于白云观的下院，在村落活动中起着宗教权威的作用，但由于庙里的宗教活动是村民组织的，所以不能成为庙会活动的主体。

出家道也并非全部都像穆和奎那样与较大寺院有直接关系，并有自己的土地。那些较少或没有土地的出家道往往不得不依靠外出念经、打醮维持生计。民国初年，新河县"主持僧道借以糊口者，惟敛香资，募化分文而已，开道场，荐亡执乐，送葬形同吹手者，亦复不少"②。与和尚、在家道、有归属的出家道相比，属于村落专职道士的生活更为拮据。不过，他们之所以能在村庙中生活，也往往与村民有着特殊的关系。例如平原县苏集乡前杠子李村的关帝庙的道士李明堂，因为属于村东李姓，所以由他住在李姓管理的关帝庙，并负责打醮。该村杨姓管理的三官庙则到新章庄请了与本族有亲戚的另一个道士。邀请道士一般都需要与部分村民有亲戚或熟人关系，这是因为聘礼能作为道士生活费的补助。在此，道士的职位显然已成为家族私产的一部分，也因此，他们都有自己相对独立的势力范围，不希望有其他道士进入，并努力维护与雇主的私人关系。

杠子李村周围的村落也有各自的道士，他们都有各自的师承，彼此之间不相往来。由于从师不同，念经的口调和节奏也不一样。前杠子李村的两个道士，就用不同的音调和节奏打醮，他们互相抵牾，认为自己才正统。该地区请道士打醮一般是在庙祭、祈雨、求病痊愈、占卜婚丧日期、祈望和睦时。道士除了这些应村人各种要求进行的打醮或念经等活动，也卖些葬礼用的纸马、纸人等。但是，仅这些营生仍不足以维持生活。李明堂还有一点地，靠这些作为生活的支柱。他不吃荤菜，但是在庙里养了十几只鸡用来吃肉③，也喝酒。本村人对他的称呼与其他村民一样，都直接用某哥、某叔称呼他，而没有受到作为宗教人员的特别尊敬和待遇。④ 除了以打醮作为专门的职业，这些道士与普通村民的生活都一样。

总之，无论村庙里住着哪种类型的和尚或道士，他们与村民的关系都

---

① 佐々木衞编：《近代中国の社会と民衆文化：日中共同研究・華北農村社会調査資料集》，東京：東方書店1992年版，第264—275页。
② 傅振伦纂：《民国新河县志》，第609页，民国十九年（1930）铅印本。
③ 在民间信仰里，鸡肉属于素食，不属于荤食；蒜和韭菜却属于荤食，因属辛辣之物。此种习俗当是受道教影响。
④ 佐々木衞编：《近代中国の社会と民衆文化：日中共同研究・華北農村社会調査資料集》，第264—275页。

会受到世俗事务的影响。同时，作为神职人员的僧道在村落中的生活范围，是以庙宇为中心的，他们在村落公共信仰空间中不处于核心的地位，而是附属于村落本身的信仰组织。他们要么来自村外，要么是村里的穷苦人。因此，从身份上来说反而处在村落空间秩序的边缘位置，甚至在村落内长期都得不到认同。近代以来，随着反迷信运动的发展以及乡村经济的凋敝，村庙中的僧道人数不断减少。至1931年，定县全县453个村内的约857座庙中，"共有和尚24个，平日从事耕种庙产。有时死人之家约请诵经，每人每夜约得一元。全县道士共有15个，其中有妻者12个，无妻者3个"①。对于这些数量不多的僧道人士来说，他们在村落经济上与村民的联系也要比信仰方面紧密得多，而这种关系就集中体现在庙产的使用和产权归属的问题上。

二 从香火地到公会地

香火地也叫庙地或者香灯地，收入专门用于购买香火、供品；修缮、建筑庙宇；供养僧道等用途。香火地有两种，一种是指产权和使用权均归僧道的土地，另一种是产权归所有村民，但使用权属于村庙僧道的公地。前者是僧道通过化缘或自己的劳动挣来的私产，因此，他们可以自由处置，村民无权干涉。而后者则一般都需要村民与僧道共同商量后才可决定。②笔者在此所讨论的专指那些使用权与产权分离的香火地。

每一村落、每一庙宇的香火地数量不等，多者几十亩或者更多，少者一两亩，甚至没有。这些土地一般来源于信众的捐献或者村落内原有的公共土地，尽管属于村落共有财产的重要组成部分，但是支配权却属于村庙。僧道对香火地的使用方式包括自己耕种或者将其佃耕给村民，以获得租金。他们有权决定租佃的对象及租金的多少，村民不会干涉。例如顺义县的李遂店镇的关帝庙有10亩香火地，奶奶庙有10亩，其他的如五道庙、龙王庙则没有土地。这些香火地有和尚自己耕种的，有佃租出去的。租金每年都会变，但比一般人的要便宜。③冯家营的老爷庙有20亩香火地，由和尚自己耕种，收入当作庙的经费及和尚的生活费，香火地不归村公所管理。④天竺村有12个寺庙，半数有香火地。虽然村公所设在虫王庙内，但香火地仍归看庙人或者和尚管理，和村公所没关系。该村的香火地

---

① 李景汉编著：《定县社会概况调查》，第417、420页。
② 《中国农村惯行调查》卷1，第172页。
③ 《中国农村惯行调查》卷1，第41页。
④ 《中国农村惯行调查》卷1，第46页。

大多都佃出去了，佃耕的方式是提前交钱，金额每年都不一定，与一般的民地佃耕水平差不多，但是，香火地的佃耕期限一般都比较长。① 康家营老爷庙的9亩土地佃耕，五圣庙和奶奶庙的11亩土地则由看庙人自己耕种，村公所都不参与管理。② 静海县上口子门村的庙产有三四十亩，和尚自己决定佃耕对象，并直接向其收租，不用和保长商量。租金一年大概收入150元，全部归和尚自由支配，但是和尚不可以买卖土地。③ 在传统的乡村社会，香火地的普遍存在体现了民间信仰在村民生活中的重要地位。

如前文所述，至20世纪40年代的华北乡村社会，由于村庙仍需管理，且村落集体信仰生活的存在，所以仍有相当一部分香火地的使用情况没有发生大的转变，即这些香火地的使用权仍归看庙人。但是，随着社会环境的转变，民间信仰在村落中的地位也开始逐渐式微，同时村务及其开支的增加，促使新的村落政权建立，加之乡村经济的衰落，这一切因素都导致村民开始重新考虑香火地的使用和归属问题，部分香火地直接成为周济村中穷人的方式。④ 香火地到公会地的转变，深切地反映了近代乡村社会的变迁形态。

公会地，从名称上就不难看出它与香火地的不同之处。从香火地到公会地的转变过程，首先反映的问题就是与以前相比，村务中的世俗工作开始增加，同时其管理人员在村落中的身份也发生了微妙变化。传统村落中，对于以会首为代表的村级领导者来说，组织和领导村落信仰活动是其工作的主要组成部分。很多村落会首就直接担负着祭神的职务，因此，会首也称为香头。如果说，会首的工作主要是面向村落内部，那么村公会在继续负责集体信仰活动的同时，还必须同时处理好村落之外的社会关系，即与邻村、地方政府或其他外来势力（如军阀、日本人等）打交道。青苗会的存在可以说是从以会首为首的传统村落组织向近代村公会转变的过渡阶段。工作内容的增加导致财政开支的增加，同时，学堂的花费也促使香火地（属于村落公产重要组成部分）的收入开始由村公会统筹支配，而不仅仅用于与信仰活动相关的开支。

香火地转变为公会地的首要表现就是使用权的收回，尽管很多村庙内仍然有代替和尚的看庙老道，但比起和尚，老道很少能像和尚那样拥有相

---

① 《中国农村惯行调查》卷1，第47页。
② 《中国农村惯行调查》卷1，第47—48页。
③ 《中国农村惯行调查》卷5，第652页。
④ 杜学德：《武安市固义村迎神祭祀暨社火傩戏》，欧大年等编《邯郸地区民俗辑录》，第52页。

对自由的土地使用权。例如，光绪年间，沙井村在最后一个和尚死了以后，44 亩香火地就转变为公会地。村公会开始根据租佃人的多少来规定租费额度。在村长的组织下，通过公平竞拍的方式将土地租给出价高的村民。为了获得更多的租金，寻租的范围甚至扩展到了村外，租金也相应地交到村公所。至于看庙老道的报酬，则采取了历年从村费中支取固定工资的方式来支付。不过，老道享有优先租种公会地的权利。① 由于原有产权的清晰及僧道身份的附属性，所以村落内部从香火地到公会地的转变一般情况下并不存在多少困难。但石门村及沙井村却也为此发生过激烈的矛盾，事件过程清晰地表现出近代华北村落内外的权力关系。有满铁调查员参与的事件之具体情形如下。

石门村是沙井村的邻村，村里的三教寺（原来叫三清观，宣统年间改建后叫了三教寺）有 23 亩香火地（也叫公会地）。由于以前是黑地，所以村里的地券是 1915 年财政部颁发的，归属于三教寺，之后的田赋和亩捐都从佃耕费里出，并由保甲长签署，均有收据。此外该村还有一片苇地，年收入 200 元。耕地的租佃费是由保甲长在庙里开会投票后决定，青苗钱由租佃人交到村公所。所收的钱由保长及会首管理，主要用于庙和学校，收支均记于村公所的账簿上。

光绪十一年（1885），村里原有的和尚去世后，村民请了一个陈姓道士，五六年后，道士离开，村民又到城隍庙里请了一个法号为宣涵的和尚管理庙。虽然这个和尚平时住在城隍庙内，不住本村，但是仍以管理香火地作为聘请的代价。事实上，和尚甚至不知道这些土地在哪儿，都是村里代其收取租佃费，并只把其中一部分上交给他。宣统元年（1909）村里修庙，于是就直接把当年所有的佃耕费全部用于修庙。此后，石门村每年年末固定给城隍庙上交 30 元钱，从事实上收回了庙地管理权。宣涵在民国初年死后，这笔费用就交给他的弟子圆洞，以后又交给城隍庙住持照辉。懒惰的和尚对此也并没有异议，于是这个不成文的规定就延续了下来。尽管租佃人及租佃费都由村公会自行决定，但在交钱给和尚时仍要向其报告佃耕人姓名及佃耕费情况。沙井村的观音庙有 12 亩香火地，情况与石门村类似，也同样聘请了城隍庙和尚为庙的管理者，并每年缴纳 20 元钱。因此，他们担心石门村在庙地纠纷中如果失势，本村也会陷入其中，所以就主动站到石门村一边参与到了事件中。

城隍庙是该县最大的庙。调查时庙内住着十几个和尚，但据村民

---

① 《中国农村惯行调查》卷 2，第 4、9、44、150—151、487—488 页。

说，他们全部吸食鸦片，甚至连僧衣、祭器都卖了。提到为什么一定要城隍庙的和尚管理村庙，村民解释说，一方面因为庙里没有和尚就不成庙了，另一方面也因为宣涵是个很有势力的人。这个人不仅干尽坏事，而且勾结官员，所以不拜托他日子不好过。在宣涵死后，村民仍慑于城隍庙的势力，虽然很不情愿，但仍与其维持着联系。香火地纠纷是由住持照辉及石门村一个叫樊宝山的无赖汉互相勾结引起的。照辉是个41岁的和尚，据说他吸鸦片，有女人，也有孩子，经常打架做坏事。樊宝山原来做过乡长，并利用乡长的地位干了很多坏事。他常干涉诉讼，从中获得好处，并曾因盗窃铁道上的枕木却诬赖别人是匪贼而被判入狱。樊宝山家里有四五亩地，由于没能获得香火地的租佃权，于是怂恿照辉，收回石门村的土地所有权，以便日后自己租佃。1942年11月，当樊宝山带领照辉等人将刻有三教寺的界石埋到香火地后，村民与其交涉无果，又惧于樊宝山的势力，在束手无策之际，沙井村的会首们决定请满铁调查员来帮忙。

日本调查员因为多次调查与沙井村村民较熟，同时他们也想获得关于纠纷的第一手材料，于是应邀参与到了事件之中。负责此事的旗田魏调查员首先从村民那里确认了香火地状态及其与和尚的关系，以及樊宝山的情况等。在问过县顾问和承审员的意向后，直接找来了照辉和樊宝山，摆出事实和证据，揭露了他们的不当企图。结果，作为石门村和沙井村重要财源的香火地，按照原来那样继续归村民所有，并可以通过向县里申请，彻底取消与城隍庙的关系。事情解决后，石门村打算拔掉城隍庙强行埋入的界石，在新界石上刻上"村公会"三字。①

石门村和沙井村关于香火地的纠纷在华北地区仅是个案，并不具有普遍性，但是当事双方及参与其中的各种力量在事件中的复杂关系及表现，却十分具有典型意义。清末村民认为庙里需要有和尚，到最后努力想摆脱和尚控制这种转变本身，就体现了他们宗教意识的转变。对于和尚的评价也说明了同样问题。同时随着村务及村费的增加，也使得村民更加依赖香火地的收入。从城隍庙和尚一方来看，尽管村民对其心有余悸，但事实上所有场合中，他们都处于边缘性的地位。这不仅是因为理亏，也与整个社会环境相关。在这一村落公共事件中，参与其中的有城隍庙和尚、石门村无赖、代表石门村及沙井村村民的会首及村长、县政府承审员、满铁调查人员等。此事在特殊历史时期，无疑具有一定的复杂性，但对于乡村民众

---

① 《中国农村惯行调查》卷1，第194—203页。

来说，他们所关心的只是自身生活利益的得失，并在面临问题时多倾向依靠生活经验得出的认识，而较少考虑村落之外的社会身份。换句话说，近代华北乡村社会中，村民公共空间内的身份认同，是以现实利益为依据的。无论是信仰还是其他社会身份，事实上都处于附属地位，也就不会成为影响其在困境中作出决定的关键因素。石门村及沙井村香火地到公会地的彻底转变，正是近代华北乡村社会中村落公共资源进行整合的集中反映，也体现了村落信仰空间随着时代变迁而发生改变的事实。

第四节　空间、仪式与资源、权利

对村民来说，村落信仰空间的存在，是有其现实意义的，最重要的就是对民众生活资源的神圣界定，并通过信仰仪式得以表现和强化。地域气候条件使水资源成为华北乡村重要的生活资源之一，以水为核心的信仰习俗就比较繁多。因此，探讨村落及村落之间关于公共空间、信仰仪式、水利资源及使用权利之间的关系，有利于进一步考察村落信仰空间对民众日常生活的意义。

一　村落祈雨仪式的空间观念

各村庄的祈雨并非年年都举行，人们常根据旱情的程度来决定是否祈雨。每个村庄的祈雨方式各不相同，这一方面受村落传统的影响，另一方面也受村内财政状况的制约。但各种祈雨仪式都包含着相同或相似的空间观念，其表现形式包括以下几个方面。

首先，华北乡村中，村民的村落聚居方式使得他们必然面对共同的生存环境，特别是旱灾发生时，更需如此。所以，共同境遇使雨水成为一种集体需要，而不仅仅为某家某户所期望。于是，祈雨成为所有村民都参加的集体仪式。或者说，村落祈雨仪式无论多么简单，但一定是集体性的公共信仰行为。公共信仰行为既体现在所有村民自愿参加上，也体现在其组织模式与村落世俗权力结构的紧密关系上。村落是否祈雨及祈雨的具体组织一般都是由村长、会首等商量领导的，这也是他们日常村务的组成部分。基于此，祈雨的经费来源，无论是直接从村费中开支，还是临时从民户中收取，都得到所有村民认可。也就是说，村落祈雨仪式是村民在共同处境下，主动参与、配合的一种集体信仰活动。

其次，祈雨既然是一种集体的信仰活动，那么活动的进行必然有公共的地点。庙宇既是神像日常安置地，同时也是必要时人神得以交流的神圣空间。活动范围只限于庙内烧香或许愿是较简单的祈雨仪式，村民秉着自愿参与的原则，在一定日期内到庙内烧香祈雨。例如山东省历城县的路家庄在祈雨时，由村民们集资到观音庙里供奉祈祷，如果三天内下了雨，村长和甲长就代表村庄再到庙内还愿。① 稍微复杂一点的祈雨仪式，就会转移到庙外。

河北省安次县的祖各庄，1920—1930年，村民常苦于大旱，于是有管事的人提倡祈雨。村民用木头和席子在大庙前的空地上盖神龛，把关帝像放在其中后，管事人带领村民在关帝像前插香、叩头、申表，三天或七天后收回。② 有的村庄不仅在庙内烧香，还会将神像装到特制的车舆中在村内游行。例如，寺北柴村从东关村把龙王的木像借来后装在车上在村中游行。同时，村里还到处贴上"天降大雨"的黄纸，村民纷纷到各个庙前烧香、焚纸。③ 沙井村在头三天到庙里烧香，如果仍没下雨，再抬着"龙王"在村内游行，并在龙王到各家门前时分别烧香。④ 吴店村在祈雨时，也用桌子抬着"龙王"游行，并在各家门前烧香等待"龙王"的到来。⑤ 祈雨的游行绕境仪式具有明显的空间象征意义，既表示对村落边界的巡视和确认，也体现了村神灵验的空间有限性。当然，并非所有的祈雨仪式都仅以一村为限，但是即便是多村联合祈雨，在仪式中仍会强调村落的空间范围，或者说村落共同体在联村祈雨仪式中，是被反复强调的要素。

比起村落内部的祈雨仪式，到外村游行的仪式要更为复杂。例如，冷水沟村在求雨前三天，全村男女老少都要斋戒：不吃葱、大蒜；不做房事；不洗澡；不吃猪、牛、羊肉等。这种个人洁身行为是空间净化仪式的一部分。第四天，村民做好各种分工，并选4个辰（龙）年出生的人抬玉皇大帝像到六里外的白泉去祈雨。当放着神像的玉轿从庙里出发、从村东街离开本村、进入别的村子、到达目的地的时候等，都要放"神枪"。"神枪"的鸣放与烧香、放炮一样都是与神灵沟通的途径，只是乡民试图通过在具有象征意义的地点，以更加明显的方式来强化这种沟通。队伍行进的路上也要不断地烧香、叩头。在白泉将准备好的水瓶灌满水后，再抓一条鱼（鲫鱼，与"急雨"同音）放入水瓶，并立即派人从近路送回庙中

---

① 《中国农村惯行调查》卷4，第356页。
② 《中国农村惯行调查》卷6，第84、86页。
③ 《中国农村惯行调查》卷3，第152—153页。
④ 《中国农村惯行调查》卷1，第220页。
⑤ 《中国农村惯行调查》卷5，第440—441页。

（防止鱼在回村前死去）。祈雨的行列则由原路将玉帝像抬回，但这次需要绕到村西街进村，如此正好可以绕行整个村子，是为对村落边界的确认。正午时分玉皇神回村后，由校长执笔写表文，内容大多是干旱村民的疾苦，请求下雨，升表的人是庄长。表长8寸，放入长宽各2寸的小木箱中，这个叫表匣。表匣里除了表还有上天梯（木制小梯子）、登云鞋（木制小靴）、小纸钱7个、上等茶叶少许、针7个、银砂少许、檀香少许，用纸包起来装进去，表匣裹黄纸。黄纸包成龙的模样。把表匣盛在木盘里，用红布盖上，庄长捧着走到庙前，村民跪坐。庄长用庙前火池（烧香所）的火焚烧表匣后，村民一起祭拜，仪式结束。

如果祈雨成功，村民就必须还愿。还愿的内容就是重新粉刷神像，并到邻村去"收钱粮"。所谓"收钱粮"，就是连续三天都抬着神像到附近30个邻村去接受香火，每天大约行程20里，村落之间近者相隔半里，远者相隔6里。每到一村，该村村民就会出来迎接，并在神像前烧香。[①] 冷水沟村借此向邻村表示"不能白白享受本村祈雨成果"，来表明自身的特有权利。在冷水沟的祈雨仪式中，村民到距村6里的白泉去取水，祈雨成功后，再到临近村落去收香火。这种仪式表明，村落的信仰空间在特殊情况下，可以延展到村外，而不仅限于村落内部。但是即便和其他村落发生联系，仍以本村的神像和庙宇为中心。要到村外很远的地方去取水，这意味着村落信仰空间的扩展，并非单以神像和庙宇为中心。可以说，无论是仅限于村落范围内的简单祈雨活动，还是到外村进行游行的复杂祈雨活动，村民对于村落的空间认识和界定在仪式中的表达都十分清晰。

另外，村落间共同参与祈雨时的交往仪式，也可以说是一种"仪式性馈赠"。对此，有学者对这一概念进行了界定和解释：

> 它有别于日常生活中个体人与人之间礼物的馈赠，是发生在共有的象征空间内，村落主体间的仪式交换行为。具体表征在特定的仪式场合完成约定俗成的某种给予，所给予的"礼物"往往是非物质的、有明显工具性及表达性特征的仪式本身。从某种意义上说，这种"仪式性馈赠"是村落生活中必不可少的，具有支配一定区域社会交换行为能力的村落间交往行为。它是一种公开而庄重的行为……换句话说，仪式即"礼物"，通过在村落主体间的流动完成区位间文化和社

---

① 《中国农村惯行调查》卷4，第30—34、60—61、89—90页。

会关系的互动。客观上说，这种互动对村落关系网的缔造和维系起着重要作用。①

村落祈雨中，类似到他村去"收钱粮"的信仰仪式，其实反映了两个方面：其一，不同村落的民众对于共有资源——雨水的认同，允许其他村落享受祈雨的成果；其二，为表达本村在祈雨时的主体性地位，要通过一定的仪式来促使其他村落参与到祈雨行列中来。而相关村落对于这种公开而约定俗成的交换仪式也给予支持和认可，以保证其后在类似情况下获得相关利益。祈雨村落对于被游行村落的选择，是基于相互之间地方感的认同而做出的。当然，这种仪式性馈赠并不仅表现为"收钱粮"，有时还会以献戏、献香火的方式来实现。尽管其中实际交换的内容可能是物质性的，但在此种情形下，民众公共交换仪式则是在神灵参与下的象征性空间里完成。这种带有"仪式性馈赠"的祈雨方式是乡村社会中资源共享的表示，当然，事实上也存在空间资源相互竞争的关系。比如"盗龙王"。

华北地区各地的祈雨仪式有所不同，有在村内祈雨的，也有到邻村游行的，甚至还有盗龙王的习俗。在河北省邢台县，乡民祈雨时派村里的青壮年到邻村庙里偷龙王，一般会偷三五个，据说越多越好。偷来的龙王被安置在本村村公所里接受香火。②被偷村落一般都位于本村所用河水的上游，村民认为上游的龙王管下游的水。可见，在村民的认识中，龙王数量和灵验程度是有空间限度的，即由村庄来界分。偷龙王的仪式既反映了村民期望众多龙王中总有一个能施惠于本村的祈愿，也有强行将其他村落龙王的神力全部集中于本村的意思在其中，进而可以说是村落间对信仰资源的竞争。再进一步说，村民此处所盗，不是"龙王"本身，而是"龙王"代表的雨水资源。

村落应对旱灾的祈雨仪式加强了村民之间的认同和团结，也体现了村民追求村落空间平安、富足的愿望，但这种功利性集体信仰行为并不代表村落具有积极向上的追求精神。换句话说，尽管村民并未把所有的希望都寄托在这种公共的信仰仪式中，却非常明显地体现了他们生活意念中的消极因素。集体信仰的消极因素及其信仰效果的不确定决定了其功能的有限性，一旦信仰的祈愿得不到满足，困境得不到缓和，人们便会很快放弃，

---

① 徐天基、罗丹：《村落间仪式性馈赠及交往的变迁——以京西黑龙关庙会为例》，《民俗研究》2010年第1期。
② 〔日〕直江广治：《中国民俗文化》，王建朗等译，第89页。

转向其他的途径的解脱，此后村落也就很少再有集体摆脱困境的行为。再进一步说，民间信仰的空间本质决定了村落信仰的功利性。而基督教正是在这种背景下得以传播开来。对此，后文将详细论述。

二　村际信仰资源的共享与争夺

河水是华北乡村除雨水外另一种重要的灌溉水源。由于河水的公共资源性质及其不断流动的存在状态，使得位于不同方位、不同地势的各个村落或地区在河水的使用上必然会产生诸多问题，而民间信仰在村落间关于河水资源的共享与争夺上起着至关重要的调节作用。如果说民众祈雨仪式中或多或少地表现出了他们在应对集体困境时的消极情绪，那么在使用河水时的信仰仪式则又体现了村民性格中的积极面向。

从河水资源的公共性来说，同一流域内的不同村落对于河水的利用应该是一种共享关系，因为各个村落都有权使用流经自己地域范围内的水流，而其他村落则无法也无权对这种权利进行干涉。例如七里河在邢台县的下游流域，即百泉以东共有7个闸，每一个闸都由流域内的村落选出一个河上老人（也叫河老，或者河头）来负责管理。然而并非每村都有水闸，例如前楼下、孔桥、王快、东市、北吴、南市村等村落就没有，但这并不代表这些村落无权使用河水。这些无闸的村落每年都要在河神上供日由村民集资向7个河老送上谢礼，并参与闸区内的集体祭祀和聚餐，以象征对水源使用权的拥有。①

作为河水的神圣象征，神灵同样也是公共资源。山西晋水流域的晋祠就是该水域范围内的重要神圣象征。自古以来，晋祠的修葺或由官府投资，或由主持僧道募化，或由当地民众承担，都无一例外地维持了神庙祭祀的公共性。"共同享受水利之惠的人们有共同维护神圣象征的责任，表明了使用权的相对划定。"② 毫无疑问，这里的使用权是有空间界限的。在神庙内举行公共祭祀活动的作用在于，以超脱于世俗的神灵作为公开、公平的见证，赋予现有用水秩序以合法性，并将使用泉水的村落作为利益共同体联合起来，共同维护及制约各村对水源的使用权利。这最终形成了不可更易的传统。河水的公共性是由其天然条件决定的，但如何分配水源却涉及诸多人为因素。在水源的分配过程中，不同的村落首先自然地结成一

---

① 《中国农村惯行调查》卷6，第97、256页。
② 赵世瑜：《小历史与大历史：区域社会史的理念、方法与实践》，生活·读书·新知三联书店2006年版，第147页。

个个利益共同体。在利用霍山泉的四社五村的水利组织中,"社"的地位相当凸显,香首事实上起着水利事务组织者的作用。① 如何与其他村落协商或者争夺更多的用水利益,往往成为村务的重要组成部分。

水利资源的分配和利用所引发的民间纠纷,也是乡村重要的社会问题。20 世纪 30 年代,由于旱情严重,各地争水情形也更加激烈。有的村落之间因为水源使用多少的问题而大动干戈,甚至动用了铁炮。不仅村庄之间,农户之间争夺水源的事也时有发生。在邢台县第三区北小吕村,每年都会有夜间盗水事件。② 对此,著名水利专家李仪祉曾感叹:"中国农人,固守成法,不知变通改良。往往有的是良法,可以增加灌溉的量,可以使大家都得利益,他们偏固执不化,惟知甲乙相争眼前一点利益,甚至互相斗殴,杀伤人命,所以常有水利变成水害之叹。这是人的不好,非水之罪。"③ 与此类似,赵世瑜也否定"当地人口、资源与环境关系的日趋紧张"造成水资源的激烈争夺的看法,他认为问题还在于水资源的公共物品特性以及由之而来的产权界定困难。这个问题不解决,即使不存在资源短缺的问题,水利纠纷依然会层出不穷。④ 笔者在此意欲探讨的是,在水资源的竞争中,民众对于信仰空间的认知问题。这主要体现在以下两个方面。

对给本流域之水利事业作出突出贡献的官绅及乡民的崇拜与祭祀,是晋水流域水神信仰的类型之一。这些分别为某一个或某几个村落共同体认同的"村庄神""人格神"无不反映了民众对水权的追逐。对有限的水资源的竞争从该流域不同层级、不同归属的水神形象中得到了完整的体现。⑤ 道光二十二年(1842),位于山西南北沃阳渠水域内的范村与古县等村发生用水争斗,范村的掌例范兴隆由于率村民故伤人命被官府定罪。作为酬谢,村民推其为永远掌例,并传于后辈,不许改移,且范家地亩,永远先得浇水。并定每年祭祀之时,由其后人拈香;肆筵设席,也必请其至首座,值年掌例作陪,以谢昔日范某承案定罪之功。⑥ 另外,与沃阳渠争水的连子渠沿线各村则供奉了另一些有功德的人,除"出资赎地"、建立或

---

① 邓小南:《追求用水秩序的努力——从前近代洪洞的水资源管理看"民间"与"官方"》,行龙、杨念群主编《区域社会史比较研究》,社会科学文献出版社 2006 年版,第 26 页。
② 《中国农村惯行调查》卷 6,第 237—358 页。
③ 李仪祉:《李仪祉水利论著选辑》,水利电力出版社 1988 年版,第 708 页。
④ 赵世瑜:《小历史与大历史:区域社会史的理念、方法与实践》,第 150 页。
⑤ 行龙:《从共享到争夺:晋水流域水资源日趋匮乏的历史考察——兼及区域社会史之比较研究》,行龙、杨念群主编《区域社会史比较研究》,第 16—17 页。
⑥ 《道光二十二年讼案始末》,见孙焕仑纂《洪洞县水利志补》,山西人民出版社 1992 年版,第 191—192 页。

重修渠册者之外，大量供奉着因用水斗讼而立有"功劳"者。这些对争水人的供奉，既体现了村民对其功劳的缅怀和纪念，同时也作为一种村落团结的象征，激励着村落后人继续为村落利益而争斗。"这些勇于悍斗兴讼的力量，在地方官府眼中，无疑是破坏性的，不利于稳定秩序的建立。但在民间社会中，无疑有一套自己的是非、道德评价体系。"①

在有关河水争夺的供奉系统中，除了这些为村落作出事实贡献的现实人物，还有很多传说中的虚拟人物。对此，赵世瑜等人针对山西汾水流域的分水故事与神灵祭祀有过细致而深入的探讨。在洪山源神庙后的山顶上有座5人合葬墓，传说是为了彻底解决村落之间因争水发生的械斗问题，人们想出了一个办法，即在一口盛满滚油的大锅中撒进铜钱，让各村好汉去捞。于是，洪山村的5个人为了捞出钱都送了性命，死后便被村民葬在源神庙后的山顶上。另外，据说明朝时为了平息争水纠纷，同样用油锅捞铜钱的办法来决定，其他村好汉争相献身，而张良村的人却吓跑了。于是议定该村除少用水外，此后三月三祭祀源神时，张良村要比其他村多献一只草鸡，以示羞辱与惩罚。② 这种油锅捞铜钱的故事在汾水流域很普遍，此外柳氏坐瓮的故事也脍炙人口。

虽然故事情节各有差异，但人们利用传说故事，来赋予现有分水权以合法性与神圣性的意图是十分明显的。赵世瑜认为：这些故事是以巨大代价建立相对公平使用公共资源秩序的事件。故事与现实之间的反差反映了乡村社会从建立公平到破坏公平，再到维持相对的公平；而神庙的功能也从保障公平变为保障霸权，再变为限制霸权更迭、保持力量的相对均等。③ 也就是说，传说故事与信仰仪式的结合，是村落间现有用水秩序的重要组成部分。它既可能维持了公平，也可能偏向着霸权。其本身并不具备公平与否的历史性根据，而是受村落现实权力空间的制约、利用。

同一区域空间内，在对共有水资源进行共享或争夺的过程中，村落作为独立利益共同体出现，通过参与对水神或争水英雄的祭祀仪式，获得了使用公共资源的合法权利。由此，信仰方式及神话故事的传承既成为维持现有水利秩序的话语根据，也作为公共资源的一部分为乡民所共享或争夺。同时，由于生活窘迫，村落共同体在面对共有资源的分配问题时，民

---

① 参见邓小南《追求用水秩序的努力——从前近代洪洞的水资源管理看"民间"与"官方"》，行龙、杨念群主编《区域社会史比较研究》，第34页。
② 介休民间文学集成编委会：《介休民间故事集成》，山西人民出版社1991年版，第59、104—105页。
③ 赵世瑜：《小历史与大历史：区域社会史的理念、方法与实践》，第125页。

众日常生活的公共空间失去了往日的内敛性,具有了一种扩张甚或攻击的能量,甚至可以吸纳进一些非日常因素,以保护或扩展原有的生存空间。例如,秘密宗教的引入、与官府的交道、对基督教的皈依等因素,都可以成为村落增加争夺共有资源的资本。当然,随着这些外在势力的干预,村落内部的空间权力结构和秩序规则也常常随之发生变化,甚至有可能引起内在信仰空间的变异或分裂,但是由于相对独立的地缘及亲缘关系的维系,村落作为利益共同体的生活环境是不会发生变化的。这也意味着村落信仰空间及公共资源相对稳定的存在。

小 结

共同的地缘关系及信仰习俗建构起了村内信仰空间。在华北村落内,庙内神圣化的世俗空间与庙外世俗化的神圣空间是村落公共信仰空间的两个组成部分。这两部分并非截然而分的,事实上都存在于村民的宗教意识之内,并体现在村民集体的日常生活之中。如岳永逸所说:"村庙的修建和神灵的供奉不仅是要解决村落生活中的实际问题,其本质是一个村落的人对自己生活空间的思考和建构,是其世界观的物化。"① 显然,此处被物化的世界观是空间的,而非时间的。

公共信仰空间并不仅是一种意识性的存在,而且与村落现实秩序的维系相一致,尤其体现于村落集体信仰活动的组织方式中。村里的看庙人,无论是和尚还是道士,虽然是神职人员,但他们与村民的关系更多地体现在经济方面。因此,他们有着不同于村民的边缘性身份。公共空间内集体信仰行为也是村落内部群体认同的过程。村民们为了共同目的,借由共同信仰仪式,共享信仰生活带来的利益和价值。定期或不定期的集体仪式,不仅使作为个体的家庭和个人意识到群体的存在,不断表达了他们在集体活动中的主体性;而且在与其他村落共享或争夺资源的过程中,村落作为自然的利益共同体,体现出了与外部社会交往的生存策略及其相对独立性。总之,共有的信仰空间、信仰仪式作为村落资源的一部分,既为村落空间秩序的建构提供了条件,也是秩序建构的结果。

---

① 岳永逸:《行好:乡土的逻辑与庙会》,第 190 页。

第三章 乡土的庙会生活及其信仰空间

庙会，是指在寺庙内或其附近举行酬神、娱神、求神、娱乐、商贸等活动的群众集会。① 这种集会一般都是跨村落的祭祀活动，具有更为广泛的公共性，因而是家居、村落之外的又一空间层次。虽则近代以来，随着经济的开放与发展，以及反迷信思想的传播，华北农村的很多庙会已经削弱甚至失去了原有的祭神功能，而转变为各种农贸集市。但相对来说，庙会作为信仰空间的作用并未消失，这也是庙会之所以为庙会的根本特征。所以，跨村落的庙会仍是研究信仰空间与社会秩序的重要考察对象。

第一节 庙会信仰空间与秩序

从时间上来说，比起村落信仰空间的恒常性，庙会则具有明显的季节性和节奏感；从空间上来说，比起村落信仰空间的相对私密性，庙会则具有明显的开放性。定期的赶庙会活动让乡民既能获得村外的祈神机会，也能在庙会上满足诸如娱乐、经济等其他方面的需求。故此，可以将庙会看作民间信仰之住居空间的第三个层次。

一 庙会的分布、规模及其神圣空间

庙会城乡皆有，但主要仍分布在广大乡村地区。有学者根据方志材料对城乡庙会的举办情况做了对比。例如山西晋南的"太平县22次119天庙会中，在农村举办有20次96天，占总数的81%；平陆县65次65天的庙会中，在农村举办的有57次57天，占总数88%"②。因与生活密切相

---

① 朱越利：《何谓庙会》，刘锡成主编《妙峰山：世纪之交的中国民俗流变》，中国城市出版社1996年版，第128页。

② 吴孟显：《清至民国晋南庙会市场研究》，《山西师大学报》（社会科学版）2008年第3期。

关，华北乡村的庙会分布较为广泛，可以说，赶庙会是乡村民众日常生活的重要内容。比起以村落为单位的祭神仪式，庙会举办的次数要相对少一些，但比村落内部的迎神赛会的规模要更大，更具有开放性。

关于华北乡村庙会的具体分布情况，在方志材料中多有记载。有材料说明，庙会的分布与当地经济状况密切相关。大体上表现为：在丘陵山地等交通不便的地带，商品经济发展较为迟缓，因此，无法支撑起以月或天为周期的定期集市交易。于是周期较长的庙会就往往承担起商业功能，许多庙会甚至成为当地唯一的集市。例如山西省浮山县，因"地处僻壤，商贾不通，购置货物甚艰"，当地民众不得不依靠"每岁三月二十八日东门外东岳庙逢会，七月十五日城隍庙逢会，十月初六日南门外关帝庙、张公祠"等庙会时节来满足日常生活需求。①

关于庙会的具体举办时期，李景汉曾于 1931 年就定县的情况进行了详细调查。② 当时定县共有 453 个村庄，庙会至少有 50 个，平均大约 9 个村庄 1 个庙会。从时间上来看，普通的庙会，每次都是 4 天，也有长达半个月的，或者短到两三天。从举办的日期来看，从 1 月到 10 月，每月都有，但大部分都在上半年，并集中在 2 月至 4 月，下半年很少。这种时间分布，与农业生产季候是相一致的。这大抵是因为农民需要在庙会上补充种子与农具，同时较秋收而言，春种相对轻松，所以这一时期的庙会也就比较集中。从距离上来看，庙会的分布一般较为密集。孙梅田在考察聊城县海华寺庙会时曾谈道"我乡庙会很多，周围五六十里路，有六七十处，大小不等的庙会"③。也就是说，在山东平原地区，10 里路之内必有庙会，山西省平遥县甚至有"无庙不成村，有庙必有会"的说法。④

民国以后，受政治环境恶化、经济凋零以及反迷信运动等因素的影响，华北乡村的部分庙会有衰落之势。如山东省莱芜县黄花店庄的庙会，于三月三日集会，四方的善男信女来往很多，"从约数上观察，足够千五百人。自民国十年以来，迭遭土匪逼境，灾劫连年，每届集会，不过三五百人。近几年来，虽能恢复原状，实地计算，也不过六七百人之谱"⑤。位于河北省西北部的张北全县在 1926 年以前庙会很兴盛，有 52 个村庄办庙会。此后，由于时局变化、社会动荡，多处庙会停止，到 1934 年只剩下

---

① （清）武克明等：《光绪浮山县志》卷 5《市集》，光绪六年（1880）刻本。
② 李景汉编著：《定县社会概况调查》，第 419—420 页。
③ 《山东庙会调查集》，李文海等编《民国时期社会调查丛编：宗教民俗卷》，第 216 页。
④ 平遥县地方志编纂委员会编：《平遥县志》，中华书局 1999 年版，第 880 页。
⑤ 《山东庙会调查集》，李文海等编《民国时期社会调查丛编：宗教民俗卷》，第 215 页。

县城一处。① 可以说,恶劣的社会环境是部分庙会衰落的重要原因。不过,另外也有一些庙会正是在村民极力寻求空间安全的背景下,借着一些灵异故事的传播而发展起来。

例如山东省平原县,在 20 世纪 20 年代土匪猖獗的情况下,有传说"北极元天大帝"大显灵验,时常附体讲经。于是人们重塑金身,重修废弃的庙宇,兴起了元天大帝的香火会。② 换句话说,庙会变小或消失,不是因为乡民不需要,而是没有条件办庙会了。传说涉县上清凉村之所以唱赛戏以娱山神,也是因为日军扫荡时,山神保佑了村民免遭残害。③ 民国时期的华北乡村庙会,根据区域社会及经济环境的差异而变化不一。大体上看来,平原地区的庙会因受社会治安及集市发展的影响,有衰落之势,而山区由于增加了与外部地区的经济交流,在信仰生活上又较少受外部干涉,庙会反而较集市更为发展。吴孟显曾根据地方志就晋南地区若干县份的庙会数量之增减做了详细的统计,如表 3-1 所示。

表 3-1　　　　　　晋南若干县份集市与庙会数量对照④

时期	光绪						民国						
区域	泽潞盆地		汾涑盆地		山区		汾涑盆地			山区			
县别	长子	高平	太平	襄陵	浮由	平陆	翼城	襄陵	荣河	沁源	陵川	浮由	岳阳	永和
集市数	12	12	8	5	2	6	13	4	9	5	3	1	6	2
庙会数	4	10	16	11	4	39	23	11	21	13	3	13	12	3

表 3-1 数据显示:较之清光绪年间,民国时期的庙会数有着明显的增长趋势,而集市数则相对减少。其中位于汾涑盆地的襄陵县在光绪年间的集市与庙会分别为 5 和 11 个,而至民国时期则为 4 和 11 个,即庙会数没变,集市数减少了 1 个;位于山区的浮山县光绪时期的集市和庙会数分别为 2 和 4 个,到民国时期则分别为 1 和 13 个,集市减少 1 个,庙会竟然增加了 9 个。作者就此分析认为:"内部的自然环境、生产方式、产业结构等的区域差异,又使得各地庙会市场在当地市场体系中的地位也因地而

---

① 民国《张北县志》,丁世良等编《中国地方志民俗资料汇编(华北卷)》,第 165 页。
② 《山东庙会调查集》,李文海等编《民国时期社会调查丛编:宗教民俗卷》,第 206 页。
③ 李伟:《涉县上清凉弹音等六村迎神仪式与赛戏演出》,欧大年等编《邯郸地区民俗辑录》,第 9 页。
④ 吴孟显:《清至民国晋南庙会市场研究》,《山西师大学报》(社会科学版)2008 年第 3 期。

异。在手工业较为发达的泽潞盆地，庙会市场的地位远逊于集市贸易体系。而在汾涑盆地及丘陵山地区，庙会市场则在当地的市场体系中占有极其重要的地位，部分地区的庙会市场甚至成为当地唯一的商业贸易渠道。"① 作者关于晋南情况的分析，在华北其他地区也具有一定的普适性。

不论庙会最终的性质（例如经济性的、娱乐性的）发生了怎样的转变，庙会的起源一定都与其信仰功能有关，而有关灵迹的传说在其中起着重要作用。有学者指出，有着灵迹贯穿的乡村庙会传说隐喻了民众对其生活空间的想象与建构，同时他们对自身生活空间所有资源的分配机制，也是其对相应村落历史的群体记忆的结果。② 例如定县的北齐庙会，就来源于一个这样的传说：

> 从前有一年深州、饶阳一带地方闹旱灾，天不下雨，没法子播种。到了荞麦播种的时候，才下大雨，可是农民缺乏荞麦种子，还是没有法子播种。这个时候农民非常焦急。有一天来了个老头，带了许多荞麦种子，农民们都争着买，可是那老头并不要钱，并且对农民说，我现在不要你们钱，我知道你们都没有钱，等秋收以后再给我钱。农民问他姓什么，住在什么地方；他说他姓韩，住在定县北齐村东路北。说完了他就走了。那年的荞麦长得很好，收获极多。农民深深感那老头的恩德。到了秋收以后，并不见那老头去要钱。有的农民心想当初要不是那老头卖我们荞麦种子，怎能有今天；所以大家凑起钱来，派人到北齐村给老头送去。送钱的到了北齐，在全村都打听遍了，也没有一个韩老头；只在村东路北有一座小韩祖庙。韩老头说他住在村东路北，韩祖庙也在村东路北，同时北齐村里又找不着这个人，所以农民信是韩祖显圣。这样一来，一个传十个，十个传一百个，附近的村子与深州、饶阳、博野一带都传遍了。农民用所凑的钱把韩祖庙重新修盖起来，并且创办庙会。现在每到庙会，祈州、深州、饶阳、博野、蠡县等处农民来烧香还愿的很多，非常热闹。③

以上是一个不为人知的村中小庙如何发展成一个跨村落的地方性大庙会的过程。其中有几个关键因素值得注意。其一，灾害的发生。灾害威胁

---

① 吴孟显：《清至民国晋南庙会市场研究》，《山西师大学报》（社会科学版）2008 年第 3 期。
② 岳永逸：《乡村庙会传说与村落生活》，《宁夏社会科学》2003 年第 4 期。
③ 李景汉编著：《定县社会概况调查》，第 437 页。

了人们的日常生活,因此他们急需安慰和救助。而这在华北自然环境的背景下,常为民众所遭遇,于是"韩老头"的出现不仅成为当事村民真实的救星,事后也不断为民众再次期盼。其二,民众的感恩之心。受灾的群众得到了救助,并获得了丰收。他们找不到真正可以感谢的人,于是将功劳归给北齐村的韩祖庙。其三,故事的传播。村民将功劳开始归给"韩祖"的时候,还带有猜想的成分,但故事一经传播,便"一个传十个,十个传一百个,附近的村子与深州、饶阳、博野一带都传遍了"。于是,猜想变成了事实。农民便用凑起来的钱重新修了韩祖庙,并且创办了庙会,周围的人都来还愿烧香。不仅专门雇了老道,而且以韩祖庙为中心,修建了三教堂、混元殿、黄姑庙、奶奶庙等其他庙宇,以满足不同人的不同信仰需求。①

通过神奇的传说,一个小庙宇就这样发展成了一个热闹的大庙会。在这一过程中,北齐村庙宇的神圣空间无疑也在扩大,甚至成为其他村落信仰空间的延展。该庙会的发展经历很典型,事实上,华北乡村社会有很多庙会都是这样发展起来的。换言之,这些乡村庙会的产生与扩大,大多是由地方经济与信仰双方面的因素所促成。李景汉于1929年在定县调查的时候,还发现一个仅有两年历史的庙会。这个庙会的兴起也同样源于一个离奇的经历:

> 民国十六年冬天,药刘庄的村长佐商量要把村西一棵很大的柳树锯下卖了,拿卖得的钱来兴办学校。因为当时有人反对,没有实行。到了转过年的正月,有人对村人说他有一天做了一个梦,梦见神仙说村西大柳树将要显神,柳树皮可以治一切病症。后来村人多去烧香叩头,请柳树神治病。恰巧有的病人刮柳树皮煮了喝了,果然痊愈。村长佐也不敢再提议卖柳树了。这样一来,一村传一村,附近各村都知道了。各村的人多来祈求,因此村中就办庙会,给柳树神演戏。
>
> 村中还有人说他一天出去拾粪,走在大柳树下,忽然不能动转,站在那里一天。村人把他带到家里问他,他说他曾说过不信神灵的话,今天走在大柳树下,就不能动转,一定是大柳树显圣,所以怪罪下来了。因此村人办庙会,给柳树神演戏。
>
> 村中又有人说,无极县有个病人,行路经过这棵大柳树,他看这

---

① 李景汉编著:《定县社会概况调查》,第437页。

棵柳树很高大威严，所以就跪下给它叩头，向它祈求，后来病体痊愈。这个病人把这件事情告诉村人，村人才替它唱戏，并且也有很多人向它祈祷求药。①

关于神灵灵验的传说，是庙会有别于村庙的特征之一。村庙作为村落恒常的保护者，在很多情况下并不十分需要灵验事件的发生，但对于庙会来说，灵验的因素则是吸引来自其他村落民众前来上香的主要原因。药刘庄庙会的历史仅仅两年，关于其发生的原因就有至少三个版本：有托梦的，有因不信被惩罚的，有病人痊愈的。这些灵异事件的真实性不得而知，但都是以村长打算卖树办学而部分村人反对这一事件为背景。不过，柳树显圣治病的事却一村一村地传播开来，附近十几个村庄不断有人来烧香祷告，庙会时节，农人和学校为了上庙会都停止工作。每天到庙会的人数竟达四千上下，男女老少，拥挤不动。有送布匾的，上写"有求必应""真灵""保佑一方"等字样，这些布匾挂满了柳树。② 就这样药刘庄的学校没办成，庙会却发展起来了。一个人的灵验经历，经过不断地传播，从一村到另一村，柳树的神力范围也不断地随之扩大，并最终成为这一地区的公共信仰资源。

庙会的大小及繁盛情况与其庙宇、神灵的灵验程度密切相关。香火越旺，参与的人就越多，反过来，参与的人越多，香火也就越旺，与世俗的混杂程度也越大。也即越有影响力的庙会，参与的人必然越多，其经济功能也就越强。上文所说的北齐庙会，每年有庙会4天，从农历三月二十一日到二十四日。占地面积约有150亩。每日到会的人数约1万人。不但本县的人能来的都来，而且许多人来自祈州、深州、饶阳、博野、蠡县等地方。至于庙会时间定于三月下旬，正是相对农闲，而农民又需要筹办农具及种子的时候。对于附近乡民来说，北齐庙会也成了一个节令，到了庙会的日子，农民放工，学生放假。③ 可见庙会对于当地群众的重要性。固然不是所有与会者都是为了信仰而来，但是神灵信仰总是庙会得以存续的一个重要因素，庙宇也当然是庙会活动的中心。如表3-2所示。

---

① 李景汉编著：《定县社会概况调查》，第441—442页。
② 李景汉编著：《定县社会概况调查》，第442页。
③ 李景汉编著：《定县社会概况调查》，第437—439页。

表 3-2　　　　　　　　　　博兴县春季庙会①

会名	庙名	庙会所在地	集会期 每日人数	集会情形	所奉主神	黄表纸的消费	庙产	销售较多物品
崇德	龙华寺	城东北30里 第三区崇德乡	三月三日— 三月十日 10000人	烧香、酬神	三皇姑	100元	5亩	木料
三月会	观音堂	第一区 西关镇	二月二日— 二月十日 8000人	演戏、酬 神、买卖	三观老爷	150元	5亩	铁器
正月会	关岳庙	城里南隅镇	一月十五日— 一月二十日 500人	演戏、酬神	关爷	100元	无	买卖不多
木家寨会	南海庙	城南10里 第二区木寨乡	三月十五日— 三月二十日 6000人	演戏、酬 神、买卖	南海大师	150元	8亩	木料
将军	将军塚子	城北10里 三区伏里镇	二月二日— 二月八日 250人	烧香、酬神	李佐车	50元	10亩	买卖不多
兴福	土地庙	城南40里 四区兴福镇	三月八日— 三月十二日 8000人	演戏、酬 神、买卖	土地爷	200元	5亩	柳货
陈户殿	太安庙	城北20里 三区陈户镇	二月二日— 二月十日 6000人	同上	太安奶奶	150元	3亩	铁器
南湖	青塚子庙	城南 麻大泊内	一月十五日— 一月二十日 50人	烧香、酬神	神仙	40元	2亩	买卖不多
寨里	观音庙	城北30里 一区刘寨乡	三月十五日— 三月二十日 1500人	演戏、酬 神、买卖	三官爷	200元	10亩	木料
佛爷	丈八佛庙	城南20里 三区丈佛乡	三月一日— 三月八日 1000人	同上	丈八佛爷	200元	8亩	土布
东关	天齐庙	本城 东关镇	一月一日— 一月十日 6000人	同上	玉皇	500元	20亩	牲畜
八月会	城隍庙	城里	八月十五日— 八月二十日 5000人	同上	城隍爷爷	100元	3亩	木料
伊家园	太安	城西 一区伊家乡	九月九日— 九月十六日 4000人	烧香、酬神	太安奶奶	200元	5亩	买卖不多

---

① 《山东庙会调查集》，李文海等编《民国时期社会调查丛编：宗教民俗卷》，第203—204页。

表3-2内容是对山东省博兴县春季庙会的统计，其中秋季较大的三处集会，即东关会、八月会、伊家园三处亦列于其中。表3-2中共计13个庙会，人数最多的每天达万人，少者仅有50人。其中，8个有买卖活动，但所有庙会中都会有烧香、酬神的活动，仅黄表纸的消耗最少的为40元，多的竟能花费500元。由此可见敬神活动在庙会中的广泛存在。此外，山东省东阿县的少岱山庙会，"当集会时期，虽十室之邑，必有一山社的组织。大的村庄，或三或二更不必说，甚至于少吃无穿的贫苦人，也要在平日积蝇头似的微利，来进次香，以求免其自罚的罪孽。所以仅香纸、鞭炮之类，每日约费50余元，自始至终共可费1500元"①。除了到庙内进香的花销，信仰方面的资费可能还包括在庙外相面和算卦的开支。就金乡县的城隍庙来说，每场次庙会都有十几个这样的摊位，并能吸引很多人。这些信仰活动虽然以零散的方式发生于庙外，但也是庙会公共信仰空间的重要组成部分。

对于村民来说，无论是庙会上的神还是村庙里的神，其作为神灵的位格是相同的，并没有庙会神高于村神之说，只有灵验与否的区别。同时，对于村庙神的集体祭祀更体现了一种作为本村村民所应承担的责任感，加之对香火费的硬性分担，使得这类祭祀无形中具有一种不得已而为之的被动性。与之相比，对于庙会的参加，除庙会所在村落外，其他村民的参与都是相对自愿的行为。参加的人越多，庙会神灵的灵验传说也就越多，这也增加了人们参与庙会祭祀的主动性。人们根据自己的实际需求以及神灵的灵验程度来决定是否参加庙会，在这种意义上，跨村落的庙会就成为在村落之外可以移动的、延展的公共信仰空间。另外，主办庙会的村落与那些以家庭而非村落为单位的参与庙会的香客之间，也在事实上形成了一种资源共享的默契。即香客支付香资，并参与庙会上的买卖行为，而主办者则将其拥有的信仰资源公开化，为香客提供必要的信仰组织及环境。此外，与家神、村神的恒常供奉不同，庙会的祭祀是有时间性的，并在信仰功能上成为家、村信仰行为之外的必要补充。如果说家、村信仰空间的界限是相对固定，并被明显物化的，那么，庙会的信仰空间之所以存在，则更多的是由神灵本身的灵验程度来界定的。神灵越灵验，信仰空间的范围也越大，反之则越小。

二 庙会的组织、秩序及两性参与

（一）组织与防务

华北乡村庙会的兴起大体有两种原因：其一，庙内神灵显圣，吸引远近

---

① 《山东庙会调查集》，李文海等编《民国时期社会调查丛编：宗教民俗卷》，第212—213页。

香客前来上香，于是所在村落遂搭台演戏，辟场买卖，庙会始兴；其二，庙会所在地村民以抽捐收费为目的，修庙唱戏，招揽民众。前一种庙会大多有较长的历史，而后一种则是随着农业经济的市场化逐渐发展起来的。但不论何种庙会，其办理必然需要一定的组织。有人总结道："乡村集会必有人起首提倡，俗名起会。起会大抵由三要素：一香火，二唱戏，三聚赌。盖不搭台演戏，不能动众；不假敬神烧香又不能唱戏；诸事草创，耗费不赀，不聚赌无法弥补亏空，三者实循环相因。所以乡间起会，循谨者多视为坏事。"①

各地庙会的组织者大多是庙会所在村庄的村长、会首等，也有庙内和尚主持的，还有二者联合办理的。虽然神佛的灵验程度是吸引民众参与庙会的首要原因，但庙会的影响及效果，与其组织和经营状况有很大关系。因此有调查者说："有寺小，庙会大的；有庙会小，寺大的。其原因，会之大小不在庙，在会总之办理善与不善。"② 即庙的大小与会的大小没有必然的联系，而与起会者的筹措目的及组织能力有密切关系。因此，庙会的组织者一般都是较有威望的人，并在会中拥有相应的管理权力。弹音村现存的碑石上记载：

> 从来事有繁简，必有难易。简而易者独理之而有余，繁而难者分任之尤不定。如我村三官、山神社旧有戏赛两班，每逢元旦，习演半月，其事甚烦，用人居多，任大责重。一村之社事繁难，莫大于此矣。膺充社首，孰不畏难哉！固同合村公议，重立章程，共襄厥事。凡社中一切执役，均任社首裁判，不许推诿搅扰，以及箱之出台，亦任社首自主，不可强领。凡行台班，概不准赁。恐后难凭，刻石为证。
>
> 社首先穿头役者，罚大锞一把，火边（鞭）一把，供一桌。
>
> 凡头役推诿不接者，罚大锞一把，火边（鞭）一把……光清三年十月。③

以上碑刻内容，承认了社首工作之繁难，并赋予其相应的决断权力。赛会本身其实是围绕着香炉而产生的社会性组织建构，通过这一媒介，一家一户的信仰空间都被容纳进来。同时，在公共空间内所实践的信仰仪式本身，又会反过来巩固或加增组织者的个人声望。④ 当然，很多情况下，庙会组织

---

① 《山东庙会调查集》，李文海等编《民国时期社会调查丛编：宗教民俗卷》，第229页。
② 《山东庙会调查集》，李文海等编《民国时期社会调查丛编：宗教民俗卷》，第216页。
③ 李伟：《涉县上清凉弹音等六村迎神仪式与赛戏演出》，欧大年等编《邯郸地区民俗辑录》，第19页。
④ 〔英〕王斯福：《帝国的隐喻》，赵旭东译，第157—158页。

者不仅需要一定的个人威望和管理能力，还需要有一定的经济基础。①

不同规模的庙会虽然各有不同的承办方式，但庙会举办时必定要采取捐款抑或摊款的集资模式，而这即为庙会公共性之存在根本。民国时期的涉县上清凉村，"有时集钱很少，不够用，这时便和太清观的道士商量，从太清观的地租中抽出来一部分，再加上村上有些机动钱，也抽出一部分资金作为补充"，如此才能勉强凑足庙会的费用。② 定县"每遇某村庙会临近的时候，村子里办事的人就召集会议，讨论庙会的办法。商量好了办法，就按村中住户的贫富，地亩的多少，按家敛钱，作为办庙会的经费。如果敛的钱不够，再按户分摊；如果敷余，把所余的款项存在公差局，就是村公会，算为公款"③。较小的庙会花费较少，事务也较少，所以一村便可承担。但像济宁县的寺堌堆那样每次集会人数少则两万，多则十万有余的大庙会则需要数村合办。当然也由诸村合摊、共享经费及香火费。寺堌堆庙会的香资虽由主持僧统一收取，但事务则由五屯（马房屯等村）、四地方（景村等村）的首事管理。每年自阴历二月二十四日起，至二十九日止，集会6天。可是笨重物品，如木料、扫帚、木杈等，二十二日、二十三日已预先运到，酒馆、饭店、茶棚等也都预搭整齐。④ 9村共同筹办一个庙会，可见其规模之大。不过，像这种较大规模的庙会并不多，华北乡村的庙会大抵都是万人以内，只是在交通舒畅、村落密集的地区才会偶尔出现一个较大的庙会。例如临淄县，共有12个庙会，其中仅城区内的城隍庙庙会有12000人，其余庙会的人数少则2000人，多则7000人。而且，这些万人以下的庙会，大多是以一村之力承办的。⑤

庙会的组织与村落或地方上的士绅等头面人物关系很大，同时也需要得到乡民的支持。例如福山县的只楚庙会，由于胶东社会不安定，庙会不得不停止，后来由于部分乡民许戏还愿和乡绅提倡的缘故，把沉寂六七年的庙会，又重新兴办起来。⑥ 关于庙会的具体举办过程，有如下记载：

光绪二十七八年间，济宁南乡第六区，距城35里的王贵屯人李怀

---

① 杜学德：《武安市固义村迎神祭祀暨社会傩戏》，欧大年等编《邯郸地区民俗辑录》，第30页；王永信：《邯郸县东填池村迎神赛会》，欧大年等编《邯郸地区民俗辑录》，第53页。
② 李伟：《涉县上清凉村弹音等六村迎神仪式与赛戏演出》，欧大年等编《邯郸地区民俗辑录》，第10页。
③ 李景汉编著：《定县社会概况调查》，第436页。
④ 李联棠：《寺堌堆》，《民众周刊》1933年第20期。
⑤ 《山东庙会调查集》，李文海等编《民国时期社会调查丛编：宗教民俗卷》，第220页。
⑥ 《山东庙会调查集》，李文海等编《民国时期社会调查丛编：宗教民俗卷》，第210页。

文……等，因羡于王家垌堆……等会（经纪）的抽取牙佣，就于光绪二十年夏历三月初六日，写戏一台，演戏启会。戏台对面，搭一神棚。黄纸朱书"太山行宫"四字供在席上，外加纸匾对联。真个香烛辉煌供奉起来。并分派各家妇人邀致邻村妇，前往烧香敬神，并分赴四乡会场揭帖"王贵屯三月初六演戏三天骡马大会"。并与各商贩接洽，临时殷勤照料一切。从此真个商贩云集，骡马皆有。市好时，也收些牙佣，一经衰落，就难免耗费不资。由这时起，年年三月初六唱戏提倡。十数年间也居然成起会来。从此每于末会登台高呼："四月初六这里还有会，有戏，各位亲友都来听戏。"随后各处贴些帖子，上面写着王贵屯四月初六日有戏有会或某日某月有会有戏。这天虽然商贩不多，也居然有人赶来买卖……每到会期，神棚不见，香烟杳然。可是赶会的人但知赶会，收佣的人尽管收佣，只因当日的敬神，是醉翁之意不在酒，所以现在也无人记忆，都相忘于无形了。①

这段文字大体上记载了一个新兴庙会的发展过程。演戏供神是庙会起始的首要工作，既为引来外村香客，也为自身的发展祈神祝佑。同时，宣传工作也是起会成功的关键，该村不仅派各家妇女到外村邀请村妇前来进香，而且到其他会场派发揭帖。比起敬神，唱戏对于民众的吸引力显然更大。以至于最后"每到会期，神棚不见，香烟杳然"。作者一语道破个中原因"当日的敬神，是醉翁之意不在酒"，借此可见近代华北乡村中那些偏向经济功能的庙会之发展情势。

庙会组织的工作内容大体包括购买祭祀仪式所需香火、纸钱、供品；雇请戏班，维持祭祀仪式的秩序等。较大的庙会还专门设有防务。庙会上人多事杂，各色人等之间难免会发生矛盾和纠纷，人多拥挤，踩踏事件也会时有发生。因此，对于庙会的组织者来说，除经费的筹措外，治安防务也是一项重要的工作。以济宁县的寺垌堆庙会为例：

每届会期，由五屯四地方首事，各带壮丁十数名，或合各地共觅壮丁三四十名，各持标枪武器巡逻（此项人多见马房屯通拳术者）。费用由各首事负责，或主持僧在香资内开销。首事聚集之所，号拜佛社，由该庙主持僧，特备清洁佛舍。拜佛社，专司巡逻及排解争闹事项。从前州县官，也往往带队亲临巡视，或派警队赴县弹压。小民虽

---

① 《山东庙会调查集》，李文海等编《民国时期社会调查丛编：宗教民俗卷》，第230页。

未免惊慌,大商锯贩恃以无恐。又有由包税商人请队弹压的,花销由该商供给。其实则藉巡会压制平民,作浮收税款的借口罢了。自自治区所成立,则由第五、六两区区长,预先通知各乡长,各带民团往巡。惟因近十数年来,庙宇坍塌,无处留住团丁,当晚得各自回家,次日再来。因此去年庙会大流店抢去骡贩牲口,今年庙会在寺堌堆南,又抢郊宿贩权小贩十余人各数十元。①

随着社会环境的变化,该庙会的治安也不断发生着改变。虽然此项工作常有不尽如人意之处,但仍是必要的。王贵屯的庙会"每届会期,由会首分班巡逻。如值地方不靖,便请本屯的民团,持枪弹压,由会首供点烟茶,别无花费"②。金乡县的城隍庙庙会亦将"民团、公安局分作两班,白天各处里巡梭,排解争斗,夜晚检查客店,以防匪徒混迹"③。鲁桥会庙会也因时有发生拐骗事件,因此设置会规:到会者需报名,有失物者,也需报名,村长好找他的头领,按几成或折半赔偿。④博兴县的药王庙庙会不仅集会经费全由该镇镇长及该会会首支销,每届会期,还需由镇长及会首呈请县政府每日派公安局警士数十名,巡视会场,以维持会场秩序。民团及联庄会亦有时派队巡回。⑤肥城县的固留寺庙会在1930年代"以土匪猖獗,防守非常严密,除由四区区长遣派区兵10余名以外,又有四庄所派警备20余人。防守秩序分昼夜两班,轮流巡查,更注意木料市。夜间四路设警,以便探察"⑥。20世纪以前,莒县的浮来山庙会上"治安问题是没有人来维持的,同时也是事实不需要维持,近年来则大大不然了,地方上武装势力便也发生了。去年(1933年——笔者注)会上的治安问题是青旗会维持的,他们统共有700来人,有的是快枪,或者土枪,有的还是矛、刀、长缨枪,但是他们的精神是不可磨灭的,这也或者是六年来暴动事件的经验增进的结果。他们是不要钱的,因为他们是自发来的,示威的意义在各个会员心中都充分地表现着,但是上午的茶水是会上预备的(和尚预备的)"⑦。

---

① 李联棠:《寺堌堆》,《民众周刊》1933年第20期。
② 《山东庙会调查集》,李文海等编《民国时期社会调查丛编:宗教民俗卷》,第230页。
③ 《山东庙会调查集》,李文海等编《民国时期社会调查丛编:宗教民俗卷》,第236页。
④ 《山东庙会调查集》,李文海等编《民国时期社会调查丛编:宗教民俗卷》,第233页。
⑤ 《山东庙会调查集》,李文海等编《民国时期社会调查丛编:宗教民俗卷》,第202页。
⑥ 《山东庙会调查集》,李文海等编《民国时期社会调查丛编:宗教民俗卷》,第209页。
⑦ 《山东庙会调查集》,李文海等编《民国时期社会调查丛编:宗教民俗卷》,第242页。

庙会上的神灵是空间秩序的维护者之一，人们可以凭借对神灵的信仰而持守自己的行为，以免因自己的错误行为而遭到报应。① 同时，庙会又是世俗空间的一部分，除了那些敬神上香者，还有其他各色人等在此活动。因此，对于那些不以敬神为目的，或者敬神不虔敬者来说，神灵在道德规范上的约束力就很有限。于是，组织者就有必要担负起对整个庙会秩序的维持工作。这种治安工作既有所在村落自发组织的，也有地方政府出于自身工作责任而派发的，甚至还有由地方性团体来负责的，例如前文所述浮来山庙会中的青旗会。

(二) 庙会中的两性参与

中国传统道德对于女性行止的规范向有"大门不出，二门不迈"之说，但是事实上这一教令只适用于那些绅门富室的贵妇、小姐们。对于普通乡村民众来说，女性出门劳动尚有不能糊口之虞，也就不可能专门在家相夫教子。不过，即使是乡间村妇，对于村落内外的集体活动，倘若本家有成年男人健在，女人仍是不会轻易参与其中的。只是，集体信仰活动却可常常给予乡村女性以理所当然地走入公共空间的借口。如果说庙会的组织者多为男性，那么女性则是重要参与者。关于乡村女性的庙会生活，学界已有很多论述。其中，赵世瑜的研究比较深入。作者在《明清以来妇女的宗教活动、闲暇生活与女性亚文化》一文中细致地展开了明清时期妇女如何利用宗教性的活动，尽量扩大自己自由活动空间的过程。② 赵文侧重于对女性闲暇生活进行探讨，文章无论是观点创新还是材料使用都给笔者继续研究乡村庙会中的女性以很大的帮助和启发。

对于华北乡村女性来说，庙会生活既是她们娱乐、信仰生活的重要内容，也是她们日常生活的一部分。除了可以在庙会上烧香、看戏、凑热闹，她们还需要买卖生活用品。不同的庙会，其参与者的性别比例也不一。以浮来山庙会为例，调查者称，1932年该庙会总人数大约为10000人，其中"真正农民（耕作者）占50%；小孩子占9%；乞丐占1%；赌钱的占10%；妇女占20%；商人（贩卖东西者）10%"③。这里所谓的"真正农民"应该是指男性，也就是说，此庙会男性农民要比女性多至少30%。而在临淄县的菩萨庙庙会"平均每日到一千多，妇女多，男子少"。该作者进一步分析该会妇女多的原因有：第一，因时序的关系，此时农事正

---

① 高有鹏：《中国庙会文化》，上海文艺出版社1999年版，第75—76、284页。
② 赵世瑜：《狂欢与日常——明清以来的庙会与民间社会》，生活·读书·新知三联书店2002年版，第259—296页。
③ 《山东庙会调查集》，李文海等编《民国时期社会调查丛编：宗教民俗卷》，第243页。

忙，乡民多操作于陇亩，无暇赶会；第二，求子消灾殃，是乡村妇女的诚意。所以每到会期妇女都群去烧香祈祷。① 可见，庙会中妇女人数的多少与该庙会举办的时间、庙会的经营性质有很大关系。不过，无论人数多少，庙会中女性的参与都是个很显眼的现象。其原因就在于，乡村一般集会中少见妇女身影，所以较多人数出现在庙会上时才不能不引人注意。

庙会中的女性形象也值得关注。有调查者对浮来山庙会中的男女两性在敬神仪式中的行为差别进行了描述："妇女们大半是为着烧香来的，他们情形很可怜，腕中有一篮，中盛有纸香……你说到会上买不好吗，何必这样痴？他们很不以为然，因为那样便是不诚心，神依然是不保佑的。男人就大不相同了，他的烧香从会上买些纸香等东西随便烧，磕几个头，放下几个铜子的经钱，马马虎虎随便完结了。"② 事实上，妇女未必如作者说得那样可怜，男人也未必真就这样随便，但至少表面上看来，两性之间的信仰情态在此明显不同。类似信仰行为上的差异，也是公共信仰空间内性别结构的组成部分。

不仅女性自身信仰状态与男性有着明显的差别之处，庙会的组织者也往往会对公共集会中的两性做不同的安排。例如，金乡县的城隍庙庙会中，"烧香的妇女们，也是有亲友的，住在亲友家，无亲友的，到晚上就在庙中念经。乏了时，各殿里有老道铺的麦秸，他们就在麦秸上歇息。不会念经的，就坐在一旁听，各殿里都坐得满缸满瓮，拥挤得非常热闹。但是只许妇女们在里边住宿。傍晚之后，庙门前就设上岗警只许妇女们出入不许男人们进内"③。又如，博兴县的药王庙庙会"集会的日子，土台上表演小戏，观者众多。此处看戏时，有种风俗，男子站立场中间，妇女多坐两边，但是也有站着的"④。同样，河北定县乡村"庙会开的时候，有时演戏非常热闹。有的庙筑有现成的戏台，有的需临时搭戏台。台前两旁，摆列大车，妇女在上头坐着看戏的"⑤。沂源县的老庙会"一到会期，过去不出门的乡村妇女成群结队，穿红挂绿，络绎而至。那时看戏，男女各居一方，不能混杂，界限森严"⑥。不仅看戏，药刘庄庙会中在烧香的时候也是"神棚里有招待的

---

① 《山东庙会调查集》，李文海等编《民国时期社会调查丛编：宗教民俗卷》，第217页。
② 《山东庙会调查集》，李文海等编《民国时期社会调查丛编：宗教民俗卷》，第240页。
③ 《山东庙会调查集》，李文海等编《民国时期社会调查丛编：宗教民俗卷》，第236页。
④ 《山东庙会调查集》，李文海等编《民国时期社会调查丛编：宗教民俗卷》，第201页。
⑤ 李景汉编著：《定县社会概况调查》，第436页。
⑥ 刘曙升主编：《沂源民俗》，第373页。

人，男有男招待，女有女招待"①。不难看出，道德伦理中的男女有别就这样在庙会公共空间内得到了充分的体现。其中也许有组织方特意照顾女性的道义因素，但事实上，出于伦理规范上的考虑显然要更突出些。

也并非所有庙会中的性别关系都井然有别。一些特殊的庙会，比如专门供奉生殖神的庙会中，便有可能会出现另外一番情形，甚而会有神秘而自由的野合内容。所谓"仲春之月，令会男女，于是时也，奔者不禁"②在近代华北的部分庙会仍有沿俗。这种古老的求偶习俗，源于民众认为春天是天地相交，万物始生，阴阳交接之际的想法。河南偃师县志载："近城妇女每于三伏之日集中于城隍庙中男女混杂，夜坐于地，背相对而假寐。其风流之妇彻夜念经，或作捕蛾、推车种种之丑戏。民国以来，屡禁不辍。"③此段文字描写的是野合习俗在传统庙会中的残留。河北涉县娲皇庙会中女性在庙内坐夜的习俗，其实也包含着野合的成分。④因为女性平日外出受限，只有提出向神敬香，公婆才会无法阻拦。但至民国时期，这些传统习俗中关于性自由的内容已被知识分子视为伤风败俗。山西晋源地区的庙会有"挤姑娘"的风俗，青年男女可以在庙会中自由寻找配偶。⑤乡村民众在庙会中的两性交往程度与地域文化关系密切。但无论是开放性的，还是规范性的，其中都反映着公共空间内，民间信仰对于社会性别机制的现实影响。

庙会这一信仰空间内，不论男女，所有信仰者的行为不仅具有一种自愿为之的主动性，在某些情况下也是一个被公共化的过程。郑合成在淮阳太昊陵庙会调查时，曾暗中观察位于显仁殿基东北隅人们用来求子的"子孙窑"，发现了这样有趣的情景：

> 余决考察摸者之动作情况，遥立远处，待目以望，不久有妇女五六人，自北而南，行经其下，其中三人均以手摸之，内一三十许之中年妇人，未摸前回首四望，赧然面赤，余知其意，乃以目伪作他视状，伊急趋前而摸，摸毕以手帕掩口，俯首急行，同行妇女亦有指笑者，趣极。后又有男子三人，随谈随摸，状颇自然，不似妇女之局促不安也。⑥

---

① 李景汉编著：《定县社会概况调查》，第442页。
② 《周礼》，《地官·媒氏》。
③ 民国《偃师县风土志略》，丁世良等主编《中国地方志民俗资料汇编（中南卷上）》，书目文献出版社1991年版，第289页。
④ 申子文：《涉县女娲信仰和娲皇宫求子习俗》，欧大年等编《邯郸地区民俗辑录》，第188页。
⑤ 岳谦厚、郝正春：《山西传统庙会与乡民休闲》，《太原晚报》晋风版，2010年8月16日。
⑥ 郑合成：《淮阳太昊陵庙会概况》，李文海等编《民国时期社会调查丛编：宗教民俗卷》，第301页。

在这段文字中，妇女之局促，男人之自然实在是公共空间内两性行为表现的生动写照。"庙会作为传统社会中较少的几种男女混杂活动的公开场合之一，作为女性抛头露面，甚至笑语喧哗的少数场合之一，是保证心理健康和调节性别间感情的重要手段。"① 求子本是家庭内部的私事，但在庙会这一特定的信仰空间内，一经群体化，便具有了公共性。同时，两性之间的关系也相应公共化。

总之，与村落内部的信仰空间不同，庙会中的信仰行为既是对已经发生的信仰行为之仿效，同时也为周围观看者起着一种行为示范的功能。也即，"烧香及其所期望获得的圆满，在有第二个人烧香，并且还有些应验了的时候，不管这种应验是正面的还是负面的，这种圆满都是对一个地点的认同"②。私人信仰活动与其所在群体发生联系后，其私密性也同时被削减，成为一种公共行为。这一行为具有的公共性除了其仿效与被仿效的特征，还具有公共空间内必然存在的秩序问题。进一步说，私人信仰行为的公共化本身也是一个秩序化的问题。即某一种行为从私密到公共的过程，其实也是被空间内的其他人认可和接受的过程，当然也是一个经验再现的过程。而经验的再现，是以神灵灵验（至少是传说中的灵验）为基础的。将个人信仰经验转化为可以复制的群体性经验，正是超村界的庙会信仰空间得以存在和继续发展下去的根本。

第二节 庙会信仰空间与经济

赵世瑜在对明清时期江南庙会与华北庙会进行比较研究时指出："华北地区的商品经济水平决定了庙会还要发挥它的经济功能，作为市镇集场的必要补充。"③ 虽然未必所有的庙会都有商品交易，但大体来说，华北乡村庙会上的经济交流是公共信仰空间的重要功能，也是民众日常生活的组成部分。《圣经》记载，耶稣曾用鞭子将做买卖的人从圣殿里赶出去，以维持信仰的纯正和神圣。他说："我的殿是祈祷的殿。"④ 这一点与华北民间信仰庙会的经济功能正形成鲜明的对比。

---

① 赵世瑜：《狂欢与日常——明清以来的庙会与民间社会》，第197页。
② 〔英〕王斯福：《帝国的隐喻——中国民间宗教》，赵旭东译，第176页。
③ 赵世瑜：《狂欢与日常——明清以来的庙会与民间社会》，第219页。
④ 《圣经·玛21：12》，香港思高圣经学会出版社1968年版。

一　香火费的消耗

经费是庙会得以举办的首要问题。明清时期的华北乡村，大多数村落的庙宇都有庙产。清末新政以后，很多庙产都纳入村落财政中，除修补庙宇外，或补贴学费，或充垫摊款等。例如博兴县药王庙庙会，有十余亩庙产，每年租给农人耕种，所得租价，补助本镇镇立小学，及修补庙宇之用。① 由于庙产常常挪为他用，不仅较少新建庙宇，一些小庙宇甚至因此荒废。不过，相对来说，附设庙会的庙宇的财政状况要好一些。这一方面是由于原有庙产的积淀，另一方面也可以从商贩的捐纳和香客的香火费中得到补充。可见，庙会的收支情况与其办会者的管理密切相关，亦常受社会环境之影响。

以笔者所见，有关记载庙会具体收支情况的史料不多，地方志中的记述大多含混不清，只是对当地庙会的概况略有陈述。李景汉在定县进行社会调查时抄录了一份庙会清单，使今天的我们得见相关材料。借此，我们可以对民国时期的华北乡村庙会经费有个参照。这份清单记录的是1937年定县北齐庙会的各项开支，具体情况如表3-3所示。

表3-3　　　　　1937年定县北齐庙会各项开支②

支出项目	款额	
	大洋（元）	铜圆（枚）
戏价	60	—
押帖彩（唱戏赏钱单贴）	4	—
煤气灯	2	200
麸料	—	500
报单供礼（唱戏以前到庙供神）	—	204
碗	—	50
盐与香油	—	490
洋油与大炭	2.5	—
烟煤	2	68
铺堂草料（唱戏睡觉地方的铺草）	1	229

---

① 《山东庙会调查集》，李文海等编《民国时期社会调查丛编：宗教民俗卷》，第201页。
② 李景汉编著：《定县社会概况调查》，第440页。

续表

支出项目	款额	
	大洋（元）	铜圆（枚）
蜡烛	—	244
秫秸	1	—
花草钱	—	159
搭棚	17	—
戏捐	4	—
进程办事	—	105
彩画神	1	300
搭台	10	489
鞭炮香纸	—	1414
锅盖笊篱	—	77
租桌凳	—	150
请兵饭钱	8	—
杂费	—	1150
综合	112.5	5829

　　从表3-3中可以看出，搭台演戏是开支最大的项目，而戏捐和请兵饭钱是明显具有时代特色的开销。庙会开支与其规模大小有一定的关系。例如，同一时期该县的另一处较小的庙会——药刘庄庙会每年也是历时4天，从三月初二日到三月初五日，但每天到会的人数大约4千。关于经费，虽然全村先合摊150元作为办庙会的用费，但一般情况下的花销在100元上下，即包括戏价4天计60元，搭棚和别的费用共计40元。① 同样，在此期间东旺庙会每年也有4天，从三月十五日到十八日，每天到会人数也在4千左右。经费除由村中各家分摊外，还包括庙会上大小买卖敛来的收入。每次开销都在100元上下，戏价搭台费用都在其内。② 也就是说，这三个庙会中大小类似的药刘庄庙会和东旺庙会的开销在100元左右，但较大的北齐庙会虽然也为期四天，却要花费150元左右。而同样每日参会万余人的博兴县药王庙庙会，集会6天或8天，往往还要延期，支

---

① 李景汉编著：《定县社会概况调查》，第442页。
② 李景汉编著：《定县社会概况调查》，第443页。

销也随之加大，共计要五六百元。具体由该会商人、香客以及该镇居民捐助。① 当然这类庙会的收入一般也会相应提高。博兴县胡家台庙会所在地的庄户人家，从该会所得利益竟能达一年日用的十分之二三。也因此，庙会的逐渐萧条，使当地人的生活很痛苦。②

很可惜，北齐庙会的清单中只记录了开销情况，无法得知具体的收入。不过，可以想象，拜神的香钱、出租的摊位钱都是理所当然的进项。我们可以从其他庙会了解大概的情况：莒县浮来山庙会的收入，"每年不过300元的样子（农作物300元，经钱五六十元，白果20元）"③。济宁县寺堌堆庙会在1931年春天，"包税商，拿出500元，交南乡'要人'，为浮收税款贿赂。除诸人吃喝外，并用以演对台大戏四天，花去一些，余归'要人''乾没'。同时四乡李家屯亦净落800元。每会用人四五十名，或八九十名照料，花费当亦不下二三百元。有事还需孝敬官长"④。不过，此后该庙会的收入受时局影响，香火收入似乎大不如从前，作者感叹"从前数十里内，男女多赴会烧香，车马往来，伛偻提携，络绎不绝。当清季，岁收香资千角吊。自入民国，时局不靖，盗贼时起，因之减去香客十分之四。最近革命成功以来，民智渐开，迷信日减，又减去烧香者十分之四。比较从前人数仅占十分之二，布施更不若从前热烈，故现在岁收香资，不过20元"⑤。可见，香客的多少，关系着庙会收入的盈亏。同时，其他非常例之开销也往往影响庙会的收益。以肥城县的固留寺庙会为例，该会的寺内原有土地20余亩，于1920年王、郭、张、邓四庄分抽为各庄小学之公款，以后该寺庙会也归四庄经理。每年二月二十八日至三月初二三日为集会日期，演戏四天，会费由四庄小学校长摊垫。每年的会款收入包括"木料平均270余元；牲畜100余元；其他茶馆铺等会费五六十元；总计当有四百余元之谱。然每年会罢结账，往往余利无多，因为一切费用（需要的与非需要的）太多了，如设立警备啦，雇伶演戏啦，主办的花费啦，这都是不能少的。还有地保社头的吃闲饭，烟鬼流氓的来求帮，地痞奸民之明漏暗扣，沾亲带故之要求情面，都要应付，竟成定章了。所以每年好了，每庄可分三四十元之红，否则十余元或几元钱耳"⑥。从此段文字中，

---

① 《山东庙会调查集》，李文海等编《民国时期社会调查丛编：宗教民俗卷》，第201页。
② 《山东庙会调查集》，李文海等编《民国时期社会调查丛编：宗教民俗卷》，第205页。
③ 《山东庙会调查集》，李文海等编《民国时期社会调查丛编：宗教民俗卷》，第239页。
④ 李联棠：《寺堌堆》，《民众周刊》1933年第20期。
⑤ 李联棠：《寺堌堆》，《民众周刊》1933年第20期。
⑥ 《山东庙会调查集》，李文海等编《民国时期社会调查丛编：宗教民俗卷》，第209页。

可以清晰地看到，庙会主办者除为香客及买卖者提供祭祀及交易空间外，还需应对"地保社头"的刻薄、"烟鬼流氓"的无赖以及"沾亲带故"者的人情。即庙会组织者既要有筹措、支应会款的能力，还需具备与庙会中各色人等打交道的技巧，否则，便很有可能影响整个庙会的秩序。

除庙会开支外，个人或家庭的香火费消耗也是需要考虑的问题。泰安县华佗庙的庙会上，人们"有的拿着一封香、一串纸镖，或是一刀佛表，或是一对大元宝，有的到小摊上买祭品的。总是不能磕空头的"①。如上文所引"博兴县春季庙会"表所示，仅黄表纸一项消费，少则四五十元，多者竟至几百元，最多的东关天齐庙庙会一会即耗 500 元。而这一数字仅是以每人平均烧纸费约为 1 角得出的。根据王楹芳于 1921 年 9 月 9 日的调查，位于该县王海镇的菩萨庙庙会，一天内烧香、烧纸的妇女们，共计有 342 人，平均每人按 2 角钱的神物来计算，共 684 元。② 平原县的元天大帝庙会，烧纸烧香，耗费金钱，每年不下几百元之多。③ "这庙内外设摊卖香、箱、元宝的，有二十余份，那些烧香的善人，都是在庙前随时得买，所以他们的生意，非常发达，真有应接不暇之势。在这三天内，有一二百吊钱的买卖。"④ 如果是单单烧香，花费也并不太高，一般的穷人也都能承受得起，但是如果兼及还愿的话，就必给人们一定的经济压力了。例如，在莒县的浮来山庙会中，还愿一般是"在十六日早晨由两个人抬一泥孩子，身上覆一红色包袱便来到庙里来了。纸、香、火鞭，是比普通烧香人多好几倍的，并且给和尚的经钱，也是要比其他多几倍（普通一个人还愿的经钱由 50 个铜元至 100 个铜元）"⑤。还愿中的经济行为可以说既是一种私人行为，同时也具有明显的公共性。因为这种不同于单纯烧香求神的信仰仪式，无疑会带给庙会中的其他人以神灵应验了的信息，并因此进一步扩大关于该神灵灵验的传播。

同一个庙会，不同时期的香火费收入也不一样。例如，障流山庙会"正月初九日，香火会很大，进经钱 40 余千；四月八、九月九，香火很小，经钱不过三四千，也归道士使用。要是修葺庙宇，雕塑神像，就变卖山上的树木，或另由会首募捐"。香火费的消耗是庙会与乡村民众得以密切相关的必要因素。主办者需用此项费用办会或盈利，而众多参会者也以

---

① 《山东庙会调查集》，李文海等编《民国时期社会调查丛编：宗教民俗卷》，第 210 页。
② 《山东庙会调查集》，李文海等编《民国时期社会调查丛编：宗教民俗卷》，第 205 页。
③ 《山东庙会调查集》，李文海等编《民国时期社会调查丛编：宗教民俗卷》，第 206 页。
④ 《山东庙会调查集》，李文海等编《民国时期社会调查丛编：宗教民俗卷》，第 235 页。
⑤ 《山东庙会调查集》，李文海等编《民国时期社会调查丛编：宗教民俗卷》，第 240—241 页。

自愿的香火费消耗参与到庙会的兴起与发展之中，并从中获得信仰或经济方面的收益。换句话说，庙会中的香火费是庙会公共信仰空间得以存在的物质基础，或曰被物化的信仰。也即借着香火费的支纳，形成了人神之间、人人之间在公共空间内的基本交流模式，笔者称其为信仰性经济交流。这种交流既是民众得以委身于某一神灵的基本条件，也在另一层面成就了神灵灵验的可能。此外，在这一空间中，城乡之间的纯粹性经济交流也得以实现，并在一定程度上成为信仰性经济交流的必要补充。

二 庙会经济交流

华北乡村的商品交易场所大体有两种：一种是集市，另一种就是庙会。二者的区别就在于是否兼及信仰功能。虽然未必所有的华北乡村庙会都有经济功能，但庙会仍是城乡经济交流的重要途径。庙会的大小及其香火之衰盛是影响其经济能力的关键因素。如王斯福说："节庆界限范围内保护这一地域安宁的'灵'，将其自身界定为直接跟邻里相关联，而非雀巢式的等级结构中的一个单元。"① 但凡较大的庙会，香火旺盛的庙会，其经济交易的规模也越大，而较小的庙会则要么没有买卖，要么也很少。大体上，庙会可以分为两种类型，即以信仰为主的与以经济交流为主的。但不论哪种类型，信仰都是庙会之所以为庙会的首要前提。

所谓庙会，无论其经济能力大小，都必有信仰因素的存在，甚至多由信仰活动发展而来。因此，尽管很多大型庙会已经有了独立的经济运行机制，但"信仰"始终是推动商品贸易的重要因素，例如安国药王庙的庙会。调查者称该庙会的所在地"安国县在天然的环境上它是没有一个条件足以使其成为一个经济中心的。它所以成为全国药市的重镇，在经济上占着特殊的地位，一直赓续了数百年之久，据说是完全由于社会上迷信药王的力量所致"。甚至有"药材不到祈州，没有药味"的说法。所以，"各处药商便都不惜万千里的跋涉，把药材弄到药王跟前，然后再由同地的商人买回去，以为不如此，草根树皮不能变成仙丹圣药"②。可见药王信仰对于药材行业的影响，甚至到今天，安国药市的发展仍以药王庙为重要依托。③

---

① 〔英〕王斯福：《帝国的隐喻：中国民间宗教》，赵旭东译，第97页。
② 郑合成：《安国县药市调查》，李文海等编《民国时期社会调查丛编：宗教民俗卷》，第150、183页。
③ 参见耿保仓《祈州庙会与药材交易》，欧大年等主编《保定地区庙会文化与民俗辑录》，天津古籍出版社2007年版，第411—418页。

除了像安国药王庙庙会这种专门性庙会，还有综合性的大庙会。这样的大庙会，首要交易的就是牛、驴、骡、马等农用牲畜，其次还有木材、木器、铁器等也算大宗交易。也就是说，乡村庙会的经济交流必是围绕着农业经济与农村生活发展起来的。"从庙会交易买卖的物品中也可看出城乡之别。城镇中庙会买卖的日用百货较多，杂以非耐用消费品和奢侈品；乡村庙会则多生产、生活必需品，实用性较强。"① 例如1930年代山东博兴县药王庙每年四月份的庙会上所销售的物品有牲畜、生产器具、生活用品等，此外当然还少不了拜神用的黄纸和线香。② 山西翼城县汤王庙会，"每年阴历十一月初五日起至腊月初五日止，大会一个月，庙外……庙内……无所不有。而本县四乡以及邻县……等处男女均来斯会买物，日不下千万人"③。河北定县北齐庙会上的主要买卖多为装饰品、农具、食品、牲口等。

北齐庙会是每日到会人数约一万人次的大庙会。凡是农民在生产、生活中所用的物品，都可以在庙会中找到交易处。尽管没有材料显示这些物品的进货来源，但也可以想象出这是城乡经济交流的重要场所。有地方志记载，在山西太谷，"村民于里庙祀神演剧，四乡商贾以百货至，交易杂沓。终日而罢者为小会，赁房列肆，裒以珍玩，经旬匝月而市者为大会"④。此处所谓"四乡商贾"，意即商品来源之广泛。借着这些商贾人员的流动，城乡经济、文化交流在庙会这一公共空间内得以实现。

除大人可以在庙会上买回必要的生活用品外，小孩子往往也是庙会上的消费者。小孩子的玩具一般有两种。首先就是传统的，代表地方文化的玩具。例如太昊陵庙会上的玩具有木枪、木刀、花棍龙头、竹蜈蚣等物，最具地方特色的泥泥狗也很受欢迎。⑤ "泥泥狗是用泥做成的，长约一寸，头上有孔，吹之便响，二三十枚可以买一小篮，这种东西销路很大，因为在乡间，有一种传说，说这泥泥狗用水冲喝了，可以疗治百病，所以远处来赶会的人们，无论如何，要买些回去，还有乡间儿童见了赶会的男妇斋公，都公开地索要泥泥狗，这已经成了风尚，如果不给他们，他们便要开

---

① 赵世瑜：《狂欢与日常——明清以来的庙会与民间社会》，第200页。
② 《山东庙会调查集》，李文海等编《民国时期社会调查丛编：宗教民俗卷》，第202页。
③ 民国《翼城县志》卷17《祠祀》，民国十八年（1929）铅印本。
④ 民国《太谷县志》卷4《礼俗·风俗》，民国十三年（1924）铅印本。
⑤ 关于淮阳的泥泥狗，还有这样的传说：很久以前，由于人们不珍惜粮食，被神灵惩罚麦子不结穗。因为狗的同情，人们才得以继续生存。于是，人们开始祭祀狗，并将其画在各种器物上以免忘恩，最后发展成一种图腾崇拜。参见高有鹏《中国庙会文化》，第329—330页。

口大骂，并且有种短曲谱唱着骂，如'老斋公，不给泥泥狗，到家死你小两口儿'，'不给笛子，到家死你小姨子'之类。因为已经成了风尚，他们乱骂，也不能奈他何，只好拿几个泥泥狗给他，止骂。因此所以这类东西的销路极大。"① 在这里，小孩子的流畅骂词和大人的无奈事实上都已不是一种私密行为，而具有了一定的公共性，换句话说无论是小孩儿还是大人都明显受到了空间环境的外在影响。不同的是小孩子依仗其年龄小就可以肆意妄言，而大人则顾及自己的年纪和身份不会跟调皮的孩子们计较。公共的空间环境如此便规范了不同身份人的公共行为，也间接导引了庙会的公共秩序。在这一过程中，传统庙会中的地方风俗与商品买卖得以建立起联系，泥泥狗的销售也在地方庙会上成为可能。除这种传统的带有地方特色的儿童玩具外，一些庙会还有商人带入很多外国玩具。如福山县的只楚庙会上有很多"卖小孩儿玩具的——小汽车、胶皮人、小洋号、小铜鼓……大半都是日本货"②。这些洋货虽多是针对小孩子的，但也往往吸引了大人们的眼球。尽管不能明晰这些物品的销售情况，但对农民来说，无疑是接触和了解西方文化较为直接的途径了。甚至可以说，出售这些西洋商品的小贩也许是较早将西方文化传播至农村社会的媒介。当然这是一种间接、被动的传播行为，所以其带来的影响也有限。不过，这些新奇的物品仍给民众增加了一些生活的乐趣。

不仅专业商贾将庙会作为买卖的重要场所，普通乡民也借着庙会可以把冬季农闲时候做出来的家庭工业产品如柳器，扫帚，柳竿等，拿到庙会上卖，又可以在庙会上买些应用的东西。③ 农民在庙会上的花销是家庭开支的重要部分。例如后夏寨村的村民四月会赶东关的娘娘庙庙会，女人大多专门带着用来装东西的筐笼。她们一般会买布、烧饼、馒头、杏等。据村民说，一般人在娘娘祭上为食物花一两元，买布片花五六元。这些钱是平时卖落花生和棉花时存的，有时还需要从别人那里借钱赶庙会。④ 此外，逢婚葬嫁娶等特殊日子，农民也需要到庙会上置办必要物品。所谓"预备婚嫁者，皆驾临一顾，满载而归"⑤。山西陵川县"俗于榴月（五月）念

---

① 郑合成：《淮阳太昊陵庙会概况》，李文海等编《民国时期社会调查丛编：宗教民俗卷》，第278页。
② 《山东庙会调查集》，李文海等编《民国时期社会调查丛编：宗教民俗卷》，第211页。
③ 李景汉编著：《定县社会概况调查》，第436页。
④ 《中国农村惯行调查》卷4，第423页。
⑤ 《山东庙会调查集》，李文海等编《民国时期社会调查丛编：宗教民俗卷》，第218页。

七日为城隍神会,商贾辐凑,邑人终岁所需及婚嫁器用咸于此时置备焉"①。男人们不仅可以光顾庙会上的农具、粮食、牲畜等摊位,也可以到酒摊上过一碗酒瘾。"平时栉风沐雨的乡村妇女们,也光顾时髦必需的花露水、雪花膏、玉容油、千里香、槟榔皂……一类的东西。"②

乡村民众对于小件物品的交易方法都是"直接交易并没有中间人从中取利。买卖双方彼此直接谈判,合则成交,不合则交易裂。卖者都是些乡间人,没有做买卖的经验和知识,所以索价谈判,都是直出直入,不会恭维,不会客气,也不会吹嘘自己物品怎样好、怎样强,不买时大踏步走了去,他也不拦你"③。简单、直爽的交易方式正是大多数华北乡村民众的性格写照,这也是一般较小庙会中公共秩序井然的重要原因。因为,庙会规模小,也就少有闲杂人员干预正常的庙会秩序。

可以说,大凡商品买卖较多的庙会,香火也较为旺盛;香火少的,买卖也不易发达。因而,在华北乡村社会中,神灵信仰与农村经济有着十分密切关系。而这势必与新知识分子及地方政权反迷信运动的方法、效果联系在一起。对此,笔者将在第五章详细论述。

除了普通乡民是庙会的重要经济参与者,地方政府在庙会中的经济角色也不可忽视。在上文所述的治安维护外,政府还会在较大的庙会中通过收取各种名目的税款、牙佣等来干预庙会。比起对庙会治安维护的某种程度上的被动性,在税收问题上,政府的行为无疑要积极主动得多。与此相反,政府各种名目的税款却给庙会的组织者及与会者造成更多负面的影响。博兴县药王庙庙会"牛驴骡马为此会销卖品之一大宗,每日平均可销五六百头,每头由牙行收牲畜税,每头最低5角。此会可征收三四千元之巨款,并且有浮收数倍,以鱼肉乡民的……木器也有税,由木行头征收,有买卖木器的,他用红颜色抹在木器上,没有红颜色,那就叫漏税,他还要处罚人家"④。不仅各种行会的牙税需要征收,政府往往还要收取官税。例如,1923年,肥城县固留寺庙会上,农民买卖牲口需要两处开行。一属牲口官税,一属会上行钱,再另外给牲经纪纳佣。买一头牛骡,花费下来

---

① (清)梁寅:《光绪陵川县志》卷3《民俗略》,光绪八年刻本。
② 《山东庙会调查集》,李文海等编《民国时期社会调查丛编:宗教民俗卷》,第218页。
③ 郑合成:《淮阳太昊陵庙会概况》,李文海等编《民国时期社会调查丛编:宗教民俗卷》,第283页。
④ 郑合成:《淮阳太昊陵庙会概况》,李文海等编《民国时期社会调查丛编:宗教民俗卷》,第202页。

要占百分之八九以上，成为农民买卖的一大障碍。① 庙会上的捐税是地方政府的重要收入来源。

总之，经济行为是乡村庙会不可忽视的要素，它既是乡村庙会信仰空间附加的功能，同时也实际上支撑着庙会信仰空间的存在和发展。甚至可以说，经济行为本身即为民间信仰空间本质的体现形式之一。此外，与乡村庙会相比，城内庙会总体上更偏重于经济功能，有的甚至仅存庙会之名而已，所易之物也是针对城内消费习惯而设，非如农村庙会更侧重于农业生产。所信神灵方面，城内侧重于一些系统化的神灵，而且多是正统佛道寺观，不像乡村庙会那样杂乱。另外，整体秩序上，城内庙会也较乡村庙会更严整，而这也正是当时诸多民国知识分子所期颐的庙会发展方向。

第三节　庙会信仰空间与娱乐

庙会除了担负着信仰及经济功能，作为公共的观演空间，它同时也有娱乐的功能。庙会的娱乐功能一般包括两个方面，即娱神和娱人。娱神主要体现在庙宇、戏台等祭祀空间本身的建筑、装修上，也包括在庙会中所举行的祭祀仪式或文艺活动中。而娱人则是指参与庙会的人们对各种祭祀活动乃至世俗演艺的参与和欣赏。当然，这两种功能的区别并不明显，大多是浑然一体的。人们在参与公开的祭祀活动中，同时也满足着各种感官上的娱乐享受，这既是庙会本身的存在形式，也是民众对信仰空间的一种精神需求。

一　庙会之本身景观

由于有着较为广泛的资金来源，同时也为招徕香客，庙会中的庙宇较之一般的村庙，其建筑规模要大，装饰也要更为精致。如赵世瑜所言："当我们审视地方志中的地图时，会发现除衙署外，标识最多、最醒目的就是本地的各个寺庙，这实际上表明了绘图者的某种认同，即对寺庙的重要性的判定。而对于广大的民众来说，寺庙则构成了他们的日常生活的组成部分。"② 事实上，相对于近代华北乡村的普通民宅来说，庙宇的建筑相

---

① 郑合成：《淮阳太昊陵庙会概况》，李文海等编《民国时期社会调查丛编：宗教民俗卷》，第209页。
② 赵世瑜：《狂欢与日常——明清以来的庙会与民间社会》，第67—68页。

对来说要好一些。这种规模和建制都颇有特点的建筑本身就是一种引人注意的景观,甚至有很多庙宇还会建筑在风景较为优美的地带。李景汉曾感叹:"凡香火盛的地方,都是风景极好的地方,因此能给予进香者满足的美感。"① 边逛庙会,边欣赏美景,怎能不引起乡民的兴趣呢?也即"神庙占据风水宝地的意义是庙会的主持者利用自然景观吸引民众,增强庙宇庙会的知名度,愉悦民众身心的一种自然依据"②。诚然并非所有的庙会都一定会坐落在山清水秀之处,但仅就寺庙本身之建筑来说,也足可以为民众带来一种不同于普通民居的新奇视觉了。因此,普通民众在农闲之时,一次或几次的赶庙会活动,实在是扩展眼界的难得机会。

庙会举办的时间,大多是在农闲之际,人们赶庙会既是为求神拜仙,也是为买卖生活用品,甚而只是到庙会上随意走走,舒缓一下生活中的疲惫。如山东济宁县的王母阁庙会:

> 居南郭内,兴隆屯北,葫芦沟南。为济宁八景之一。有庙院五层,规模极大。周围水田数顷,遍栽蒲荷,东南通一石路。石砌桥梁,上筑寨门。每到夏秋,满地蒲荷,一望无际。花香沁心,水清爽神。游者颇有仙境之欢。三月三日蟠桃大会,士女云集,香烟馥霭。卖篮子、拄杖、儿童玩具者,麇集其间。饮食之类亦无不备。老的少的,村的俏的,攘往熙来,甚是热闹。③

如此也就不难理解赵质宸的感叹:"当此春光明媚,风和日暖的时候,一般农夫农妇,以及太太小姐们,携老扶幼,相肩赴会,兴之所至,心旷神怡。此种有益身心的健康举动,与各学校春季旅行有何差别?与康乐教育的目的又有何不同?"尽管并非所有庙会所在地都有着怡人的风景,但商家的广告图画、来往客人的服饰、游艺中的趣事,甚至庙宇和戏台的装饰也都在无意中给人们以审美机会和观赏价值。

戏棚(或戏台)和神棚是乡村演戏时两种必要的设施。一般情况下,戏台都是对着庙宇搭建的。如果庙前没有足够的空地搭建戏台而需要在其他地方搭建时,也需要在戏台的对面搭建一个临时神棚,然后将庙内的神灵请到神龛内接受戏曲和香火的供奉。当然,戏台和神棚也要根据传统进

---

① 李景汉:《妙峰山"朝顶进香"的调查》,李文海等编《民国时期社会调查丛编:宗教民俗卷》,第35页。
② 高有鹏:《中国庙会文化》,第76页。
③ 《山东庙会调查集》,李文海等编《民国时期社会调查丛编:宗教民俗卷》,第230—231页。

行一番装饰。例如位于定县城东 36 里，离翟村一二里的曹村于 1929 年正月十四开办的庙会上演了 4 天热闹的大戏。其戏棚和神棚的装饰情形如下：

> 在村外空地上搭好了戏棚和神棚；戏棚约长八丈高二丈宽四丈，神棚约长二丈宽一丈高一丈五尺。戏台是三丈见方，不过前台进深是二丈，后台进深是一丈。戏台的前边挂着两盏煤气灯，和些五色灯笼。幔帐和帘子都很讲究，上头绣着游龙戏凤，仙女捧桃，余外还有五色锦花，绿柳红桃镶嵌着。右边台帘上绣着"阳春"二字，左边台帘上绣着"白雪"二字，台中幔帐上绣着"歌舞楼"三个大金字。神棚里挂着八角玻璃灯，每个角上都挂着红绸飘带，随风飘荡着。当中摆着一张桌，上头供着三盘馒头，五碗菜。馒头每盘四个，都点着红点。五碗菜是面条、粉条、白菜、豆腐丸、白扣肉。上面都插着一朵红纸花，红纸花底下有两个绿叶。前面还摆着香炉蜡扦，炉里点着几炷香，蜡扦上也点着红蜡。在供桌正中的席上，贴着一条长红纸，上头写着"供奉全神之神位"，这种全神就是综合佛教和道教里的神佛的意思。棚外贴着一副对联，写着"乐神德崇朝而至""喜蝗虫旦夕不留"，横批写着"酬神德"三字。从这幅对联上我们足可以知道乡民自己无法驱除虫害，靠着老天爷的心理……有很多乡民是一方面来看戏，一方面来拜神的。到神棚里烧香叩头，焚祭黄纸的，总是继续不断，亦可见香火之盛了。①

很显然，无论是戏台，还是神棚的设置及装饰都颇为讲究空间视觉效果，同时也各有自身相对稳定的传承形式。可以说，这里不仅是信仰的中心，也是民间艺术集中展示的空间。村民中能写的、会画的、出钱的、出力的都能在筹办庙会时将自己的手艺和技能展示在庙会这一颇具观赏性的公共信仰空间中。各地庙会中的戏台和神棚里的摆设未必一样，当然所供奉的神灵也不一样，正所谓"十里不同风，百里不同俗"。但是，大体上所需具备的布局设置及形成的空间氛围总是大同小异。例如，神棚与戏台相对，而且要贴对联，供品需为奇数，颜色的配置主要为红、黄两色等。这些有着特殊信仰意义和位置的象征符号，共同构建了公共信仰空间，同时也为参会的人们认可并得以传承。总之，乡村的每一个庙会都是一个从

---

① 李景汉编著：《定县社会概况调查》，第 360—361 页。

祭仪、装饰到组织、秩序都独立的信仰空间，这一信仰空间与其信仰圈内的每一个村落信仰空间、每一个家庭信仰空间形成迭次关系。

二 民俗艺术的表演

除了庙宇及其所在地的景观，庙会中也会有丰富的娱乐活动可供人们欣赏。其中，演戏最为广泛。这是因为"演戏所以酬神，故庙会必须演戏，此乃一般现象"①。但凡有庙会活动的地方，必然都会请人演戏，于是戏台也就成为庙会上必须具备的公共场地了。戏场的功能包括两个方面：娱神与娱人。换句话说，敬神和聚拢人群是演戏的两个主要目的。唱戏和酬神之所以不可分离，主要是因为乡民在求神保佑、降福、除灾时，总以烧香、唱戏为还愿的报酬。也因此，在没开戏之前，一般都要先祭神。其方式仍以曹村为例：

> 由首事的人们捧着"疏"，后面跟着戏班里扮好的几个角色，一并在神前烧香，敬礼，焚疏。然后这几个角色对着神位唱几句词，小鼓，笛子等器乐在吹打着，外面就放起鞭炮来。这种礼毕之后，接着就打三通锣鼓，才开始演戏。②

"疏"内一般都会写有演戏的目的，即求神祝佑等语。开戏之前的敬神仪式是将人神连接起来的重要象征仪式，鞭炮、乐器的鸣放和演奏更给人一种跨越时空的神圣感。民间有谚语"烧香不放炮，神仙不知道"，亦是指敬神时需要通过拟人化的听觉途径来引起神灵们的注意。不仅开戏时需要敬神，在唱末台戏的时候，同样要再敬礼一番。于是，从开戏到结束，庙会的时空便是人神共享的了。

人们看戏的时候，一般会有约定俗成的规矩。内中妇女和孩子大多会自成一群，他们或坐中间，或坐两边；而男人们则会自动地站到另外的一边。较大规模的庙会在戏台周围会设有茶棚、酒馆。有钱的人边吃喝，边看戏，没钱的人只好站在台场里看。戏开演的时候，"伶人唱得好听，或表演得好看的时候，大家就扯起嗓子来喊一声好……这就表示欢迎的意思，总不会像大戏院里鼓掌欢迎呵"③。赵世瑜曾指出："庙会及娱神活动

---

① 陈大白：《洛阳农村之庙会》，《申报每周增刊》1937 年第 18—24 期。
② 李景汉编著：《定县社会概况调查》，第 372 页。
③ 《山东庙会调查集》，李文海等编《民国时期社会调查丛编：宗教民俗卷》，第 201 页。

中存在着明显的狂欢精神。这种精神具有原始性、全民性、反规范性的特征。庙会狂欢具有心理调节器、社会控制安全阀以及维系社会组织、增进群体凝聚力的良性功能，因而，它不但反映了理性与非理性的对立，也反映了表现形式的非理性行为具有理性意义这一深刻主题。"① 虽然民众在庙会中的放松情绪未必都能达到一种"狂欢"的境界，但庙会中的娱乐功能对于调剂群体心理，释放生活压力，无疑都有着十分有效的作用。

庙会中的戏剧曲目诸如"棋盘会""卖绒线""金铃记""大上吊""忠保国""小王出家""拾万金""伍子胥过江"等，② 无非反映普通民众生活之艰难，家庭、邻里之交际，对于美好生活之向往，以及保家卫国等有关传统教化的内容，其中也不乏流传至今的代表性曲目。乡村民众对于国家、历史、伦理道德、外部世界的认知，以及对自身生活的体悟都能在公开的戏曲表演中找到来源。甚至可以说，华北乡村的戏剧表演是对乡村社会普及各种知识的公共大课堂。

近代以来，庙会的参会人员也有了微妙的变化。某些庙会吸引了各类新式人物，例如学生等。山东海阳县西北乡的社眼庙会，曾有"乡村'娱乐会'的会员，当场表演文明新剧，真是十分热闹。四乡的农工商学男女人等，都来参观……就听着那舞台的娱乐员们，弹得琴声、筝声、琵琶声，吹得箫声、笛声、喇叭声，和农工商民的笑语、喧哗声，各级学校学生的歌声、鼓声、号声、遥相应和"③。刘晓春在对当代庙会的调查后发现："狂欢精神的本质，是对民间文化精神的张扬，是与占统治地位的意识形态保持相当大的距离，在中国当下的文化情境中，即便是传统乡土社会中最具有全民性、颠覆性的庙会文化，已丧失了其基本的民间性。"④ 笔者以为，最早在民国初期，从新知识分子参与并力图改造乡村社会文化之日起，传统庙会中的"狂欢"精神被视为落后、迷信的东西，这正是其丧失民间性的开始。直到当代，看似红红火火复兴起来的各地庙会，事实上其社会功用和价值仍继续发生着悄然的变化。

除演戏为主外，近代华北乡村庙会上的民俗艺术表演还有其他很多种形式。例如济宁县的寺堌堆庙会上，有国术枪刀拳棒、跑马贼的、上竿、穿刀山、幻术、戏法等各种民间杂技艺术，其中枪刀拳棒的武艺展示是华北民间尚武的重要体现。义和团民亦常常利用庙会的公共空间，扩大自己

---

① 赵世瑜：《中国传统庙会中的狂欢精神》，《中国社会科学》1996 年第 1 期。
② 李景汉编著：《定县社会概况调查》，第 372 页。
③ 《山东庙会调查集》，李文海等主编《民国时期社会调查丛编：宗教民俗卷》，第 221 页。
④ 刘晓春：《非狂欢的庙会》，《民俗研究》2003 年第 1 期。

的影响力。神拳仪式本身不仅有传统武术技艺的传承，也有很大成分的戏剧和杂耍性质。同时，他们的衣着打扮也多参考戏曲中的诸神形象。观众在欣赏拳艺等民间武术时，不觉中已经成为秘密社会的传播者甚至拥护者。对此，地方士绅亦有警觉，民国《茌平县志》曾详细列出了茌平县南的十五六次庙会，并认为这些庙会是必须清除的恶习。① 劳乃宣注意到庙会上义和团所表演的"如戏术家吞刀吐火之类"，不过是"其炫人耳目，非手法即药物耳"②。周锡瑞也发现："庙会能够为义和团提供传播鬼神附体仪式和反教信息的机会，并且义和团也乐于集结在当地的集镇，那儿密集的人口和便利的交通能够提供现成的观众。"③ 人们像看戏一样为他们的表演所吸引。赵世瑜就此认为："有着强烈狂欢精神的庙会和娱神活动，具有一种潜在的颠覆性和破坏性，在社会状况相对稳定的时候，它们只不过是人们宣泄自己情感的方式，对传统规范的蔑视和嘲弄被限制在一个法律允许的范围内；在社会关系比较紧张的时候，它们就为公开的反叛行为提供了机会，晚清的一些教案发生在庙会期间，就是很好的说明。"④ 不论义和团运动与华北乡村庙会之间到底有多少联系，有一点是不能否认的，即庙会为义和团的宣传提供了合适的表演和发展的空间。在这一人群聚集的公共空间内，他们的反洋教言论得以不断被传播到庙会周围的村落。与此相对，基督教反对这些深入人心的传统娱乐方式，则理所当然地会引起民众的误解和怀疑。

庙会上的民俗艺术表演，根据会之大小，其种类亦有差异。较小的庙会上除主办者请来的戏班外，就没有其他形式的娱乐活动了。较大的庙会则不然，不仅演戏的规模很大，还会有附近的各种民间会班前来义务助兴。例如，淮阳太昊陵庙会上的游艺：

> 是各地赶会人们扮演，每日上午下午及夜晚均到庙会各繁盛区域玩耍，并不索值，任人观看。目的有同乐的意味，并且有繁荣庙会的用意，因为大家都觉得"如果没玩意儿，还有谁来赶会呢"。要继续这"有人赶会"的目的，所以不惜牺牲自己的气力，来替"人祖爷"作繁

---

① 《茌平县志》卷之一《风俗》，民国二十四年（1935）排印本。
② 中国史学会主编：《中国近代史资料丛刊：义和团》，第 4 册，上海人民出版社 1957 年版，第 453、471 页。
③ 〔美〕周锡瑞：《义和团运动的起源》，张俊义、王栋译，江苏人民出版社 1994 年版，第 322 页。
④ 赵世瑜：《狂欢与日常——明清以来的庙会与民间社会》，第 134—135 页。

荣的举动。还有一种意义，是这玩艺团体的人员，要把自己的艺术耍耍，博得观众的好评，或和其他艺术团体比较一下，以博得胜利。①

对民众来说，庙会作为信仰空间的同时，也是实实在在的公共娱乐空间，无论是观看者，还是表演者，都可以在这一空间中实现自己的目的。较大庙会上，除各种免费的游乐方式外，还有收费的项目。这些项目是为了赚钱才经营的，"价目昂廉不同，最高者铜元20枚。不过这种价目只是限制村农的设备，只要衣冠楚楚，或着制服的人们，不出钱亦可以进去的。在门口厚厚的一大堆人围着，都是想看而没钱的真正乡民"。由此可见，乡村庙会中也并非所有的娱乐空间都是向全部村民开放的，而是通过身份等条件的限制划定了一些半公共的等级空间。对此，普通乡民无力打破这种外在的空间秩序，而自动站在了规定的空间秩序之外，庙会空间的阶层性和权力关系在这一行为规范中昭然若揭。太昊陵庙会上的收费游艺项目大概如表3-4所示。

表3-4　　　　　　　　　太昊陵庙会收费游艺项目②

名称	梆子戏	刀山跑马	动物园	大鼓书	说道情	洋片	电影	总计
数目	3	2	3	1	1	12	1	23
团体人数	141	116	50	5	2	26	3	343
每人入览价（单位铜圆枚）	10	20	10	20	20	10	20	

附注：团体人数，系某项团体共加一块之人数。

以上这些项目在不同的庙会上亦有差别。例如1931年安国县药王庙会的冬庙上，南关共有大鼓书场三处：

> 一处在大石桥北首，一在大石桥南迤东，其三便在药王庙对过。大鼓书场均设在茶铺以内，每位茶资六大枚，书资无规定，每隔四五十分钟，便向听众索资一次。每夜自7时起直至11时止，每夜约共索五六次，每次每客最多不过出三四大枚，有时且有不出者，少时一大

---

① 郑合成：《淮阳太昊陵庙会概况》，李文海等编《民国时期社会调查丛编：宗教民俗卷》，第285页。
② 郑合成：《淮阳太昊陵庙会概况》，李文海等编《民国时期社会调查丛编：宗教民俗卷》，第290页。

枚，亦可支应。设备极陋，室内亦极不洁净，汗臭扑鼻，故听者大部是下等社会。①

从听大鼓书的价钱上看，安国药王庙庙会与太昊陵庙会差不多。但二者的听书环境略有差异：一方面是"着制服的人们，不出钱亦可以进去的"，另一方面是"设备极陋，室内亦极不洁净，汗臭扑鼻，故听者大部是下等社会"。事实上，乡村庙会中收费的项目费用并不高，但对于生活艰难的民众来说，无论花费多少，花钱娱乐本身即是难以承受的事实。有钱看的人免不了挂上骄傲的神气，没钱进的人越发产生了一睹为快的好奇心情。由此，这种带有差异的消费项目就成为划分娱乐空间格局的人为设施。

庙会中收费的娱乐项目里包括看洋片、电影。这些近代以来才传入乡村社会的娱乐方式反映了庙会活动的微妙变迁。所谓"洋片"也就是照片，"看的地方，置有放大镜，每人将视线对准此镜观看，规模最大者有48片、32片，其次24片，最小为8大片。所照之片为战争情况、最好景致及珍禽异兽"。电影"系以幻灯装置，大抵为美丽风景影片"②。近代乡村民众接触西方事物大概就以庙会为较早的途径了。这一途径的开辟，不是借着国家或西方人士的有意传播，而是源于小商小贩的赚钱目的。他们在庙会这一公共空间内，很容易以其新奇之物吸引对于外部世界充满好奇之心的民众前来驻足围观，而对于其到底传播什么内容，庙会上则无人干涉。

三 人际交往的乐趣

除了戏曲、游艺等活动可供娱乐，事实上还有其他因素促使乡民热衷于在庙会上打发自己的闲暇时间。例如走亲戚、看洋景、听逸闻等，庙会甚至还是女人、孩子穿新衣服的机会，这些事项都足以吸引普通民众的耳目心神。

首先，"在庙会那几天，村子许多人都把远处的亲戚朋友接来逛庙会，并且预备好菜好饭相待"③。对于乡民来说，"亲戚朋友，平日无事，不常

---

① 郑合成：《淮阳太昊陵庙会概况》，李文海等编《民国时期社会调查丛编：宗教民俗卷》，第160页。
② 郑合成：《淮阳太昊陵庙会概况》，李文海等编《民国时期社会调查丛编：宗教民俗卷》，第290页。
③ 李景汉编著：《定县社会概况调查》，第437页。

往来。借着庙会的机会，朋友亲戚可以互相见面"①。不过，这仅限于经济条件稍好的人家。对于穷人来说"招待亲戚朋友这椿事，往往感觉痛苦"②。毕竟在民国时期，民众的生活普遍都还处于低下水平，满足一家温饱已是不易，如何还能有余力着意于人际关系呢。不过，民众除非条件十分不济，否则一定会热诚招待，甚至这种借庙会以接亲访友的习俗至今犹然。河北省大义店村现今每年举行冰雹会时，该村村民都会把嫁出去的女儿、未过门的媳妇接过来一起参加冰雹会。③ 笔者老家内蒙古赤峰地区亦有描述类似情形的儿歌，小孩子们一边互相来回拉手，一边唱道："拉大锯，扯大锯，姥姥门口唱大戏，接闺女，叫女婿，小外甥，也要去。锅台后，有只大母鸡，下了蛋，煮也煮不烂，急得小外甥啃锅沿，原来是个石头蛋。"④ 歌谣反映的是乡村民众逢庙会回娘家、走亲戚，而孩子们跟着吵闹的情形。华北地区的庙会一般都有在农闲时期举行的传统，大约也有这方面的因素吧。

其次，庙会上偶尔听到的奇闻逸事也是吸引乡民乐于逛庙会的重要原因。他们也许没有一定要买卖的东西，庙会上的戏曲也未必看得明白，但众多陌生人凑在一起的大集会，总能看到一些村里见不到的新鲜事。例如，近代华北庙会上，常有基督教、回教⑤及其他会道门借机传教。1934年的太昊陵庙会上就有一处基督教宣传所，讲基督教义；一处回教宣传所，宣传回教教义。此外，还有四处称为"路会"的道门来此宣传，据观者所言，内容"都是劝人忠孝节义、修善修福之类"⑥。1937年的洛阳农村，每当会期，即有民间教派组织在会场上搭建布棚，甚至还挂起党旗、国旗，悬起的条幅上写有"宣报应真透世事""讲循环指破迷途""代天宣训""发声启瞶"等联语，具体的宣讲内容也多是忠孝仁义之类。⑦ 对于前来赶庙会的乡民来说，他们很少因为庙会上的宣传就皈依其他宗教，却很容易对这些前来传教的人和事发生兴趣，也即仅仅把它们视作增加谈资和见识的对象而已。

---

① 李景汉编著：《定县社会概况调查》，第436页。
② 《山东庙会调查集》，李文海等主编《民国时期社会调查丛编：宗教民俗卷》，第215页。
③ 笔者赴河北省农村调查材料。调查时间：2009年2月。另参见杜学德《武安市固义村迎神祭祀暨社火傩戏》，欧大年等编《邯郸地区民俗辑录》，第52页。
④ 张喜聚主纂：《晋县县志》，新华出版社1995年版，第697页；
⑤ 在民间，伊斯兰教一般称为回教。
⑥ 郑合成：《淮阳太昊陵庙会概况》，李文海等编《民国时期社会调查丛编：宗教民俗卷》，第277页。
⑦ 参见陈大白《洛阳农村之庙会》，《申报每周增刊》，1937年第18—24期。

庙会的组织者并不排斥其他教派前来传教。然而，在义和团运动时期，庙会这一公共空间却氛围紧张，尽管庙会组织者对于赶会人的任何行为都不会干预，却容易引来义和团团民的反对。对乡民来说，也许他们的确对义和团的宣传形式更为熟悉，也相对容易接受。但是事实上，在庙会这一公共空间内，他们既对基督教没有天生的排斥情绪，也对义和团没有天生的亲近感，只是将二者都视为诸多可资观赏的娱乐项目之一。李提摩太在山东登州传教时，就常到庙会上去演讲，然而，蜂拥而来的群众只是为了看看洋人的长相，听听他蹩脚的中文，对于他具体讲授的内容却很少感兴趣，以致他在当地的知名度与其传教效果极不相称。①

最后，观赏赶会人们的各样装束服饰也是庙会的一大乐趣。不过，这一点是双向的：人们既在意自己参与公共场合的穿着打扮，也对其他人的装束有着观看的兴趣。1933年4月的泰安县华佗庙庙会，"约在8点钟后远远近近的老娘们、少娘们、大姑娘们，以及大人小孩子，什么骑驴的、坐车的、步行的，什么擦胭抹粉的，什么扎红带子的，穿绿裤子的，间或穿着袖肥尺半，长及膝下的镶缘大花袄的，形形色色，无奇不有。真是道为之满，途为之塞，街多宽人多宽，好不热闹！"② 莱芜县的黄花店庄庙会也同样，"到了集会的这天，四方的善男信女，黄发的老人，烂漫天真的孩子们，垂着头发迎风摇曳的姑娘们，买卖东西的商贩们，纷纷荟萃"③。不难看出，女性是庙会上较引人注目的一群，概由一方面平日乡村集会，少有妇女身影，突然的聚集很容易引起人们的注意；另一方面妇女们好不容易赶次庙会，也终于有机会将自己平日无暇顾及的装扮迫不及待地展示出来。李景汉曾详细地描写了定县庙会上看戏妇女的情形：

> 戏棚的两旁，预先有人安放许多大车，预备自己妇女小孩儿们坐着看戏的。那从远处村子坐车来的妇女小孩们，到了戏棚，把牲口喂上，就坐在原车上看戏。也倒方便。四外做小买卖的很多，都表现着新年的新气象；妇女擦着满脸胭粉，戴着几朵红花，梳着油光的头。小孩儿们穿着花衣裳，新鞋袜，男的戴着各式的帽；女的点着红嘴唇，用各色绒绳缠着辫子。坐车的坐车，步行的步行，拥拥挤挤，争

---

① 〔英〕李提摩太：《亲历晚清四十五年——李提摩太在华回忆录》，李宪堂等译，天津人民出版社2005年版，第33—35页。
② 《山东庙会调查集》，李文海等编《民国时期社会调查丛编：宗教民俗卷》，第214页。
③ 《山东庙会调查集》，李文海等编《民国时期社会调查丛编：宗教民俗卷》，第215页。

先恐后，非常热闹。①

　　这里描述的不仅是妇女，即便小孩子和男人也会在赶庙会时在意一下自己的衣着。只是，与其相比，乡村妇女们在赶庙会时，尤其注意自己的装扮，无论是"满脸脂粉""几朵红花""油光的头"，还是"红嘴唇""各色绒绳"等都体现了她们的用心。在庙会这一空间内，人们都或主动或被动地有着双重的身份，即观、演两种角色：既是看的主体，也是被看的对象。自然，人们也会相应地根据自己的身份作一定的装扮。妓女更加花枝招展，乞丐尤为凄惨可怜，而普通的人们则尽可能让自己看起来更体面。

　　《借髢髢》是民国年间流行于河北地区的一段秧歌，至今仍有流传。②不过情节已有变化。民国时期该故事讲的是：张四姐因为嫁了个嗜赌的丈夫，家产全被变卖。娘家兴起庙会，捎信叫她回去赶庙会，可是她连合适的衣服都没有，只能向邻居王大嫂借。具体对白大体如下：

　　　　张四姐白：哎呀！左梳洗，右打扮，梳洗打扮去扞面，扞得一片两三片，雪花就在空中转。雪花落在庙脊上，好像一座金銮殿……奴家张四姐，俺娘家起了个四月四庙会，捎信叫我逛庙去。到外边借点衣服。要不思念逛庙会这还罢了，思念起逛庙的事来，好不愁煞人也……

　　　　张白：嫂子你做什么哩？
　　　　内白：坐着纺棉花哩！
　　　　张白：可不是吗！立着纺不了。嫂子你们逛庙去不？
　　　　内白：俺不去。没人管饭吃。
　　　　张白：这借衣裳得讲究会借不会借，她说不去，再说借衣裳就好借了。王大嫂把那衫子褂子借得我两件子吧？（借完衣服后——笔者注）

　　　　张唱：当院辞别王大嫂，辞别大嫂，我那妯娌。衫子褂子全借下。摸了摸头上没戴的。听说这髢髢四妹子有，她也不定借给不借给。豁出老脸碰上一碰，来到四妹子大门里……（李四妹子爱惜自己的花髢髢，找了很多借口，例如怕被孩子揉坏了，怕刮风下雨淋坏了，怕骑驴的时

---

① 李景汉编著：《定县社会概况调查》，第369—370页。
② 髢髢是一种别在发髻上的头饰。

候摔坏了，怕被庙门碰坏了，怕喝酒脏坏了，总之，就是不肯借。最后，张二嫂情急之下欲跪下，李四妹子才终于答应。——笔者注）

张唱：我把髽髽匣子抱怀里。这会比那会真欢喜。梳洗打扮，打扮梳洗上庙去。我若是上庙回来了，我当了……
李白：你拿过来吧，你还没戴哪，就想当我的。
张白：哎哟！我那个妹子！你没听准，我说早早给你送回来。
李白：勤借勤还，再借不难。
张唱：哎哟！妹妹！梳洗打扮上庙去，我若是回来了，送张票子。
李白：一见老嫂子他去了，倒叫李四姐心中挂记。四姐回到绣房里。①

这段秧歌通过描写一穷家妇女为了体面地回娘家赶庙会，费尽心机地向邻居借衣服和髽髽的情节，巧妙地反映出了乡村妇女在赶庙会之前的迫切心态和爱美心理。庙会的公共空间给人们提供了自娱或娱人的机会，于是参与庙会的人们可以做些平日没有的装扮，甚至可以参与到公众娱乐活动中。庙会上的各种娱乐活动随着时代的发展也有变化，例如河北省大义店冰雹会在接近尾声时，各村来助兴的戏班在演唱传统剧目后，也会增加一些当代的流行歌曲供人们欣赏。在山东左家峪村，妇女们在参与完敬神活动后，也会演唱一些通俗歌曲自娱自乐一番。② 尽管娱乐内容随着时代发生了改变，但事实上庙会的娱神又娱人的传统功能却得以流传下来。

乡民在农闲时常喜欢赶庙会，赶庙会未必有具体目的，大多只是随便逛逛。黄宗智在沙井村调查的时候，老农李广志向他回忆说，自己过去工作比较懈怠，尤其喜欢上集，或到当地的寺庙挤人群，看热闹，直到分家后才努力工作。另一农民李秀芳将不能扩大耕种规模归因于自己比较懒，爱上集看热闹。③ 相对于面朝黄土背朝天的单调农业劳动，即便仅仅是看热闹，庙会也无疑起着调剂人们生活的重要作用。在有庙会举办时，不光一般家庭成员，甚至家里雇用的长工、短工也会被放假一天去看戏。有好

---

① 李景汉编著：《定县社会概况调查》，第363—368页。
② 笔者在河北省农村的调查记录（2009年2月）；侯杰、赵天鹭等人在山东省沂源县左家峪村的调查记录（2009年8月）。
③ 黄宗智：《华北的小农经济与社会变迁》，第174页。

心主顾还会为其发点铜圆做会费。① 由此可见，庙会在普通民众日常生活中的调剂功用，也说明了华北民间信仰中被物化了的神人关系。

总之，"作为一种文化体系和生活方式的庙会是民众日常生活的延伸和集中展现"②，因此，作为跨村落的乡村集会，庙会不仅有其信仰方面特定的成因，而且受地方交通、村落分布、经济水平等因素的影响。根据规模的大小，庙会的功能亦有差异，但总不外乎信仰、经济、娱乐这三项。李景汉等人在1928年曾对定县翟城村及附近的两个村庄中的34家乡民的日常生活费用进行了详细的调查。其中，34家全年的各项杂费中以赶庙会消耗最多，合计25.65元，平均每家0.75元。③ 这也从侧面反映了庙会在民众日常生活中的重要地位。换句话说，民间信仰的世俗化程度与其空间本质是内在相关的。

小　　结

作为乡村重要信仰空间的庙会，有其自身的秩序。无论是组织者，还是参与者，他们在庙会中的行为都反映了一种约定俗成的空间规范性。人们在这里经历的是不同于村落范围的另一种信仰体验，在这一更加开放的空间内，他们一方面根据自己的经济能力满足必要的生活需求；另一方面也借此获得更为丰富的精神满足，既包括信仰上的，也包括情感上的。作为需求者，乡民们是庙会活动主体，但同时他们也会主动或被动地成为他人在物质或情感上的消费客体。这种双向关系，也正是庙会这一信仰空间得以存在和发展的基础。

当然，无论是从信仰还是经济的角度来看，地域性的庙会影响力并不具有一种毫无限制的扩展能力。如杨念群所说，民间信仰"不是一种可以明确把握的'知识系统'，而是日常生活积累出来的一种感觉经验，这种感觉经验只有在一定的区域内才是有效的，越出此边界，'感觉世界'就会消失。这种感觉经验不具备普遍意义，而只具备区域性特性，不能用上

---

① 《中国农村惯行调查》卷6，第86页；另见《山东庙会调查集》，李文海等编《民国时期社会调查丛编：宗教民俗卷》，第240页。
② 岳永逸：《行好：乡土的逻辑与庙会》，自序第4页。
③ 李景汉编著：《定县社会概况调查》，第320页。

层的规范性知识去描述它们"①。人们常说的"乡亲""老乡"大概就是基于一定的地理空间而形成的感觉世界吧,这里的"感觉世界"即信仰与世俗的交感范围。也可以进一步说,不同家庭的不同信仰神灵、不同村落的不同信仰方式、不同地区的不同信仰风俗,正是民间信仰的空间本质与客观地理环境得以契合的表现。

---

① 杨念群:《"地方性知识""地方感"与"跨区域研究"的前景》,行龙、杨念群主编《区域社会史比较研究》,第 348 页。

第四章 神缘关系中的身体、家庭与庙会

基督教信仰中，生命以灵魂为中心，灵魂是不死不灭的，身体不过是灵魂在此生此世的暂时栖息之处。所以，人们更注重灵魂的价值。与此相比，中国人对身体则体现了完全不一样的态度，人们认为生命的时间只以活着为限，并将其称为"寿命"，因此身体本身就获得了神圣的意义。中国人有寿命的身体"形神兼具"，很像是一座庙宇。这类似"庙宇"的身体具有基本的空间实在性，同时亦有其不可或缺的神性。

第一节 形神兼具的身体认知

盘古舍身创世，为中国人的身体认知提供了基本的空间轮廓，也为中国人有限的寿命赋予了不可予夺的时间神圣性。《周易·系辞下》曰："有天道焉，有人道焉，有地道焉。"可以说，在中国传统文化中，"天""地"是人的最初参照物。由此，基于天地之道而形成的阴阳规律也便内在于人的生命之中，并沉淀在经久的文化表达方式里。

一 身体的空间性表达

中国人关于身体的认知，源于对"天"的认知，天人相符的观念在汉代便很流行。人们认为人与天可以类通，如春—喜—生、秋—怒—杀、夏—乐—养、冬—哀—藏，如此，天人在同一时空中交感互动，达到合一状态。既然"人生于天，而取化于天"（董仲舒：《春秋繁露·阴尊阳卑》）；"人生于天，而体天之节"（董仲舒：《春秋繁露·官制象天》）。那么人的形体结构、血气性情等也必定与天有很多相似的地方。具体来说，如天有四时，人有四肢；天每时三月，人每肢三节；天一年十二月，人一身十二节；天一岁数终，人一形体立；

等等。① 就这样，天时与人体相感应，为民间社会对于身体之神性的认知提供了基本的理论借鉴。

首先，中国传统社会中，从阴阳五行得出的生辰八字体现了人们对身体的最初认知。人们认为，生辰八字决定了人这一生的运势。如果说生辰八字体现了出生时间对人的神秘影响，那么，面相、手相、骨相等相术则如同风水术一样对身体空间进行测定。从根本上说，基于对生命有限（死亡）的认知——时空观的限定，中国人的人生态度整体而言是悲观的，但态度上的悲观不代表行为上的消极（这是与印度佛教思想的根本不同之处），人们积极通过各种方式改运，去破解命定的运势。由此，外在的风水与人内在的运势相连接，风水和相术合而为一。在近代华北乡村社会中，算命的摊位是庙会的重要组成部分。民国政府曾在1928年到1931年之间先后颁布了《废除卜筮星象巫觋堪舆办法》《严禁药签神方乩方案》等，② 亦从侧面反映出当时卜筮、巫觋在民间的普遍。有报纸载："那些忠厚勤俭的农民——尤其是妇女——舍不得吃舍不得花，遇到算命的瞎子，反肯拿出血汗换来的钱，教他们胡乱八扯地谈谈命，真实可叹。"③ 人们希望通过改运获得更好的生活，所以肯将血汗钱拿来算命。这在他们是一种算计，同时也实在是对其他获取更好生活途径的绝望和无奈。

另外，除具有改运能力的阴阳仙以外，还有各路神灵。人们到庙里去求签算命，并许愿还愿，认为只要通过外在的物质施舍或奉献，神灵就会祝佑人消灾避祸。如鲁迅先生笔下的祥林嫂，即试图通过向庙里捐献门槛，来消解自己"克夫"的命运。④ 同时，将体弱、难养的婴儿认干亲、寄养庙宇等行为也是人们试图改运的常用手段。岳永逸在河北梨乡进行民俗学调查时发现，类似信仰行为在当今河北梨乡仍为人们普遍信守。⑤ 具体案例在第一章婴儿出生部分已有论及，在此不多赘述。

其次，受阴阳五行理论的影响，人们认为身体亦有阴阳之分。男为阳，女为阴；男为天，女为地。男女的婚姻即天地之合，符合阴阳之道。夫妻关系之外男女授受不亲，超越婚姻关系的男女交往是不被允许的，妓

---

① 参见余治平《唯天唯大：建基于信念本体的董仲舒哲学研究》，第236—237页。
② 立法院编译处编：《中华民国法规汇编》，第376、794—796、801—804页，上海中华书局1934年版。
③ 《言论·谈谈生辰八字迷信》，《农民》1929年第5卷第3期。
④ 鲁迅：《祝福》，《鲁迅小说全集》，北京燕山出版社2011年版，第148页。
⑤ 岳永逸：《行好：乡土的逻辑与庙会》，第160—163页。

女为人所耻，其身体是不洁的。另外，没有结婚的女性或者寡妇都被认为缺少男性之阳的调和，所以身体处于阴盛的状态。民间据此附会出"十个寡妇九个女，扫扫菩萨就下雨"这样的求雨民谚。①

此外，民间又通过阳盛阴柔的定论得出男强女弱、男尊女卑的身份认知。这些关于两性关系的空间性认知直接影响了传统社会中的家庭伦理，如男主女从、男外女内、重男轻女等观念。如民国时期，郑合成在淮阳太昊陵庙会中的调查日记中记载：

> 显仁殿基之东北隅，距地约六尺处，有青石一方，旁一小洞，深可二寸，粗略如拇指，名曰"子孙窑"。无子嗣者以手摸之，可以得子云云……此同一青石之北面，有浅坑一个，某男子摸毕深坑，即转而摸此浅坑，口内并云"我也要个小姑娘儿"。盖摸深坑可以得子，摸浅坑即可得女也。由此两坑深浅不同，可知中国之重男轻女习染深矣。②

如作者所论，"深坑"和"浅坑"是民间重男轻女思想的真实表达。盖因人们认为男性有能力将父母的血脉延传下去，女孩只能中断血脉的流传。时至今日，这种思想依然为人们所认可。如岳永逸在河北梨乡进行调查时发现，人们在求子还愿时，求得儿子的要比求女儿的多还给神四个布娃娃。③ 总之，虽然男女都是父母的骨血，但是因为女儿要外嫁，生育的孩子要姓外姓，民间所谓"骨血外流"，因此作为终将"泼出去"的水，女孩在家庭中是不被重视的。只有女孩没有男孩的家庭依然被称作"绝户"。所以，人们求子多于求女。男女身体因其阴阳属性的不同，最终在家庭伦理关系中被赋予了不同的家庭地位和身份，或者说因为阴阳观念的介入，身体空间与家庭空间产生交感。

最后，阴阳五行的理论不仅对男女性别及地位的认知产生根本影响，甚至对身体内部结构的认识也体现了明显的空间特征。如，基于阴阳五行而产生的中医理论，将人看作气、形、神的统一体，进而产生了五运六气的运气说、升降出入的精气说、对立统一的阴阳说、相生相克的五行说、

---

① 佐佐木衛编：《近代中國の社會と民眾文化：日中共同研究・華北農村社會調查資料集》，第51页。
② 郑合成：《淮阳太昊陵庙会概况》，李文海等编《民国时期社会调查丛编：宗教民俗卷》，第301页。
③ 岳永逸：《行好：乡土的逻辑与庙会》，第270页。

五脏六腑的藏相说、通经顺脉的经络说等一系列治疗理论，并将身体生病的原因归为内外两种，最后以辨证论治原则，归纳出"汗、吐、下、和、温、清、补、消"等治法，使用针灸、中药、推拿、拔罐、气功、食疗等多种治疗手段，使人体达到阴阳调和而康复。① 甚至直接用表示空间的"门"来指称各种病种，如五郁门、虚烦门、癫痫门、呆病门等。②

另外，与中医理论紧密相关的养生学中的取类比象、同类相补、吃啥补啥的道理更加贴切地表达了身体各部分的空间对应关系。人们甚至以身入药，相信采生折割（取生人耳目脏腑之类，而折割其肢体也③）的灵验，近代华北教案多与此类传言有关；孔飞力在《叫魂》一书中研究的叫魂一案，就源于民间对采生折割的迷信。④

不仅如此，人们亦将对身体的空间理解对应到神佛身上，例如1996年梨乡茶棚会庙会期间给路神的新神马（即神像）开光时的开光佛是这样的：

> 一炷真香举起来，俺把神牌挂起来，挂牌请的真佛祖，合会善人开光来。手拿仙针开头光，开开头光亮堂堂……

接下来用"仙针"给神像的耳朵、眼睛、鼻子、嘴、手、胸、肩膀、足开光后，再给神像洗脸、梳头、照镜子后，神像才具有神性。⑤ 很容易看出，在民众的意识里，神灵的身体与人的身体是一样形神兼具的，身体各部位被开过光的神像才具有神性。开过光的神开始接受人们的供养，直到庙会结束，主事人再将神灵送走。人们甚至根据对自身身体各部位的不同认知，想象出了许多专科神灵，如眼眶娘娘、天花娘娘、痘哥、痘姐等。⑥ 河北"跑花园"的民间医疗仪式中，巫婆神汉们请来的神灵包括主管人体头部的胡（狐）姐、主管牙齿的长姐（蛇）、主管脖颈的胡姐、侯姐等。⑦

---

① 参见郑洪新《中医理论基础》，中国中医药出版社2016年版。
② （清）陈士铎：《辨证录》，人民卫生出版社1965年版。
③ 《大清律例增修统纂集成》卷二十六《刑律人命》。
④ 参见〔美〕孔飞力《叫魂——1768年中国妖术大恐慌》，陈兼、刘昶译，上海三联书店1999年版。
⑤ 岳永逸：《行好：乡土的逻辑与庙会》第261页。
⑥ 佐佐木衛编：《近代中國の社會と民眾文化：日中共同研究・華北農村社會調查資料集》，第233页。
⑦ 董晓萍、欧达伟：《华北民间文化》，河北教育出版社1995年版，第89页。

以上事例，反映了民间信仰中人们依据对自身形体的认识产生了对神体的看法，人们认为，神和人一样，也有形体，也有精气，形体精气合二为一才是真神。那么，人在敬拜神灵时，也不仅要在形体上表示出虔敬，还要心诚，如此才能神验。这里，我们就又涉及身体的另一个重要部分——"心"。孟子说："体有贵贱，有大小。无以小害大，无以贱害贵。"又说："从其大体为大人，从其小体为小人。"（《孟子·告子章句上》）朱熹注曰："大体，心也；小体，耳目之类。"古人认为，"心"虽然是身体的一部分，却比其他部分更高贵，能在"良心""公心"上发扬光大的人，即可成为"大人"，并由此得到人们的尊敬和敬仰，甚而在死后得到人们的供奉，变成"圣人""神人"。这是民间信仰"神人一体"的又一层意思，比如对历史人物孔子、孟子、关羽、岳飞的崇拜，都是以人化神的案例。①

综上所述，我们大体可以对中国人的身体空间观念有一个基本的理解——身体像庙宇一样，形神（身心）兼具。因此，西医初入中国时，他们遇到的最初尴尬就是病人和医生面对的是不一样的身体。人们对西医的最终接纳，不仅意味着他们对医治方式的接纳，还意味着他们对自己身体认知的改变。从另一个层面来看，基督教在中国的传播，不仅要通过信仰改变人们对灵魂的认识，还要通过西医来改变人们对身体的认识。如此理解，治疗身体与救赎灵魂同时进行的西医传教也就成为应有之义了。事实证明，在基督教传教的过程中，确实有很多人先努力向西医交付了身体，然后基于身体被治愈后的信任，又将灵魂交付给了传教士，当然，这里的西医和传教士往往就是同一个人。②

二　身份的束缚与解放

上节我们谈到传统社会对身体的认知来源于对天的认识，那么身份，作为身体在不同空间环境里的资格，亦同样受到天人关系的影响，正所谓："道之大源出于天。天不变，道亦不变。"③《韩非子》阐释"三纲"曰："臣事君，子事父，妻事夫。三者顺则天下治，三者逆则天下乱。"④进而"仁、义、礼、智、信"这五常与"三纲"一起成为传统中国不可更改的天理。

---

① 岳永逸：《行好：乡土的逻辑与庙会》，第239页。
② 杨念群：《再造"病人"：中西医冲突下的空间政治（1832—1985）》，第29页。
③ 班固：《汉书》卷56《董仲舒传》，岳麓书社1994年版，第1106页。
④ 《韩非子·忠孝》，《百子全书》第二册，1919年石印本，第1797页。

《尔雅·释诂》疏:"身,自谓也。"身即是"我",因此,人们日常所说"安身立命",就是在"天理"之内的自我身份定位。这里的"安身"有两个意思:其一,身体有安放之处,有归属——家,此处"安身"有"出身"的意思,表明了个体的"身"与家庭之间的诸种关系;其二,就是获得一定的社会身份,并依此身份确定自己该有的社会地位和该有的举止,所谓"内外有别""亲疏有别"。传统中国人的身份首先是从家庭获得定义的,一个人生命价值的最根本意义即在对祖先血脉的延续上。如果说血脉的延续体现了民众的时间观念,那么,血缘的亲疏则体现了民众的空间观念,如民间里表外表、内亲外亲、远亲近亲等称谓也清晰地体现了血缘关系的空间化之表意。可以说,五服关系、长幼尊卑有序等观念是民众时空观念在亲缘关系上的映射。

在传统社会中,个人的身体并不具有独立的属性,而仅仅是位于血缘关系这张大网中的一个节点。于是,古之孝道便有两个基本面向。其一,子女与父母骨血相连,"骨血"即"后代"的代名词。因而,延续血脉便成为个人在家族中的首要责任。孝在这个层面上表达的是追远慎终的意思。其二,《孝经》所谓"身体发肤,受之父母,不敢毁伤",那么子女承担割股疗亲的孝道便是天经地义。孝在这个层面上表达的是感恩图报的意思。

传统社会的"家"是在孝的基础上产生的。孔子说:"弟子入则孝,出则弟。"(《论语·学而》)孝是家庭内部最主要的行为规范。以"孝"为核心,家庭其他伦理关系得以展开,诸如兄友弟恭、夫义妇听等。如费孝通所述:"要说明天下事,还得回到'父子、昆弟、朋友这些具体的伦常关系。'"[①] 换句话说,天下,归根到底是以父子、昆弟、夫妻等诸多关系为格局的。这也是中国人意识中,身体空间与宇宙空间契合的内里。

近代华北乡村社会中,类似于五服关系、长幼尊卑有序的亲缘关系在现实生活中仍被民众所认可。比如,在丧礼中,根据与死者服制远近的不同,承担不同的服丧责任。根据与死者的关系,守服一至三年不等,其间不参加宴会,不拜年、不贴春联,不放爆竹等。寺北柴村在人死后百日之内不能剪发、刮脸、入浴,也不能吃肉,不能出村,也不能在田里劳动。[②] 不过,各地丧葬习俗并不一致,甚至同一地区在不同时期也有变化。例如冷水沟村的服丧"原来是三个月不出家门,现在都能去济南、天津;原来

[①] 费孝通:《乡土中国 生育制度》,北京大学出版社1998年版,第34—35页。
[②] 《中国农村惯行调查》卷3,第108页。

不能参加结婚或者祭祀的场合,现在也有参加的;原来一百天内不准剃头发,一年内不能喝酒,现在都有变化"①。这是20世纪40年代调查时,村民所述,可见习俗变迁之迹。如果子孙后代不服丧,会被村民笑话,也不被舅舅所允许。② 父母与子孙骨肉相连,祭奠逝去的父母、表达悲痛之情,自然天经地义。

对于自然生育的孩子,其骨血来自父母,所以要用尽孝的方式来偿还。那么对于从神灵那里求来的孩子或寄养在神灵那里的孩子,则需要用还愿的方式去偿还神,直到十二岁的扫坛结束。河北龙牌会龙牌前的"许愿扫堂"佛③如下:

> 进了佛门把头抬,观看龙牌坐莲台。龙牌坐在莲台上,赵县贤门楼赵氏顽童扫堂来。你娘怕你不成人,把你寄在佛家门。从小吃的佛家饭,到大不是佛家人。这条手巾织的长,白线蓝线织青长。虽说不是值钱宝,盖到顽童脑顶上。簸箕仙来簸箕仙,簸箕本是柳条编。虽说不是值钱宝,金银财宝往上端。这个笤帚五道苗,九道麻条一起找。虽说不是值钱宝,俺给顽童把堂扫。东扫八仙来祝寿,西扫唐僧来取经。南扫老母佛三像,北扫药王和药圣。上扫青天五侨党,下扫地狱十八层。上扫君来下扫臣,扫扫顽童这个人。扫扫头上明似镜,扫扫身上无灾星。扫了前心扫后心,扫的顽童扎住根。龙牌保你九十岁,一十二岁出堂门。剪子打开五凤镇,笤帚操打打出门。④

以上这段"许愿扫堂"佛,清晰地表明了被寄养的孩子与"佛家"的关系。孩子被父母寄养在神坛,是短暂断绝家人关系和护佑孩子成长之意。12岁以后,再通过扫堂仪式断绝与神坛的关系,回归血亲家庭。在扫堂时,"行好"的人用的扫帚和簸箕明显具有将寄养的孩子扫地出门的意思,内蒙古归绥地区将这种仪式称为"圆锁""还愿"或"还俗",彼时"僧取帚击儿顶曰:'速归汝家,此处不要尔矣'……导者引儿归"。女孩则"焚香楮,登梯越墙出,谓之'跳墙'"⑤。由此,神人关系切断,世俗的亲缘关系重新恢复。

---

① 《中国农村惯行调查》卷4,第59—60页。
② 《中国农村惯行调查》卷4,第87页;卷5,第490页。
③ 河北很多乡村将民间信仰仪式中的祷词称为"佛"。
④ 转引自岳永逸《行好:乡土的逻辑与庙会》,第160—161页。
⑤ 《归绥县志》,丁世良等编《中国地方志民俗资料汇编(华北卷)》,第752页。

以"孝"为连接的亲缘关系,在民间信仰中还通过"神罚"和"佛佑"等传说得以强化。如人们认为,不孝敬父母、懒惰等就会生搭背疮,这属于现世现报。① 此外,不仅二十四孝的"卧冰求鲤""埋儿奉母"等感天动地的故事在近代依然流传,人们喜闻乐见的"目连救母"等神戏也不断上演。

这种以血缘为根本的社会关系是相对稳定、秩序分明的,由此,传统社会中由孝及忠,在国家政治层面上复制了血缘的时空关系,由此进一步构建了家国一体的政治体制。可以说,传统社会从孝子到忠臣的身份转变,正是身体的道义属性在从家到国的空间上的政治延展。国与家在空间上是涵盖关系,由此产生忠和孝的空间秩序。枉论平民百姓,即使达官贵人,其生命也掌握在皇帝的手中,所谓"君叫臣死,臣不敢不死",即使被杀,也要谢主隆恩。帝制国家除了从思想上用忠孝来束缚个体的行动范围,还通过户籍制度、人头税、禁足法律等控制人们的生活空间,以免破坏既定的秩序格局。刑罚上,以"五刑"为首的各种体罚,也是通过对身体的不同部位用刑,来表达对犯人不同罪过的惩治。

如果说国和家是身体被定义和被束缚的客体,那么礼教则是实现束缚的结实绑带。在中国传统文化里,因为身体的神圣性,所以肢体语言比口头语言具有更强的表达力。创世神话里,中国的盘古即用身体来创世,而西方的上帝则用语言来创世,如此可见一斑。其他诸如在人际关系中,身体语言的表达也是随处可见,如点头、抱拳、鞠躬、叩首、五体投地均是不同关系的人们之间的沟通方式,这种肢体语言甚至可以通过文字表现在往来的信件当中。

此外,人与人之间的空间性礼仪关系也投射在神与人的关系中,神在家中被安置的方位有尊卑之分,香炉有主次之分。神像也并不只具有象征、代表的意思,人们以为神像即神灵本身,或者说"像""神"一体,因此家中或庙会在张贴佛像时,要说"请神"来,揭下佛像时要说"送神"去。无论是"请神"还是"送神"都行礼如仪,甚至还有请柬,人们称为"表"。另如叩首、五体投地等敬拜仪式也被人们熟练操作。当然,这种肢体语言的表达在世界其他宗教信仰中也普遍存在,却更多被运用在宗教信仰,也即神人关系中,而中国传统社会,则将肢体语言的表达普遍运用在日常的人际关系中。由此不能不说明问题。

通过以上分析可知,身份是传统社会中身体的重要标志,个人的身份

---

① 《中国农村惯行调查》卷5,第429页。

被家庭、国家、神灵定义，并被诸种具有空间性的礼仪所束缚。所以中国的现代化首先是对身体的解放：废缠足、废早婚、废多子、废多妾、废厚葬隆娶、废大人和老爷之称、废跪拜礼、剪发辫、提倡男女平等、禁止儿童体罚、不得苛待佣工等，① 身份的解放，即空间束缚的解除。总体而言，国家的现代化工作在身体层面进展得相对顺利。比如，鲁迅先生所撰的《阿Q正传》里，作为革命党的赵四奶奶的儿子是被砍头的，轮到阿Q就变成枪决了。然而，历史上，观念的东西往往并不容易废除得彻底，阿Q可以不跪的时候，他还是主动跪下了。

第二节　灵媒附体与人神交通

灵媒（灵媒也叫香头、巫婆、香道的等，各地叫法不一）附体是华北乡间比较普遍的一种信仰方式。乡民在生活陷入困境又无法解脱的时候，往往会通过灵媒的介入来获取精神上的支援和安慰。而灵媒则通过神人一体的通灵术（即附体降神），辅以香火、还愿等仪式，使得身体、住居、意识这三层信仰空间完成沟通。

一　失衡的身体与灵媒降神

华北乡间，民众根据经验将身体的病症分为两种，即实症和虚症。实症通常指器质性或生理性疾病，病因明确，通过求医问药能够治好的病，像伤风感冒、跌打损伤之类；虚症也叫邪病，指病因说不清楚，病症无法为乡民理解，通过求医怎么也治不好的病，像心理性、器质性的疾病，② 以及被认为是源于鬼怪附身的病。事实上，人们对一些比较难治的慢性疾病和常见的小毛病也会寻求灵媒的帮助。人们常常将"病"和"事儿"混用，这两个词的含义在不同的语境里，或相同或各有所指。人们常常认为虚实病症都与家宅、坟地或洞口（仙家或精灵出入的地方）有着关联。③ 很多灵媒也会间或用些中药搭配香灰给病人服用，因而巫有时也被看作

---

① 陈旭麓：《近代中国社会的新陈代谢》，生活·读书·新知三联书店2017年版，第302—307页。
② 李慰祖著，周星补编：《四大门》，第185—186页。
③ 岳永逸：《行好：乡土的逻辑与庙会》，第137—141页。

医,在一般民众那里,二者分界并不甚清晰,"疾病时,招巫问觋"① 是常见的选择。

华北地区常被灵媒请来下凡看病的神灵为"四大门",即指胡门(狐狸)、黄门(黄鼠狼)、白门(刺猬)、柳门(也叫常门,因为蛇的别名为长虫)。② 这里"门"之所称也是民众空间认知观念的惯常表达,是为分别神灵的属种,而不是具体称呼。"四大门"被人尊称为"仙家",意思是与"人家"相区别,此种信仰在华北地区比较普遍。《顺义县志》载民间:"黄鼠、刺猬、长虫、狐仙、白兔,随处皆供奉之。"③ 其中,人们认为狐狸最有灵性,所以较之其他动物,"狐仙"的信众更为普遍,如山西有的村庄几乎家家供奉狐仙,特别是家中有人患"邪病"者,更需供奉狐仙以求保佑。④

人们认为,四大门是有仙气的动物,与普通的只好饮食的一般动物不同,它们通过潜心修炼至少五百年才能获得仙气。⑤ 对四大门来说,有一种采取捷径获得修炼的方法,即:

> 这一类修炼除了采天地的精华以为补益,更须要借生人的精气。时常有两个人打架,动了真气,四大门便在暗中吸此二人的气,并且作挑拨的法术,使此二人愈来气愈盛,该四大门便愈得吸取。至于普通一个人,如果心生邪念,这尤其是招致外邪的机会,尤其妇女秉纯阴之气,无处发泄,或是心生邪念,或是佞于神佛,所谓"物先腐而后虫生"。⑥

类似民间传说,皆源于人们对自身身体空间结构的认知。人们认为人的身体分为魂魄两部分,魂是阳神,魄是阴神,道教有"三魂七魄"之

---

① 《绥远省分县调查概要·归绥县》,丁世良等编《中国地方志民俗资料汇编(华北卷)》,第745页。
② 民间亦有五大门之说,因为有把兔子算入其中,民间还有将老鼠算作一个仙门的,称其为"灰爷"。
③ 丁世良等编:《中国地方志民俗资料汇编(华北卷)》,第22页。
④ 山民:《狐狸信仰之谜》,学苑出版社1994年版,第25页。
⑤ 民间有传说,成仙的狐狸两眼放光,走路安稳不避人;成仙的黄鼠狼眼睛发红,走路神态安然,遇人会将前爪拱起;成仙的刺猬眼睛发红,毛色可变;成仙的长虫能瞬间改变粗细,头上有凸起物(冠子),会"打坐"(即盘成一团时,头昂起)。
⑥ 李慰祖著,周星补编:《四大门》,第9页。

说。《内观经》曰:"动以营身之谓魂,静以镇形之谓魄。"① 这里很显然,魂是动的,可以变化,魄则是静的,相对稳定。精气是构成魂的重要内容,精气被吸,人则失魂落魄。动物吸取人的精气用来修炼成仙的传说,可能是来自民间文学的传播,也可能是道教的说辞。无论来源何处,也确实都是民众对身体的自我认知的反映,其中也暗含了对人神之空间层次的看法。人们认为,"四大门"的修行很不容易,从动物到人需要五百年的修炼,从人到仙则需要再修炼五百年,人生下来即比动物多了五百年的道行。这里500年的修行时间差别,说到底其实是空间层次的差距。

> 四大门修炼到相当程度,便可以"聚则成形""散则成气",其"精气"即"魂"经过修炼之后,便可以脱离躯壳而进入人体。进入的途径,乃是从七孔和阴部。进入人体后,便使该人做反常的举动,如同哭笑、胡言妄语、跑跳之类,以耗出其精力,四大门便可得而吸取之。②

以上这段文字讲了"四大门"通过作祟于人,吸取人体的精气以脱形成仙的情形。从中可以发现人们关于身体空间认知的基本信息:一定条件下,形神(魂魄)是可以幻化、分离、交换的。李慰祖在前八村调查时,曾听到一个"四大门"作祟于人的故事,其情节如下:全某父亲善于打猎,有一次在外面打猎,其妻一人在家即闹起祟惑(四大门作祟)来,哭闹不已。全某父亲正从外面归来,见到院中有一只黄鼠狼蹲在房上,于是用枪将其打死。待进到屋内,见其妻也气息全无,赶紧救治,方才救得一命。③ 这个故事中,黄鼠狼在房上,其魂气却可潜入屋内附在女人的身体里,此时黄鼠狼与人一体,所以黄鼠狼一死,人也气绝了,但是人仍留有自己的一点气,有复活的可能。

民众相信,体弱多病之人不仅容易招惹修炼的四大门附体,甚至在坟地、夜路等阴气比较重的地方,也容易被孤魂野鬼附身。一旦这种情况发生,即需要寻求灵媒的帮助,因为灵媒所顶的仙家的位格在鬼魂之上,所以有能力帮助被惑祟之人驱除附身的鬼魂。他们常用禳解办法,如在被鬼

---

① 陈鼓应:《注释今译与引述》,《老子注译及评介》,中华书局2009年版,第十章。
② 李慰祖著,周星补编:《四大门》,第9—10页。
③ 李慰祖著,周星补编:《四大门》,第8页。

祟之地，烧一件纸做的衣服等。① 需要注意的是，容易惹鬼（或仙）上身的人，都是民间认为体弱多病、阴气较重的人。反之，则如民谚所说"人有三年旺，鬼神不敢傍"，像达官显贵这种阳气旺盛之人，不但不会被祟，甚至还能震慑鬼魅。仙家见了这类贵人，也要退避三舍。这是因为，虽然仙家道行高深，但仍属于歪门邪道，所以邪不压正。② 民间戏曲里，类似包拯包青天这样的清官可以入阴府查案的情节就是基于同样的道理。

"四大门"亦有好坏之分，所以人们对"四大门"的感情是复杂的。以上这些常常作祟于人，为人所厌的是歪门邪道；还有一些是在成仙的过程中，不主动作祟于人，但又需要人间香火的供奉，以便获得修行的资本。后者通过降神于特定的人，帮人指点迷津、治病看香等途径，与人接触。此类四大门被人们广为接受，受到普遍供奉。

需要指出的是，给人看病或看事儿的灵媒并不一定只顶四大门，还有其他的神灵可以附体。根据1988年对独流镇的调查，可以知道民国时期天津地区可以顶香看病的巫除四大门以外，还有皮仙和牛仙等。③ 又如义和团运动时的"请神咒"所述：一请唐僧猪八戒，二请沙僧孙悟空，三请二郎来显圣，四请马超黄汉升，五请济癫我佛祖，六请洞宾柳树精，七请飞镖黄三太，八请前朝冷于冰，九请华佗来治病，十请托塔李天王、金吒、木吒、哪吒三太子，率领天上十万神兵。以上这"十请"中的各路神灵在华北乡间普遍被认可，并均可降神于人。④ 当然，比起传统的以家庭为中心的灵媒，义和团运动中的神灵附体还是有很多不同之处的。它以一种公开并强力的手段去推广，其目的当然不限于看病禳解，但是从根本上来说，二者有着一样的前提，即人们对神灵附体这一信仰方式的认可和接受。

民俗学家周星曾总结："'四大门'信仰或与之相关的民间俗信，在中国很多地方都曾见诸报道。东北、华北、西北，虽然具体情形千差万别，其完整程度各有不同，它们与其他宗教的要素或碎片组合成生活中具体的民俗宗教的方式也有所不同，但其构成的基本原理却是大体一致或彼此接

---

① 佐佐木衛编：《近代中國の社會と民眾文化：日中共同研究·華北農村社會調查資料集》，第54頁。
② 李慰祖著，周星补编：《四大门》，第28页。
③ 佐佐木衛编：《近代中國の社會と民眾文化：日中共同研究·華北農村社會調查資料集》，第289頁。
④ （清）罗敦曧：《拳变余闻》，中华书局2009年版，第4页。

近的。"① 这里所谈的基本原理即指灵附人体，人神一体，灵媒具有沟通神界的能力。可以说，基于原理的接近，民国时期，民间社会关于灵媒附体降神的信仰方式具有一定的普遍性。

二 身体、住居与庙宇

人们对"四大门"的供奉分为"家仙"和"坛仙"两种。"家仙"指供奉在自家的、私密的神案，其主要功能是保佑本家家宅平安。② "坛仙"指灵媒立坛以后，接受他人的香火和祈愿，其主要功能是治病、除祟、指示。③ 也有灵媒家中并不设坛，只称顶某仙爷、仙姑，到人家中治病，名为"分坛"，又称"仙差"，又称"奉命行道"，其实这也是"坛仙"的一种，不过是将坛临时设在病人家中罢了。

"四大门"看病一般有两种情况，一个是"瞧香"，另一个是"顶香"。"瞧香"即将香点燃，用眼直看高香火焰，在受到"仙家"指示的情况下，说出病情，仙家不附人体，灵媒头脑清醒，被称为"明白差"。"顶香"则是灵媒将香点燃后，仙家降神附在灵媒的身体中，此时的灵媒不知不觉，被称为"糊涂差"④。

灵媒也被称为"当香差"，意即给神当差的人。据李慰祖的调查，没有一个灵媒称自己为人看香是自愿的，完全是受到仙家"拿法"的缘故。"拿法"就是指某个仙家，强迫某人替其"当香差"，如果不从，便百般折磨，症状是昏迷、胡言乱语等近乎疯狂的状态，直到该人及其家人同意为止。关于"当香差"的资格一般有两种情况：一种是乡民所谓的"秉气微"，即"因心理和生理的不健全，而有招致邪祟侵入之可能的一种状态"。另一种是"有仙根"的，即某人在前生与仙家有关系，所以"当香差"责无旁贷。⑤ 灵媒一旦当差，便与仙家结成了仙缘，并通过拟人的方式表达出这种特殊的神人关系。比如，称所顶的仙家为"大老爷子""二老爷子""姑姑""仙爷""奶奶"等。⑥

关于香差看香的情景，我们可以参照李景汉在定县调查时所做的一段

---

① 李慰祖著，周星补编：《四大门》，第155页。
② 笔者老家在内蒙古赤峰，多清末民初来自河北、山东移民，因此，当地的"四大门"供奉也很多，婆家即有供奉，但作为"保家仙"从不示外人，即便是我这个媳妇因为"不信"也不得见其情状。
③ 李慰祖著，周星补编：《四大门》，第7页。
④ 杨念群：《再造病人：中西医冲突下的空间政治（1832—1895）》，第205页。
⑤ 李慰祖著，周星补编：《四大门》，第39页。
⑥ 李慰祖著，周星补编：《四大门》，第7页。

相关记述：

> 农民得了邪病或重病的时候，家人就请一个顶大仙的妇人来治疗。来的时候多在夜间，并且先把预备出来的屋子遮得很严密，始终不许点灯。还要在炕桌上供些熟鸡蛋和烧酒。等这妇人来到之后，先要烧香请仙，把香烧完不要，她便坐在炕沿的桌旁，给大仙留着炕里正坐。忽然有点响声，就说大仙来了，家人忙着叩头，请大仙饮酒，吃鸡蛋。也能听见吃喝的声音。然后由顶仙的妇人请问大仙说，"这人得的是什么病"，于是就听大仙似说似唱地答道"这人得的是○○病"。这样一问一答的好久，所有得病的原因，治疗的方法和几种简单的药品，都给说清。那声音的细弱，好像女子。有时大仙还用一双毛烘烘的小手，替病人按摩。①

看病的灵媒认为自己并没有治病的能力，乃是"四大门"借灵媒的身体施展法力。当李慰祖称赞老公坟王灵媒灵验时，她回答："我哪里成呵！咱们哪里懂得医道啊！这全都是'大老爷子'（灵媒对自己所顶的仙有不同的拟人尊称）的灵验！"然后，又说她自己所当的是"糊涂差"，每逢下神的时候，凡事不由自己，当她下神打第一个呵欠的时候，心里面明白，口中还能自由说话，打第二个呵欠的时候，心里明白，但是口中不能说话，当时手中虽然是烧着香，也是不由自己，打第三个呵欠的时候，不但口中不能说话，而且心中也就糊涂了，以后与人治病如"按摩""行针""扎针"等完全不受自己意志的支配，譬如与病人"按摩"时，手放的位置不对，就感到有一种力量推她手到病者患处。② 各地巫婆顶香的状态不一，杠子李庄的芦希山妻子在给人降神时，在纸做的神牌（当地称为楼子）位前，烧香上供，然后手舞足蹈，身体呈痉挛状，人们认为这正是被仙家附体的样子。③

由以上记述可以看出，人们认为灵媒的身体在顶香时是被占据的，她的意志受仙家指使。随着香火的燃起，呵欠的来临，人神合一，人们在幻化的时空中感受着神圣的氛围。此时灵媒的身体空间作为人神沟通的桥梁，具有一种公共性。交流完毕，随着又一波呵欠的来临，仙家退去，灵

---

① 李景汉编著：《定县社会概况调查》，中华平民教育促进会1933年版，第398页。
② 李慰祖著，周星补编：《四大门》，第72页。
③ 佐佐木卫编：《近代中国の社会と民众文化：日中共同研究・华北农村社会调查资料集》，第54页。

媒的身体恢复原状，顶香结束。如果是看香，则仙家不占据灵媒的身体，但依然要通过灵媒起到中介的沟通作用。或者说，看香时，仙家借用的是灵媒的耳朵和嘴来传达指示。

如果仙家灵验，求香的人需要还愿，还愿的内容不是通过信仰的归顺来表达，而是通过世俗的物品来实现。普通的还愿方式中，最简单的即到坛口上"烧还愿香"，向仙家龛位叩头道谢；另外一种就是上供，献水果、面食甚至纸烟、鸦片等给仙家。此外，还有用诸如"有求必应"的牌匾做还愿品的。一般的还愿方式代表通过许愿所建立的这一段人神关系的结束，不是信仰上的皈依。在一般的还愿方式以外，还有一种"助善"式的还愿，即以一种更加积极的贡献方式表达谢恩，与某一仙家建立长期的神缘关系（梨乡将这类信者称为行好的）。① 无论哪种"还愿"方式，都明白无误地体现了民间信仰中的神人交换关系，内里则反映了民众宗教意识里人神同理的观念，即神仙也要收取回报。或者说具有空间属性的"物"是神人交往的必要媒介。

当然，人们对灵媒的信仰实际是对灵媒所顶仙家的信仰，如前文所述，"四大门"在神灵谱系里位格较低，甚至可以被人召之即来，挥之即去，能造福人也能危害人。故此，"四大门"信仰并不具有绝对的普遍性。人们在生病后也可以不通过灵媒而直接到庙里求助位格较高的神灵，比如关公、观音等，或与需求相应的神灵，比如药王等。在庙里的求助，通过许愿和还愿两个程序来完成，这里不需要"仙家"中介，人神可以直接沟通。当然，这种沟通亦少不了用以"许愿""还愿"的实在物品。

需要指出的是，灵媒与病人并非两个人之间的身体交流，而是两个家庭之间发生的关联。如前文所述，在传统社会中，个人最初的身份来源于家庭，进而个体的病症既是个体健康发生了问题，也是家庭空间失衡的表现。所以向神求助的行为，并不一定需要本人来做，家里其他人也可以代做。比如母亲为孩子求，妻子为丈夫求，儿女为父母求等，如李慰祖在调查时曾为奶奶求香。② 在求助时人们要紧的是要报清楚家门，通常以某门某氏来表达。时至今日，人们仍延续着这种表达方式，如岳永逸在梨乡的调查所见：张门马氏为病腰腿、刑门铁氏病痛胃……③灵验之后的还愿，仍然可以请家人代还。如河北梨乡一位叫仁章（1920年生）的老人，在

---

① 李慰祖著，周星补编：《四大门》，第87—89页。
② 李慰祖著，周星补编：《四大门》，第68页。
③ 岳永逸：《行好：乡土的逻辑与庙会》，第137页。

其十余岁时，为替病好后的奶奶还愿，在铁佛寺庙会期间，在茶棚里住棚两年，挑水、干杂货等。① 不难看出，这里求助的不是独立的个人，而是有着家人身份的个人。而这种劳役奉献的实质则依然是"物"的奉献，或者说是更高要求的"人身"的奉献。

另外，对灵媒来说，亦不能完全从家庭中独立出来。灵媒被各路仙家拣选后，获得顶香的资格是需要家人同意的，成为灵媒后，亦要在家中设立神案，并称其为"坛口"。对于家庭来说，求助的人所交的香资亦是家庭收入的重要组成部分，灵媒并由此在家中获得相当的地位。传统社会中，妻子一定是依附于丈夫的，所谓男主女从，但是妻子一旦做了灵媒，成为家庭经济的重要来源后，做丈夫的反倒处于"从"的地位了，甚至公公也要让三分。② 或者说，家里一旦安了灵媒的坛口，整个家庭无论是世俗的空间，还是神圣的空间都要以坛口为中心，于是，家庭变成了庙宇。

"坛口"最初是在家庭中建立起来的，人们基于对某一仙家灵验的信仰聚集在坛口周围，由此形成了以共同的信仰结合起来的团体。这种团体甚至采取了拟血亲的方式加强彼此之间的联系，如与灵媒结成干亲。③ 互相有师承关系或顶同一仙家的灵媒之间也称兄道弟，于是在家庭之外，基于神缘关系形成了信仰团体。这种以"坛口"为中心的信仰团体是相对私密的，因而具有一定的稳固性，并容易达成一致的行动，诸如义和团运动就是诸多坛口的联合行动的结果。

前文述及，"四大门"这类供人驱使的仙家在神谱上的位格很低，灵媒为了获得更加旺盛的香火及增加自己的神力，需要定期"进香朝顶"。朝顶并不仅是个人行为，还有一些善男信女也会同往。灵媒在进香前一个月，便会对有关系的人家（亲友及曾经看香的人）劝捐，各家量力而行。灵媒各"门"有自己的组织，以"坛口"为单位，若干同门"坛口"又结合成"会"，如"蜡会""海灯会""掸子会"等。京津地区的"四大门"灵媒以"五顶"（天台山、丫髻山、妙峰山、里二寺、潭柘山的岫云寺）为朝会地点，其中以丫髻山（也叫东山）最为重要，因为该山"王奶奶"（被灵媒称为老娘娘）是天下四门仙家总管的缘故。梨乡的灵媒（在当地被称为"香道的"）则到铁佛寺去进香，参加朝山茶棚会的女性一般

---

① 岳永逸：《行好：乡土的逻辑与庙会》，第236页。
② 李慰祖著，周星补编：《四大门》，第90页。
③ 李慰祖著，周星补编：《四大门》，第89页。

以"○门○氏"称之。如果因为各种原因不上山进香,灵媒同行便称其为当"黑差",即未被"王奶奶"允许,没资格顶香。① 朝顶进香是为了祈求老娘娘佛光普照,使其坛口香火兴旺。对此,民俗学者周星论断在进山朝顶的过程中,各香会、坛口之间"有着一种串联、互惠、捧场和轮值的关系,经由这些关系,我们可能了解到实际存在着一个地域性民俗宗教的信仰体系(亦可称为祭祀圈)"。这句话基本没错,但若能将祭祀圈改成信仰圈也许更为准确,因为对于朝顶进香的香会来说,共同的信仰对象和方式是各香会集体进香的根本原因。②

通过进香的方式,以家为中心的"坛口"与更大的信仰空间——庙会发生联系。有学者论证,许多"地方性庙宇的崇拜,都开始于一个家户空间的边界……借助户主的幸运以及对神的顺从而显露出来的那些幸运,累积起来而获得了声望"③。总之,无论是世俗空间影响力的扩展还是神缘关系的进一步建构,都使灵媒在时空层次上有了上升的可能。事实上,也确有"坛口"因香火旺盛,最终转移出家庭,成为一个地区的庙会。例如山东平原县因土匪猖獗,民不安居,而此时有人传出一种神道来,名曰"同心会",又名"红枪会",供奉"北极元天大帝"。由于红枪会的发展,土匪之势渐减,恰巧此时"祖师"大显灵验,时常临坛附体讲经说法。于是就有人提倡重塑"金身",重修破庙,继续进行旧有的香火大会。就这样,在1926年的三月初三"'元天大帝'的香火会又出现了。附近村民来避祸求福者络绎不绝"④。

生病(有事)的个人、失衡的家庭通过许愿还愿与顶香的灵媒及其坛口发生联系,进而灵媒及其坛口通过朝顶进香与家庭之外的更大庙会发生联系。这种联系以灵媒的"人神一体"之"异能"为关键环节,而灵媒的"异能"正是民众的空间观念的体现之一,更进一步讲也是民众世界观(时空观)的表现内容。类似以顶香、降神为主要信仰方式的民间信仰是基于共同的时空观念建立起来的,反映的是民众在意识层面的空间信仰系统,并最终使身体、住居与意识三个空间维度得以关联和沟通。

---

① 李慰祖著,周星补编:《四大门》,第80页。
② 林美容:《由祭祀圈到信仰圈——台湾民间社会的地域构成与发展》,《台湾史论文精选(上)》,台北玉山社1997年版。
③ 〔英〕王斯福:《帝国的隐喻:中国民间宗教》,赵旭东译,江苏人民出版社2008年版,第92页。
④ 《山东庙会调查集》,李文海等编《民国时期社会调查丛编:宗教民俗卷》,第206页。

小　结

如果说前三章的内容是基于地缘关系——日常住居建构起来的关于信仰的空间体系，那么本章内容则主要以神缘关系——信仰意识来审视民间信仰的空间本质。在此，我们可以将基于地缘关系建构起来的空间体系和基于神缘关系而形成的空间体系作为华北民间信仰存在的两种不同的空间系统，二者互相区别又相互联系。

首先，是区别。从空间表现形式来说，前者显然更具有外显性，而后者则相对私密；从结构上来说，前者相对松散，而后者则更显稳定。基于以上两点不同，前者更容易受到外力的影响和冲击，而后者则因其内部的稳定性和私密性可以较少地受到外来影响。尽管经历了"文化大革命"时期较为严厉的反迷信运动，但是20世纪80年代末期，以日本学者佐佐木卫为首的调查员们发现，北京房山区民间仍分散存在"求神问卦、跳大神治病"的现象。[①] 甚至时至今日，以地缘关系建立起来的民间信仰系统已经非常模糊和更加松散，但是以神缘关系结成的空间系统还顽强、隐秘地存在于乡间社会中。诸多民俗学者的调查足可以对此证实。

其次，是联系。两种系统均内在于乡民社会，以乡民为主体，都不同层次地满足着乡民的内在精神需求。周星说："'四大门'信仰，不仅相对完整地自成体系，体现出了一种'宗教'的形态，……同时，它实际上还可能是一个更为庞杂的宗教文化体系的一部分。"[②] 窃以为，这里所谓的"更为庞杂的宗教文化体系"正是本书中一直在试图论述的民间信仰之空间体系。

总之，"基于神缘关系的空间体系"与"基于地缘关系的空间体系"这二者在家庭这一信仰空间发生交接。因为，说到底，民间信仰是以家庭为基本信仰单位的宗教形式，它的存在意义在于现世的家庭福祉，而不是个体灵魂的来世得救。

---

① 佐佐木卫编：《近代中国の社会と民众文化：日中共同研究・華北農村社會調查資料集》，第202页。
② 李慰祖著，周星补编：《四大门》，第149页。

第五章　公共信仰空间里的国与民

近代华北乡村社会之民间信仰，无论是从家到村，还是从村到庙会都仍然保有相对完整的空间系统性。不过，从 19 世纪末开始，受西方启蒙思想之影响，民间信仰已经开始了命运转变。然而，这种转变的动力不是来自乡村社会本身的发展需求，而是在新知识分子的思想影响下，在国家政权进行现代化的过程中发生的。于是，在科学思想与民族主义的话语背景下，乡村教育作为反迷信、造新民的必要手段成为中国近代史上一个重要课题。

第一节　乡民的信仰、教育及其家国认知

传统华北乡村社会中，由于正规性教育的落后和稀少，民间信仰对于乡民有着重要的教化作用，其中包括道德的、生产的、娱乐的等诸多方面。在这种教育背景下，华北乡村民众形成了自身的家国意识，并影响着他们对外来事物的定位和判断。

一　民间信仰与乡民教育

清代乡村社会的教化体系乃是一个二元同构的组织系统，即由以保甲制为代表的官方教化组织与形式，及以宗族、乡约为代表的非官方教化组织与形式同构而成。其中，非官方的教化组织与形式又包括乡约、私塾（义学）、宗教（戏曲）三个部分。[①] 相比较而言，乡约对于民众来说，更多地体现为一种被动的约束功能。同时，也常与官方教化组织一样流于形式。而私塾（义学）和宗教（戏曲）则主要是通过民众主动接受的方式来实现其教育结果的。义学或私塾是传统乡村社会中主要的教育场所，所教

[①] 王先明、尤永斌：《略论晚清乡村社会教化体系的历史变迁》，《史学月刊》1999 年第 3 期。

读内容大致有《三字经》《百家姓》《千字文》等，其宗旨不外乎维护及传播儒家思想。不过，作为一种非官方的教化组织，它很容易受家庭经济、地方文化等因素的影响，导致仅有少部分乡民能就读义学或私塾。而且，乡民的受教育程度也是参差不齐，女性几乎完全被学堂教育排除在外。与此相比，在私塾（义学）之外的宗教（戏曲）则能以潜移默化的形式将生活经验、社会常识、历史知识等较为直接、有效地传播给广大的民众。

"民不知书，独好观剧"，很形象地写照了乡村民众对于戏曲的偏好，他们喜爱戏剧的原因有两个方面：娱神与娱人。"（一）娱神又分为几种：（1）庙会，每年定期的，像神的生日是。（2）谢神，还愿，祈雨酬神，秋收后谢土神。（二）娱人（1）罚戏（2）庆祝年丰（3）寿事（4）作为特殊市集招引买卖的工具。"① 戏曲既可以用来向神灵祈福禳灾，同时也可以用来娱乐、服务普通民众。于是，迎神赛会上的戏剧表演也就成为"神道设教"的重要手段。正如柳亚子所说："春秋报赛，演剧媚神，此本不可以为良善之风俗，然而父老杂坐，乡里剧谈，某也贤，某也不贤，一一如数家珍。秋风五丈，悲蜀相之陨星；十二金牌，痛岳王之流血；其感化何一不受之优伶社会哉？"②

华北乡村的戏剧表演内容十分广泛，主要包括以下几类内容。

历史故事类。其中较为有名的像《封神演义》《三国》《水浒》《杨家将》《包公断案》等。这些经过民间艺人演绎后的戏剧，其绝大多数的题材都来自小说或野史，早已失去了历史真实性。但也确实向乡村民众灌输了最基本的历史观，例如天下治乱、朝代更替等思想。③ 同时"脸谱化的艺术形象强化了他们的历史观念，从而构成某种判别历史人物善恶好坏、历史事件是非曲直的具体标准。因为历史戏剧本身就是根据历史上政治之利弊以及个人行为之善恶，而编之演之"④。义和团运动时，众团员纷纷降

---

① 《民众戏剧专号》，《山东民众教育月刊》卷4，1933年第8期。
② 柳亚庐：《发刊词》，《二十世纪大舞台》，1904年9月。
③ 河北涉县上清凉村庙会时流传至今的历史剧目有：《渑池县》（商末）、《大会垓》（秦末）、《长坂坡》（三国）、《美良川》（隋）、《杨色汉征南》（宋）、《宁武关》（明）等，此外还有新中国成立后新编的《解放平壤》；弹音村的历史剧目有：《孙武子炮雷行兵》（春秋）、《虎牢关》（汉末）、《水困涿州》（唐）、《宁国府》（元）等。很明显，这些历史剧故事基本上每朝每代的都有，在信仰的空间里，乡民就这样在耳濡目染中接受了历史教育。以上内容参见李伟《涉县上清凉弹音等六村迎神仪式与赛戏演出》，欧大年等主编《邯郸地区民俗辑录》，第7—8、18页。
④ 侯杰：《晚清社会文化与民间史观》，《清史研究》2000年第3期。

神附体的历史人物及其衣着装饰正是来自对戏曲人物的学习和模仿。

其次，宗教鬼神类也是乡村舞台上的重要主题，例如目连救母、钟馗打鬼等。这些以神鬼、阴府为主题的戏剧将阎王小鬼，玉皇仙女之类的形象都生动地跃然于戏台之上，不仅增加了乡民观看戏剧时的宗教神圣感，而且形象地表达了乡民关于善恶有报的道德观。总之，在香烟缭绕、众人叫好的看戏氛围中，乡村民众不自觉接受了"神道设教"的效果。

民间传说是乡村戏台上演绎较多的剧目，而这些剧目又多以爱情故事为主题，例如《白蛇传》《天仙配》《牛郎织女》《西游记》《红楼梦》等。现实生活中，常受传统礼教束缚的普通民众，在欣赏戏剧的过程中却得以将自然情感释放。同时，这种释放一般情况下又表现得十分隐晦，大多仅停留在言语层面。民国初年，定县本地有人说青年妇女喜看秧歌，是因为秧歌多有淫词浪语，并且往往有乡村无赖分子借端生事。对此，李景汉在亲自看过几次后认为："不一定比城市内的大戏、小戏或莲花落等显得坏。只因朴实的农民总以为几关乎男女爱情的表演就是坏的。"他还举例说："中华平民教育促进会某次给农民演了一个短篇外国电影。他们看到一个青年男子与一个青年女子拉手的时候，一个农人说，这张片子是荤的，及至看见父亲和他的女儿亲嘴，都以为是了不得一桩事，在他们看来更是大荤而特荤了。"① 其实，乡村民众对于爱情剧的欣赏，只为给单调的生活增一点娱乐，并没有跳脱于礼教的影响之外。

在戏棚旁边，常有民间教化组织前来布道。20世纪40年代，在中国游历的直江广治就曾在太原附近遇见两个讲善书的女人，她们来自河北顺德，与演戏的人一起到各村巡回宣讲《关帝圣君觉生真经》等内容，并以此维持生计。② 在传统乡村社会中，此类宣讲常使乡民在欣赏戏剧的同时，还能得到一些信仰方面的教育，而且对于维持正常道德秩序也有着不可忽视的作用。

除戏剧外，庙会上所卖的通俗小说也是乡民获得知识的重要来源，并成为那些粗识文字者在戏剧之外的又一娱乐方式。小说的种类有很多，诸如言情、武打、鬼故事等应有尽有。例如1934年的淮阳太昊陵庙会上，售卖的书籍有《张勋打南京挂帅平贼》《黄兴孙逸仙败逃外国》《闹洞房》《怕老婆歌》《二十五更》《张家湾瞧闺女清音曲调》《新媳妇求子》《采茶歌》《送寒衣哭长城》《酒色财气》《韩湘子上寿段》《新刻贤女劝丈夫》《小二哥作梦》《小大姐看瓜园》《宣统登极》《张勋复辟》《王小儿

---

① 李景汉编著：《定县社会概况调查》，第325页。
② 〔日〕直江广治：《中国民俗文化》，王建朗译，第133—134页。

赶脚》《庄稼歌》等类。这其中,小到家长里短、农耕常识,大到国家政事、治乱兴衰等都有涉及。如郑合成所说:"(这些书籍)虽然印制陋劣,不足与皮脊金字书比美,然而这确是真正民间文学,在民间流通的力量十分伟大。这一半是因为他的词意正适合乡间人民们的需要,一半是因为它的价值廉贱购得一本也不过只数枚铜圆罢了。"① 各种书籍中,尤以历史类书籍十分显眼,不过,其篇幅虽然较长,但内容却不切实际。例如其中的《张勋打南京挂帅平贼》《黄兴孙逸仙败逃外国》就有如下文字:

> 诗曰:孙文、黄兴反共和,二次革命起风波;张勋当殿挂帅印,攻打南京动干戈。四句提纲,话说宣统让位以来,满朝文武公举袁世凯为临时大总统。北京谘议院于民国二年电报各省大都督进京开会,投票公举大总统,各省都督一得电报,收拾起行进京,不提。只有湖南都督黄兴带领军师宋教仁来到南京,见了南京都督孙文,开口说道:"逸仙我兄,听我道来。"黄兴开口英英笑,尊声长兄听我明,你我去到北京地,开会投票举总统,也不知举着那一个,也不知选举旧总统。或者总统举着我,或者举着孙长兄。教仁一旁开言道,开言叫声二长兄,此回去到北京地,投票共举看分明,举着你二人总统到还罢,举不着总统总不中。革命本是咱先创,四十余年才创成,创成革命争天下,南半拉天都争清,争罢南边去占北,快带人马到北京。摄政王闻听这个信,未脱裤子出了恭。满朝文武都害怕,才上彰德请袁公。彰德府请出袁世凯,代领人马与咱争……威风凛凛齐呐喊,去上火车进北京,进到北京议总统,各个心中怀不平,刘彪心中暗打算,自来得炮拿手中,照准教仁开了炮,一炮打倒地流平,黄兴一见心害怕,孙文一见心内惊,两边兵将齐呐喊,快拿奸细莫稍停,刘彪这里拿主义,叠抉念咒显手能,隐身咒法念一遍,身子一扭无影踪,刘彪回到北京地,无有一人得知情……黄兴这里开言道,开言叫声孙仁兄,宋教仁即被人打死,哭死哭活也不中;不胜一怒反了罢,一直反到北京城……

书中还说道:

---

① 郑合成:《淮阳太昊陵庙会概况》,李文海等编《民国时期社会调查丛编:宗教民俗卷》,第282页。

(袁世凯)封张勋为正元帅,倪丹忱为副元帅,太子袁克定为正先锋,丹忱大少爷倪宝玉为副先锋。末后并说黄兴妻徐武英,因见克定是真龙天子,长的俊俏漂亮,便偷偷的与克定结成夫妇。黄兴的妹黄翠云,亦与宝玉结为夫妻,合兵攻打南京,黄兴、孙文见大势不好于是"投奔西域国"去了。①

郑合成感叹:"这段故事可谓荒谬已极,不过它的流播势力较诸邹鲁所著《国民党史料》,萧一山所著《清代通史》,普遍得多。由此我们也就可以知道民间所认识的历次革命是怎样一回事了。"事实上,这些粗陋的书册才正是"真正的乡村读物,是民众获得知识的真正源泉。由这些作品可以知道乡间民众知识真相,由这种知识,我们可以推定中国社会性质的一部分"②。诚然,借着这些通俗读物的传播,以及戏台上的演员、乡间说书人的演绎,一段为普通民众所理解和接纳的历史便活灵活现了。尽管这些历史知识大多距乡民现实生活较远,但仍给他们以较为广泛的想象空间。

此外,庙宇中的各种建筑艺术等也给乡民以直观的教育。例如,山东博兴县王海镇菩萨庙,有坐南朝北的大屋三间,里面"是雕梁画栋,金碧辉煌。四面墙上画的,什么三国时的英雄呀,西岐时的好汉呀,样样俱全。大小神像十二座,都在这屋里陈列着。这些神像都是用麦穰泥塑的,有的笑,有的哭,还有很和善的。最惊人的是那两个守门的将军,一个拿大刀,一个拿长矛,咧着嘴,龇着牙,青的脸,红的发,真令人害怕"③。来此赶庙会上香的民众之思想意识很容易受到这些雕塑的熏陶、感染。至于虫王手里的瓶子,观音手里的柳枝,送子娘娘怀中的小孩子这些具有明显象征意义的雕塑符号,既是乡土文化的反映,也同时将其中所蕴含的信仰、教化等意义继续加以传承。

公共信仰空间内,人们的任何信仰行为也都有一种向他人示范的作用。这种信仰仪式方面的示范,甚至比书籍或戏剧等方式所起的作用更大。淮阳太昊陵有岳武穆庙,香火并不盛,庙前有五个高约三尺的铁人跪

---

① 郑合成:《淮阳太昊陵庙会概况》,李文海等编《民国时期社会调查丛编:宗教民俗卷》,第282—283页。
② 郑合成:《淮阳太昊陵庙会概况》,李文海等编《民国时期社会调查丛编:宗教民俗卷》,第283页。
③ 郑合成:《淮阳太昊陵庙会概况》,李文海等编《民国时期社会调查丛编:宗教民俗卷》,第204页。

像，分别为秦桧、秦妻王氏、万俟卨、张浚及王俊，赶会的人们常常用砖石击打这些跪像，或者将泥巴涂在铁人面孔上。据郑合成记述：

> 王氏双乳高突，乳头暴出，宛如真者。游者无论男女，必以手摸之，因年代已久，且摸者众，故滑润无比，晶莹可鉴。余观时，正有四五男子自远处取大砖块来，努力碰砸，继至者，有十余妇女，拾男子所用之碎砖砸之，并相继摸王氏乳。中一约十七八岁女子……似是大家闺秀，亦杂众妇女中砸之、摸之……临去又以附近泥土涂诸像。此去彼来，络绎不绝。
>
> 男女砸时，有先向旁人问"哪个是秦桧"者，砸桧像时颇用力，并倍其击，且于击时喃喃相骂："你还害人不，你还害人不"。余因旁立久，乡老及妇女相问者屡，因各像下均铸各人姓名，即指以告之。砸毕即去，绝不留恋。①

上述庙会中众多男女乡民虽吝啬于向庙内的关岳神像敬奉香火，但对秦桧及其妻却恨之切齿，这真切地反映了他们对于南宋时期岳飞抗金却惨遭陷害这段历史的熟悉，并清楚地表达了普通乡民对于历史人物之忠奸善恶的价值判断和选择。他们虽然大多并不识字，但并不意味他们不了解历史，民众并不乏从书本之外获取历史知识的途径。事实上，关岳庙存在本身即是一种生动的历史教材。另外值得注意的是，日常生活中为礼教所束缚的乡民男女在摸秦桧妻——王氏之乳时，却并无任何羞赧之情。这是因为，当一种行为在特定空间内被广泛效仿时，它也便具有了公共性，事物本身的意义也会随之被新的象征意义所遮蔽。公共空间内的群体行为所具有的教化作用是非自觉的，因此接受的对象也就无法确定或被选择。郑合成在一周后再到岳武穆王庙时，就发现了另外一番情形："有十五六岁男童五人，徘徊于秦桧等铁像侧，一童正抱桧妻作淫态淫声，余嘱以目，彼觉，遁诸童后。"② 位于庙会这一公共空间内的秦桧等人的塑像，给赶庙会的成年男女以宣泄历史忧愤的机会，但其恶俗的表达方式却同时也不可避免地在一般的历史教育之外，又成为当地孩童们模仿并发挥的对象。

公共信仰空间内，民众的信仰实践还常常会因其偶然的应验而被众人

---

① 郑合成：《淮阳太昊陵庙会概况》，李文海等编《民国时期社会调查丛编：宗教民俗卷》，第300页。
② 郑合成：《淮阳太昊陵庙会概况》，李文海等编《民国时期社会调查丛编：宗教民俗卷》，第305页。

盲目效仿，由此所带来的群体性伤害也就不仅仅是物质或心理上的，甚至是身体上的。例如，民国时期，山西某地庙内供有眼光娘娘，乡民对其极为敬重。"她的庙前常置一水缸，四方有眼疾者无论男女老幼，均往洗之，有风火眼，痧眼……皆在此缸中洗治，以致该水变为传染眼疾之媒介物。轻者洗之则重，重者洗之则瞎。以致愈洗愈重，愈重愈洗。无眼疾者，亦恐其生疾，洗之预先防止。亦由无疾而成为目病，因而一人传十，十至百千。近来政府及一般中学生费尽心力而终无法使之觉悟。其势力诚可算大。"① 事实上，这种势力并非来自对眼光娘娘的真诚信仰，而是公共空间内的盲目从众行为。在科学知识匮乏的传统乡村社会中，经验对于民众日常生活具有十分重要的意义。问题在于，当这种经验发生在公共信仰空间内的时候，往往便会因为"神灵"的参与而使经验变成了不容置疑的灵验，而且会因为谣言和传说等不可控因素使民众的效仿行为更加盲目。因此，所谓"神道设教"在面对民众盲信的时候，其教育效果也便不可避免地发生了事与愿违的变形或扭曲。

综上所述，传统乡村社会中，在正规教育系统缺失的背景下，民间信仰自觉或不自觉地起着"神道设教"的作用。同时，这种被动的教育方式所产生的效果多是片面的、零散的，甚至是歪曲的，其负面影响也必然会直接体现在民众的世界观及其对家国的认知上。

二 信仰意识与家国认知

在华北乡村民众的宗教意识中，除人世外，神鬼世界包括两个部分：天界和阴府。前者是由玉皇大帝掌管，包括所有可以干预人间祸福的神灵；后者则归阎王爷、城隍等管辖，主要包括芸芸众生死后的鬼魂。因此，华北乡村家庭内的祭祀大多也分为两个部分，即祖先祭祀（鬼魂）和神灵祭祀。不过，在民众的宗教意识中，这两个看似相对独立，并有明显分界的信仰体系并不矛盾，而是相互补充，共同构成了他们的信仰观。具体说来，便是以玉皇大帝为首的各路神灵掌管现世的一切祸福灾祥或资源机遇，以阎王爷为首的阴曹地府则负责人们死后的功德审判或来生轮回。现世的人们则根据自身的需要，通过祭祀仪式与这两个不同性质的神鬼世界进行沟通，香火也便成为人、鬼（或祖先）、神得以沟通的主要媒介。香火点燃的时候，阴曹鬼魂或天上诸神在民众的意识中都会参与到现在的世俗空间内，此时的空间世俗性隐退，神圣性显现，人与神（或鬼）完成

---

① 赵俊峰：《破除迷信与农村经济的关系》，《互勉》1935年第3期。

意志的交流。

关于华北乡村民众对天界和阴府的认识之具体情形，侯家营村的侯定义老人曾有过如下解释：

> 关于人死后到阴间去的看法。据说，人死后魂魄首先到本村的五道庙或土地庙，城隍庙接到报告后，便派判官带着生死簿，到五道庙（土地庙）调查。生死簿上写着死者前生的名字和今世的年龄以及一生所做的善恶之事，据此，城隍判定此人在阴曹地府所受的待遇。即按照因果报应的规则使好人得善终，恶人得恶果。死者被埋葬后，魂魄也会随之被带到阎王那里。一殿的阎王询问死者生前所做的善恶事。恶者一般都不说恶事，只说善事。一殿阎王把口供全部做了笔记后，把魂儿送到二殿阎王那儿。二殿问过同样的事情并做笔记后，再送到三殿阎王那儿被问同样的事，如果还是不诚实，就会遭受与生前恶事相应的锯拉、油锅、飞叉、炮崩等惩罚。四殿的刑罚和三殿一样，五殿有反光镜，那上面写着生前所有的善恶。于是，魂儿对自己的罪行便不得不招供。据此，要接受挖眼、扒心、刀肠子等惩罚。接下来去六殿，再确认一遍五殿问过的恶事，并且让魂儿说说对处罚有什么不满。在七殿再让魂儿承认一次自己的错，八殿又重复一遍。九殿根据恶事判断来生将要变成狗、猫、老鼠等什么动物。到了十殿，变成猫的给猫皮，变成狗的给狗皮。就这样，做了坏事的魂儿就全部通过阴府，完成转世。与此相比，做了善事的魂儿在阴府的经历则要简单得多，在一殿被问善恶事后，如果确实没做恶事只有善事，则由日巡、夜巡两个鬼差证明，能一路通过十殿。到五殿的时候也看反光镜，六、七、八殿则根据做了多少善事给评语，十殿总结一下各种评语决定来生幸福的多少。如果只做了一点善事，今世有十亩地的话，那来生就会出生在有二十亩地的家里；做了很多善事的话就会让当官；不仅自己做好事，还劝人做好事的话就可以做学者做大官。①

以上便是侯定义老人对于人死后经过阴府的认识，抑或说是想象。不同地区的民众，甚至不同的人对于阴府的意识各有差异，但大体都是关于"阎王的监察、惩罚之权力""今生善恶决定死后报应""子女的祭祀可以减轻死者在阴府的痛苦"之类的说法。很显然，乡民对于死后阴间情形的

---

① 《中国农村惯行调查》卷5，第132页。

想象，是以其现世的生活经验为蓝本，同时也是普通民众对生命本身的价值及其终极归宿的追索和思考。另外，很明显，这种对阴府的空间想象受到了佛教转世观念的直接影响。

在人类生命之外，民间信仰也为自然界本身的诸种现象提供了另一套解释，即对神灵世界的认知。乡民认为，地上的各种现象都是天老爷即玉皇大帝的意思。玉皇住在天上，部下包括左右四大天王、十八罗汉、二郎、哪吒，再下面是雹神爷、风婆、虫王、灶王、龙王（有很多龙王）等。玉皇根据一年的天时气候，派遣诸神为人间兴风作雨，例如龙王降雨、雹神下雹、风婆刮风、白龙降雪、雷公打雷等。大体上有"甲子丰年、丙子旱、戊子蝗虫、庚子乱、惟有壬子水连天、十日无子天下乱（从一日到十日没有婴儿出生，天下就会大乱）"的规律。所以民众有责任修庙供神，以祈求天上诸神保佑地上能风调雨顺。① 显然，华北乡村民众对诸神世界的认知更多地来自道教的影响。如果说佛教对民间信仰的影响多集中在死后的灵魂归宿上，那么道教则主要影响了乡民对现世的生活的态度。

雨水对于乡村民众来说是极为关键的自然资源之一。侯家营的另一侯姓老人深信，龙王赋予雨水以威力，因此植物才能借着土地和雨水的力量得以成长。关于龙王、雨水、民众、国家之间的关系，这位老人与日本调查员有过如下的对话：

> 问：龙王为什么要降雨？
> 答：水是万物之源，没有它，人就不能生存，所以要降雨。
> 问：雨水在没降到地上的时候是谁的？
> 答：雨水是龙王造的，是龙王的东西。
> 问：雨水降到地上后就不是龙王的了吗？
> 答：水和土地都是国家的，人们租来用。
> 问：龙王下雨是给国家的？还是给县、村或者说是个人呢？
> 答：给大伙的。
> 问：大伙和国家是一回事吗？
> 答：人聚集起来就成了国家，是一回事。
> 问：龙王把所有的雨水都转移给国家了？
> 答：不太清楚。

---

① 《中国农村惯行调查》卷5，第297页。

问：那么人们使用雨水的时候，因为是用国家的东西，所以要珍惜吗？

答：当然。不可以乱用。

问：雨水降到农民的田地里的时候，那些水是谁的？

答：民地所有者的，怎么样用都可以。

问：可是，雨水不是国家的吗？

答：虽然是国家的，但落在民地上以后，民地所有者就可以用了。

问：所有的土地都是谁的？

答：都是国家的，人们租来种，然后缴纳田赋。

问：土地是国家的，雨水落在土地上是民有的吗？

答：不。两个都是国家的。①

在这段对话中，可以清楚地看到民众眼中的神灵、国家与个人之间的关系。虽然其中的逻辑关系不甚清晰，但大体上仍然表达了这样的内容：即神灵在上，他赋予地上所有人以生活资源，而国家则负责管理这些资源。这其中既有简单、朴素的天赋人权之思想，也包括对于国家统治权的承认和维护。事实上，民众对于国家权力的空间与自身日常空间的界定是比较明晰的。可以说，民众对于神灵的尊崇和敬畏更多地出于维护自身生活空间安全的需要，而对于国家权力的承认则可归源于对神灵的最终恭顺。这与专制皇权所标榜的天命思想是一致的。

侯家营的村庙前曾有两个旗杆，在反迷信运动还未深入该村落的20世纪40年代以前，每到新年和端午节的时候，村民就会挂上写有"风调雨顺""国泰民安"的两面旗子。② 在民众的眼中，这两个愿望同样重要，而其最终实现却需要神灵的保佑。换句话说，当国家政治有利于民的时候，百姓可以为国祈福，但当其为政不仁的时候，百姓也会站到当权者的对立面，推翻其统治。19世纪末，大刀会刚刚兴起时，他们的旗帜上便是"替天行道""杀富济贫"的字样。③ 这里所谓的"替天行道"在中国传统社会中，从来都是王朝更替及农民起义时所热衷的口号。从根本上说，传统社会里的乡村民众的空间安全感及自身生存权利依托于神灵，而不是国

---

① 《中国农村惯行调查》卷5，第298页。

② 《中国农村惯行调查》卷5，第37页。

③ 山东大学历史系中国近代史教研室编：《山东义和团调查资料选编》，齐鲁书社1980年版，第12页。

家。即普通乡村民众较为关心的是在神灵的福佑下，自己的生活空间是否安全，至于国家由谁掌权，他们并不太以为意。20 世纪 20 年代，李景汉在北京郊区的挂甲屯村得到的一组调查结果亦充分说明了这一问题：

> 问："现在大总统是谁？"在调查的三个月内中国并无大总统，正当张作霖在北京自称为安国军总司令，顾维钧与杜锡珪前后为国务总理的时候。百家中回答对了的，就是回答没总统者，只有八人，回答不知道者九一人，回答王世珍为总统者一人。
> 问："现在管理中国的是谁？"回答张作霖者计一〇人，回答北方张作霖而南方为蒋介石者一人，回答顾维钧者一人，回答杜锡珪者一人，回答兵，有兵的人，及没有准人者各占一人。以上的回答总算不坏，尤以末三个答案为有趣。其余的八四家都回答不知道。
> 问："民国是什么意思？"回答人民平等者五家，回答没皇上者四家，回答以民为主者三家，回答取民意者一家，回答民人受苦者一家。此外八六家的答案是不知道。
> 问："民国好，还是有皇上好呢？"回答民国好者占五分之一而强，回答有皇上好者占四分之一，回答一样者占三分之一而强，回答不知哪种好者约占六分之一。①

李景汉在京郊另外的三个村子中 64 家的调查也得到了类似的结果。而且，对于"民国好还是有皇上好？"这一问题，64 家中"回答有皇上好者竟有四一家之多，占答案总数的三分之二；回答一样好者一五家，约占四分之一；回答民国好者仅八家，占八分之一"②。这些统计结果固然会受特殊社会背景的影响，但也足以说明乡村民众对于国家的认知程度。当权者的不作为甚至还会影响到民众对于民族危难的看法。有调查者在山东勾家庙庙会上曾有如下经历：

> 今年的会期，正是热河失陷后的第七天，我也无心听唱，想借这机会。对大众演讲，唤起他们爱国的热诚。结果被许多人毁谤讥笑，把我的勇气打消，只贴了几张"抗日救国"告民众书就完事了！③

---

① 李景汉：《北平郊外之乡村家庭》，上海商务印书馆发行 1933 年版，第 78—79 页。
② 李景汉：《北平郊外之乡村家庭》，上海商务印书馆发行 1933 年版，第 100—102 页。
③ 王东运：《勾家庙庙会》，《民众周刊》1933 年第 20 期。

比起对于地下与天上之神鬼世界的详细描绘，民众对于相关政治常识可以说相当无知，而且对于国家危难也似乎表现得十分冷漠，却不能据此简单地为其贴上愚昧的标签。这是因为，长久以来，在下层民众的生活经验中，国家不过是一个收税、征兵的机关，而不是自身权利的切实保护者。与此相比，庙宇内的神灵却可以把个人及其自身生活空间结合起来，至少在精神上可以为其提供必要的安慰和庇护。换句话说，比起国家，神灵更容易让人信靠，尽管这在很多情况下都仅是一种心理安慰。至于"为人容易做人难，再要做人恐则难。心无愧做无难处，对天可表自身安"①这句民谚，正恰当地表现出了乡民从自身内省中向神灵寻求终极平安的宗教意识。可以说，近代中国的乡村社会中，对普通民众来说，"国家"在大多数情况下是处于缺失或虚拟状态的，甚或以负面形象出现。而这也正是现代知识分子参与公共信仰空间的重要原因之一。

第二节　公共信仰空间里的知识分子与农民

近代西方启蒙思想传入后，知识分子群体广泛接受了科学知识，并在民族主义的影响下，致力于反迷信运动。于是，为了再造新民，民间信仰便成为他们首要予以批驳与改造的对象。也因此，在知识分子积极参与的反迷信思想传播及其实践中，近代华北乡村社会的公共信仰空间成为国家现代化建设的规划对象。

一　形形色色的反迷信②思想

传统社会，知识分子与帝制国家对于民间信仰的态度是一致的，即以神道设教。他们一方面反对乡民在信仰实践中过度糜费及有伤风化的行为，另一方面也常常以组织者的身份实际参与到地方性的集体祭祀活动中。及至近代，随着科学思想的传播，这些处在时代转型期，并受过传统教育的地方精英对于民间信仰的看法也随之发生了变化。他们的反迷信思想在激进的声音中大多并不被人关注，但仍清晰地表达了这一特殊群体基于自身感受而产生的反迷信意见——有限度的肯定或否定。

---

① 《中国农村惯行调查》卷5，第132页。
② 《汉语大辞典》里的"迷信"一词有两种含义：其一指信仰神仙鬼怪，其二指盲目的信仰崇拜。《辞海》的释义更为具体：相信星占、卜筮、风水、命相、鬼神等的一种思想。亦指盲目信仰或崇拜。

首先在祖先祭祀的问题上，地方上的传统知识分子大多从儒家礼法出发，肯定祖先祭祀乃善俗，认为"孝""礼"乃信仰之核心因素和目的，关乎公序良俗之维系。例如《新城县志》载："民国丧礼，改三年之丧为二十七日，官不解职，士不辍考。自父母始殁以至除服，凡先圣、帝王所定一切之礼，悉废不用。此四千余年一大变也。孔子曰：'慎终追远，民德归厚。'此之不务，而欲民德之不偷，岂可得哉。"① 这段话表达了作者对民国以降丧礼改制的不满和对民德维系的担忧。② 同时，亦有人对于民间演戏酬神的祭祀方式给予肯定，并对民国以来百姓因生计、治安等问题停止演剧的情况表示叹息："至献戏酬神，清代期绝不爽，迄于民国初年，尚能继续，不过期移前后，略有变更，虽属迷信，借此稍娱劳作之苦。民十以后，苛捐杂税，兵匪频临，民不聊生，胡能演剧，鼓乐歌声不见于吾县者，几十五年矣。民苦无穷，民乐未有，歌'誓将去汝'之诗，泪如雨下矣。"③ 作者从民生之艰难谈到习俗之变迁，提请人注意演戏酬神对于普通民众生活之重要意义，同情之意溢于言表。另外，对神道设教的观点，也有人仍然认可。《清河县志》的撰述者提醒反"迷信"人士应该饮水思源，不可数典忘祖：

  按社稷坛，人多疑涉于神权，视为迷信，抑知社司土稷司谷均创造土谷，利施兆民之先民乎。考春秋传，共工氏有子曰勾龙，有平之功烈，山氏有子曰柱，为稷官，周弃亦为稷官，吾中国自古以农为本，稷功在播种发明粒食，然五谷非土无以生，故自夏商以迄明清，均立坛致祭，以示推本报功与欧美各邦纪念创造事业伟人之义同一心理，若以为迷信，不免有数典忘祖之诮矣。

  八蜡庙……曰昆虫者，非祭昆虫，祭其除昆虫而有功于我者也云云。观此则知八蜡系大有造于农事之创始，先哲昭昭明矣。世俗误为蚂蜡神而祷之，固属笑谈，而不明八蜡意义之学子反以建置八蜡祠庙为迷信不尤令人可笑而可痛欤。

  马神庙……于社会大矣，饮水思源，实有立庙致祭之价，值若习焉，弗察视为迷信，岂不谬哉。④

---

① 《新城县志》，丁世良等编《中国地方志民俗资料汇编（华北卷）》，第332页。
② 与此相比，"五四"时期的新知识分子群体则对传统的民间丧葬仪式进行了彻底的批判，并提出了新式丧礼观，推动丧葬礼俗的变革。参见梁景和《近代中国陋俗文化嬗变研究》，首都师范大学出版社2007年版，第181—191页。
③ 民国《阳原县志》，卷10《礼俗》，民国二十四年（1935）铅印本。
④ 民国《清河县志》，卷2《舆地志》，民国二十三年（1934）铅印本。

以上文字，作者认为诸学子误解古圣先贤立庙敬神之本意，反用"迷信"之名加以反对，实为可痛可惜之事。同时他也承认，风雨雷电山川坛"此本属于神权时代之旧制，亦含有神道设教微意。当此科学昌明，风云雷雨据物理学气象学均有确实之证明，废之亦宜"①。甚至认为，为继先人之衣钵，应该"将药王庙重新修建立医学研究会，凡古今中西内外两科之精蕴详为解释地，有裨于人生大矣。又何至杂病流行，仅诿天命而束手待毙哉！"事实上，对于民间信仰的这些复杂看法，正反映了处在社会转型期的传统知识分子已经受到了科学思想的影响，并有努力适应的迹象。只是受儒家思想之影响的地方知识分子在反迷信运动中，他们保留了自己的看法。与此相比，受过新式教育的青年人则大多都更为积极地参与了反迷信的言论传播及实践。不过，对于民间信仰在乡村社会中的价值，他们也是众说纷纭。这主要包括了两种态度：激进的和缓和的。

激进者对民间信仰的批判态度首先集中在经济问题上。他们大多认为无论是人生礼仪，还是庙会活动中的迷信行为都糜费耗材。类似言论在当时各种公开出版物中连篇累牍，例如"据金陵大学农业经济系的调查，平均六人之农家，每年教育宗教娱乐费共计洋二十元零六角，而宗教费竟占去四分之三。两相比较，能不愧心？由此可见中国农民教育之娱乐费，全被迷信占去了！"②平原县元天大帝庙会中"烧纸烧香，耗费金钱，每年不下几百元之多……但愿我同胞，不要竟以迷信为事，要自己振作起来，打倒各帝国主义者，而土匪也就无形之中自己消灭下去了，这种迷信的法子是不可靠，终有败露的一天"③。知识分子有感于社会改良事业中财力匮乏，而民众烧香点纸却耗费可观。他们受民族主义思想之影响，将民间信仰与救国事项相联系，从根本上来说，所关注的目的不在信仰本身，而在救国及现代化的任务。也因此，乡村妇女成为反迷信运动的主要教育对象。

另外，从强国强种的民族主义思想出发，再造国民之母成为知识分子积极关注乡村女性的根本原因。他们认为，女性比男性更容易沉迷于神灵信仰，有人说迷信一事，"男子稍具知识者尚能破除，但无知妇女痼弊仍

---

① 民国《清河县志》，卷2《舆地志》，民国二十三年（1934）铅印本。
② 赵俊峰：《破除迷信与农村经济的关系》，《互勉》1935年第3期。
③ 张耀中：《平原县元天大帝庙会》，李文海等编《民国时期社会调查丛编：宗教民俗卷》，第206页。

深,一遇疾病,祈祷纷然。积习殊难骤改"①。胡家台庙会"远远的妇女都络绎不绝地来烧香叩头。什么求儿啦,送替身啦,种种的迷信至今还是盛行"②。总而言之,民国知识分子对于乡村女性"迷信"问题的特别关注,多以民族发展为依归,而较少谈及两性关系与信仰之间的联系。

在激进的反迷信者眼中,民间信仰中的乡村民众之形象无疑也是愚昧、野蛮的。1903年《大公报》载:"河北关上公议助水会等人集敛款项,召集轿夫幼童数十名用绿色下纱轿一乘,由西头大药王庙抬龙王泥像在各街游行,并有鼓锣齐鸣,幼童等均各涂抹脸面,装作龟形引导,每晚皆然。盖求雨也。昨有某国官员四人瞥见,悉其情甚为疑惑,趋至该处,寻见会首盘诘,谓如此办法果能降雨乎?真可谓野蛮之极矣。"③该文作者显然认为乡民求雨的行为有损国家形象,在公共场合被外国人瞥见,更尽显我民之野蛮;至于民生以及祈雨原因等却无意提及。另有一勾家庙庙会调查者,如此描绘参与信仰活动的乡民:

> 每年废历二月十五日,是演戏酬神四天的第一天;也是香烟最繁盛的一天。有许多卖纸箔元宝的,栉比似的在山门左右;门旁设警岗一人,非烧香的不准擅入,只见一些素服众望的先生们,扭天别地的村夫们,鱼贯而入,有的手持烟袋,有的背垂猪尾,对那些泥偶如狗黑子拜四方似的磕头!还有那吃斋好佛的太太们,打公骂婆的泼妇们,也摩肩擦背地往里挤。有的脚尖朝天,有的缵腰上弯焚上香,像鸡餐碎米似的磕头。最可笑的,就是白发老妇,对着鬼判很郑重的嘱托:"我的灵魂进来时,千万给我找个很安全的地方,我今给你烧一个大元宝。"④

从以上的文字不难看出,作者不仅基于科学思想反对民间信仰本身,并且话语中亦充满对乡民群体的鄙夷和偏见,而这正是民国时期诸多拥有科学思想的新青年对乡民信仰的一般态度。他们从未真正深入乡村社会之中,只因着对科学思想的追捧,借反迷信话语表明自己的进步,便不无偏见地批评民众之"迷信",至于信仰与乡民日常生活之关系则很少思考。当时既有人对此种反迷信态度表示担忧:"民国肇兴,破除迷信,一切淫

---

① 民国《续修藁城县志》卷1《礼俗》,民国二十二年(1933)铅印本。
② 王树枫:《胡家台庙会》,李文海等编《民国时期社会调查丛编:宗教民俗卷》,第205页。
③ 《野蛮行径》,《大公报》1903年6月11日。
④ 阳谷:《勾家庙庙会》,《民众周刊》1933年第20期。

祀皆废，而正祀亦因而俱废。夫祀典，所以表人心之宗仰者也。凡人有心，不可以无所系属。理想高尚者，其所宗仰正以确；理想低下者，其所宗仰鄙以俚。要为有所系属，以趋于向善则一也。人知迷信之当去，不知迷信而外尚有不可去者，存则非除迷信者之所与之也。"① 作者认识到宗仰之于人心的必要，这种看法较之一般单纯指斥民间信仰为迷信者的观点无疑要更为客观、理性得多。不仅如此，更有相当多的学者直接参与到华北乡村民众的信仰生活之中，以便对民间信仰的去留找到更为恰当、有效的处理办法。其中尤以顾颉刚、李景汉等民俗学家的观点为著。

深入农村的调查者们发现，民众积极参与庙会的原因，除信仰本身的驱动外，更受娱乐因素的影响。对此，容肇祖承认："我们不需歌颂进香的效用，我们亦不必鄙弃进香的迷信，但是从妙峰山进香人们得到的娱乐和安慰二方面看，不能全说他们是不对的。"② 乡民在庙会中的娱乐方式有很多，对此前文已有论述。在此想说的是，知识分子对乡村民众娱乐权利及其方式的认可，并非出于对天赋人权之理解，而体现了很多情感上的偏向。不过，至于如顾颉刚等能从民间信仰中发现民众之社交、审美、团结、教育之能力者，也确实能够说明部分知识分子勇于抛弃社会成见，调整自身社会角色以参与下层社会改革的努力。③ 在真切体验到百姓在信仰活动中的幸福与活力后，李景汉不禁叹道："孰为真宗教，孰为假迷信？孰为假宗教？孰为真迷信？哪一个为进步的、有教化的、引人为善的？哪一个为退步的、野蛮的、导人为非的？实在是一个问题。"④ 李氏对于反迷信之正当性及恰当性的质疑，反映了民国时期那些抱有改良思想的知识分子对乡村社会的深入思考。赵质宸甚至说：

"朝山进香"，是我国民族的一种普遍的风俗习惯，许多人都讥笑这是一种迷信。从敬神拜佛、免祸求福两方面看，这确实是一种迷信的举动。要之，在这种举动里面，寄托着我国民族的精神有教育价值的东西。从这种东西里面，可以找到中华民族的固有的优点和劣点，

---

① 民国《南宫县志》，卷5《法制志·建置篇·坛庙表》，民国二十五年（1936）铅印本。
② 容肇祖：《妙峰山进香者的心理》，李文海等编《民国时期社会调查丛编：宗教民俗卷》，第85—86页。
③ 参见顾颉刚《妙峰山进香专号引言》，郑合成《淮阳太昊陵庙会概况》序（三），李文海等编《民国时期社会调查丛编：宗教民俗卷》，第55—56、251—254页。
④ 李景汉：《妙峰山"朝顶进香"的调查》，李文海等编《民国时期社会调查丛编：宗教民俗卷》，第29页。

同时，还能找着建设国家的具体办法，以及民族自救的出路来。①

赵质宸从乡村民众的信仰生活中"找着建设国家的具体办法，以及民族自救的出路来"的这种想法本身，不能不说是知识分子对乡村民间信仰的中肯评价了。不过，内中关于知识分子和农民在改造与被改造过程中的身份定位问题，作者对本群体的社会价值还是有着清楚的认知和表达。杜赞奇曾说："中国现代知识分子……早已觉醒并将会解放那些'尚待觉醒'的国民的思想家……对民族——国家及其觉醒并进入现代抱有很强的责任感。"② 这种责任感在很大程度上表现为知识分子群体在改造农村问题上的自我赋权。因此可以说，不论是激进的迷信批判者，还是缓和的迷信改造者，在参与乡村社会的改造，表达自己作为新知识分子的身份，以及最终以民族国家建设为目标的思想理路方面其实都并无二致。不同的是，比起前者，后者的思想是建立在实际参与基础上的认真思考，而非仅仅是对"反迷信"这一流行话语的"迷信"。

二 知识分子的反迷信实践

新知识分子不仅对反迷信话语进行了各种形式的宣传，而且提出了去除迷信的方法，甚至实际地参与到了反迷信的实践中。民国时期，关于清除乡村迷信的方法，主要包括两种，即间接的破除和直接的破除。前者是指通过教育方式，使得民众自觉意识到"迷信"的坏处而主动放弃，以达到最终破除迷信的目的；后者则是知识分子群体直接走到民间，强制拉倒神像，毁坏庙宇，或者将其改为他用，使得民众失去必要的信仰环境，而实现迷信废除的目的。

教育是间接破除迷信的主要方式，前文已经论述过教育之于乡民的重要作用，新知识分子也普遍意识到，正是乡村正统教育机构的缺失影响了民众精神生活的健康状况。因此，普及乡村教育便成为反迷信工作的重要内容。乡村教育大体上可以分为两种方式，即学校教育和社会教育。从教育效果来看，学校教育显然要优于社会教育，但因其需要固定的场所、长期的经费以及必要的师资，所以在一般情况下，没有国家力量的强制干预和统筹规划，便不能得到切实的运行。与此相比，社会教育则具有耗费

---

① 郑合成：《淮阳太昊陵庙会概况》序（三），李文海等编《民国时期社会调查丛编：宗教民俗卷》，第251—254页。
② 〔美〕杜赞奇：《从民族国家拯救历史：民族主义话语与中国现代史研究》，王宪明等译，江苏人民出版社2009年版，第83页。

少、时间短、形式灵活等特点，而常为一般反迷信运动者所采纳。关于其具体方法，赵俊峰认为主要包括：

> 用完善而有兴趣的种种科学方法及证据，证明鬼神之有无。用中国的历史、圣人的训言，及关于破坏鬼神的中外古今小说歌谣、戏曲、诗词作证据，使农民深知自己过错，不断改过自新，向家族亲邻自动宣传。使农民的心理上、精神上整个打消迷信的鬼神的观念，而崇拜科学知识科学方法。利用飞机，电报，轮船，火车，汽车等物作证据，农民不能不明了而深信的。①

科学是近代知识分子破除迷信的首要武器，他们将迷信等同于愚昧，认为只要普及科学教育，让民众知晓自然现象中的科学依据，他们便自然会放弃所谓的迷信行为。对此，甚至有人提出了设立通俗科学院的想法，以便"一面可以将科学的常识，普遍永久的宣传，一面可以指导民众所做的各种事业及工作，变成科学化。科学一发达，迷信的观念，自然要减少或消灭"②。这些完全以科学代替迷信的想法有很多，却似乎从反迷信的一端走向了迷信科学的另一端。与此相比，从改善民生的角度来发掘反迷信的价值明显更切乎实际。持有这种看法的人认为如果忽略了迷信背后的症结所在，只是表面上破坏一些事物而不从根本上想办法，是不能收到预期效果的，反而要遗患无穷。因此主张：

> （一）厉行农村建设——复兴农村……至低限度要做到以下几种：
> （1）兴水利植森林，使农村免去水旱的灾殃。
> （2）设立农民医院，注意农民卫生，使农民减少疾病与衰弱的痛苦。
> （3）励行农村义务教育与成人教育，使一般农民都有做人的基础知识。
> （4）取消农村一切苛捐杂税，使农村经济得有复苏之望。
> 以上四种不但是建设农村最重要的步骤，而且是破迷信，打倒偶像的根本办法。
> （二）使农民有娱乐与交易的机会——除了含迷信性质的庙会我

---

① 赵俊峰：《破除迷信与农村经济的关系》，《互勉》1935 年第 3 期。
② 杭定安：《迷信与科学》，《社会月刊》1929 年第 2 期。

们要加以干涉加以取缔之外，只有娱乐及买卖性质的庙会，我们要加以提倡，同时要与以种种方便……在这会上，不但使农民得到快乐，得到买卖东西的方便，我们还可以藉这个机会来宣传读书的重要，及展览一些新式农具，供他们采纳。是一举两得最好不过的事了。①

从建设农村，改善民生的角度来废除迷信，显然比单纯的废除迷信运动更合乎乡村生活的实际。他们的出发点，不是先让民众明白科学的大道理，而是着眼于改善他们的生活环境，逐渐令其摆脱对神灵的依赖，以实现最终废除迷信的目的。

主张直接废除迷信的主要包括两方面：其一，以知识分子为主体；其二，以地方政府为主体。这两种情况在很多时候是合作的关系，但仍有不同的分界和各自的处理方法。以知识分子为主体的破除迷信运动，又大致包括两部分，即乡村建设者的改良实践和当地学生的废神运动。

破除迷信是民国各乡村建设团体的重要工作内容。晏阳初认为农村问题千头万绪，但有四个基本的问题，"可以用四个字来代表它，所谓愚、贫、弱、私"②。可以说，这里的"愚"字，即指乡民的迷信问题。19世纪20年代前后，李景汉等人在定县成立了"中华平民教育促进会"，开展乡村建设的改良实验，该会于1915年曾设立了改良风俗会，其职权由村公所执行，所实行的反迷信内容包括以下六项：

（一）男非满二十岁不娶，女非满十六岁不嫁。（二）女不准缠足，其已缠而未满十六岁者，得一律放脚。（三）丧事的照庙、说书、念经、糊纸人等项，概行禁止。（四）过年劳酒，应注重阳历，贴灶、门香一律禁止。（五）除丧事死者的子女，仍遵行旧礼，其余庆贺吊问，概行鞠躬，禁止跪拜。（六）其余一律迷信，风俗，都改正。③

以上六项中，有四项都是反迷信的内容。与其他反迷信的办法不同的是，深入乡村社会的改良者们已经注意到个体家庭是反迷信运动的重要对象。翟城村的改良风俗会也规定了几乎同样的内容："丧事之照庙、说书、

---

① 俞异君：《山东庙会调查集序》，李文海等编《民国时期社会调查丛编：宗教民俗卷》，第199—200页。
② 晏阳初：《中华平民教育促进会定县工作大概》，宋恩荣编《晏阳初全集（一）》，湖南教育出版社1989年版，第247页。
③ 李景汉编著：《定县社会概况调查》，第110—111页。

念经、糊纸人等项，概行禁绝；过年劳酒，应注重阳历，其贴灶门香等举，均在禁绝之列；除丧事死者之子女仍遵行旧礼，其余庆贺吊问，概行鞠躬，禁跪拜；其他有涉迷信种种风俗，应一律改正之。"① 经过各乡村建设团体的努力，他们所实验的村庄在反迷信的问题上确实有相当的改善。例如山东省祝甸乡实验区经过一年的民教工作，"农民对于普通的常识日渐增加，迷信的事情日见减少。对于国难的新闻，十分注意。他们常表示为什么中国不和日本拼命"②。这与前文所述的庙会上乡民讥讽宣传抗日者的情形已有了明显的变化。另外，河南安阳县西北的中山村，在1928年被定为试办的新农村后，随着改革的推进，村里的"神被打破了，庙亦掀了，各家所敬的杂神，亦均去了"③。除了具体的革除迷信风俗，以及对民众施以科学教育，乡村建设的运动者们④还将庙会中的戏剧改良作为重要手段。基于戏剧对华北乡民生活的重要性，他们认为通过改良戏剧的传播，可以"带给农民许多知识，并予以向上的鼓励，一切迷信的，堕落的，封建的遗形物，绝对得洗涤净尽的"⑤。知识分子参与乡村改造实践的目的，当然不单是为废除迷信，而是以救济国难，发扬民族精神，创造新中国之新民为最终目的。⑥ 可惜的是，这种本应以乡村民众为主体，却缺少其认可的宣传运动，在实施的过程中往往都是乡建运动者们一厢情愿。

除从城里来的乡建运动者外，乡村本地的知识分子也是反迷信运动的重要力量。中山村的反迷信运动开始于村里外出受过教育的青年人，他们回村后积极拒赌、禁烟、放足、去除迷信。⑦ 民国初年，山东临淄县有一个张老先生，就曾领着学生将排得很整齐的城隍庙内的偶像摧毁。⑧ 又如，王母阁庙会本为济宁市的第一香火大会，民初庙内设立了一个农桑学堂，庙神就被学生推到了水中，庙会也逐渐变小。⑨ 可以说，比起外来的乡建运动者，这些在学校接受了现代科学教育的本地人，更能改变民众的信仰状况。因为，他们往往从自家开始清除偶像，并将科学知识首先传播给家

---

① 伊仲材：《翟城村志》，1925年铅印本，第151页。
② 《一年来的祝甸乡实验区》，《山东民众教育月刊》1933年第4卷第6期。
③ 孙吉元等主编：《一个新农村》第一部，中华农村促进社发行1931年版，第9页。
④ 为行文简洁，下文将"乡村建设运动者"简称为"乡建运动者"。
⑤ 《民众戏剧专号》，《山东民众教育月刊》1933年第8期。
⑥ 梁容若：《河北定县参观记》，《山东民众教育月刊》1933年第9期。
⑦ 孙吉元等主编：《一个新农村》第一部，中华农村促进社发行1931年版，第8页。
⑧ 赵景周：《临淄县城隍庙庙会》，李文海等编《民国时期社会调查丛编：宗教民俗卷》，第219页。
⑨ 《山东庙会调查集》，李文海等编《民国时期社会调查丛编：宗教民俗卷》，第231页。

里人，从而对邻人和亲朋产生直观而强烈的影响。例如，冥婚在民国初年已被视为陋俗。沁水贾氏家族中16岁的女孩子因病去世，她在外任职的父亲"特矫而正之"，不为女儿冥婚，目的就是"可以为晋人法矣"①。知识分子在家庭内部的反迷信行为更容易有效果。而那些仅着眼于对庙会抑或村落这些较大公共信仰空间的改造，无视或无力参与家庭内部的反迷信运动，最终的效果也自然有限。毕竟，家庭才是民间信仰的核心所在。

可以说，经过知识分子的各种反迷信实践，乡村社会的公共信仰空间确实发生了一些变化。一些神像被拉倒，部分庙会也渐受冷落。福山县的只楚庙会上，甚至也悬起了"募化先驱"和"热心救国"的匾额，飘起了"打倒日本帝国主义""援助东北抗日将士"等红红绿绿的标语。②然而，这种教育是否真的有效，并产生普遍的影响呢？答案是不容乐观的。后夏寨村，身为国民党党员的教师带领着学生在保守的村民面前把龙王庙和真武庙的神像打破时，村人并不允许，"但是已经破坏了，也没办法，因为没有钱再重新修好"③。显然，村民在学生打破神像的事件中，是被动的，无奈的。他们并不是从内心认可这一行为。1928年，金乡县的城隍庙被改为校址，戏楼改为茶楼，之前的"迷信"活动看似是被清除了，事实上在老道将神像挪到另外的庙宇后，"烧香的、讲道的，卖香销、元宝的，也都跟了去"④。可见，这种反迷信的方式不过是治标不治本罢了。1930年代，一个在河北固安县柳泉村调查的学生提到："这个村镇中学校及区公所本对于偶像是极其攻击的，所以一般农妇们白日不敢去上庙，去的时候多半是晚上。"⑤至1940年代，一位细心的满铁调查员在吴店村也经历过这样一件事：一位老农在与调查员谈论民间信仰时，多次强调这些活动都是迷信的，神不过是泥胎偶像，人的努力才是关键。但当同席的教员离开后，老农便再也没有说过信仰是迷信的话。⑥某种意义上，知识分子的反迷信思想确实改变了华北乡村公共信仰空间的状态，部分乡民停止了在庙会、村庙里的信仰活动，但这并不能说明他们从内心接受了关于废除迷信的说教，更不能表示他们在家庭中实践了这种反迷信的思想。

---

① 贾景德撰：《沁水贾氏茔庙石刻文稿》，沈云龙主编《近代中国史料丛刊》第76辑，台北文海出版社1972年版，第759—760页。
② 《山东庙会调查集》，李文海等编《民国时期社会调查丛编：宗教民俗卷》，第210页。
③ 三谷孝等：《村から中国を読む》，第322页。
④ 《山东庙会调查集》，李文海等编《民国时期社会调查丛编：宗教民俗卷》，第234页。
⑤ 潘玉祿：《一个村镇的农妇》，《社会学界》1932年第6卷。
⑥ 《中国农村惯行调查》卷5，第429页。

对于乡村社会中屡禁不止的"迷信"行为，有人认为原因有二。首先，医疗卫生条件之差，使得民众除祈求神灵外别无所靠。"有病不知请医生看，也就没有人替他请医生看。他深深地相信泥胎会帮他的忙，一次不应两次，两次不应三次，以致无数次，假若不得好，不以泥胎为不灵，反倒怪着自己之不诚。他们有许多问题没有出路，只有诉之于迷信一途。"① 其次，便是习俗的影响。很多"迷信"并不仅是信仰的问题，而是一种习俗或礼节。例如，乡民行婚礼，总以拜天地爷为最重要的仪式。乡民甚至直接就将婚礼指称为"拜天地"。因此，要将对于天地爷的信仰彻底地从民众生活中清除出去，便是一个极难的问题。② 因为，从形而上来说，民众的宗教意识内在于他们的世界观之中，对"天地爷"的敬拜是民众需求时空终极安慰的最直白、最简单的表达。从形而下来说，这也是直接与民众的生活水平及生活方式密切相关的，简单的拉倒神像的行为并不能改变民众的宗教意识。也因此，有乡建运动者们试图从全面改变农村状况的途径彻底去除"迷信"。他们致力于乡村建设的实验，以便将成功的经验加以推广，然而却又失望地发现：

> 一个庄子有一个庄子的个性，换句话说，一个庄子有一个庄子的风气，此庄和彼庄环境固不相同，情形更是复杂。庄领袖，庄位置，庄文化，庄交通，庄历史，都影响到各个不同的庄风气来。因之，想定一种具体方法，供各地应用，倒成疑问了。好像农场实验一种农作物，离开其本场土质即不能有同样的收获。我们参照各地民教专家研究的途程去进行，得到了各种不同的结果与困难。③

该作者认为，各个村庄的相对独立性是乡村建设得以推进和展开的重要障碍。上文亦体现出知识分子在置身于乡村公共信仰空间中，并试图对其进行改变时所体验到的无力感。面对处于社会动荡期的广大乡村及各种情形的村落风气，这少数充满干劲的改革者，无疑过于理想化了。他们的作为，在某一特定的地区内，确实获得了明显的成就和宝贵的经验，然而，却缺少持续进行的动力和得以推广的条件。于是，由知识分子发起的这场轰动一时的乡建运动所产生的效果，就如昙花一般很快就渺然无形

---

① 潘玉琛：《一个村镇的农妇》，《社会学界》第6卷，1932年。
② 潘玉琛：《一个村镇的农妇》，《社会学界》第6卷，1932年。
③ 《一年来的祝甸乡实验区》，《山东民众教育月刊》1933年第4卷第6期。

了。也因此，有的知识分子便将最终的希望寄托于政府，他们发现："最难的还是对于行政机关的态度，我们相信推动民教事业，如果有政治力的帮助，效果便快便大；如果没有，效果便小便慢，甚至于阻碍你的进行。"① 在知识分子参与乡村建设运动的过程中，政府也并不是一个旁观者，只是各地方政府的参与程度有所不同而已。事实上，对于乡村公共信仰空间的改变，比起先行的知识分子群体，现代国家政权从来也没有放弃过自身对其改造的权力，不过这种改造是以对乡村社会的控制为实现的途径和目的。对于华北乡村民众来说，比起前者的温情和理想化，后者更多地表现为一种不可回避的强权和刻薄。

第三节 国家②、社会与民间信仰空间

在传统社会，乡村公共信仰空间是相对自由的，换句话说，乡村民众在完粮纳税之外，其日常信仰生活基本上都不受国家控制。清末以后，国家政权的触角开始逐渐深入民间社会，并将民间信仰资源视为其新政推行的重要财源。及至民国，随着知识分子反迷信思想的传播及民族主义话语的影响，在直接的财政干涉之外，国家政权出于经济和政治两个目的，开始加强了对乡村公共信仰空间的控制和改造。

一 空间的想象：正统与非正统

对于空间的想象和界定，传统社会从来不缺少神秘思想。越到地方社会，这种神秘的自然意识，甚至可以说对神灵信仰的偏向就愈发明显，到县一级的地方政府，神灵信仰更作为地方政务，而被切实地推行。不唯城隍之祭被严格遵守，其他诸如春祈秋报的泛神祭祀也是普遍进行的。每一县内的社稷坛、风云雷雨山川坛、先农坛、邑厉坛、关岳庙、城隍庙、文昌祠等祠庙都不一而足。祭祀方式与民间信仰并无二致，不同之处仅在于这些祭祀活动是由官方亲自主持、参与的。综合这些官方实际参与的信仰类别，从自然神到阴鬼都有。有求风调雨顺的、地方安靖的、崇功尚德的、人才气脉的，等等，均被囊括在内。如果将这些丰富的祭祀活动仅看

---

① 《一年来的祝甸乡实验区》，《山东民众教育月刊》1933 年第 4 卷第 6 期。
② 这里所论述的国家政权，既包括作为最高权力代表的中央政府，也包括隶属于国家政权体系内的地方政府。

作传统国家为控制地方秩序、以神道教化显然是过于武断了。

笔者以为,有神论在传统社会,至少在传统社会末期的明清社会从来就是与儒家思想为一体的,并充斥于从国到家的整个社会空间之内。从本质上看,并不存在知识分子与民众在信神与否的本质问题上的区别,二者的区别除祭祀目的和对象略有差别外并无其他。即使是在祭祀的目的上,也仅在于祈求空间的差异,地方政府的祭神是为求一方安靖,村落的祭神是为求一村之安靖,家庭的祭神是为求一家之安靖。从祭祀对象来看,差异似乎要明显一些,不过官方在主持其祭祀的时候也并不阻止百姓的参与。这与王斯福的研究结论是一致的。而不像杨庆堃所说的弥散性宗教与制度性宗教一样,都把国家在民间信仰中的实际作用完全忽略了。

当然,传统国家对民间信仰并非完全放任不管,她对于民间信仰的控制主要通过对淫祀的判断来实现。《礼记·曲礼》谓:"非其所祭而祭之,名曰淫祀。淫祀无福。"① 这里的"非其所祭而祭"包含越分之祭与未列入祀典之祭两种。其立足点不在民众信仰本身,而专意于其"靡费"和"惑众"的弊端,也即社会秩序的维护。对此,清人沈之奇在谈到"祭祀"条款中所强调的"煽惑人民"这一因素时明明白白地写道:小民百姓若是受惑于异端邪说,便可能产生思想"摇动",从而引致"蔓延生乱"②。这里,所谓小民百姓的思想摇动之去向到底是什么呢?很显然,是指其对当权者时空秩序的否认和反叛。民众不以皇历为时间之标准,不以皇权为空间之中心,却竟然奉主无生老母、向往西方净土,因而对当权者所不容。传统社会被打压的民间秘密宗教,无一不是因为在时空秩序上威胁了皇权的至上地位。

另外,在传统的国家政权对祀典和淫祠进行划分外,民间信仰多能在私祀这一缓冲地带得以留存和发展。"相对来说,北方,特别是华北地区,民间信仰受官方意识形态影响较大,地方文化传统的独立性没有那么强,因此表现出来一种相对正统化和单一化的特点。"③ 因此,在近代以前,国家对于正祀淫祠的划分政策并不会对其带来多大的影响。同时,大部分地方官基于地方社会秩序的维护,对于民间信仰也较少干涉。甚至在20世纪初,地方官员参与民间信仰仪式的行为还很正常。例如,俄国汉学家米·瓦·阿列克谢耶夫在旅行到山东曲阜的时候正赶上当地百姓祈雨,他

---

① (清)孙希旦撰:《礼记集解》,卷6《曲礼》,中华书局1989年版,第152—153页。
② 《大清律例会通新纂》第15卷,第12页。
③ 赵世瑜:《狂欢与日常——明清以来的庙会与民间社会》,第63页。

便发现当地县官不得不扔下正在招待的客人，临时跑去向城隍叩头，以安抚百姓。① 事实上，民国时期的报纸关于有关地方官祈雨的记载并不鲜见。可以说，到19世纪末20世纪初，虽然科学思想已经在知识分子群体中得到广泛传播，但无论是中央，还是地方，政府对待民间信仰的态度仍没有发生明显的改变。

民国以降，新的国家政权在某种程度上继承了明清时期"神道设教"的传统，并因着社会环境的改变，对原有祀典制度进行了革新。譬如袁世凯政府曾经变革祀天形式、恢复祀孔传统、规范英烈祭祀、推广关岳合祀、废除自然神的信仰等。② 如果说，民国以前的废禁淫祀，是皇权国家出于社会控制的目的而设定，那么，民国以后的祀典改革则与反迷信运动共同成为国家政权建设的重要组成部分。

20世纪30年代，国民党控制了全国政权后，为了推进其训政计划，政府内务部在全国范围内开展了一系列调查风俗和改良陋俗的活动。其内容涉及民间信仰的主要包括：调查社会习尚、婚嫁情形和丧葬情形；调查淫祠邪祀，并颁布神祠存废标准；废除卜筮、星相、巫觋、堪舆情形；取缔经营迷信用品业；废除旧历，普用国历等。③ 在此，仅以《神祠存废标准》④ 为例，来具体探析国民政府的民间信仰政策之立意，及其对乡村公共信仰空间的可能性影响。

《神祠存废标准》（以下简称《标准》）由国民政府内务部于1928年11月颁布并致函给各省照例遵行。《标准》开篇即明言"迷信为进化之障碍，神权乃愚民之政策"，这句话表明了科学思想与民族主义这两大社会思潮已然成为施政者话语合法权之重要来源。《标准》还认为，教育不能普及导致"迷信之毒，深中人心；神权之说，相沿未改。无论山野乡曲之间，仍有牛鬼蛇神之俗，即城市都会所在亦多淫邪不经之祀"。并因此认为，如果不对之加以改革，"不唯足以锢敝民智，实足腾笑列邦"。另外，所有为"民族民权发展之障碍者，均应一举廓清，不使少留余烬"。总之，在官方的话语体系中，民智与民权是其推进反迷信运动的两个根本原因。

---

① 〔俄〕米·瓦·阿列克谢耶夫：《1907年中国纪行》，阎国栋译，云南人民出版社2001年版，第111页。
② 许效正、张华腾：《试论民国初年（1912—1915年）的祀典政策》，《云南社会科学》2009年第5期。
③ 严昌洪：《1930年代国民政府风俗调查与改良活动述论》，《华中师范大学学报》（人文社会科学版）2002年6期。
④ 《中华民国法规汇编》，第4编"内政"，第六类"礼俗"，第五项"迷信"，中华书局1934年版，第807—814页。

为达到"于崇奉先哲、信仰自由之中,并除蛊惑人心、妨碍进化之患"的目的,《标准》规定可保存的神祠包括两类:先哲类和宗教类。其中,先哲类分为四种,即对于民族发展确有功勋者;对于学术有所发明利溥人群者;对于国家社会人民有捍患御侮、兴利除弊之事迹者;忠烈孝义足为人类衿式者。例如伏羲氏、神农、黄帝、嫘祖、仓颉、后稷、大禹、孔子、孟子、公输般、岳飞、关羽等。根据《中国国民党党纲》规定,人民有信仰之自由,因此,属于宗教性质之神祠一律予以保存。例如佛、道、回、基督四教。但对于那些假宗教之名,附会伪托之神与淫祠都在取缔之列。这些应废除的神祠也有两类。其一,古神类,主要包括日月星辰之神(日神、月神、火神、魁星、文昌等);山川土地之神(五岳、海神、龙王、城隍等);风云雷雨之神(风神、雨神、雷公、电母等)。《标准》认为,这些神虽然在历史上相沿崇奉,但如今才发觉其毫无意义,因此也就失去了存在价值。其二,淫祠类,其中又包括四种,即附会宗教实无崇拜价值者;意图借神敛财或秘密供奉开堂惑众者;类似依草附木牛鬼蛇神者;以及根据东齐野语、稗官小说、世俗传说、毫无事迹可考者。例如张仙、送子娘娘、二郎神、财神、瘟神、痘神、狐仙等。此外,还包括巫觋之流、假托木石鱼龟等类。不仅如此,《标准》还提出对得以留存的祀神礼节也应予以改良,否则"我最优秀之神农华胄若犹日日乞灵于泥塑木雕之前,以锢蔽其聪明,贻笑于世界,而与列强争最后之胜利,谋民族永久之生存,抑难矣"。因此,"旧日祭祀天地山川之仪式,一律不能适用。即崇拜先哲亦重在钦仰其人格,宣扬其学说、功烈,凡从前至烧香、拜跪、冥钱、牲醴等旧礼节均应废除。至各地方男女进香朝山,各寺庙之抽签礼忏、设道场、放焰口等陋俗,尤应特别禁止",以期改良风俗,开启民智。①

　　传统国家的废禁淫祀包括两个内容,即越分之祭和未列入祀典之祭两种。与此相比,现代国家基于反迷信、易风俗的目的而设定的存废标准,在某种意义上确实有着开民智、促民权方面的重要考量。如果说"存废标准"与"未列入祀典之祭"有内在传承的内容,那么,"越分之祭"则正是在信仰生活中基于社会身份而定立的阶层划分。而"存废标准"对这一点的放弃,表明其承认所有民众在信仰上的平等地位,有着明显的时代进步意义。

　　另外,从内容上看,《标准》的规定不可谓之不详。但凡民间所信全被囊括其中,各有所属。但仔细比对,就不难发现,在这个详尽的存废标

---

① 参见沈洁《现代中国的反迷信运动:1900—1949》,博士学位论文,中国人民大学,2006年,第245—260页。

准中，民间信仰可以说是完全丧失了其生存空间。也就是说，按照这个标准，华北乡村公共信仰空间内，民众的所有信仰行为都是违法的、毫无价值的，不是锢蔽民智，就是阻碍民权。值得玩味的是，这些充满想象的各种反迷信政策，却与那些激进的反迷信运动者的思路和做法有着十分相似之处。这一方面说明，国民政府行政能力的欠缺；另一方面也说明无论是那些激进的知识分子，还是国家政权，他们对于民间信仰及其民众日常生活情态都缺乏深入的了解，而是处于一种雾里看花的状态，并因此导致其政策的破坏之力明显多于建设之功。

除废禁淫祠外，国民政府还发布了其他反对迷信的政策，对社会上的恶风陋俗加以整治。例如《加强查禁社会群众神权迷信办法》《废除卜筮星相巫觋堪舆办法》《严禁药签神方乩方案》《取缔经营迷信物品业办法》等。① 同时，地方政府也纷纷颁布了各自的反迷信办法。例如青岛查禁神权迷信，山西改良门神等。② 然而都因为缺少必要的实施准备及社会环境，而濒于流产。对此，国民政府也不得不在态度上做出一定的缓和。1930年4月7日，蒋介石在总理纪念周发表演说词时宣布"在政府尚未筹有安置多数失业工人之办法以前，主张暂缓禁止（焚烧纸灰——笔者注）"③。可以说，正是因为政府的反迷信法令缺少切实的可实施性，民间信仰才得以继续存留。

综上所述，政府的反迷信政策不仅包括废禁的规定，也有改造的成分。其中一个重要的保留内容就是对"先哲"的祭祀，特别是对孔庙祭祀的维护，以及其对关、岳崇奉的继续。政府对民间公共信仰空间的弛禁政策，反映了国家权力在"现代化"的名义下，对民众日常生活空间进行改造的努力，尤以"庙产兴学"为其高潮。民国政府主持下的空间建构，当然不仅体现在对民众原有信仰空间的改造上，还包括对现代都市的重新布局，如兴建公园，竖立纪念碑，设置纪念堂、陈列馆等。④ 只是，国家层面的时空制度可以重新规划，但是深入人心的、久成习俗的社会层面的时空观念却难以一时改变，短期内强制推行改造政策，很容易造成民众无所

---

① 《中华民国法规汇编》，第4编"内政"，第六类"礼俗"，第五项"迷信"，第794—795页。
② 《青岛市政府查禁崇拜神权迷信》，《青岛市政府公报》1947年第3期；《改良民间门神》，《山西公报》1935年第36期。《河北省政府公报》1930年第535期，1930年第550期，1930年第596期，1931年第949期，1931年第953期等亦有相关通报。
③ 《国民政府令》，《中央日报》1930年4月8日第一版。
④ 岳永逸：《行好：乡土的逻辑与庙会》，第99—100页。

适从，结果也只能流于表面，不了了之。

现代化的政府不仅尝试改造民众的空间制度，也努力对民众的时间制度进行重构。其中，最重要的举措就是废除阴历，改用阳历。将旧历定义为"阴阳五行的类书，迷信日程的令典"。同时增加了一些新的节日，例如国庆日等。从时空秩序入手来造民众的思想，不能不算高明，然而可惜的是，由于脱离了乡村民众具体的生活背景，无论是改造过的信仰，还是新增的纪念日都与那些废禁淫祠的政策一样，缺少实施的可能性。

李景汉曾问一老妇："政府要禁止人民过阴历年啦。"她立刻出现惊讶的面孔说："真的么？这可怎么好啊！我们的新衣裳怎么办呢？"她的意思是说：新衣服是为过新年穿的，没有新年，新衣服也就不知道何时穿了。对此，李氏认为：

> 乡民不注意阳历年，而欢喜阴历年，不一定完全因为他们的习惯难改，也实在有实际上的便利和不便利。当阴历年时，严冬才过去，而天气开始暖和。因此无论有什么动作都很方便，例如看望亲友，在街上搭台演戏，以及农民组织的各种娱乐会社的表演。过了正月十五以后，农民就开始忙起种地了。在阳历新年时，正当天气最冷的时候，农民的衣服又穿的少，很难有什么户外娱乐的举行。自然尚有别的不便利处，使他们不欢迎更改过新年的日期。①

可惜，国家政策的制定者们，却似乎很少考虑到乡民生活的方便性。换句话说，在这场反迷信运动中，民国政府不仅对民众公共信仰空间充满想象，而且对自身政权在社会中的形象构建同样无力。因此，这一神祠存废标准及其他反迷信政策都没产生明显的效果。与此相比，国家乃至地方政权以合法身份对于乡村公共信仰空间及其资源的强制性征用，反倒给乡村民众留下了更为深刻的、负面的集体记忆。

乡村原有的公共空间是一种自生自发的秩序生态，而国家参与后的空间就成为一种被建构的空间。建构的过程，不仅包括国家政权对于乡村公共信仰空间的干涉或改造，同时也是乡村民众维护自身信仰空间的过程。在此，历史的纷纭复杂，既反映了现代国家政权建设的艰难，也进一步说明了民间信仰之于乡村民众生活的密切性，甚至还与地方执政者的行政能力、个人态度以及地方政情有关系。

---

① 李景汉：《住在农村从事社会调查所得的印象》，《社会学界》1930年第4卷。

民国初年，便有地方官厉行新政，积极地开展反迷信实践。例如，定县的 62 个村庄中，在 1900 年的庙宇数量为 432 所，至 1915 年则下降为 116 所，共计减少了 316 所。许多庙宇逐渐改为学堂及村中办公的地方。① 当然，这一过程与乡村士绅的支持及合作是密切相关的，这些乡村精英分子从新式学校和村级政府的正式职位中看到了社会地位升迁的门径，② 因而积极参与其中。与此相比，1920 年代，山东济宁地区也有地方顽固士绅逼迫新乡长参与民间信仰仪式的事情发生。③ 及至 1928 年北伐战争结束后，国民党取得政权，反迷信运动终于得到了更进一步的实施。

国民党地方支部的党员们将庙宇和神像视为阻碍民众生活进步的迷信象征，纷纷展开了破坏运动。村庙被破坏或改造，大部分庙会甚至因此衰落。④ 山东金乡县的城隍庙庙会"自北伐成功以后，城中各庙的神拉了十之八九，党政机关又竭力的宣传破除迷信，民智打开。现今烧香拜神的人，减少了十分之七八"⑤。不过，这种单纯的废神运动事实上并未能真正地改变民众的精神状态。对此，国民党政府也曾尝试通过其他途径来对民间信仰空间进行根本改造，例如建设实验村。

位于河南安阳县西北的司空村，在 1928 年被选为新农村的实验点后，即改名为中山村。改革的内容就包括破除迷信，因此，村东头和中间的两座小庙被掀翻，各家所敬的杂神也都得到了清理，而且不准卖香的人到村里来。通过各种革新手段，整个村落面貌发生了根本性的改变，甚至还重新组织了村民大会。大会情形如下：

> 街上马路很干净，各家门口均插着党国旗，村民个个都穿着他唯一的会客衣服，如同过新年一般，得意洋洋，在街上站着……村的两头四个门上都插了党国旗，村中树上和墙上贴遍了改革农村，改良农民生活，提高农民地位等标语。约八点钟光景，附近的邻村，已如赶庙会似的，向他认为奇特的村庄上来。⑥

---

① 李景汉编著：《定县社会概况调查》，第 422—423 页。
② 〔美〕杜赞奇：《从民族国家拯救历史：民族主义话语与中国现代史研究》，王宪明等译，第 88 页。
③ 《山东庙会调查集》，李文海等编《民国时期社会调查丛编：宗教民俗卷》，第 232 页。
④ 参见三谷孝等《村から中国を読む》，第 322 页。
⑤ 《山东庙会调查集》，李文海等编《民国时期社会调查丛编：宗教民俗卷》，第 234 页。
⑥ 孙吉元等主编：《一个新农村》第一部，中华农村促进社发行 1931 年版，第 17—25 页。

从改变村名，到门口悬挂党国旗的情形可以清楚地看到，村庙、家神被推翻后，实验者们向村民灌输国民党意识形态的努力。民国年间，翟城村设立了宣讲所，其宣讲内容也包括增强爱国心、废除陋习、破除迷信及注意公共卫生等内容。① 但是，这种以党国意识形态代替民间信仰功用的做法究竟有多大的普及性和适用性，其效果是值得怀疑的。甚至对于中山村附近的邻村村民来说，对这个村落的举动也是颇为不解，他们的积极参与也不过是像平常赶庙会一样，看看热闹罢了。同时需要注意，政府在司空村的新村建设运动中，不仅推翻了村庙，连各家的杂神也都进行了清理。只是，村庙容易掀翻，家神也能清理，但是心神该怎样祛除呢？心神不死，家神、村神再建就是很容易的事了。还是重新回到时空观的问题，相比较而言，大背景下，政治层面的时空观可以说很容易改变，但是民众的时空观是渗透在日常生活里的，是他们用生命感觉出来的，是传统习俗规训出来的，并不容易发生变化。如此，政治的"时空"和生命的"时空"这二者之间的错节就是问题所在。

此外，国民政府以维护自身政权为前提的反迷信运动在具体实施的过程中，因为常常忽视乡民的切身感受，甚至还威胁到其现实利益，所以也更容易引起农民进行各种形式的反抗。1928年4月，西平县发生了"妖作"事件，其原因被该县地方志作者解释为：

> 冯玉祥于民国十六年率革命军入豫，下令破除迷信，毁坏神像。西平县长丁世平、吴文璋先后将县城城隍庙，及附郭各祀宇神像一律销毁。人心颇不安，至是妖作，各乡村入夜即张灯持械防妖。妖或作人形或作兽形，出没无常，一时民间大起恐慌，阅半月始绝迹。②

可见，单纯依靠拉倒神像来反对迷信的做法，无论行为多么彻底，终不能解决民众的信仰问题，甚至还会引发恐慌。至于民众在面对信仰空间遭受破坏的情况下，仍然继续其信仰活动的情况则更为多见。例如，1931年，阳原县县长"有鉴于香楮之靡费，病者之徒死，令毁其庙以绝之。然迷信甚深，过期又跪拜如昔矣"③。1932年的临淄县"庙会时节的香火，仍然不亚往昔，不过没了坐立的对象，只有向着诸神殉难的所在烧香磕头

---

① 伊仲材：《翟城村志》，1925年铅印本，第129—131页。
② 民国《西平县志》，卷34《故宝志·灾异篇》，民国二十三年（1934）铅印本。
③ 《阳原县志》，丁世良等编《中国地方志民俗资料汇编（华北卷）》，第188页。

罢了"①。对于乡民来说，神佛塑像不过是民众表达自身信仰意识时的一个象征性符号而已，这个符号是可以被替代的，甚至可以是想象的，他们的信仰空间内在于其生活感觉里。笔者参与调查的大义店村的村民甚至至今仍在毁坏已近半个多世纪的几个庙址上举行信仰活动。换言之，公共信仰空间的建构，首先存在于民众的宗教意识中，然后才会通过物化的地点、建筑、神像等信仰符号显示出来。因此，物质的信仰标的即便消失了，但其内心的信仰空间仍然存在。究其本源，民众的信仰意识到底是以空间为本质的，因而并不因时间的流逝而淡漠，反而在特殊情境下使得时间的久远愈益强化了空间的神圣感。对民众而言，空间的可感可知比无知无感的时间更能带来必要的安全感。

如前文所述，庙宇既是年节、庆日祭神的地方，也是民众日常生活中聊天、娱乐的地方，同时也是村落集体会议的场所。于是，官方在反迷信的名义下，推翻庙宇或强行改变其用途的行为后果便复杂起来。一方面这破坏了民众的信仰空间，另一方面更扰乱了他们的日常生活秩序。所以，在生活环境不断恶化的情况下，对于国家政权在自身生活空间的强力切入，乡民也并不是完全保持沉默。1940年前后，顺义县的先天道会员急剧增加，县政当局对此十分紧张。村民对此却泰然处之。他们甚至在先天道的支持下，公然抗拒县政府禁止种高粱的命令。②

民众、新知识分子及现代化国家在社会转型期，事实上都有一个自我调适的过程。因而，不管是具有启蒙色彩的新思想，还是作为"迷信"而被批判的民间信仰，在这一颇为周折的历史时段中，都是有其自觉身份的主体。同时，由于新知识分子和国家政权也仅仅将民众视为被动接受的群体，较少考虑民众的意愿，对民间信仰空间进行一些自以为是的改革，其结果必然会事与愿违。另外，国民政府在反迷信运动的具体实施中，又往往因无法实践其文本中所宣传的"开启民智""强固民权"等理想性追求，而最终退化为一种赤裸裸的权力角色，陷入与民众争夺信仰空间及其利益的境地。

以庙会为例，有的地方政府一方面提倡废除其迷信活动，另一方面却将庙会上的抽捐、纳税视为财政收入的重要途径。对此，在调查淮阳太昊陵庙会时，时人郑合成就曾指出：

> 现在于太昊陵以致命伤的是（一）官方和（二）淮阳县保存古迹

---

① 《山东庙会调查集》，李文海等编《民国时期社会调查丛编：宗教民俗卷》，第219页。
② 《中国农村惯行调查》卷1，第255页。

委员会两个恶魔。官署根本是一个榨夺集团,它除作些害民的勾当外什么职务也没有,这是中外公认的一椿公案。则淮阳各官署的有不利于太昊陵庙会的动作,原不足深责。惟这地方民众团体的"淮阳县保存古迹委员会",也常和官方狼狈为奸,或作些比官方更有害于人民的举动,那就使我们十二分不明白了。向商民收些费用,叫为整顿陵庙之资,我们原是赞成的。但如此的勒索,财政如此不公开,组织如此神秘,委员的选择如此没标准,非但无有"保存"的实效,恐怕更要加紧它的"坏"进程……一国三公,非坏不可,如现今古迹保存会要管,教育局要管,区教育机关也要管,甚至县政府保安队都以为这是一老大块肥肉,争着要吃,那怎么会好呢。①

以上事例中所提到的"保存古迹委员会"固然并不是地方政府的一部分,但事实上正如作者所说,在利益上与地方政府有着实际的合作。否则它也便没有机会和能力大行其道了。从手段上来说,不是以反迷信的名义,而是以古迹保存的名义干预民间信仰空间实在算得上高明,然而这种高明的背后,也正是反迷信运动中政治权力之复杂身份的体现。更进一步说,政府的反迷信运动并非一场纯粹的对民间信仰空间的改造运动,而是与加强地方社会控制同步进行的。也正因如此,庙改学堂这一本来造福于民的现代化举措却施行得格外艰难。

二 从庙宇到学堂的现代化之路

传统社会中,庙宇与学堂的关系很复杂。一方面,二者不仅同为社会教化体系的组成部分,同时彼此之间亦有兼容。例如,学堂内要敬拜孔子,庙宇中也可设立义学。另一方面,毁庙兴学常常是地方官施政的重要内容。不过,传统社会中所毁之庙多集中于国家祀典之外的淫祠。例如,河北藁城县美化庄"驱逐淫僧,有地四十五亩,房六间,俱归义学"。另有"马庄旧有前明行祠,同治十二年,住持女僧不法,乡人逐之,立为义学"②。清朝末年,义学已成衰败之势,在推行新政的背景下,以庙产兴学的主张开始不断被提出。康有为在百日维新期间连上《请饬各省改书院淫祠为学堂折》《请尊孔圣为国教立教部教会以孔子纪年而废淫祀折》两折,

---

① 郑合成:《淮阳太昊陵庙会调查》,李文海等编《民国时期社会调查丛编:宗教民俗卷》,第293—294页。
② 民国《续修藁城县志》,卷3《营建志·学校》,民国二十二年(1933)铅印本。

认为民间"谬设庙祀，于人心无激励，于俗尚无所风导，徒令妖巫欺惑，神怪惊人，虚靡牲礼之资，日竭香烛之费"①。张之洞也在《劝学篇》中发表类似言论。②于此，从庙宇到学堂的现代化之路，开始逐渐铺展开来，并对近代乡村社会产生了重要影响。

近代的庙产兴学是一场波及广泛，持续长久，影响深远的社会运动。可以说，从清末开始，一直持续到民国结束。不仅被划为淫祠的民间信仰之庙产，而且一般的佛道寺院也多受波及。对于从清末以来，华北乡村到底有多少庙产被划归学堂，总体数字很难统计。不过，仍可以通过一些具体材料得到大概印象。例如，山东临淄县的一切庙产都于1929年拨作学款。③据《顺义县志》载，该县共计220所村属小学校中，有174所由原有庙宇改建，竟约占80%。④1914年孙发绪任定县县长时，一年之内曾将200处庙宇改为学堂，1915年又改为学堂45处，原有庙宇没有一座不被毁坏。⑤

从以上状况不难看出，民国时期庙产兴学运动对于村落公共信仰空间的影响。不过，整个华北乡村社会中也并非所有地区的庙宇都被破坏。因为，国家在对乡村信仰空间干预的过程同样要受到原有村落组织的制约。即，国家试图改造乡村社会的计划，在实践的层面上必然受制于乡村原有秩序，这使得国家进入乡村的程度是有限的。例如1932年的安国县，教育不发达，统计全县只有高等小学6处，乡村师范1处，女学1处。缠足之风仍炽。这是因为"安国县几家世袭绅士在安国县有无上的权威，一切人都需仰息鼻下，新入社会的人亦都以得攀附老绅为荣，因此安国县的事业都是率由旧章，莫或逾越；无新事业，亦无新人才展开其新抱负"⑥。由此可见，民国时期，众多庙宇被改为学校这一事实背后，其实也存在着诸多的矛盾和曲折。这其中不仅涉及科学与迷信等观念的转变，而且关涉地方势力的认知和利益再分配等问题。

总之，新学堂的建立对于乡村公共信仰空间的改变是有限的。首先，学校教育的长期性与有条件性不能使所有乡民在短时期内得到现代化的教育；其次，位于乡村社会中的小学校作为村落公产的一部分，它也不可能

---

① 康有为：《请尊孔圣伟国教立教部教会以孔子纪年而废淫祀折》，汤志钧编《康有为政论集》，中华书局1981年版，第279—280页。
② 苑书义等主编：《张之洞全集》第12册，河北人民出版社1998年版，第9740页。
③ 《山东庙会调查集》，李文海等编《民国时期社会调查丛编：宗教民俗卷》，第220页。
④ 民国《顺义县志》，卷8《教育志·学校》，民国四年（1915）铅印本。
⑤ 李景汉编著：《定县社会概况调查》，第422—423页。
⑥ 郑合成：《安国县药市调查》，李文海等编《民国时期社会调查丛编：宗教民俗卷》，第148页。

完全不受当地风俗习惯乃至经济条件的影响。山东济南市祝甸乡"有某日县政府派科长下乡召集各庄长会议。讨论各庄就地筹款添设小学事。某庄长当面说，县府就把我们收押下狱也不行。然而求雨唱谢神戏，废历耍龙灯。动辄敛钱数十元至数百元不等"①。寺北柴村的村民和庙里道士也曾共同反对将庙宇改为教室，甚至迫使县里派来警察，强制将神像搬到了庙外。② 村民不愿将作为公产的庙宇用于学校教育，却宁愿拿来烧香酬神。这些内容都反映了在庙产兴学的背后，村民的真实信仰状况。另有1908年，山西省介休县发生了这样一件事：

> 张令前谕五乡绅董，分设五处小学堂，现已一律开办。闻某学堂管理员素最迷信神教，因借关帝庙地方改修学堂，恐触神怒，因于开学之日设坛建醮，以安谢土神。讲堂权作佛堂，延请僧众悬设二十八宿、九耀星君、五方土地、钟馗鬼王等神像。体操场高叠法台，香烟缥缈，灯烛辉煌，诵阅声彻，直遏行云。管理员拈香毕，端跪神前数句钟之久。木鱼一敲则叩头一次，及念毕时漏已三更。法台抛掷馒头，普度幽魂，然后设酒席以酬众僧。事毕，则一轮旭日东方已白，不料此等怪现象竟见于文明之地，诚罕闻也。③

由此不难看出：一方面，对于地方政府发布的庙产兴学之政令，乡民作为被动的一方因无法抗拒而不得不接受；另一方面，在将庙宇改为学校的过程中，他们也努力通过自己的方式——特殊的信仰仪式来主动参与其中，以尽量维护从神圣到世俗的空间切换之平衡。

除风俗外，村落及地方公共财产状况也制约着乡村学校的教育状况。在这种情况下，传统民间信仰习俗的社会地位便暧昧起来。既因其无法摆脱的"迷信"身份而处于被坚决反对的地位，又因其与地方经济的密切关系而成为乡村教育发展的重要财源。换句话说，单纯地将信仰空间切换成现代学堂很容易通过强力手段得到实现，但学校教育的维持却不仅依靠教学空间，它同时还需要经费的长期维持。于是，庙会的传统经济功能便得到一些地方人士的重视。山东临淄县由于"教育发达，经费困难，因为罗掘俱穷，于是热心教育的学董们，变成了庙会的首事，借着庙会以为筹措

---

① 屈凌汉：《一年来的祝甸乡实验区》，《山东民众教育月刊》1933年第4卷第6期。
② 《中国农村惯行调查》卷3，第414页。
③ 《山西：学堂念经之奇闻》，《大公报》1908年12月24日。

学款的方法"①。同样，该省栖霞县的镇小学，也因财政支绌，无法筹措。于是办学人员遂提倡主办龙王庙庙会，以征收各种地铺捐。因为"除了戏价及各种杂费外，还能剩下百余元之谱，藉资补充学款"②。如此，庙会与教育之间的关系便复杂起来。导致这种情况的根本原因，一方面是地方公益财政匮乏。另一方面，其实也反映了现代学校教育之外，民众有信仰层面的现实所需。因为，民众对于世界的认知并没有发生改变，他们仍然在原有的时空认知里获得自己的定位。而在政治动荡，战争频仍的境况下，他们比以往更依赖神灵给予的安全感。也因此，学生与神灵同处一庙的现象在华北乡村也颇为常见。

表 5 - 1　　　　　　黄土北店村天齐庙房屋用途一览

庙名			间数	用途
关帝庙	正殿		3	
	东房		3	存放杂物
	东耳房		3	村公所
	西耳房		3	保卫团公所
	共计		12	
天齐庙	前院	正殿	3	
		南房	4	学校
		北房	4	学校空房
	后院	正殿	7	
		南房	3	存放杂物
		北房	3	庙中老道
	共计		24	

黄土北店村天齐庙中房间功用的空间分布如表 5 - 1 所示。从表中可知，村中改为学校的仅是庙中的偏房，原有的正殿仍做供神之用，老道也同住院中。对于乡民来说，从庙产到校产的转变，只是村落公产内部分配的变化，并没有改变庙宇继续作为村落信仰空间的性质。因此，将学校直接设在庙中，并没有什么不妥。如果没有反迷信者的强制干涉，村民便可以很好地处理读书和烧香的关系。事实上，民国时期华北乡村很多村长或

---

① 《山东庙会调查集》，李文海等编《民国时期社会调查丛编：宗教民俗卷》，第 218 页。
② 《山东庙会调查集》，李文海等编《民国时期社会调查丛编：宗教民俗卷》，第 245 页。

青苗会会长同时兼任学校校长或校董,而且,村公所也设在庙中。在沙井村,庙里的老道同时也负责帮学校打杂。① 关于村庙、村务与学校之间的关系,正如黄迪所说:

> 庙宇即是一村公共的场所,且为唯一规模较大的建筑,于是除供为公众崇拜之外,便亦为他种公共活动所利用,一种最普遍的利用便是将庙宇充作村中私塾或学校的校舍,所以,庙宇又同时是乡间正式教育的中心了……学校既是更正式的为一村所公立,而公家所担负的校款亦较多,于是学校的管理便更操诸青苗会或乡公所之手。学校组织中的最高当局,如董事和校长,简直就是青苗会会头或村长等自兼,由他们规定村费及用途,聘请教员及校役。②

村里领袖在庙改学堂的过程中往往发生着重要作用。例如冷水沟村,在全体村民商议将村中庙宇改为学校时,部分村民与村长等管事人发生了意见分歧,最后决定将学校设在庙中,但在另外地方重新盖一座小庙。对此,村民萧惠生说:"庙的大小和村的盛衰怎么想都是没关系的事。我主张全部的庙都不要,但是村里有迷信的人,所以建学校的时候就建了小庙。"③ 小庙的建立,是持有不同立场的村民,对于村落公共信仰空间性质发生转变的妥协。实际上,无论是庙宇,还是学校,二者作为村落公产的事实并没有改变,因此,虽然学校的建立对于民众日常信仰生活有一定影响,但也并非没有妥协的余地。

比起学校与庙宇、村政之间的关系,学校、村落、国家三者之间的关系更为复杂,而这与长久以来政府在民间的形象密切相关。即在民国时期,乡村民众对于政府的不信任,使得庙产兴学这一政策的实施增加了更多的变数。如李景汉所说:

> 无论政府有什么建设的好题目,老乡民是畏懼,不放心,至少是怀疑。在农民心里,一提到政府,就联想到增税加捐,一想到县长,就是刮地皮……乡间各种税捐也未免过于繁杂。附加税,地亩捐,自

---

① 《中国农村惯行调查》卷1,第28、79、93页;卷3,第44、144、389页;卷4,第285页。参见石田浩《解放前の华北农村社会の一性格》,《関西大学経済論集》第32卷,第2—3号。
② 黄迪:《清河村镇社区》,《社会学界》1938年第10卷。
③ 《中国农村惯行调查》卷4,第58页。

治捐，户籍捐，警捐，学捐，屠宰捐，以及多种牙捐或摊款，把老实乡民扰得可怜……不知何年何月政府才能挽回人民的信任。可怜他们仍然是希望着真龙天子呢！①

在反迷信运动中，地方政府不仅是村落信仰空间的改造者，还是村民利益的争夺者。因此，从庙宇到学堂的现代化过程中，村民不但要适应自身生活空间性质的转变，而且要应对政府以合法名义对于自身权益的侵夺。寺北柴村的香火地改为学田后，为了防止县政府将其充公，村民在征粮册上偷偷将学田名称改为个人名字。他们认为，如果让县里知道村中有学田，这些地的全部收入便会收归县里。据说，该村附近就有因不把学田的租子全部用于学校，而被县里没收了土地的事情。因此，村民们就不想让县里知道土地的种类和用途。还例如，北寺上村的庙僧被人们控告并赶走后，剩下的庙产 80 亩，被县里县立高等小学校使用了。② 政府试图通过学校的创办来吸纳地方财力，但民众也试图在学校的名义下隐藏村落公产，甚至仍然有庙宇得以重修。③ 在从庙宇到学堂的现代化之路上，这种吊诡的事件所反映的不仅是迷信与科学的对峙，还是民众与政府在现实利益上的博弈。至于那些因庙产捐税而发生的激烈冲突，更反映出信仰因素有时只是表象，实际利益才是关键。

近代华北地区的反迷信运动，一方面确是一场思想启蒙运动，另一方面也是一次关于公共信仰空间与信仰资源的重新分配问题。1910 年，河北易州发生了一起毁学事件。其原因是地方办理的学堂和警务等自治事务增加了民众捐税，导致民情愤恨。另外，办学的地方士绅又以调查户口为由按户摊钱，当年乡里秋收无望，于是乡民托词求雨，不肯认捐，甚至还聚众到县属请愿要求免去自治费。双方对峙，无人调停，最终乡民将久旱不雨的原因归结为自治人员捣毁佛像所致，将城内学校烧毁，直到直隶总督出面弹压，并将佛像换回，且地方官员亲自为民请命，举行祈雨仪式。④ 20 世纪初，定县翟城村也发生了类似反抗乡村绅士没收寺庙地产的纠纷。⑤ 如杜赞奇所说："按照新世界、新国家的形象来重新铸造国民，此举对农村居民而言带有很

---

① 李景汉：《住在农村从事社会调查所得的印象》，《社会学界》1930 年第 4 卷。
② 《中国农村惯行调查》卷 3，第 414 页。
③ 《中国农村惯行调查》卷 3，第 42—43 页。
④ 《直隶易州乡民滋事焚毁自治避中学堂》，《东方杂志》1910 年第 8 期，第 111—112 页。
⑤ 米迪刚、尹仲材编：《翟城村》，《中国地方志集成·乡镇志专辑》第 28 辑，江苏古籍出版社 1992 年版；李景汉编著：《定县社会概况调查》，第 417—443 页。

大的破坏性,特别当运动进展顺利之时,如20世纪初期国家在华北所发动的运动那样,则更是如此。"① 这些都向我们表明了国家及精英思想的反迷信运动的复杂性,远远不单单是启蒙与被启蒙、科学与迷信的关系,而是涉及国家与民众两方关于权力空间的重新配置问题。

小　　结

本章从近代华北乡村教育现状及民众国家意识等问题谈起,论述了民族主义、科学精神等现代话语背景下的反迷信思想及国家政权的现实干预,及其乡村公共信仰空间及民间信仰体系本身所发生的变化。

《左传》有"国之大事,在祀与戎"。意思就是说,一个国家不外有两件大事:其一,对神灵的祭祀;其二,与敌国的争战。很显然,战事的作用在于开疆扩土,保护国民现实的生活空间之安全。而祭祀的作用则在于它能为国家存在提供合法性依据。民间信仰本是国家祭祀体系的重要组成部分,但随着历史的发展,它逐渐从上层祭祀体系中偏离出来,并受外来宗教之影响,最终具有了自己的存在形态。但是,从古代到近代,作为统治机器的国家,从来都没有放弃对民间信仰的控制、利用和改造。只是,随着国家生存环境的变化,及其本身祭祀功能的转变,追求现代化的国家似乎完全放弃了民间信仰在人心损益方面存在的价值,而坚决将其纳入自身政权之现代化建设的主题之中。但是,现代国家对乡村公共空间的改造,虽以再造国民为目的,事实上却没有完成民众从臣民到公民的身份转变。说到底,民间信仰的广泛存在,可能并不仅因为民众的愚昧迷信,更是他们在有限的生活经验中对生存安全感终极追索的结果。

另外,在民族主义话语背景下,作为社会思潮之引领者的近代新知识分子,也全面地参与到了轰轰烈烈的反迷信运动之中,激进的、保守的、改良的诸种声音一时甚嚣尘上。于是,"迷信"浓厚的乡村社会在各种势力的强力参与下,不得已走上了曲折的现代化之路。传统的乡村公共信仰空间之存在形态也随之开始了从神圣到世俗的逐渐转变。然而,这种转变虽在发生,却不会完结。因为,无论何种政治制度,如果不能从根本上为乡民提供足够的生存安全感,也就不能真正地废除或改造民众意识。而宗

---

① 〔美〕杜赞奇:《从民族国家拯救历史:民族主义话语与中国现代史研究》,王宪明等译,第110页。

教信仰，恰是在某种程度上可以为民众提供这样一种时空安全的想象。说到底，不是国家通过边界划定了民众，而是民众在意识上认同了国家。

虽则在一定时间内，因为外力的催迫，民间信仰会从村落或庙会的信仰空间中隐退，但也仅仅是隐退而不是消失。毕竟，家庭才是民间信仰的核心组织，个人才是信仰的真正主体，也是民间信仰得以存留和发展的最后堡垒。此外，从个人乃至家庭入手改变民众的信仰状况，正是基督教传入近代华北乡村社会的主要途径。

第六章　基督教传入后的信仰空间之竞合

如果说，多神的民间信仰之本质是空间的，那么与之相比，一神的基督教信仰之本质则是时间的。虽则，民间信仰的空间与基督教的时间都不是绝对的存在。但是，时空认知各异的两种信仰在初一对流时，仍然发生了激烈的碰撞，甚而电闪雷鸣。

基督教在中国乡村社会的传播，是对乡村原有信仰空间的切入，打乱了传统乡村公共空间的秩序规则，尽管这种冲击并不广泛，但其影响却有一种不容置疑的深刻性。基督教的涉入，与国家的干预相比，由于缺少一种显而易见的合法性，而致其对乡村社会的影响也更为复杂。它在乡村社会的传播，虽然获得了部分信徒，并种下了信仰传播的种子，但同时也搅乱了民众的惯行习俗，破坏了乡民已有的空间边界感。于是，作为西方文化代表的基督教与作为中国本土文化代表的民间信仰在乡村社会中不期然展开了一场竞合。

第一节　皈依与分化：传教士与教民群体的形成

近代来华的基督教传教士，凭借其信仰热情和传教使命深入乡村社会中展开宗教皈依活动。作为村落熟人社会中的他者，传教士在部分乡村中的传教生活对原有村落秩序既是一种破坏，也是一种重构。在信仰并非单纯个人行为的特殊历史环境中，教民在皈依基督的同时，也从原有社会空间中分离出来，并最终成为乡村公共信仰空间中的边缘群体。

一　传教士：熟人社会里的陌生人

第一次鸦片战争后，西方人在东南沿海地区获得了居住权。清政府明确允许传教士在开放口岸建立教堂。虽然治外法权使传教士不受中国法律的管辖，但此时传教士在内地的传教工作仍然是不合法的。1846年2月

20日，道光帝发布了"上谕"，不仅准免查禁天主教，还同意给还天主堂旧址。耆英接旨后立即发布告示："天主教既系劝人为善，与别项邪教迥不相同，业已准免查禁……所有康熙年间各省旧建之天主堂，除已改为庙宇、民居者毋庸查办外，其原旧房屋尚存者，如堪明确实，准其给还该处奉教之人。"① 这些权益后来也扩大到新教。于是，基督教传教事业从一开始就不可避免地与殖民主义联系在一起。

近代中国传教事业的主体是来自西方的传教士，这些金发碧眼的西方人，在乡村熟人社会中是一种陌生存在。用基督教信仰替代乡村原有的民间信仰是其传教目标，也是传教士变外在为内在的必然途径。基督教为一神信仰，因此传教士认为民间信仰不过是无知的迷信行为。明恩溥在其《中国乡村生活》一书中提到："多神主义没有为大自然的统一性提供任何基础……在山东省，有着多种多样真实的和想象的存在物为农夫所崇拜，以求满足他们对降雨的需要。"②

不仅是多神崇拜，对于风水的过度迷信也让他们觉得不可思议。李提摩太承认在宗教问题中，"不得不认真对待的是风水迷信。倘若不征求风水先生的意见，没有人敢建一所房子、筑一道围墙，或者挖一口井"③。传教士们还认为迷信的民间信仰具有严重缺陷，中国人之所以相信鬼魅附体是因为他们意志薄弱，他们不断地向众神求雨是因为根本不了解气象和科学，甚至从根本上说他们的世界观就是错误的。这些传教士感叹道："很难说清楚中国到底有多少迷信习俗……这些陈规陋习就像蜘蛛网一样紧紧地束缚着中国人的生活。"④ 尽管如此，他们中间也有人意识到了民间信仰的可取之处，比如肯定对父母的孝心。李提摩太甚至认为中国人的多神信仰也是他们具有宗教潜质的体现，并因此对传教事业充满信心。但事实上，致力于彻底清除中国人心中的偶像崇拜，急于借助外力推进教务的传教士们，大多没有循序渐进逐步改变普通民众原有信仰的耐心。这使得他们的形象总是显示出一种让人反感的凌厉之势，因此也加深了他们作为外来者融入乡村社会的难度。

一种新信仰在其得到社会普遍的理解之前，动辄攻击对方的生活方式

---

① 转引自顾长声《传教士与近代中国》，上海人民出版社1981年版，第55—56页。
② 〔美〕明恩溥：《中国乡村生活》，陈午晴等译，第169页。
③ 〔英〕李提摩太：《亲历晚清四十五年——李提摩太在华回忆录》，李宪堂等译，第103—104页。
④ 〔美〕泰勒·何德兰、〔英〕坎贝尔·布朗士：《孩提时代——两个传教士眼中的中国儿童生活》，宣方译，群言出版社2000年版，第229页。

和民众意识，难免会受到抵制，甚至将自己陷于危险境地。因为维系社会秩序和传统的力量深深根植于普通民众的意识中，而民众意识又与家庭关系密不可分——家庭是中国社会的关键和基础，因此，如果将维系家庭内部稳定和安全感的信仰习俗破除，而又不能顺利用其他东西代替的话，就会威胁到人们的正常生活秩序。干预这些象征家族生存意义的习俗，很容易使得干预者自身陷于异端邪说的被动地位。

作为西方文化的代表，传教士自有其看待民间信仰的不同视角，但是在乡村民众眼中，传教士也同样是不可理喻的群类。民众往往将传教士等同于民间秘密宗教的信仰者，比起他们的信仰理念，普通民众更关心传教士举行的圣餐礼、洒圣水、受洗、十字架等这些外显的特征或仪式。传教士从不劳动，却有大量的金钱；教徒之间男女混杂，同处一室；号称人人平等，以兄弟姐妹相称；不参与迎神赛会，甚至抛弃祖先牌位……这些都超越了民众的想象和心理认同限度。因此，民众不仅对基督教的信仰习俗看不惯，更因为自身生活空间受到干扰，甚至生活资源面临竞争，而对传教士的存在产生了恐惧和排拒的心理。也因此，传教士作为干扰传统空间秩序的外来者，在没有亲缘、地缘关系支撑的背景下，要想参与到乡村熟人社会中便是相当困难的事情。

在乡民的熟人社会中，传教士是绝对的他者，也确实威胁着乡村传统秩序，使得乡民丧失了原有的空间安全感。在山东菏泽，老年妇女们在十字路口架锅点火，把从各家收集来的水和面粉捏成面人，将其看作德国鬼子，扔在锅里煮，同时嘴里还会念咒语："千家面、百家水，活活煮死小洋鬼。"姑娘们则在十字路口仰天而泣，称为"哭皇天"，意即哭求玉皇大帝下凡替百姓消灭这些外来的妖魔鬼怪。① 村里的十字路口是村落公共信仰空间的重要标志，妇女们在此举办的驱邪仪式也因此具有了公共性，成为以村落为单位的群体行为。即对村落空间来说，外来的传教士是潜在的危险，需要集全村之力来捍卫。这种对于传教士的恐惧和谣言通过各种途径从一家传到另一家，从一村传到另一村。不难想象，即便这些谣传并不能阻碍传教士越走越远的传教步伐，但仍给他们的传教事业带来了难以抹去的负面影响，甚至影响至今。

传教士们一方面宣讲耶稣救世的永生教义；另一方面，作为传教手段，他们还从事着各种福利事业：教育、卫生、慈善等。比起直接宣讲教义，这些福利事业所带来的传教效果显然要更加理想。最终，部分家庭接

---

① 王先进：《1898 年濮洲反抗教堂调查》，《近代史资料》1957 年第 5 期。

受了基督教信仰，以至建立教堂，根基渐深。

　　传教士在村落中的主要活动范围以教堂为中心，教堂内的经费早期主要靠国外教会组织的支持。随着教务的开展，有部分地区逐渐提高了自立程度，国籍教牧人员逐渐增多。传教士们的主要生活是和教民们打交道，一方面引导他们的信仰生活；另一方面借教会内部特殊的教牧关系，也在实际上参与到了教民的世俗生活中。虽然有部分词讼干预事件，事实上，这些外来者更热衷于通过日常救济来传教，在贫困的乡村生活环境中，这种传教方式向来行之有效。至于灾荒年代的社会救济更是传教事业公开并大规模推进的时机。例如1860—1880年教会吸收的2843名教徒中有三分之二是1877年的大饥荒发生后入教的。① 不管这些入教的行为有多少是"吃教"的性质，不可否认的是，传教士的传教总体上是成功的。而这种成功，无疑是在家庭遭遇困境，而原有的信仰经验不足以解决危机的情况下，乡民转而寻求其他解决办法的结果。同时，由此及彼的信仰改变，恰好能说明民众追求时空安全的信仰本质。

　　除直接的赈济灾民外，在日常的传教活动中，传教士还致力于通过教育、医疗等方式感化民众。此外，他们还反对缠足、溺女婴、包办婚姻、吸食鸦片等陋俗。热心的传教士们认为："提高和教化异教徒的唯一方法是向他们传播福音书的全部教义和用各种仁慈的行为向他们展示这些教义。"他们也很清楚这些主张的影响范围大多只限于信教的人们，于是寄希望于"一小群基督徒在广大异教徒中间的出现就像突然产生的亮光一样引导他们走向进步"，使他们"有足以依靠的力量来影响和加强人们的思想以抵御诱惑"。卫三畏（第二次回美国）在离开美国前夜时，于日记中写道："离开祖国时，我只希望自己仍然能够为中国无知的老百姓做一点好事。"② 顾卫民感叹："在那个时代，清朝统治者中大多数人们沉睡在紫禁城的旧景旧物中，来自异国的传教士们却将关注的目光投向了那成千上万胼手胝足、转展沟壑的小农和贫民，这个事实是耐人寻味的。"③

　　尽管传教士通过各种慈善事业去努力亲善普通民众，他们却无法解决由此对村落生活空间所造成的失衡问题，更无法改变各种行为背后的根本目的——引人入教。这样，无论他们的行为有多么和善，都只会让部分人

---

　　① 郭显德：《新教传教士在山东的传教工作》，《教务杂志》1881年第12卷第2期，第87—90页。
　　② 〔美〕卫斐列：《卫三畏生平及书信——一位美国来华传教士的心路历程》，顾钧、江莉译，广西师范大学出版社2004年版，第239—240、223页。
　　③ 顾卫民：《基督教与近代中国社会》，上海人民出版社2010年版，第313页。

觉得其另有企图，甚至不怀好意。所以，从物质而非从思想入手的传教方式本身所存在的弊病是无法克服的。因此，传教士作为外来者的陌生形象在民众眼中始终很难改变。关于近代中国传教士传教的历史形象，学者杨国强对此进行了深刻的论述：

> 在近代来华的西方人当中，传教士是一个强毅力行的群类。与谋逐一己之利的商人相比，他们的执意进取来自内心的信仰。因此，当中国的海禁初开之后，西洋的商人还在口岸和沿海忙忙碌碌地营生，传教士中的许多人却已经离开了海岸线，向着深不可测的腹地走去。随后，穷乡僻壤之间也竖起了一个一个十字架。他们把基督教送到了中国人中间，也把自己送到了中国人中间。由此显示出来的宗教热忱里当然包含着为上帝传播福音的真诚。然而宗教的信仰和宗教的热忱又是一种非常容易转化为强骜的东西。孔夫子说，己所不欲，勿施于人。而走入民间的传教士却大半喜欢己之所欲必施于人。他们自信能够普渡中国人的灵魂，但他们中的大多数人其实又不了解中国人的灵魂。这种隔膜，使强骜的西教常常会搅动文化、搅动历史、搅动民族战争失败留下的创痛，把传教士牵入忿争、词讼和教案里去。这个过程绵延起伏，写照了基督教与近代中国社会的一面。①

作为西方文化的代表，传教士在中国的本土环境中始终是个陌生人。明恩溥在山东传教近五十年，尽管当地人对他已经很熟悉，但是仍不信任。只要他到某个以前很少去的地方散步，当地人便认为他是在察看风水；假如他凝视一条河，当地人则认为他是在测定其中是否有金子，中国人认为他能看穿地表，发现最值得捞取的东西；如果他在赈济灾荒，人们就会认为他最终还是想掠走大批当地人到外国去做苦力。② 传教士们"自信能够普渡中国人的灵魂，但他们中的大多数人其实又不了解中国人的灵魂"。事实上，这种自信与不理解是双向的，普通民众也同样自信于自己世代延传的生活方式和思维习惯，无法理解洋人那种似乎没来由的宗教热忱。更进一步说，这是一种文化上的深层隔阂。与"两千年前的佛教僧侣""一千多年前的景教徒""两百年前耶稣会士"相比，近代传教士面临的虽然仍是同一个民族，却是处在不同境遇下的同一个民族，此时的中

---

① 顾卫民："序"，《基督教与近代中国社会》。
② 〔美〕明恩溥：《中国人的性格》，李明良译，学苑出版社1998年版，第295页。

国士人对西方来客更多的是疑惧，而不是昔日祖先的自信与从容。同时，这些满怀热忱的传教士比起他们的前辈，事实上已经更加走入中国社会文化的中心——与乡土文化的直面相对。更为复杂的是，这种缺少相对公平与和缓的环境和氛围，也使得彼此之间均没有足够的耐心和兴趣去互相了解，于是误解和矛盾愈益加深。

传教士在中国的传教事业所遭受的挫折，固然有着多方面的原因，但是无法抛却自身所带有的文化优越感，并因此与中国传统文化发生龃龉。这是非常关键性的因素。20世纪初，作为驻华宗座代表的刚恒毅主教曾说："传教士是耶稣基督的使徒。他并没有这样的职务，要把欧洲的文化，移植到传教地区去；他却应该使那些民族，有时也许有数千年光荣文化的，准备并且合适于接受基督生活的习惯和因素，并加以吸收。"[①] 可惜的是，处于西方帝国主义扩张的历史背景下的近代传教士，却大多有意无意地忽略了这一点，若非如此，有传教士参与的东西文化交流史也许会呈现出另外一种让所有人欣慰的景观了。而这，又如何可能？

二 教民：村落空间里的边缘人

教会是指基督教的团体，一方面指所有基督徒的整体（普世性的教会）；另一方面是有形的基督徒组织（个别性的教会）。教会是一个复数的概念，意指由信徒们因对耶稣的共同信仰聚集起来的组织，具有一定的公共性，并可以超越时间和空间的限制。共同的信仰规约着信徒价值取向的同一性及其行为的一致性，共同的道德标准也成为信徒之间彼此身份认同的基础。可以说，基督教会的群体性超越了传统社会中的村落及家族组织。组成教会的信徒作为"主内的兄弟姊妹"彼此之间以"教友"相称，并以同为受造物的平等身份，区别于传统世俗观念中基于血缘、财产、出身、学识、官阶等形成的身份标识。信徒之间因为神缘而结成的关系也与传统的亲缘、地缘关系有着本质的不同。进而也可以说，这样一种基于上帝的时间秩序而建构的信仰群体，必然会与原有的基于权利而建构的空间秩序发生摩擦和矛盾。

教会是信仰存在的基础，其公共性是基督教信仰的特征之一，教堂也是教会作为一种公共存在的空间标志。然而，教徒们在教堂内进行的宗教礼仪，对教徒自身来说，是公共的，但对非教徒来说则具有私密性。孟德斯鸠曾说："要在中国建立基督教，几乎是不可能的事……基督教，

[①] 刚恒毅：《零落孤叶——刚恒毅枢机回忆录》，台湾天主教主徒会1980年版，第331页。

第六章　基督教传入后的信仰空间之竞合　217

由于建立慈善事业，由于公开的礼拜……似乎要求一切都要在一起；但是中国的礼教似乎是要求一切都要隔开。我们已经看到，这种隔离一般是和专制主义的精神关联的。"①孟德斯鸠的断言未免过于武断，因为他并不了解中国普通民众的宗教心理。不过他却准确地指出传统的风俗、道德在中国社会中的价值，及其与基督教信仰的根本差异。尽管不能断然判定基督教不可能在中国得到传播，但其传播过程的确不可避免地与中国传统文化发生冲撞。也因此，那种"非我族类，其心必异"的怀疑和警惕不仅特指金发碧眼的外国传教士，还同样针对那些改变原有信仰、出入教堂的男女信徒，这些原本普普通通的中国人也就成了不伦不类的"二毛子""小鬼子"。

对于基督徒来说，爱自己的亲人、孝敬父母都是天经地义之事，这是耶稣明确教导过的。不过，对于中国民众来说，对父母的孝敬，不仅包括生前侍奉，更包括死后丧葬。而基督徒则视祖先崇拜为异端，不再供奉祖先木主。这在传统礼俗来说，确实是背祖弃宗、大逆不道的行径。一夫一妻，不能杀溺女婴也在很多时候致使祖先断绝了香火承续。很多地方，一旦家族中有改信基督教者，即被排除家谱之外，不再视为同族。②

同时，教徒在接受基督教信仰后，便根据教义不再参与村落中的迎神赛会活动。在乡村社会中是否参与公众活动本是各随己愿的事情，然而涉及香火费的摊派问题时，事情就往往变得复杂起来。如前文所述，华北乡村的自然村落自古以来都是一个个相对独立的群体组织，即使部分村民不参与必要的迎神赛会，活动仍要按传统举行。但是，如果有教民拒绝摊派原来所担负的相应费用，那就意味着非教民要承担更多的份额。对于经济本来拮据的乡村民众来说，这肯定是难以理解和接受的，因此对待教民的看法势必会受此影响。生活于同一村落空间内，彼此心态不同，所依据的事理不同必然会引起摩擦和矛盾。于是，教民作为另类的群体也就逐渐地自绝或者被绝于原有生活秩序之外。同时，教民之间由于共同的信仰生活和共同的身份处境，彼此之间的关系也愈加紧密。如此，乡村社会原有的信仰空间被生生撕裂。

---

① 〔法〕孟德斯鸠：《论法的精神》，张雁深译，第19章第17节、第18节，商务印书馆1982年版。
② 17世纪初，利玛窦等传教士来到中国时，为便于传教，曾主动适应中国人的祭祖祭孔的习俗。利玛窦去世后，其继承者龙华民发起礼仪之争，主张彻底废除祭祖等传统习俗，并因此导致了传教士内部的分裂。1645年教皇英诺森十世宣布祀孔祭祖等为"异端"行为，致礼仪之争白热化，最后以康熙帝颁布的禁教令而告终。

经历过山东巨野教案的薛田资神父曾描述过教民在村落中的生活情形：

> 教民们实质上就如同"外国人"，受到村民们的侧目和嘲弄。教书先生不让教民的孩子入村中私塾学习，教民也不能使用村中的水井，村民们不借农具给教民，还要求归还一些失效的旧有债务，或者为了诬告教民而偷偷地放火烧毁家宅和农作物。教民面对的就是这样数不清的艰难与困苦。如果有人入教，就会听到"干掉那家伙""杀了他"等威胁的话，他的言行被四周监视，朋友离弃他，就连亲戚也都不再相认，整个村庄都视其为"外人"，甚至被逐出村子，断绝与他的一切接触往来，随后是编造个毁谤来非难攻击他。当教民的驴或牛偏离道路进入他人田地，或是教民家的鸡犬进入别人家院落时，对方就会气势汹汹、污言秽语地去讨伐责骂，那样子好像自己家的房子被纵火烧了似的。村民的孩子们也不和被称作"小鬼子"的教民家的孩子一起玩，村中的娱乐活动也不让教民参加。村民会利用一切机会把教民当做嘲笑取乐的对象。当村中有东西丢失时，就一定会指责是教民偷的，失主会到教民家门前耀武扬威的大声叫骂。①

薛田资神父的记述可能会带有同情教民的感情色彩，但其中也确实道出了部分信教民众在村落中的处境和苦衷。长期以来，学界研究的史料依据多是传教士偏袒教民参与诉讼的案件，或者是依靠非教民单方的访谈记录，这就使得教民常给人以刁钻、霸道的印象。事实上，在很多时候每个村落或者每个地区的民教关系各有差异，既有民教关系紧张的，也有能和平共处的。但不可否认的是，教民作为一个异化于原有村落空间的新群体逐步形成了。他们因共同的信仰"形成自足系统，包括可以互释的意义系统与基于信仰形成的交往、生活圈。基于信仰形成的交往圈，不限于宗教活动，在生产、生活中，他们也渐渐形成互助团体，也渐渐基于信仰而安排礼俗往来，可能形成礼俗交往圈"②。

一般来说，教民的主体多是社会地位低下者，他们入教的原因很复杂，既有真心为信仰皈依的，也有为获得教会钱粮的，还有为寻求政治庇

---

① 青岛市博物馆等编《德国侵占胶州湾史料选编：1897—1898》，山东人民出版社1986年版，207—208页。
② 李华伟：《乡村公共空间的变迁与民众生活秩序的建构——以豫西李村宗族、庙会与乡村基督教的互动为例》，《民俗研究》2008年第4期。

护的。即使从信教原因来看，也不能将大多数教民定性为地痞、无赖或仗势欺人的恶霸。事实上，那些无良的教徒也确实是少数，只是他们的活动能量很大，加之他们有意凸显的教民身份，比起那些普普通通的本分教民，人们更倾向于把这些人作为教民的代表而不断地传说，并在传说中加深对教民乃恶徒形象的刻画和记忆，这些也成为教民被隔离于传统社会空间之外的重要因素。总之，教民内在的共同教会生活以及外在的生活处境和社会身份，使得他们作为一个新的社会群体存在于乡村社会之中。与城市不同的农村生活环境及其小农生产方式也成为教民内聚的重要原因之一。教民内聚的结果就是加剧了与周围非教民的分化，而分化又致使其更进一步内聚。如此，教民特殊的群体身份便日益凸显出来。教民群体的形成同时又"引发了乡村社会生活秩序中最核心的血缘纽带和以此为基础的地缘性村落秩序的分裂，削弱了作为其支柱的长幼尊卑等通俗社会道德所发挥的约束力。受到隔离制裁的少数派教民家族为了自卫而精诚团结地组成共同体，由于不能不加保护地放置这些教民，宣教士便成为他们的保护者……教会政治庇护的强化，不仅保护了教民，也给予他们对抗来自乡村社会的非难和排挤的力量"①。

　　教民与非教民的分化加深了外部世界对教民群体的不解与误解。事实上，普通家庭及村落的日常矛盾并不为人特别关注，然而，一旦与信仰差异联系在一起，矛盾就往往被扩大或异化，甚至像波纹的涟漪一样逐渐扩散以致模糊不清，最终事实为想象所遮蔽。

　　总之，比起城市的传播环境，基督教在乡村社会中的传播不得不面对更多的问题。那些行走在乡间的金发碧眼的传教士，首先面对的就是如何在乡村熟人社会中立足的问题。于是，他们只好利用各种办法引导百姓放弃多神崇拜，皈依基督。但是，传教士作为外来者对村落生活的干预，打破了原有信仰空间的平衡。他们虽然赢得了一部分教民，却也受到其他民众的敌视，而且使得追随他们的教民被置于村落公共空间的边缘境地。共同的信仰身份和困厄的生活处境，促使教民内部关系紧密，也更加依附于以传教士为首的外来势力。对于教民群体来说，如何平衡信仰与族群归属所带来的双重身份，成为必须面对的问题，由此带来的矛盾和不安也始终困扰着他们。

　　以上，借由对传教士及教民群体在乡村社会生存状态的考察，我们

---

① 〔日〕佐藤公彦：《义和团的起源及其运动》，宋军等译，中国社会科学出版社2007年版，第192页。

对乡村社会秩序和乡民信仰状态也有了更进一步的体认：华北乡村社会中以亲缘关系和地缘关系组成的群体范围是相对模糊的，教民眼中的"大教人"（华北很多地区教民把民间信仰称为"大教"）虽然在一定空间范围内有共同的信仰，却不像教民一样有稳固的组织。更多时候，乡民都是以家庭为核心的信仰单位，像装在麻袋里的土豆一样，同质而不同体。也因此，民教之间的关系虽由信仰而起，但最终都可以归结到利益的纠葛上。

第二节　上帝与众神：信仰空间的对决与切入

在华北农村，庙宇是十分普遍的村落公共建筑。庙宇作为村民公共财产及村落信仰空间的一部分，已经内化到乡民的日常生活之中，从建筑到使用，所有村民都会参与其中。无论是作为信仰场所还是作为村落日常生活的公共空间，庙宇在华北乡村中都是村落作为一个相对独立的社会群体的重要象征。它不仅承载着村民关于村落故事的集体记忆，也是维系着村落当下与将来命运的文化符号。不过，近代以来，庙宇这一公共空间在村落中的地位除了要经历现代国家的强力干预，还必然会在基督教传入之时，面临着一场与异质文化的直接对决。

一　教堂与村庙：信仰空间的博弈

基督教信仰具有公共性，其信仰仪式的举行必然需要一定的空间。于是，在其传播过程中，教堂就成为必需。教堂作为基督教信仰的物化空间，比起民间信仰的公共空间更具有一种恒常和外显的性质，因为基督教的信仰仪式既包括重大节日的庆典，还包括日常的祈祷活动。同时，乡村庙宇对村民来说是完全公共的、开放的。而教堂虽然也有其公共性，但其公开的对象只针对教民。对于非教民来说，不只是公开的程度，单从建筑模式上来看，教堂在村里的矗立也很容易刺激村民的观感，令他们不适；更为关键的是，教堂作为有形空间在乡村原有空间中的切入必然会牵涉空间及资源的占有关系，并促使民教矛盾表面化。

教堂在华北乡村社会中的建立经历了颇为曲折的过程。其中，既有来自乡村民众的阻扰，也有官方的反对。以山西为例，1861年7月，法国传教士梁多明要求归还雍正年间改为东雍书院的原绛州天主教堂，山西官方推三阻四，延宕两年多，才在总理衙门的压力下，于1863年11月将该书院一切房地交清结案。① 1873 年，外国传教士在归化买地建堂，该处同知"拘拿业主弟兄四人囚禁在狱。并将说事中人皆传押在署，仍追契纸入官"，明言"不准容留洋人……建堂及另造房屋"②，这种做法得到了朝廷认可。1882 年 7 月 2 日，有人奏陈"限制传教之法在于禁止民人擅卖房产给教士"。朱批曰："此即通融办法矣，是在良吏勉为之耳。"③ 直到 1895 年，教会在内地置产才"毋庸先报地方官"④。在民教之间关于教堂的产权纠纷上，地方官优柔寡断的立场，是促进矛盾升级的重要原因。比起由其他原因引发的民教纠纷，教堂的建立体现着基督教会的显性存在，也确实是教民作为一个特殊群体存在的明证，这尤其容易触动民众甚至地方官的敏感神经。

在诸多教案中，民教之间关于教堂和庙宇的矛盾并不具有普遍性。也即，并非有教民的村庄就一定存在这方面的纠纷，但已经发生的矛盾都体现了村落内部关于争夺信仰空间这一问题。借此来观察村落秩序，也许能有一些新的收获。其中，义和团运动的发源地——山东冠县梨园屯的玉皇庙和教堂之争尤其典型。⑤

梨园屯是冠县十八村中的大村，当时有近 300 户人家，姓氏包括阎、王、左、刘、高等，是个典型的杂姓村落。村内逢五、逢十有集市。村里的事务由村长、地保、会首等村落精英协商决定，这些人维系着村落内的正常秩序，也支撑着村落内的传统观念。清康熙年间，村里的绅士李成龙等人捐献的土地成为玉皇庙及村内义学的用地，被视为村内共有财产。1861 年，玉皇庙与义学建筑毁于白莲教的兵灾，以后再未重修。另外，早在 1842 年，江类思副主教首次来到梨园屯时，就发现王家自古就信教。白莲教反叛期间，耶稣会在附近的威县赵家庄修建了教堂，传教活动开始活跃。同治年间，该村以王姓为核心，共有 20 余户入教。这些家庭加入教会，有诸多原因，包括：兵乱使村民生活蒙受打击，官府为加强防卫而

---

① 台湾"中央研究院"近代史研究所编：《教务教案档》第 3 辑，"中央研究院"近代史研究所 1975 年版，第 464 页。
② 台湾"中央研究院"近代史研究所编：《教务教案档》第 5 辑，第 655 页。
③ 中国第一历史档案馆、福建师范大学历史系合编：《清末教案》第 2 册，中华书局 1998 年版，第 361—362 页。
④ 台湾"中央研究院"近代史研究所编：《教务教案档》第 1 辑，第 714—716 页。
⑤ 程玲娟最早在其博士学位论文中从空间的角度来研究梨园屯教案，对笔者此段论文写作启发甚大。只是作者的论述承续了以往关于教案论述的立场，更多地体现了乡民的主体地位，而忽视了教民亦为国民的基本身份。笔者以为，教民、教会、传教士固然与帝国主义有着不可分割的关系，但肯定也不是等同的关系。相关论述参见程玲娟《空间、资源争夺与晚清山东教案研究》，博士学位论文，山东大学，2006 年，第 18—44 页。

征税、征收团练费，致使中下层农民更加贫穷；为逃避官府弹压而寻求教会庇护以及村内、族内关系等诸多情况。伴随着经济停滞、社会动荡而逐渐出现的宗族关系松散及村落秩序的功能退化，教会的影响逐渐渗入，从原有的社会秩序和信仰中无法获得安全感的人们，便寻求新的保护，然而，这种对外部力量的依附更扩大了与原有社会秩序的分裂。① 不过，没有任何材料显示在分割义学和庙产之前，民教之间有什么矛盾。可以认为此前双方至少在表面上是和平相处的，甚至在民教共同商定按股分割庙产时，都没有发生争论。双方还以三街会首为代表在分单上签字明证，以表心甘情愿，各不反悔。

获得宅地的教民一方并没有能力修建教堂，于是在1869年就将土地分单转送给传教士，而问题也因此发生。当时教民在传教士的支持下于原有庙基上盖起了教堂，而庙里原来供奉的玉皇神则被迫请出，村民于是在教堂左侧设堂，供奉从庙里请出的玉皇像。村民在教堂旁边设立供奉玉皇的神堂，这一行为显示了双方最初的对立。1873年，双方就拆毁义学庙宇建设教堂的问题呈控到县，知县以村民一方"明立分单于先，何得追悔混控"为由判定村民败诉。此后，民教矛盾愈益明显。1881年，梨园屯村举行玉皇神会，村民们雇得"彩船小戏"庆祝，由于人多拥挤，将教堂大门挤开，堂中教民出来与村民发生口角（教会一方则认为是村民扛着神像故意打坏大门闯入，并在堂院中戏耍，双方发生争吵）。② 1887年春，教堂改建，再次将矛盾激化，村民一方抢走了修建教堂的材料，并用其修建了三间玉皇庙，教民一方在传教士的支持下重新上诉，事情越来越复杂，拆庙盖堂、拆堂盖庙，民教矛盾也最终发展到了不可调和的地步，双方为争占原有玉皇庙地基互不相让。关于案件发展的经过，相关研究已经很充分，笔者无须详述，仅试从村落信仰空间的角度对民教纠纷做新的解读。

梨园屯的民教矛盾起源于教民将宅地转让给外人——传教士修建教堂这一事件。随后的纠纷也是围绕着这一行为是否具有合法、合理性而展开，村民、教民对此各执一词。对于村民来说，他们并不在意天主教在本村内的传播，但不能容忍的是，教堂的修建是在原有庙基上建造的，他们数年间都无力修建坍塌的庙宇，而村中少数教民却能在传教士的帮助下修建起教堂。某种意义上来说，矗立在他们生活空间中的教堂每时每刻都对他们产生了一种压制和挑战。于是，毁坏已久无意修建的玉皇庙，在教堂

---

① 参见〔日〕佐藤公彦《义和团的起源及其运动》，宋军等译，第260—263页。
② 台湾"中央研究院"近代史研究所编：《教务教案档》第4辑（一），第278、261页。

建立后很快得到重视。1881 年，在玉皇庙会时闯入教堂的纠纷中，既有村民明言："天主堂本系借用玉皇阁地基，将来重塑玉皇，还要送入供奉。"① 话语中流露出的不甘情绪是相当明显的。在教堂修建之前，村内教民的信仰活动仅局限在其各自的家庭内部，并未参与到村落信仰空间之内。但教堂修建后，教民的信仰活动便由隐而显，不论他们在庙基上修建教堂是否有理有据，事实却是原本应该供奉玉皇的神庙成了教民的活动场所，而玉皇神像却被请出。这样，本来是全村人都有权参与其中的信仰空间变质并归属于少数人所有，对方又并非仅凭一己之力获得这种能力，而是凭依外人——传教士的力量。因此，这种结果更难得到村民的认同。

教堂的建立明显地割裂了原本一体的村落信仰空间。另外，在庙基上建教堂的事实，促使村民对信仰因素在空间中的标识和作用有了新认识。可以说，民教之间争夺的对象，并非在村内可否建立教堂一事，而是在庙基之上可否建立教堂的问题。在庙基之上盖堂或者盖庙，体现的不是庙宇或教堂的本身信仰功用，而是背后展示的双方势力之较量。教堂的建立促进了教民在村中作为一个规整的共同体的形成，他们有共同的信仰和公共的宗教设施。对此，村民们产生了复杂的情感反应，换句话说，教民共同体的出现，激发了村民们身份认同的危机感。于是，他们需要向教民展示自己在村落中的地位和价值。争取夺回庙基的行为，也体现了他们对重建村落原有信仰空间的努力。这一斗争过程，首先是由村内的精英阶层领导的，他们与教民斗争的手段是依法呈控到官，但最终却表示屈服并放弃了村落保护者的身份，也因此放弃了在村落公共空间中的发言权，并被村民戏谑为"六大冤"。传统村落势力的退出，使得原本在村内公共空间中处于边缘身份的人们得以参与到事件中，即"十八魁"的出现。以武力抗争的十八魁在村内玉皇庙事件中得以掌权，是在绅士阶层放弃公共发言权之后实现的。与绅士阶层相比，处于社会边缘地位的十八魁无论是在思想上，还是在行为上都更具有一种颠覆传统的力量，他们对事件的干预是以其不计后果的义愤为助力的。至此，民教之间的矛盾开始向村外扩展，以赵三多为首的"梅花拳"的介入最终使得梨园屯玉皇庙的地基之争变成义和团运动的导火索。

教堂在乡村社会的建立，不仅因其在现实的空间分布上触及民众的利益而引起反感，甚至在乡村盛行的风水观念中，也认为教堂的存在不合理。19 世纪末，李提摩太在山西传教时经历过这样一件事：当时整个华北

---

① 台湾"中央研究院"近代史研究所编：《教务教案档》第 4 辑（一），第 278 页。

地区旱灾严重，一种流言在人群中广泛散布开来，有人说天主教堂顶上的天使会给人带来灾祸。那是个吹喇叭的天使雕像，起着风向标的作用。紧接着，就有人声称无论何时风从哪个方向吹来，那个吹喇叭的天使都会把云和雨吹跑。因此，他们扬言要推倒天主教堂。此事甚至引起了巡抚的干预，最后在李提摩太的巧妙开脱下，天主教堂才得以保全。① 在义和团运动时期，华北各地流传较广的一首反教诗就说到"天不雨，地焦干，全是教堂制止天"。可见，在村民的眼中，教堂作为反对传统信仰习俗的存在，必然破坏着民众在空间中的原有秩序。

有时，拳民们为炫耀武力，常在教堂附近练拳，甚至将教堂作为拳场。这种明显具有挑衅性的行为，是乡村信仰空间发生断裂的表现。在传教士之后，义和团的拳民们以更为激进的方式参与到空间竞争中，同样作为外来者，他们在进入某一村庄之时，首先攻击的必然是作为教会存在之重要表征的教堂。另外，一般民教冲突的最终结果，也多以教堂被毁为结局。高洛村位于保定至北京铁路之间的涞水县，19世纪90年代，高洛村分为南北两部分，教民集中在村南。1899年因唱戏一事发生民教冲突。像往常那样，戏台扎在村南中心十字路口，这正好位于一个教民家的前面，纠纷由此发生。按照惯例，人们搭起帐篷，从村庙里请出众神来听戏。教民认为把这些异教神像置于家门前的台阶上是对自己的冒犯，因而前去辱骂神像并踢翻了神台，而村民们则以洗劫教堂作为报复。在这一事件中无论是踢翻神台，还是洗劫教堂，对当事双方来说都是一种极具象征意义的举动，为对方无法忍受。在之后的诉讼中，保定的天主教主教出面干涉官府调查，最后官府对非教民尤其是村长阎老福做出了苛刻的判决。但阎老福是个有势力的人，他虽然能够接受250两银子的罚金，但让他宴请教民和他们的神父并当众叩头认罪，则无论如何也无法接受。

因为争端的裁决有利于教民一方，因此，"教民横溢。未半年，入教者增二十余家"②。于是敌对的情绪渐次扩大，村民的目标是通过袭击教堂，将传教士及依附他们的教民赶走，恢复传统的空间秩序。1900年春天，阎氏家族派人从邻县请来两名拳师，在村北的庙里建立了一个拳场，从而引发了更为激烈的冲突。最终他们烧毁了教堂和所有教民的家。③ 不

---

① 〔英〕李提摩太：《亲历晚清四十五年——李提摩太在华回忆录》，李宪堂等译，第152页。
② 艾声：《拳匪纪略》，《中国近代史资料丛刊：义和团》第1册，第448页。
③ 《中国近代史资料丛刊：义和团》第1册，第448页；《中国近代史资料丛刊：义和团》第4册，第363—374页。

难看出，村庙和教堂作为公共空间内两种不同性质的空间存在，始终是矛盾的焦点。在教民眼中，村庙是异端的；在村民的眼中，教堂是邪恶的。

发生在以庙宇为中心的村落信仰空间内的民教纠纷，比起家庭或家族间的矛盾更明显具有了一种公共性。在日照事件中传教士薛田资曾因干预词讼，被村民架到庙里讲理。1864年，河北平山县水碾村教民把村庙中的"关帝神像两眼挖去，拔去胡须，又把周仓的大刀斫断，并拆庙墙石条，备修天主堂，又把本村龙王庙木雕龙神三尊，也拿到教堂，作了坐凳"①。这些行为，都体现了在村民的认识中，庙宇这一信仰空间既是现实的空间存在，同时也是村社内部传统秩序存在的精神象征。然而，在基督教传入后，不同信仰的群众却对原有庙宇的价值认知发生了改变。因而，当教民轻慢甚至直接破坏庙宇或祭神器具时，所引发的必是两种不同文化的硬性碰撞。

由于信仰不同而引发的空间之争，一方面体现了村民原有信仰空间的事实存在——虽然这种存在大多是隐而不彰的；另一方面也说明了教堂对村内原有信仰空间的切入确实挤压了村民的活动范围，甚至影响了他们的公共言论。毕竟，在与教民共有的空间范围内，村民们对于教会的认识是不能随便表达的，否则很容易引起双方之间的误解和矛盾。但是问题在于，不表达并不代表没意见，而教民一方相对内聚的信仰生活更给人平添了一些神秘和猜想。教堂的建立更为清晰地将教民从原有村落信仰空间中分离出去，这不能不引起部分村民对教民群体的误解甚至敌意。因此，在以教堂为中心的基督教信仰空间切入后，原有村落也并非单纯地被动接受，以庙宇为中心的传统信仰空间也进行了反切入。1899年，作为茌平知县的豫咸在调节张官屯神拳与天主教之间的纠纷时，罚后者唱戏，神拳则利用这个机会"比枪、比炮"。豫咸还亲自去了张良庄。当时一位目击者后来说："豫官还去看戏贺神拳呢！那时候神拳正兴，各庄都去，豫官还给神拳开了赏。"② 在这种切入与反切入的对抗中，矛盾随着纠纷的累积也越来越严重，而官员的立场偏向无疑更促进了矛盾的激化，终使双方反目相向至不可化解之地步。

二 公共信仰空间里的日常与非常

在一定范围内，民教之间围绕着有限的信仰资源而发生的纠纷不过是

---

① 台湾"中央研究院"近代史研究所编：《教务教案档》第1辑（一），第448页。
② 山东大学历史系中国近代史教研室编：《山东义和团调查资料选编》，第143页。

乡村日常生活的一部分,这种矛盾大多能在乡村社会内部被化解。然而,近代以来,来自乡村社会外部的各种势力的过分干预,打破了村落自身的调节秩序,甚至破坏了原有的调节机能。同时,这种干预在很多情况下又是不可避免的:教会不会放弃对皈依教民的保护职责;国家政府需要对乡民尽其法定职责;以参与纠纷获得权益是地方民团的生存手段……在各种势力的挤压下,乡村社会本来就很薄弱的自治功能很容易就会异化或者主动依赖于外来势力的干预,而教民群体的产生本身就与外在的西方教会有着不可分割的渊源。可以说,在这种社会背景下,日常的乡村生活向非常态的生活之转变有着太多的激发因素,围绕着信仰产生的各种资源,就常常成为从日常到非常的关键性诱因。

(一) 日常生活中的民教交往

乡村民众的日常生活是围绕着衣食住行展开的,信仰生活是其日常生活的重要组成部分,民间信仰在民众日常生活中具有重要的资源性价值。人们将收入的一部分用于神灵供奉及祖先崇拜,然后希冀获得超自然力量的保佑和荫庇,或丰衣足食,或儿女满堂,或出入平安,或禳灾祛病……生老病死中的所有事项都可以向神灵祈佑,民间信仰存在之根本意义就在于对乡民现世生活的价值。因此,功利性也就成为华北民间信仰的根本特征。乡民在信仰生活中所体现出的功利性格,反映了其在日常生活中的价值观念,并决定了他们对基督教的认识和态度。

基督教在近代乡村社会中的传播,不可避免地要参与到乡民的日常生活中,而这种参与必然给民众日常生活带来双重影响——积极的和消极的。无论是教民还是非教民,对于基督教的认识,大都与其对自身生活环境带来的影响有关。而大多数的传教士也惯于将干预村民生活作为行之有效的传教手段。在宋景诗起义后,梨园屯一名曾参加起义的村民被捕。村中一位当时身份尚未公开的教民说服这名村民的家属去找天主教神父,并加入教会,请求教会帮忙把人救出来。村民家属照着去做了,果然获得了成功。这样,其他一些村民纷纷仿效,迅速加入教会。到义和拳案发时,镇中大约有20户加入了天主教会,其中大多是王姓人家。①某传教士认为:"天主教信仰的影响几乎在这片土地的每一个角落都能感受到。大批的人们向他们蜂拥而去,以取得各种形式的'帮助',主要是因为他们拥

---

① 山东大学历史系中国近代史教研室编:《山东义和团调查资料选编》,第254—257页;台湾"中央研究院"近代史研究所编:《教务教案档》第5辑(一),第464—465页。

有比新教更多的'权能'。"①

此外，山东恩县美国公理会教区即受庞庄白莲教邀请而建立起来的，他们去天津寻找该教会的保护以逃脱衙门的追捕。② 处在非常情形下的人们希望加入教会，其目的不外乎借此恢复他们的正常生活。然而，对于教会来说，以他者身份干预民众生活，一方面可以为信教者带来实际的好处，吸引更多人加入教会；但另一方面也因此打破了传统乡村社会的空间秩序，甚至伤害了部分民众的利益和感情，从而引起村落内部的资源纠纷，并最终给教会和教民带来意想不到的消极影响。

首先，基督教以其特有的群体性质及传教目的，最初走近乡民，就是从干预他们的日常生活开始的。传教士一方面确实给入教者提供了一些必需的生活补助；另一方面他们更希望通过对基督的皈依，从根本上影响民众的精神世界，再以此为基础来改善下层民众的生活。但是，这种带有理想主义色彩的传教目的却较少为民众所理解，民众往往对教会的物质援助更感兴趣。

华北农村流传着这样的童谣："你为什么奉教，为了铜钱两吊；铜钱花完了，还是不奉教。"③ 因为生活陷入困境而加入基督教的民众，始终在信教人群中占有相当大的比例。对这些人来说，从信教伊始，以衣食住行为核心的日常生活就与教会紧密地联系在一起，虽然并不排除这些所谓"吃教者"在接触基督教教义后，转变为虔诚信徒的可能性，但他们的入教动机确实体现了传统中国人将宗教信仰视为生存资源的功利取向。而基督教最初对乡民生活发生影响的内容也多在于此，那些希望在诉讼中获得教会帮助的教民更是将对教会的皈依视为必要的权力来源，而非纯粹的宗教信仰。

带有功利性目的加入基督教会的信徒，不可避免地会将自身的教徒身份带到与其他人交往的日常生活中。教民虽然在村内形成了独立的群体，但显然他们并不能完全外在于村落的公共空间。华北乡村的自然村落向以密集型聚居为特点，教民虽然可以通过建造教堂形成自身的信仰空间，过相对独立的信仰生活，却无法从村内其他的公共事务中完全抽离出来。他们不仅仍然生活于原有的生活空间之内，与普通村民一样要维持生活、参

---

① 莫约翰济宁来函，1898年5月12日，"长老会"缩微胶卷，第214盘。
② 〔美〕博恒理：《现代山东的先知者》，《教务杂志》卷18第1期（1887年1月），第12—21页；〔美〕明恩溥：《农村教区一瞥》，《教务杂志》，卷12第4期（1881年7月—8月），第248—250页。
③ 山东大学历史系中国近代史教研室编：《山东义和团调查资料选编》，第36页。

与集市，还同样需要使用村落内部共有的土地、道路、水井、学堂等。即在信仰之外，教徒的日常生活与其他村民没有任何特异之处。问题在于，当教徒把教会的帮助作为一种功利性资源运用到与其他村民的日常交往中时，就破坏了原有的利益平衡或交往规则，矛盾就发生了。中国传统文化中向有"不患寡而患不均"的观念，民众在熟悉的生活空间中失去了原有的公平环境，很容易感觉不安。在空间有限的熟人社会内，民教之间交往的任何经历都很容易影响到周围人。村落内部的口头传说与城市公共空间内的媒体传播有着同样的功能，甚至比媒体传播更有一种将原有事态扩大、夸张的条件和效力。于是，对于有机会从教会中获得帮助的部分教民来说，他们更加有意将教徒身份带来的好处最大化。然而，因着这些少数跋扈之教友、教士的行为，与教会打过交道的非教民对基督教教会就形成了最初的负面印象。

教民身份在近代华北乡村社会中的处境是有差异的，有恃教民身份横行乡里者，也有因教民身份备受欺压者。大多数情况下，贫苦农民是为了借款方便或是依仗教会势力捞些好处而入的教。① 这些教民在入教以前，往往就处于村落公共生活中的边缘性地位，因而他们需要获得来自传统社会之外的依靠。但入教后，教民在村中往往又因他们的新身份而更加被孤立，各种教案中"骚乱行为的严重程度不一，从日常向基督徒家庭的房屋扔石头或骚扰一群过路的传教士，到损毁贵重财产和杀伤人命等都有"②。教民在村落中的地位，显然受到其所在村落中教友数量的多少以及教会在当地势力的影响，不同村庄情况各不相同。势单力薄的情况下，很容易受到其他村民的排挤和敌视。这种情况下，传教士凭借抽象的"正义"和作为教牧的责任，使得他们在所有的争端中为教徒辩护。可是，在一些仇教士绅乃至官员的鼓动下，教民的处境往往会更差。

另外，在那些教会势力明显占据优势地位的村落中，普通村民的日常生活空间就会受到挤压。民众对于教民的抱怨大多来自对方在日常生活中所具有的优势。例如，"人家除了完银子粮米以外，别的花销——象地方上唱戏，烧香还愿，都不摊"③。除了这种不同的生活境况很容易引起村民的不满，事实上，民众对于教民的看法，很多时候还来源于他们对某一民教纠纷结果的认识和传说，由此引发了他们对所有教民的恐惧和反感。山

---

① 山东大学历史系中国近代史教研室编：《山东义和团调查资料选编》，第101—103页。
② 〔美〕费正清等：《剑桥中国晚清史（1800—1911年）（上）》，中国社会科学院语言研究所译，中国社会科学出版社1985年版，第614页。
③ 山东大学历史系中国近代史教研室编：《山东义和团调查资料选编》，第108页。

东巨野县张庄的村民回忆:"张庄虽然很小,可是在外有势力,这全都仗着教会。张庄人到外地去,不仅在县内,就是在府城,一说是张庄人,别人就得怕三分。"① 民众对于教民的这种认识,未必都是在亲自与教徒打过交道后产生的,多数是从其他人那里看到或者听说后形成的。

另外,在鲁南乡村中,还有教会向不信教的村民滥收罚金。② 教会及教民这种做法的危险性是双重的。其一,从教徒及传教士来说,他们首先没有将教义中有关仁爱宽容的信仰理念在生活中践行,反而利用教会获得现世的利益和权势,这对其传教事业的健康发展带来了非常恶劣的影响。其二,除了对自身形象的负面影响,还将本来就存在的民教矛盾更加深化,严重破坏了乡村原有日常公共空间秩序,这使得普通民众被压抑的情绪很容易被激化。

1898 年,位于日照与莒州交界处的美国基督教长老会的教民遇袭,教堂被焚。当事的传教士们确信,袭击他们的人来自最近刚被索罚过一次筵席的村庄。在向美国公使求助时,他们承认教民"在几起事件中多少也有些错误"③。1899 年,毓贤在对德国报告的答复中,承认大量案件,主要是村民向教民反攻倒算,罚他们置办筵席。④ 当村民之间彼此依靠强力来维持交往的时候,原来勉强维持的日常平衡关系就彻底崩坏了。然而,为了维护其传教工作,单纯追求教徒数量的外国传教士又不得不帮助教徒打官司,而这又为那些本来不安分的吃教者所利用。他们甚至故意滥用这种机会胡作非为。

事实上,只要不干预村民正常的生产生活,普通乡村民众对于基督教信仰本身并不存在太多的敌意。有学者计算,在 990 件教案中,社会秩序问题占 39%,利益问题占 22%,国家安全问题占 7%,而价值观念差异导致的仅占 6%。⑤ 在那些教会势力较少干预民事的地区,民教之间的关系都比较和缓。义和团运动发生后,很多教民就借着村内教外人们的保护得以逃命。李提摩太在山东传教时,就常常公开在集市上宣教,对此,他曾记载过在山东东部的回龙观庙会宣教的情景:

---

① 山东大学历史系中国近代史教研室编:《山东义和团调查资料选编》,第 34 页。
② 台湾"中央研究院"近代史研究所编:《教务教案档》第 6 辑(一),第 443—444、327—328 页。
③ 《美国外交文书》1899 年,第 155 页,转引自〔美〕周锡瑞《义和团运动的起源》,张俊义等译,第 219 页。
④ 台湾"中央研究院"近代史研究所编:《教务教案档》第 6 辑(一),第 383—388 页。
⑤ 陈银崑:《清季教民冲突的量化分析》,台湾商务印书馆 1991 年版,第 84 页。

庙会那天，我起身向山上走去，看到人山人海，没有一个空闲的地方。各色各样的农产农需品都有人销售。我的身边围了一大群人，他们从不同的方向挤过来，要看看外国人长得什么样子，因为以前从来没有见到过……我抓住这个机会，竭尽所能地向两个院子里的群众发表了一个长长的演讲。听着一个外国人用半生不熟的汉语对他们喋喋不休，他们表现了极大的耐心。看到他们那么专注地听自己演讲，我差一点脱口说出其他传教士曾经说的那句话"三寸簧舌倾天下"（英文原意：两唇之间吊千人）。然而，考虑到其中好多人的兴趣只是出于好奇，我又禁不住想，他们只是热衷于了解一些关于西方国家和西方宗教的事情。在演讲结束时，有好几个人走到我面前来，邀请我去他们村参观访问。①

在这次传教活动中，李氏不仅得到了当地和尚的帮忙，还被热心的村民邀请到本村去。他在日记中也多次记载了在传教过程中曾受到村民的友善帮助。类似情况也可以在明恩溥留下的很多著作中看到。他曾回忆，在其所传教的村庄中，村民们按照当地习俗凑钱买长命锁当作生日礼物，送给一个生了孩子的传教士家庭。② 很难相信对外来传教士如此宽容相待的村民在日后义和团运动发生时会做出激烈的仇教行为，除非某些传教士曾不公平地干预过村民的日常生活。事实上，在近代以前，很多教友家庭正是在朝廷打压、而村民并不排斥的情况下得以存留下来的。即虽然信仰不同，但是民教之间并非天生就处于对立面的，村民对于教民身份认识的转变，发生在基督教获得公开传教权利之后。基督教会在不平等条约的保护下，传教士往往过于追求教民数量的增加，随着传教事业的推进，他们越来越多地或主动或被动地牵扯到民教纠纷中，打破了村落内部原有的平衡秩序。

虽然由于基督教信仰空间的切入，已经使得传统村落的空间秩序发生了改变，民众的日常生活中也加入了一些非日常的因素。不过，华北乡村中村与村之间相对独立的居住形态，在一定程度上消解了某一村落内部矛盾的激化。因此，从整体上来看，民教之间仍能维持基本的平衡关系。问题在于，当一种跨越村落的势力将那些原本处于散落状态的宿怨串联起来

---

① 〔英〕李提摩太：《亲历晚清四十五年——李提摩太在华回忆录》，李宪堂等译，第33—35页。
② 〔美〕明恩溥：《中国乡村生活》，陈午晴等译，中华书局2006年版，第29页。

的时候，原来处于相对稳定状态下的矛盾就会迅速升级。不可预知的发展事态不仅使那些与教民有过纠纷的当事人主动参与到反教会的事件中，也将其周围的民众裹挟进非常的生活状态中，并迫使他们做出抉择。于是，日常变为非常。

（二）公共空间里的非常事件

此处所谓的非常事件是指，乡村社会中诸如战乱、灾荒等超出村落范围，又深刻影响村民日常生活的事件。日常与非常的界限，很多时候并不是清晰可辨的，而是处于一种动态的转变过程中。"从理论上讲，我们面临的一个基本问题就是探讨稳定的社会结构与变动的历史变化之间的关系。社会结构的存在并非一日，从历史角度观察，它含有相当稳定的因素。而社会运动，在历史演变的过程中常常采取突变的形式，是历史变化的一种。"① 基督教是近代华北乡村社会中一系列非常事件的重要促发因素，观察乡村民众在与基督教相关的事件中的行为取向，特别是作为乡村次级群体的村落在突变事态发生时的状态，可以进一步了解家庭、村落共同体、基督教之间的关系。

基督教与乡村社会的矛盾，不是两种异质文化形态的简单对立，而是有其特殊的历史背景。在传统社会末期，华北乡村社会内部已经存在诸多问题，例如腐败的政治统治、村民之间的土地纷争、乡村社会的普遍贫困等，这些都是影响社会秩序的重要因素。基督教势力的渗入，起了一种酵化的作用。即作为一种外来势力，打破了原本微弱的平衡，促使处于潜在状态的内部矛盾升级，并最终转化为基督教与中国传统文化的对立。同时，也不可忽略在这一转化过程中的另一个势力——国家力量的干预。在传教士涉入民教纠纷之后，村民最初寻求的解决途径是告官，然而，如恭亲王奕訢所论："（传教士）每以民教琐事前来干预，致奉教与不奉教之人诉讼不休……奉教者必因此倚恃教众，欺侮良民。而不奉教者亦必因此轻视教民，不肯相下。为地方官者，又或以甫定合约，唯恐滋生事端，遂一切以迁就了事，则奉教者之计愈得，而不奉教者之心愈不能干。"② 传统的政治体制缺乏适当的应对事变之能力，进而使得已经发生质变的社会问题更趋严重。因此，"以民教对立严重化为契机的、宣称拥护传统价值、规范、文化与国家的反教会的'顺清灭洋'运动，正好击在清朝国家统治的

---

① 〔美〕周锡瑞：《义和团运动的起源》，张俊义等译，中文版前言第9页。
② 张力、刘鉴唐：《中国教案史》，四川省社会科学院出版社1987年版，第369页。

软肋上"①。

当国家统治不能在非常事件中发挥其合法的调控作用时,处于危机状态中的村落及其村民就不得不各自做出反应。众多的村落及村民在缺乏统一经验和认识的情况下所做的决定也必然是纷然杂乱的,如此,非常事件便越发陷入一种不可控的状态。可以说,在义和团运动发生时,基督教徒和义和团民均为外在于村落传统空间的两种不同势力——在此必须明确一点:并不是所有非教民都决然地站在教会的对立面,大多数人是中立的。普通民众在选择自己的行为时,他们所依据的是自身生活的经验及眼下的利害关系。不过,义和团将"民间宗教中的符咒、跳神、武术和气功以及民间戏曲中的英雄好汉、神话人物统统综合起来。所有这些因素都是老百姓日常生活中喜闻乐见的,其中没有任何怪异的东西。它们来自生活,极易模仿"②。对民众来说,这比起基督教仪式的排外性及其坊间传言更有一种自然的亲近感。另外,民众对于义和团的接近也不乏有另外的功利性目的。平原县有位老人回忆道:高唐女人姓吴,来大刘庄嫁给刘维领。他兄弟常来探亲,宣称义和拳能治病、行好、练拳看家,庄上人遂信义和拳。③从该村落的经验来看,义和拳的传播方式与基督教其实有类似之处,这也从侧面说明义和团的组织并非村社内部原来就有的,它与基督教同样外在于村社。

佐藤公彦认为19世纪末的义和团运动与明末清初的宗教文化冲突,是因为太平天国运动及甲午战争对中国的瓜分等因素"波浪式相乘重叠形成巨大的'反外国主义'浪潮,并进一步高涨、扩大而成的民族主义运动"④。笔者认为未必如此。帝国主义侵略所带来的剧烈的社会变动,诚然给乡村社会带来了巨大的冲击,但是就民族主义思想而言,却并没有广泛深入地影响到华北乡村民众的思想意识层面。如前文所论,他们之所以群起反抗,绝大部分是因为基督教在乡村社会的深入传播,破坏了传统的生活秩序,并导致其对生活空间安全感的丧失。

事实上,直接参与到义和团运动中的也大多系贫苦农民、佣工、赤贫者,及其他一些出卖苦力的劳动者、游民、饥民等。显然,这些人在村庄中本来就是边缘人群,甚至根本就不属于任何固定的村庄。有清一代,日渐增多的农民挤在自然经济有限的空间里求食,而各种灾害无疑使谋生之

---

① 〔日〕佐藤公彦:《义和团的起源及其运动》,宋军等译,第232—233页。
② 〔美〕周锡瑞:《义和团运动的起源》,张俊义等译,中文版前言第10页。
③ 山东大学历史系中国近代史教研室编:《山东义和团调查资料选编》,第93页。
④ 〔日〕佐藤公彦:《义和团的起源及其运动》,宋军等译,第2页。

道更为狭窄。在饥饿的驱使下，底层农民只能弃安土重迁的传统于不顾，背井离乡，或啸聚结社。① 村落边缘人群的日常生活状态本来就十分脆弱，他们每天都要过缺衣少穿的生活，对他们来说，非常就是日常。

山东茌平县有个叫刘太清的人，是义和团的头目。本村人对他的评价是："在外名声很大。但是他不行，不会打拳。他在家弹棉花。可是城里把他想神了。他个子不高……人很笨，学不会，就是师傅告诉他，他也做不来。后来师傅干脆就不教他了。"② 这些原在村中被人轻视，甚至受欺压的人，生活本来无着，当非常事件发生时他们往往都能义无反顾地参与其中。一是少有家庭之累，二是也许能获得意外的收入。对于这些乡民来说，这也无疑是一种对原来逼仄的日常生活空间的突破，他们在村落日常空间之外寻找机遇和认同。同时，对于认可他们的村民来说，则反过来又借着他们获得了对村社空间之外的想象和希望。乡民日常生活的稳定性及其空间安全感是与其拥有生活资源的数量成正比的。对于生活本来就不安定的下层乡民来说，从日常到非常的界限就非常微妙并极易突破。为了生存，他们甚至有意去打破日常，冒险从非常事件中获得意外资源；而那些虽然艰难，但基本上能维持生活的乡民，除非与教民有过积怨，否则很少愿意突破原来的生活空间，进而抛家舍业地参与到实际的冒险斗争中去。

在山东，义和团运动始终是以鲁西地区的成员为主体。③ 尽管其波及范围至整个华北地区，但并非华北绝大部分的乡民实际参与到这一运动中。甚至对于普通乡村民众来说，义和团对他们的影响，更多地来源于谣言而非现实的波及。大部分民众对基督教和义和团这两者的态度从本质上来说并没有什么不同。村民对外来势力惯常持有的是明哲保身的态度，具体表现在人不犯我，我不犯人的利益取舍上。当义和团来到时，他们为了身家安全，急于向其表示忠诚，但当义和团失败后，他们又马上转身向教徒表示清白。因为，民众所关心的无非家、村之日常生活空间的安全，其他诸如反洋教也好，反邪教也罢，都非出自他们的思想意识之转变，而是取决于自身安全之损益。

笔者以为，比起费尽周折地探讨义和团本身的起源，从一般民众对义和团的实际态度出发似乎更能接近乡村社会的真实情态。关于乡民是否广泛参与义和团的问题，除非与教民有实际的利害纠纷，无论从哪个角度都

---

① 顾卫民：《基督教与近代中国社会》，第325页。
② 山东大学历史系中国近代史教研室编：《山东义和团调查资料选编》，第140页。
③ 参见〔美〕周锡瑞《义和团运动的起源》，张俊义等译，第15、20、42页。

很难想象民众会撇家舍业地参与到生死未卜的战斗中去。而抱着投机性的目的去参与战斗的选择也与民众日常求稳求全的生活习惯及性格不相符合。

华北乡民生活向以维护自身住居空间安全为本务，民间信仰的空间本质亦由此而来。因此，一般情况下，普通民众并不热衷于参与秘密宗教，甚至对其还心存芥蒂。即乡民对于秘密宗教并不存在一种天生的、必然的亲近感。所谓华北地区存在有利于秘密宗教发展的土壤这一问题，笔者以为实系乡民专注于家庭及村落生活，对外界环境持漠然态度。而非他们对于任何外部非日常因素热衷与支持。即使日常生活中有很多民众加入秘密宗教，但从根本上来说这是一种偶然的空间外游离，其本身的生活空间仍是日常的。

当然，在非常时期，秘密宗教对民众日常生活的广泛性渗入，是一种空间内的渗入，很容易将民众从日常空间导入非常状态。在这一过程中，比起宗教的原因，民众的行为取舍更多地受到现实利益因素的影响。1896年，庞三杰与另一较有势力的家族发生地权纠纷，因对方加入教会而致其在官司中失败，于是他引来山东的大刀会，以侯家庄为中心，劫掠了附近15个村庄的教民。未信教的一些富户也不得已向大刀会的队伍奉献各种财物。随后，庞氏因在马良集上抢劫店铺，而被地方士绅组织的民团和前来镇压的官府军合力镇压，但事件的最终结果却是庞氏家族皈依了天主教。①不难看出，在颇富戏剧性的整个事件中，无论是庞氏家族还是地方士绅，迫使他们采取各种行动的因素都是与自身利益相关的，教会在其中的地位和作用也因此十分微妙。

村落作为乡村社会中一个自然的共同体，在应对非常事件时起着很重要的作用。义和团最基层的组织被称为堂口、拳场或场，拳场在村中的设立必须得到村民的许可，庙宇往往成为首选之地，如果庙宇不够宽敞，也会设在村中空地或较大宅院中。因为活动是公开的，因此在本村没有设场的情况下，也有人到附近的村庄去参加。在非常事件发生时，原有的村落界限就会变得模糊，但这并不能说明村落丧失了集体应对能力。

山东省平原县杠子李庄，1899年村民李长水引入拳民洗劫了教民李金榜家，在县衙派兵后李长水求助于朱红灯。朱红灯于是抓住两个教民，用来交换县衙抓走的6个拳民人质。县衙与朱红灯带领的拳民发生对峙后，

---

① 国家档案局明清档案馆：《义和团档案史料》上册，中华书局1959年版，第2—5页；台湾"中央研究院"近代史研究所编：《教务教案档》第6辑（一），第152页。

村里的村首们曾劝说县令不要派兵，并劝走了朱红灯的人，他们不愿意自己的村庄进一步卷入麻烦。① 朱红灯及其拳民离开杠子李村后，在马夹河东岸的森罗殿住下，此殿位于芝坊村外。芝坊村自己没有拳民，因为村首禁止习拳，所以拳民们被挡在村外，很多人过河到恩县张庄集市上吃早饭。与官方发生冲突后，芝坊村的长者们派代表去见官军，声称他们没有卷入这场战斗。② 张庄是茌平天主教中心，几乎是清一色的教徒。教友们观察到一些拳民在附近庙里休息，于是双方发生冲突。张庄被焚之后，义和团开始抢掠平民。③ 这件事涉及三个村庄：杠子李庄、芝坊村和张庄。除了张庄这个教友村，无论是杠子李村为防止进一步卷入麻烦而劝走义和团，还是芝坊村从一开始就禁止村民习拳，并阻止义和拳进村设坛，都可以看到村落在非常事件中，作为一个共同体维持自身独立和安全的努力。而以往研究往往忽视了个体村庄在义和团运动发生时的主体性，多只笼统地强调其对村民的普遍影响。

村落各自的特征不仅关系着民众在非常事件中所采取的应对方式，也体现了地方性环境对村落组织结构的影响。如周锡瑞所论："由乡绅领导的、组织严密、活动诡秘的大刀会，在某种程度上反映了鲁西南的乡绅地主力量强大和村社组织严密的社会结构。同样，鲁西北的神拳举行集体性降神附体的仪式、公开操练和易于练习，能轻易地再产生出领袖并接受来自本村社之外的领袖。这些皆反映了鲁西北的社会比较平等和村庄非常开放的特征。任何一个社会运动无不脱胎于它所产生的地区的社会结构与文化价值观。"④ 地方社会的区域环境影响着村落行为模式，村落恰是展示地方文化环境的重要载体。具有较强凝聚力的村社更侧重于自我保护，即使发生战争也多是组织防御，而较少主动进攻。相反，内部分化、凝聚力不强的村落在应对事变时，则很容易为外力或者少数人所控制。总之，华北地区的每一个村庄都有其相对独立的内部结构，忽视了这一问题，就会影响对乡民基本性格的把握。

在强调村落作为共同体的独立取向时，也必须承认因为非常事件的发生，村落之间的关系也发生了改变。其中，揭帖和文告成为村落之间及村落内部相互联络的重要方式。据此，各行各业的人都被吸引到拳坛。当时

---

① 参见〔美〕周锡瑞《义和团运动的起源》，张俊义等译，第288—293页。
② 国家档案局明清档案馆：《义和团档案史料》上册，第41—42页；山东大学历史系中国近代史教研室编：《山东义和团调查资料选编》，第155—159页。
③ 山东大学历史系中国近代史教研室编：《山东义和团调查资料选编》，第160—162页。
④ 〔美〕周锡瑞：《义和团运动的起源》，张俊义等译，第365页。

华北地区散布较广的一个揭帖是：

> 神助拳，义和团，只因鬼子闹中原。劝奉教，自信天，不信神，忘祖先。男无伦，女行奸，鬼孩儿俱是子母产；如不信，仔细观，鬼子眼珠俱发蓝。天无雨，地焦旱，全是教堂止住天。神发怒，仙发怨，一同下山把道传。非是邪，非白莲，念咒语，法真言，升黄表，敬香烟，请下各洞诸神仙。①

在这一揭帖中，他们解释了发起运动的原因，列举了对方的各种罪行，还包括运动方式及途径。由于生活空间的有限性，日常生活中民众的交流方式不外乎直接的口耳相传。跨村落的并具有较强公开性和复制性的文告方式则很少使用。同时，在中国传统社会中，纸张及其印于其上的文字很容易给人们某种神圣性和正式感。因而，义和团的揭帖在村落公共空间内的传播，本身就是村落处于非常状态下的重要表征，无论是从事实上，还是从心理上都给民众带来了空间危机感。这种突来的危机感与无法摆脱的生活困境相叠加，很容易促使村落边缘人群加入激进的群体行动中。

义和团运动期间，中国内地会传教士在山西有 88 人，其中被杀的有 47 名，生还的有 41 名，葛莱生牧师记下了自己的亲身经历：

> 六月间随着气候的愈加干旱，我们所居留的潞安县城也愈加不安。一个深夜，我们被一阵喧哗声从睡梦中惊醒，原来是一队求雨的行列经过，锣鼓喧天，喊声四起，突然如骤雨般的石头土块飞过围墙，落在院子里。我们赶紧逃命，离开潞安不久，在一个名叫韩店的村子停下休息，附近的村民纷纷涌来，把我们休息的屋子团团围住。不一会儿，潞安衙门一马老爷来到韩店，开始审判我们，罪名不外迷拐幼孩、挖眼剖心、破坏风水、井里下毒、触犯天怒、久旱无雨等，最后的判决是明天早晨将我们交在群众手里。
>
> 第二天早晨，当我们走出院子时，一副怕人的景象呈现在眼前，沿着街道两旁，站满了身穿红衣，手执戈矛的大刀会弟兄们，还有不

---

① 中国社会科学院近代史研究所《近代史资料》编译室：《义和团史料》上册，知识产权出版社 2013 年，第 18 页；山东大学历史系中国近代史教研室编：《山东义和团调查资料选编》，第 315—316 页。

第六章　基督教传入后的信仰空间之竞合　237

计其数的群众，每人手上握有石头或沉重的器物。出发时，马老爷带头，我们居中，最后是万头攒动的人潮。一路锣鼓喧天，我才发现这是一个献祭的行列，而我们正是即将被杀的祭物。来到预定的地点之后，在马老爷的手势之下，群众从四面八方扑来，推翻我们所乘的骡轿，将我们拉倒在地，群众在抢走我们的所有东西以后，迅速向四外奔散。

不久，我们再度落入官方手中，在山西南界的拦车州，因气候干旱，民情激愤，都认为若不流洋鬼子的血，老天爷一定不肯降雨。官吏会商的结果，决定就地处决我们。突然，原本万里无云的晴空忽然降下倾盆大雨，在几秒钟内驱散了屋外已围的群众，一场危机因一场雨轻易地化解了。①

由于久旱不雨，人们将矛头对准了那些"破坏风水、触犯天怒"的洋人，祭洋人以求雨也就成为理所应当的事件。地方官府也不得不顺从民众的意愿，这导致事件达到不可控的地步，最终一场临时的大雨又将事态归于平静。在葛莱生牧师的经历中，可以清晰地看到民众在突发性事件来临时的举止形貌。如果说由作为中国传统文化代表的官绅阶级所驱动的排教运动，某种程度上包含着一种文化使命感。那么与此相比，普通乡民的反教行为则更多的是基于生活危机感而产生的，是对自身生存空间和生活资源的保护或争夺。类似的事件还有，南宫县梨园屯公社的蒋庄，有一个教民蒋一被高小麻、阎黑十杀了。六月初十以前天旱，杀了蒋一以后，初十下了一阵大雨，村民大喜道："早知道，就把蒋一早杀了！"② 在自然灾害中，人们坚信基督教破坏了他们正常的生活空间，因此群体攻击基督教会的行为似乎更加获得了一种正义性。同时，他们的道德标准也随之发生了改变，并根据自身的需要去判断行为的恰当与否。

发生于1876年的"丁戊奇荒"③ 是由发生于近代华北地区的一次大旱灾而导致的，其凄惨景象罕有其匹。当时在山东传教的李提摩太遭遇了与葛莱生完全不同的经历：

---

① 转引自魏外扬《宣教事业与近代中国》，台湾宇宙光出版社1985年版，第123页。
② 路遥等编：《山东大学义和团调查资料汇编》，山东大学出版社2000年版，第26页。
③ 也叫"丁丑奇荒"，从1876年到1879年，严重的旱灾持续了整整四年。受灾地区有山西、河南、陕西、河北、山东等北方五省，又因河南、山西旱情最重，又称"晋豫奇荒""晋豫大饥"。

六月三十日这天，两位学者来拜访我，他们都是秀才，年龄在三十到四十岁之间，一个来自寿光，另一个来自益都。我太忙了，没空接待，他们约定第二天再来。第二天，他们一进门就跪下了，请求做我的弟子。交谈后，我弄明白了，他们两人是一大群人派出的代表，大家希望我能做他们的首领，举行暴动，因为当局不能提供食物，他们活不下去了。他们已经安排好了房子，并且有数不清的人准备接受我的命令。

不仅在山东李提摩太被邀请做暴动首领，后来他到山西南部参与救灾的时候还被那里的民众索取照片供奉在他们的庙中，以便永远感念传教士的恩情。① 那些曾如此友善地对待过传教士的人们，却在20年后，对他们采取了另一番截然相反的态度，不过，这两种态度对民众来说却都具有正当性。在非常事件中，洋人及其信仰的合法性取决于民众的实际需求。无论是杀头祭祀，还是邀请暴动，或者选择加入基督教，其行为所反映的动机是与民众维护自身空间安全的根本目的是一致的。同时，在民众宗教意识中，天下空间神人共居，世俗和神圣的边界本就不甚分明，民众自然地认为去世的甚至依然在世的功德无量的人具有超自然的神性，对其敬拜供奉可以获得福佑。这种奉人为神与奉神为人的人神互动的行为，正反映了民众对终极时空边界的认知，即天地呼应，阴阳互为始终。

在传统的华北乡村社会中，无论是本土的信仰还是基督教的信仰，对于大多数普通民众来说，其价值大小都与为民众日常生活所提供的资源多少相关，这种功利性的判断标准也决定着人们在非常事件发生时所采取的行为方式。同时，村落作为一个共同体，其内部结构的凝聚程度也影响着村落在自我保护时的应对能力和方式。

第三节 轮回与永生：两种信仰观念的时空交错

在乡土社会中，作为外来宗教的基督教之传播，常常陷入两难的境地：“不是基督教责难民间宗教因而始终保持外来宗教的地位，就是它容纳民间宗教因而受到失去本身特性的威胁。”② 民间信仰与基督教的根本区

---

① 〔英〕李提摩太：《亲历晚清四十五年——李提摩太在华回忆录》，李宪堂等译，第122页。
② 秦家懿、孔汉思：《中国宗教与基督教》，生活·读书·新知三联书店1997年版，第42页。

别何在？这是反思基督教在乡村社会传播史的首要问题。笔者在此试图论证，基督教追求灵魂救赎和来世永恒的基本教义是时间性的，与此相比，民间信仰以现世生活安全为中心的基本目的则是空间性的。虽则时空并不决然对立，但是不同的宗教特性却是二者交往过程中，常常发生龃龉的重要因素。因而，不同信仰的时空调和问题，即是基督教本土化过程中所面临的根本问题。

一 不同时空观念下的基督教与民间信仰

犹太学者赫舍尔在论及犹太教的时间性时曾说：

> 时至今日，空间之物已占据人们的心思意念，影响所及，包括众人的一切活动，即便诸般宗教也经常受到如此的观念所宰制。神祇居住在空间之中，置身于特定所在，诸如群山、众林、或树或石，这些有神祇居住的地方特别被当作圣所。神祇总与某一独特的地点密不可分。"神圣"这个特质被视为与空间之物有所关联，因此，首要的问题是：神在什么地方？①

以上这段文字是作为犹太拉比的赫舍尔对犹太教以外的其他某些空间性宗教的论述，作者认为时空观念的差异是犹太教与其他空间性宗教的根本差异。据此，我们也可以从时空差异上来思考渊源于犹太教的基督宗教与中国民间信仰的根本差异。可以说，宗教信仰是人们的时空观念最为直白的表达，不同的信仰，反映了不同的时空认知。基督教与民间信仰的差异很多，就时空观念来说，即呈现出了完全不同的路向，笔者在引言部分已有提及，在此做更进一步的讨论。

首先，基督教认为人的生命本质是灵魂，而灵魂的创造者是上帝，上帝按照自己的肖像创造了亚当和夏娃，原始父母结合后才有了人类的后代。也就是说，生命的时间来源于上帝，上帝是生命时间开始的第一因，也是最终果。生命结束，灵魂不死，并最终要接受上帝的审判，或升天堂，或入地狱。即人的生命时间，内在于上帝的永恒之中，此生此世只是生命的一个时间阶段。所以，死亡对一个虔诚的基督徒来说是一项殊荣，因为这是进入上帝荣光的必要途径。同时，每一个个体生命都因缘于上帝的创造。上帝面前，人人平等。无所谓老幼，无所谓男女，更无所谓贫

---

① 〔美〕赫舍尔：《安息日的真谛》，邓元尉译，上海三联书店2013年，第8页。

富。在神人关系之外，基于血缘而产生的人人关系不再重要，这是所谓西方社会个人主义的根源。另外，生活中基于共同的信仰，又要求人们有共同的追求，共同的价值观念，共同的行为，所有信者在上帝之爱里共为一体。于是最终，这种看似分散的个人主义却展示出了民主主义和集体主义的社会效果。

与基督教相比，民间信仰中，生命的时间观念则体现出了完全不同的镜像。中国民众普遍认为，生命来源于先祖，延于后代。即生于此世的"我"位于时空的中心，通过血脉时间联系着过去和未来。人们以"我"为中心，根据血缘远近，定义他人（包括去世的先祖和后代），也根据与他人（包括先祖和后代）的关系，来定义"我"的身份。进而，血缘上的时间先后最终物化为权力的空间隶属关系。长者为尊、幼者为卑就成为礼仪制度的基本要求，甚至，神灵和祖先也因为在家庭中有着地位差异，而在空间的安置上各有分别。换言之，基于血缘产生的人人关系才是根本，这是中国传统文化中集体主义的根源。集体主义的道德要求人们处处以集体利益为重，人们从出生伊始，就处处主动或被动地根据自己所属的集体来判定属于自己的各种"名""份"边界，以区分内外、亲疏、远近，不得越名越份，于是这种看似团结的集体主义却最终呈现出了专制主义和个人主义的社会效果。

就对神灵本身的认知来说，东西方亦呈现出明显的分别。在基督教信仰中，上帝是无所不在、无所不知、至真至善至美、至仁至公至义、赏善罚恶、万事万物的创造者。他先于人类而在，是无以名状的超然存在。而中国的民间信仰观念中，神灵像人类一样，有其缺点和偏好。他们既可以福佑信众，又依赖信众的香火而存在。在民间信仰的神人关系中，二者的作用是相互的，甚至某种情形下，人在其中占主导地位。人们可以猜度、模仿、惩罚神灵，并拥有选择神灵的大权。简言之，基督教信仰是以神为本位的时间秩序，民间信仰则以人为本位的空间秩序。

此外，人们在生命问题上对终极时空的认知差异，必然会体现在日常的生活中。如基督教信仰中，人们会按照教会时间安排自己的信仰生活（天主教有自己的专用纪时日历——瞻礼单），他们有特定的神圣节日，如圣诞节、复活节、万圣节、逾越节，或者圣母升天节。与中国民间信仰处处维护家庭神圣空间安全的目的不同，基督教的节日则毫无例外地体现出对神圣时间的纪念。不仅神圣的节日体现出了圣化的时间，在日常生活中，信众早晚祷告，饭前饭后祷告，礼拜日休息的时间制度也与受民间信仰影响的民众生活形成鲜明的对比。此外，婴儿出生，婚礼，去世等人生重大事项中，作为外人的神父或牧师都参与其中，并起着格外关键的作用。与此相对，在民众的婚丧嫁娶等大事中，家中长辈才是关键人物。

以上就民间信仰和基督教的时间观做了初步的对比。事实上，于空间层面而言，民间信仰与基督教也有根本不同的认知。如前文所述，对民众来说，家是生活的中心，具有相对私密性和稳定性，能够为家人提供最根本的安全感；同时，家庙一体，家既是人们日常生活的空间，也是神灵所居之处。根据位格大小及其与家庭的关系，神灵与祖先的牌位被安置在不同的方位，共同建构起家庭的神圣空间。但是对基督教信众来说，家不过是活着的肉身的栖息之所，并不具有任何神圣性，上帝是无所不在的，人们的祈祷可以随时随地进行。与家相比，供奉"圣体"的教堂才是神圣的空间所在。人们需要定期走出家门，来到教堂，和有共同信仰的人一起祈祷，表达对神的各种心意。

不仅对于家庭的认知观念不同，民间信仰和基督教对于国的观念也不同。对于传统中国的民众来说，国是大家，家位于国之中，父为家君，君为国父。作为天子的皇帝对臣民的权力，是至高无上而神圣的。但是于基督教信众来说，"上帝的归上帝，恺撒的归恺撒"，上帝终究在灵魂的归属上对人负有绝对的责任，而世俗的政治权力则是有限的。由此，上帝的国要高于帝王的国。另外，于信众来说，耶路撒冷等位于国外的地方，却成为具有神圣象征意义的空间所在。

综上所述，在时空认知（实即世界观）的问题上，中国民间信仰与基督教信仰呈现出了不同的样貌。前者以现世时空为中心，后者以来世时空为中心，并依此产生了不同的价值观念，最终形成了不一样的文化体系。由此，我们可以进一步了解到基督教传入中国时所面临的根本问题——时空观念的差异。

接受了基督教信仰的中国民众一般被称为"教民"，这一称呼有双重的身份意义，即教和民。虽然教民们改变了信仰，但是他们却依然生活在传统的生活环境中，甚而本身也依然受着原有时空观念的潜在影响。因此，相当长的时间内，或者一直以来，信教者都必须面临着双重身份的认知和调和的问题。黄一农在其《两头蛇》[①]这一著作中，生动而翔实地描写了明末清初第一代天主教民在耶教与儒民的二重身份关系中的挣扎和纠结。一方面，他们仍然无法彻底摆脱原有的血缘关系网的约束和要求；另一方面，则要接受上帝对人生的定义和审判。这种双重身份的压力使得中

[①] 黄一农：《两头蛇：明末清初的第一代天主教徒》，上海古籍出版社2006年版。

国的教民呈现出了既不同于西方信众，也不同于一般民众的精神样貌。

另外，改变了信仰的人（即教民），即改变了对世界及生命本身的看法和态度，但这种改变对仍保持原有信仰的人们（即非教民）来说，也是非正常的，他们不得不对这种改变做出反应。原有的、相对完整的信仰空间由此分裂，人们要重新分配共有的空间资源。因为，本来具有相同世界观的亲邻在改变信仰后，连带着他们的家庭从原有的生活空间中兀自独立出来，这无疑也具有相当的破坏性。如前文所述，教堂的建立，甚而教堂钟声的响起，都是在时刻提醒着人们，生活空间的撕裂。只是，两种不同的信仰在经历了对立、冲突、纠纷过后，也必然在时间的消磨中找到彼此相处的恰当模式。换言之，外来宗教的传入，无论民众信与不信，都必然要做出改变。如岳永逸在论及梨乡的民教关系时所述：

> 在早期传入梨乡时，教堂强行鸣叫的钟声是对梨乡人熟悉也亲切的晨钟暮鼓的挑衅，是奉教的地位和身份的象征，是由现代的、崭新的外面"神奇"世界力量支持下的一种文化宣示，是一种"殖民的现代性权力"的再现。①
>
> 在人们的感官世界中，强行介入的教堂钟声也发生了从敌视、漠视、默然以及习以为常甚或依赖的转变……在梨乡的日常生活中，教堂钟声在相当意义上已经被剥离出了教堂，剔除了它原本有的孤傲与所谓的神圣，成为当下乡村的晨钟暮鼓。②

总之，基督教在中国乡村社会的传播的顺利与否，关涉两个基本问题：其一，本土的民间信仰对它的接纳；其二，基督教自身的本土化程度。可是，问题虽然清晰，但基于时空观念的根本差异又在多大程度上具有调适的可能呢？或者说，经过本土化调适后的基督教是否还是原来的基督教呢？同时，向来具有包容性的民间信仰在面对基督教这一硬核对象时，是否能够真的包容下呢？

二 基督教乡村建设运动与村落公共空间

从发展历史来看，基督教的农村建设工作较其他农村建设要早得多，可以说，从乡村教会建立伊始，类似的工作就已经展开。但是，这种大多

---

① 岳永逸：《行好：乡土的逻辑与庙会》，第95页。
② 岳永逸：《行好：乡土的逻辑与庙会》，第96页。

只局限于传教士与教民的农村工作还不能算作真正意义上的乡村建设。因为，在公开的、正式的乡村建设运动开展之前，传教士参与农村日常生活的目的，还主要是个体性的宗教传播，而没有对农村社会的整体改造产生明显的贡献。直到20世纪20年代以后，受基督教本色化运动的推进及社会福音思想的影响，中国基督教会和团体也更加重视农村的工作，纷纷组织农村服务团体，成为乡村建设的组成部分。

基督教在华北地区的乡建运动主要集中在河北和山东两省。主要工作内容包括识字教育和农业改良两部分，此外还有卫生、娱乐等工作。除专门的农村工作组织外，基督教教育界也参与到了乡村建设运动中，他们的参与方式主要包括通过对农业和乡村社会的科研、教育，给教会和全社会提供知识和人才；或者以农业推广、开办实验区的形式直接地服务乡村。例如，齐鲁大学文学院在1927年开始在济南附近的龙山镇建立实验区，该院甚至曾被要求改为"乡村建设学院"。燕京大学成立农学系，并举办"华北农业会"讨论农村问题，以推进农业科学和发展华北的乡村生活与教育为宗旨。该校在1930年开办了清河社会实验区，1935年又在山东汶上县建立起新的实验区。部分地方性的基督教中学也参与了乡村建设计划，如河北通县的潞河中学、保定的同仁中学、山西铭贤学校、山东峄县实业中学等。① 一些全国性的基督教团体在华北乡村也开展了农村建设运动，例如基督教的男女青年会也在很多地方办理了实验区。1927年，女青年会在河北昌黎开设一个服务区，开始了乡村方面的试点性工作。1928年以后，女青年会还在山东福山县等地设立农村社区服务区，驻村与村民共同生活，并组织一些交谊会、同乐会等，宣传基督教教义，组织读《圣经》、讨论、唱歌等活动。

虽然，从华北平原的广大地域来看，基督教的乡建工作由于只局限在固定的实验村，其影响范围并不大，并因日本侵华战争的逐渐扩大无疾而终。但平心而论，他们的工作在短时间内仍取得了不小的成就。首先，这些工作不仅带动了更多上层人士关注农村社会的发展，而且其改造农村的实践对于新中国成立后的农村工作也提供了必要的经验和教训。其次，对于教会来说，这也是一项关于基督教在中国本土化发展之路的重要尝试和探索。农村教会的地位也越来越引起传教士的重视，他们所参与的乡建运动，对于改变自身身份和形象也起了重要的作用。

---

① 参见刘家峰《中国基督教乡村建设运动研究（1907—1950）》，天津人民出版社2008年，第66—67页。

不过，在乡建运动中教会因其不可变更的传教目的，也必然会面对如何处理神圣与世俗之间的关系问题。乡村基督化是基督教乡建工作的根本目标，但在具体工作中他们并未将直接的传教工作置于首要地位，而是以实际的工作吸引农民对教会的主动关注，进而引导他们皈依教会。例如樊家庄的传道部就是在工作进展到一定程度后，部分村民主动提出要加入教会才设立的。而且工作队在进驻该村伊始，还曾和村民约定不进行任何公开传教活动。不过，在两年后，该村有 13 个家庭，共 49 名村民在村里成立了教会团契，其中还包括村里的很多精英。虽然这个数目在全村 242 户家庭总数来看，仍只占极小的比例，①但可想而知，通过乡建运动的改造，村民们即使没有加入基督教，却也增加了对这一宗教的了解。杨念群曾说："乡建运动伴随着教会自立自养的命运节奏而兴起，当它把扩展的力量真正达于更广泛的社会范围之内时，其宣道工作与福音传播却受到了专门化机构与政治威权的消融与阻滞，使其无法维系属灵的纯粹性，从而造成整体性的乡村建设运动完全以世俗化的结果与面目而终结，社会的基督化最终以基督的社会化形式变相完成了自身的使命。"②传教士抱着"社会的基督化"之目的开始了乡村建设运动，对于过程的世俗化是否影响了神圣使命的完成这一问题的评判，并不能轻易或者根本就不可能得出结论。因为参与了运动的传教士自身也大多都抱着试验之心态，他们有的是热情和信念，并没有做必胜的打算。同时，以教会之人力物力与中国乡村数量之比例，不唯宗教的，仅就世俗之计划予以完成也似乎是不可想象的。不过，实验的价值也许就在于此，至于后来者如何在实验的基础上做出改进已经超越了创办者之目的。梁漱溟等人的乡村工作事实上也是也一个参照和反证。

基督教乡村建设运动是以整个农村为改造对象的，教会力图通过乡建运动改变自身在村落空间中的边缘地位，以实现乡村基督化的目标。而文字工作是推进乡村建设运动的手段和任务之一，因为识字能力是农民获得知识的重要途径。传教士开展了各种形式的识字活动。除了直接的识字教育，办报也是文字工作的重要内容。其中持续时间较长也较有成效者，即为华北基督教农村事业促进会文字部主办的《田家半月报》，该报于 1934 年 8 月在山东济南创刊。因为是面向农村发行的报刊，所以其栏目内容侧

---

① 参见刘家峰《中国基督教乡村建设运动研究（1907—1950）》，第 84 页。
② 杨念群：《"社会福音"与中国基督教乡村建设的理论与组织基础》，香港《道风汉语神学学刊》1998 年春季号第 8 期。

重于农业生产和农民生活所需实用知识的介绍,以为乡村建设提供有效的文字宣传和实践指导作用。创刊号上登载的《〈田家半月报〉的希望》中明确指出了该刊的宗旨:

> 第一,我们希望《田家》走到的地方,夏天趁荫凉冬天晒太阳的老百姓,彼此闲谈起来,不光说张家的黄毛狗生了几只小狗,王家的孩子才同谁打了一架,也要谈谈国家的新闻,天下的大事。并且能谈谈县里的事,省里的事,全国的事,乃至全世界的事,应当怎样改良。
>
> 第二,我们希望《田家》走到的地方,大家不要等到家里的小孩生了病,田里的蝗虫飞满天,再去上庙许愿。
>
> 第三,我们希望《田家》走到的家庭,再听不见姑嫂对骂,妯娌对打,小孩吵架的声音。听见的只有壮年人做工的声音,老太太读书的声音,和孩子们唱歌的声音。
>
> 第四,我们希望读《田家》的教友,不把耶稣看作一尊代替观音如来的外国菩萨。要真正认识他,敬拜他,在各方面显出做他门徒的样子,并且能把教会的事担当起来,把乡村教会造成一个真正中国信徒的教会。①

不难看出,以上这段文字正是从时空两方面对读《田家半月报》的教友进行了引导。作者希望教友们不光要关心邻里家事,还要关心"全国的事,天下的事",如第一条;要把信仰内化于生命,体现在日常生活中,如第二、第三条;要从根本上改变信仰,而不是形式的改变,如第四条。另外,从以上这段文字得知,基督教的乡建运动是以改变乡村公共空间的形态为重要着眼点的,其中包括吸引民众对于外部世界的关注,并借此引导他们的日常话题;增加科学的卫生、种植知识;改善村民交往关系;认识真正的基督教。报纸作为一种公共媒介,它可以将读者、作者、编者联系起来,而且必然会将读者和社会联系起来。以农民为刊发对象的《田家半月报》报刊,一方面对于农民的识字工作是一种配合和推进;另一方面也将广大乡民从村落生活空间中引导出来,扩大了他们的眼界和交往范围。因此,诸如《田家半月报》一类的报刊是将其由地缘界定的"村民"身份,转变为以业缘界定的"农民"身份的切实途径。当然,这不仅是一种身份的转变,更是其生活形态的改变。《田家半月报》的编者希望农民借此能够改善生活,友善交往,

---

① 《〈田家半月报〉的希望》,《田家半月报》试刊号1934年8月,第1页。

做好榜样，以建设"真正中国信徒的教会"。

与报纸对村落公共空间带来的潜在影响相比，基督教的乡村实验区对于村落公共空间的影响要更为直接和明显。例如基督教女青年会在山东省曾选了七个村子做实验对象。她们在村中除了开办教育班，还注重团体生活的锻炼，副业的提倡和保健工作——举行谈话会、演讲会、戏剧表演、卫生常识演讲、医药指导等活动。很明显，这些活动内容与传统村落的公共生活有本质的不同。通过这些活动的开展，村民不仅密切了邻里关系，而且从村落公共生活中获得了更多的益处。参加团契活动的农村妇女说："从前没有走过这么多的路，既没有跑到别的村去开会，亦没有会到这样多的朋友。"①

在河北保定的樊家庄，1933 年乡建工作队未参与村落建设以前，是一个典型的传统村落，村里只有一个男子小学，80% 的男人不识字。村民中除一些信佛外，其他人信仰"老天爷""灶王爷"，有六座庙用来祈求风调雨顺，过年过节时村民都到庙里的戏台看戏。全村没有一名基督徒。工作组在驻村后首先就是着手改变村内的公共生活，他们在新年期间组织了娱乐委员会用新的娱乐方式代替赌博，分成几个小队，其中一队表演拳术、刀枪棍棒之类，一队组织村民演戏。他们还到邻近村庄表演，提的灯笼上贴着讲究卫生的口号，如"饭前洗手""给您的孩子种痘"等。委员会还召集大人、孩子做一点简单的游戏，放一些电影，做些演讲。村里有三个小型的图书馆被放在村子中央，以方便村民借阅。于 1934 年 2 月开办的女子学校，除识字课以外，还有烹调、卫生、婴儿看护、织毛衣、音乐等。学生每天从报纸中辑出每日新闻，做成布告贴在村里较显眼的地方。此外，还举办农民训练班；组织农产品展览会；成立了合作商店和"打井会"；为家庭主妇开设卫生课；每半年举办一次健康婴儿展览；倡导简办红白喜事，废除请和尚超度和大摆宴席的习俗，成立丧事合作会等。村庄管理较以前也大为改善，1935 年村民有史以来第一次投票选举村长。村庄的整个社会发展起色不少，村庄变得比以前干净，农民的经济、卫生和教育等方面有了明显的改善。而且通过几年的工作，在这个村庄发展出了一种相互合作的社区精神，被工作小组称为"基督教精神"。该村还被县长称为模范村。②

工作小组试图通过对村落空间的改变，去触动人们的身之感受，进而引导其效仿"基督精神"，以达到引人入教的根本目的。按照一般逻辑来

---

① 周蕾：《基督教女青年会的劳工事业和乡村事业之历史考察》，《天风》2008 年第 23 期。
② 以上内容参见刘家峰《中国基督教乡村建设运动研究（1907—1950）》，第 81—84 页。

第六章 基督教传入后的信仰空间之竞合

说，这种思路是没错的，但是我们之前论述过，中国民众的思维方式是用空间来理解时间的，人们固然对改变生存环境抱有一定的兴趣，但是在对上帝及其永生问题的理解上，却没那么容易让他们跨越"死亡"的鸿沟。因而，信仰于他们的最大意义就是如何最大限度地获得此生此世的权益。如此，也就不难理解民众"吃教"的本质了。

很明显，工作人员首先是通过改善村落公共空间秩序来逐步引导村民们参与到村落建设中的，包括举办各种公共娱乐活动，添设图书馆等。他们也充分注意发挥村落作为共同体的力量，村落公共空间从原来被动的、隐性的特征开始转向积极的、显性面向。同时村落空间的层次性也更加复杂，除原有的为村民提供交流、活动场所，整合村落秩序内向性职能外，对于外部社会也更加开放。例如不仅筹办各种展览，还到邻近村庄去演戏、宣传卫生观念，甚至帮助他们打井等。村内的妇女和儿童也更加积极地参与到了村落公共空间之中，这在原来是不可想象的。

可以说，无论是从世俗工作，还是从传教的目的来看，基督教在樊家庄的乡建工作都是成功的。甚至可以说，基督教参与的其他实验区的工作在一定程度上对村落公共空间和公共生活有一定的改善。问题在于，基督教在实验区开展的乡建工作是否具有普及性。诚然，这一轰轰烈烈备受关注的乡建运动最终告终。但是，即便没有外部因素的干扰，只以基督教会和乡村社会两方面作为参与主体的话，乡建工作是否能够推展开来呢？从菩萨到耶稣，当然不仅是神灵样貌的差别，更是时空观念的阻隔。

事实上，基督教会在选择实验的目标村庄时是有条件的。他们首先要征得村民的同意才能进驻村庄，进而参与村落建设工作。也就是说，村民才是乡村建设的真正主体，而传教士始终是外在于村落的。那么乡民们是否心悦诚服地接受基督教对他们生活的改变就成为问题的关键。即基督教乡建运动成功与否，归根结底还是乡村民众是否接纳基督教的问题，而与建设工作本身关系不大。同时，在传教士一方来说，是先引导村民皈依教会，并借信仰的改变来改善他们的生活理念及生活状态，还是先帮助他们改善生活状态再吸引他们皈依教会？手段的差异并不影响目的的一致性，因此，传教士面对的最终问题还是如何将广大信仰状态复杂的乡民皈依到基督的十字架下。说到底，尽管基督教可能对村落公共空间乃至村民生活提供一种较为妥当的改善策略，但是，将基督精神（一种完全不同的时空观念）内化到村民生活中却始终是他们难以解决的根本问题。

小　结

　　本章在回顾了基督教在近代华北乡村社会中的传播情况后，进一步探讨了传教士在村落生活中的身份地位，及其对村落信仰空间所带来的影响。同时也分析了教民群体的形成和生活情态。在此基础上，考察了以民间信仰为核心的乡土文化与基督教在传播过程中所发生的复杂关系，着重论述了村落空间内，围绕着教堂与庙堂、日常与非常等因素发生的民教之间的纠纷，也试图对教民在村落空间内的身份认同问题做出尝试性的解析。意欲通过对村落信仰空间的切入，观察以基督教为首的异域文化在乡村社会中的发展，及其对乡村社会秩序的影响，借此进一步了解华北村落公共空间与村民日常信仰生活之关系。

　　基督教信仰具有公共性，民间信仰亦是一种公共信仰行为，因此，在同一生活空间内，二者必然会发生冲撞。但这种冲撞并非不具有调和的可能，只是难免调适过程中的曲折。

结　语

一

民俗学者岳永逸先生在论及民间信仰的本质时说:"在界线不甚分明的'虔诚'与'玩笑'之间,人与神佛鬼魅仙怪交互叠印,占据同一空间,造成一个拥挤的宇宙。在这个原本就拥挤不堪也一大半是一厢情愿的宇宙中,因强力嵌入的外教而崩塌、凸显的'关系'乃中国宗教的本质。"① 这段话生动而准确地描述了民间信仰的空间样态。不过,笔者以为各种神佛鬼怪与人的"关系"尚不能被理解为民间信仰的本质。如前所论,空间、宇宙才是其中的关键词,据此开云拨雾,抽丝剥茧,尚能追索出民间信仰作为一种独特宗教的真正本质。

在本书中,笔者以"空间"为论点,试图去论证民间信仰的空间本质。这一本质可以概括为两个空间系统和三个空间维度。两个空间系统:其一是基于地缘关系建构起来的家庭、村落、庙会这一地缘(乡土)系统(第一至三章);其二是基于神缘关系建构起来的身体、家庭、灵媒(香道的)及其坛口、仙家及神灵这一神缘系统(第四章)。三个空间维度:意识空间——神、鬼、人对应的仙界、阴间和阳间;住居空间——家庭、村落、庙会;② 身体空间——灵魂和肉体。这三个空间相对独立,又彼此沟通,通过香火、风水、灵媒等技术或仪式来互相影响、作用,并与两个空间系统共同建构起民间信仰的时空体系。梁景之曾以结构的视点对民间宗教做过这样的形象描述:"民间宗教与其说是一个大杂烩,不如说更像一

---

① 岳永逸:《行好:乡土的逻辑与庙会》,第309页。
② 岳永逸认为家居空间是个体生活的第一空间,村落及村落以外的空间依次为第二、第三层次的空间。个人以家庭为基点,逐步向外扩展。岳永逸:《行好:乡土的逻辑与庙会》,第110页。

件百衲衣，局部无特征，整体有创意。"① 这句话放在民间信仰这里也十分贴切，这件"百衲衣"正是用"空间"这根线缝合起来的。

需要说明的是，书稿中关于民间信仰空间三维度的论述，是受到了西方宗教史家米恰尔·伊利亚德的启发。伊利亚德曾在其《神圣与世俗》这部著作中，提出关于宗教的三层次，即身体、住房与宇宙。只是，作者在此著作中，关于这三个层次的提出是一种宏观的现象阐述，旨在论证其"神圣与世俗"两种人类生存样式。而本书的论述则主要是基于中国本土宗教经验而提出的空间结构，并进而勾勒出民间信仰的独立体系。可以说，二者理路相同，但旨趣各异。

如正文所论，在民间信仰的空间体系中，住居空间应该是具有核心地位的。因为，它是民众的时空观念最为显性的表现，也是身体空间产生的来源并得以维系下去的保障。当然，华北民间信仰的系统性不仅体现在其地域空间的存在形态上，还体现在其信仰意识的层面。比起前者易受外来因素的影响，后者无疑要更加稳定。如果把家庭、村落、庙会构建的以地域为核心的空间系统称为"外空间"的话，那么，以神、人、鬼所架构的意识空间，笔者称为"内空间"，亦即信仰体系内部的空间关系。关于内外两个空间的关系，试做以下概括，即"外空间"服务于"内空间"，"内空间"是"外空间"得以系统化、物化的根本，内外空间的连接处也是民众生活的时间节点，仪式是内外空间得以交流或转换的必要手段。例如，改变孤魂野鬼性质的做法就是通过改变其所处空间位置和象征来实现的，②而治疗疾病则可以通过巫婆降神或改变阴、阳宅的风水布局来实现。

在正文的论述中，笔者以这种有内在相似性的外空间为主要考察对象，内空间的宗教意识则内化于其中。如果说制度性宗教是把宗教意识内化为个人行动，那么中国的民间信仰却是通过仪式把宗教意识外化于空间设置。信仰于他们是一种生活资源，而较少体现为精神规约。因此，民众的信仰对其言行并没有多少约束，反而根据现实的需要来决定信仰何种神灵。这也是其信仰与现世空间紧密连接的根本原因，脱离其外在的生活空间，民众的信仰意识也就失去了必要的存在价值。

华北的民间信仰是与世俗生活相结合的一种空间存在，或者说是民众时空观念的反映。民间信仰的巫术色彩尤其体现了其与生活空间的紧密结

---

① 梁景之：《清代民间宗教与乡土社会》，社会科学文献出版社2004年版，绪论第9页。
② 李向平：《信仰、革命与权力秩序：中国宗教社会学研究》，上海人民出版社2006年版，第32—33页。

合，甚至可以说，民间信仰的空间性与中国风水、巫术的产生有密切关系。因为"他们的整个经济生活特别受制于自然，这使得他们必须时时依靠自然的力量。他们相信可以用巫术强制作用于自然力之中或之上的神灵，或者干脆就买通神灵的善意。除生活方式的激烈变革之外，别无他法让他们脱离这种普遍存在的、原始形态的宗教意识"①。

民间宗教的生存形态与中国民众的社会地位是一致的，传统社会中儒家思想在上层社会中的主导地位，从根本上限制着民间信仰从弥散的形态向制度性宗教发展的路径。传统的国家政权对民间信仰的手段分为两种，其一是放任，其二是打压。这两种看似矛盾的手段融为一体，以不危害国家时空秩序为限，如此，中国民众宗教的生存空间便基本上被固定了。但是，民间信仰的生存状态却像麦田里的麦子一样，信仰的根子在，越踩生命力就越旺，但是永远也不能茎叶分明。在历史上也有获得皇帝封祀的民间神灵，如关羽、妈祖等。这有多方面的原因，首先是因为类似神灵在民间影响力过大，超越了地域限制，已经威胁到国家的时空秩序，所以有必要对其进行引导和利用。其次，这些从民祀上升为国祀，由小空间变为大空间的信仰对象，从根本上来讲，与国家主流的意识形态是并行不悖的。特别是后一原因，起着决定性作用。即便是在今天，国家层面所允许的民间奉祀仍有这方面的要素，比如妈祖的供奉、炎黄帝的祭祀，甚至如福建惠安的解放军烈士庙，②都是大空间—大传统和小空间—小传统互生、互利的案例。

民众对于宗教的依赖和信仰包括精神和世俗两个方面。所以，对于民众来说，信仰哪位神灵并不重要，重要的是自身生活空间的太平和发达。空间还是人们确认某一身份合法性的途径或者方式，也是对自身生存资源和安全的捍卫和公示，民间信仰的空间性，其意义就在于此。

进一步说，民间信仰不像制度性宗教那样以神灵本身的系谱作为自身体系的逻辑依据，而是以各个不同层次的，又相对独立的空间为基础，进而依据现实需要而建构。这一空间的建构不以神灵而以祭祀者的身份为标识，同时与民众生活密切相关，并在一定条件下作为利益共同体而存在。例如关公信仰，家庭内祭祀的关公保佑一家之福祉，家内生死祸福都可以向其祈求；村庙内的关公则负责一村之福祉，其功能也随之增加；庙会中

---

① 参见〔德〕韦伯《宗教与世界》，康乐、简惠美译，台湾远流出版公司1990年，第75—76页。
② 习五一：《当代社会民间信仰的一个雏形——考察福建省崇武镇的解放军烈士庙》，《世界宗教文化》2006年第1期。

的关公则保佑一地之福祉，神力也继续扩大，甚至保佑一地之安靖。同一神灵在大空间内的功能可能会同时包含着小空间，而在小空间内的功能则不能完全容纳大空间内的所有功能。村庙中的神灵亦复如此。关公供奉在不同的村落里的村庙中，便常常有不同的形象、传说、诞生日，甚至灵验程度也不一。总之，家、村、城、甚而国的神灵供奉，在神圣空间的营造上，都存在同构、同质性。① 民间信仰中的神灵功能来自空间主体的不同需求和空间经验，而非源于神灵自身。因此，民众所处空间不同，信仰的对象亦不同。而这也正是杨庆堃等学者所谓其"散开"形态的根本原因。

家庭、村落、庙会是本书试图论述的民间信仰之空间系统性的三个关键性要素。如上所述，这种系统性是基于信仰的存在形态及其与民众日常生活的关系所构建的。每个村，每个家庭供奉的神灵都不同。所以，单就某个神灵的谱系研究来说，从微观的视角切入的话是有助益的，却很难对民众信仰的整体状态有个完全的把握。因而，笔者不是从神灵入手，而是从信众生活的空间切入，由此得以窥见民间信仰的完整形态。并据此发现，对于属于家庭的个人来说，因其信仰身份的改变，其所属的信仰空间也会随之发生转移，其所参与的信仰仪式及在其中所扮演的角色当然也会不同。例如村落中的会首，在其家庭之中，他作为家长参与家庭中的信仰活动，在其村落中，他则作为会首参与村内集体信仰活动并担任相应的职务，而在地方庙会中，他只是一个普通的赶会者。一个人可以属于不同的信仰空间，但是信仰空间本身则相对稳定。这种相对稳定性还表现为，无论是村庄还是庙会的神灵祭祀，其功利指向又无一例外地都是归于个体家庭，也因此，看似松散的乡村公共信仰空间始终存在着一个共同的内核——家庭利益，并最终与家庭信仰空间的公共性实现对接和互融。然而，民间信仰的系统性是以个体家庭为核心，并有着现实的物质基础。这也使得脆弱和不稳定的家庭经济很容易受到外部环境的影响。首先就是国家从政治统治的目的出发进行的空间控制和改造，其次就是基督教的空间切入和争夺。

也可以说，民间信仰的空间系统之完整性存在只限于传统社会，但得以观察其最恰当的时期却是在近代，即社会转型期。这是因为近代独特的社会环境和各种外来因素使得乡村民间信仰凸显为社会问题的同时，还使得它的空间性特征分外清晰。借用生物学的一个术语，即近代华北乡村社会是考察民间信仰空间系统性问题的一个"优质切片"。

---

① 参见岳永逸《行好：乡土的逻辑与庙会》，"自序"第 1 页。

宗教可以为国家和民众提供共同语言和价值目标，也可以为国家提供合法性来源。然而，随着清末"几千年未有之变局"的出现，社会形势日益复杂，以"天命"信仰为核心的传统政治文化面临危机，古代中国"国家祭祀"日趋式微，君主专制的权力秩序最终土崩瓦解。与之相对的民间社会秩序的合法性建构，也因新式国家机构的重新渗入而逐渐发生了改变。现代国家的合法性来源的改变，从根本上改变了国家与社会的关系模式，对民众进行有关"民族""国家"的启蒙教育就成为自上而下重新构筑政治权威的必经途径。但是，国家对于乡村公共信仰空间中的"信仰因素"的改造，事实上破坏了村落公共空间的存在状态。这是因为原有的信仰空间事实上并非单纯的所谓迷信形式，而是以信仰为依托的现实秩序。它所包容的，除信仰以外，还有整个乡村秩序和规范。反迷信运动在拆毁了原有信仰框架的同时，却无力也无意为村民重新建构一个有安全感的公共秩序空间。

另外，从反迷信运动开始，尽管这些运动并不彻底，但现代国家却切实地掌握了为地方庙会和村落群体信仰活动是否贴上迷信标签的权力。这种权力的获得是与国家政权深入村镇社区密切相关的，家庭信仰空间却因其私密性而得以避免反迷信运动的波及。不过，随着民主、自由思想对家庭成员之自主权的解放，家庭的信仰空间之存在事实上也早已发生了分裂。当然，这种分裂是个漫长的过程，是随着家庭成员的外出求学、谋生的同时逐渐发生的。某种程度上，家庭内部的信仰也逐渐变成了一种个人行为。家庭成员的生命体验越来越多地与整个社会相关，并逐渐从家庭共同体中分离。在影响其分离的要素中，最重要的两个便是学校中的无神论教育和制度性宗教的进一步传播，并尤以前者为甚。与民间信仰不同，这二者对于个人信仰选择的影响都是基于个体的生命体验。而现代家庭对于家庭个别成员信仰的改变也一般都以宽容待之，而非如传统社会那样施以禁止和排斥，甚至在很大程度上会因受其影响而改变家庭原有的信仰方式。这种经过重新选择的家庭信仰与原有的信仰有着质的不同。前者更多是基于地缘、经济、物质关系而形成的信仰体系，而后者则是建立在个人自愿的、自主的生命体验基础上的选择。因此，可以说，在科学主义、自由思想的综合作用下，民间信仰的空间体系随着历史的发展而逐步瓦解。尽管当代社会中有相当多的庙会仪式似乎有所复兴，但经历过几次大规模的历史剧变，当代历史背景下的民间信仰复兴之意义及其性质本身，已经完全不同于传统民间信仰了。

基督教是近代华北乡村公共信仰空间中，在国家政治权力之外的又一干预势力。它在近代华北乡村社会中的广泛传播,既是一种宗教意识的渗透,也基于对原有公共信仰空间的强力切入而参与了乡村社会秩序的建构。只是在这一过程中,民间信仰并没有处于完全的被动状态,它以各个家庭和村落中相对独立的信仰空间为基础,用其功利主义的保守之盾,不仅基本上抵制住了外来宗教的渗入,而且使得基督教在扎根、传播过程中具有了无法抹去的中国特色。

二

在对民间信仰之空间系统性进行详细阐述后,还必须明确这种系统性得以建构的现实基础——资源性。民间信仰中神灵与信众是一种自由的契约关系,即信神如神在,不信神不怪。也即民间信仰中神灵的非普世性,既是其空间性的重要体现,也决定了其作为民众日常生活资源及经验的根本特性。

可以说,民间信仰是乡村民众在自己的生活经验中总结出来的,与其生活、生命密切相关的一套十分算计的理性做法。如此,才能理解其游刃于不同宗教的能力。民众对于自身生活空间有着十分精准的计算:家里需要祭祀什么神,村里需要祭祀什么神,什么神在什么时候祭祀,用什么来祭祀,都是来自他们生活经验的细致算计。他们绝不浪费掉一根香、一张纸,甚至民间信仰缺少专职的神职人员也是乡村民众算计的反映。这种信仰形式是综合了无数小信仰团体的心理与现实利益的结果,因此才会显出大杂烩的外观形态。正如斯达克所说:"一个宗教所崇拜的神灵数目越多,跟每一个神灵交换的交换价格就越低。"[①] 明清以来常见于各地乡村的"众神庙""万佛寺""三教堂""三教寺""三教庵""三教全神图""天地三界十方万灵真宰",以及今天山西、河北等地乡村存在的"全案"俗信都反映了乡民务实的信仰特征。对此,梁景之解释说:"对老百姓来说,决定他们选择某种宗教或信仰的首要条件就是能否满足他们的现实需求和欲求。他们绝少会出于某种纯理念的追求而轻易放弃或牺牲现实生活的利益。在处理诸如眼前与长远、现世与来世之间的利益关系问题上,也从不

---

① 〔美〕罗德尼·斯达克等:《信仰的法则——解释宗教之人的方面》,杨凤岗译,中国人民大学出版社2004年版,第118页。

会放弃务实的考虑。"① 乡民所谓"上供不吃亏,烧纸一堆灰""上供人吃,心到神知"等也是这种功利想法的具体反映。

在生活中花销多少香火是与民众日常生活中的心理承受度密切相关的。也即他们在信仰中付出多少感情或多少金钱从来都与他们的现实所需及所有保持平衡状态。如此,也才能理解民间信仰与日常生活密切相关的空间系统性。因着乡村民众的这种性格,民间信仰的空间特性也得以清晰的展现。即民众的信仰只会与其生活空间保持一致,而不会多跨出一步。更进一步说,与基督教、佛教等宗教相比,民间信仰的存在根源,不是来自信仰,而是来自生活经验的现实算计。这一点与波普金的"理性的小农"之判断,在理路上有着内合或相似之处。当然,在看到这一面的同时,并不是要否认乡村民众对于信仰世界感受的能力,而是想就此分析出他们追求这种能力的方式或手段。

乡村民众对于生命意义的宗教追求与基督教信仰者有着同等的出发点和目标,只是它在信仰上的付出从来都没有脱离过他们现世的生活。某种程度上可以说,民众的生活才是他们的真实信仰对象。因此,也便无法找到或接受形而上的系统的神学教义。归根结底,华北乡村民众的信仰是现世的,而不是来世的。他们相信来世的存在,并从来没有放弃与之沟通,但这种沟通是有条件的,是以现世为中心的。也因此,它所呈现出来的特征才会是杂乱的、功利的。与基督教相比,人们对于内在和外在二元之世界的架构之感悟是完全相同的,并都试图从中得到生命的安全和永恒。二者的不同之处在于,基督教以来世为核心,而民间信仰则以现世为核心。这与斯达克所论证的如下命题也一致,即"神灵的范围越大(和越易回应),他们就越可能有能力提供彼世的回报。相反,跟小范围的神灵的交换相对局限在此世的回报"②。很显然,将这里的"范围"置换为"空间",命题依然成立。

需要指出:对于传统社会的乡村民众来说,民间信仰既是一种实践,也是一种需求。其资源性不仅体现在人们对物质生活的祈福上,更在于精神上的安慰和依托。现实社会的不完满和人性本身的弱点都是人们寻求信仰的动力。克莱德·克拉克洪说:"宗教所要满足的人类需要,绝非限于建设或支持某种社会秩序,亦非限于提供认知上的'解释'。"③ 而是为人

---

① 梁景之:《清代民间宗教与乡土社会》,社会科学文献出版社2004年版,第286页。
② 〔美〕罗德尼·斯达克等:《信仰的法则——解释宗教之人的方面》,杨凤岗译,第122页。
③ 史宗主编:《20世纪西方宗教人类学文选》,"序言"第3页。

们在茫然无界的时空中提供最基本的安全感,这种安全感来源于民众对自身时空的认知,并以价值观的方式体现出来。

总之,传统社会的民间信仰是民众时空观念的反映,是一种被物化的世界观,这种世界观在一定的空间范围内展现出来,周而复始,最后沉淀为不易变更的传统。对此,我们可以参考金泽先生的另一段话:"民间信仰作为一种文化建构,可以说始终处于文化的再生产之中……文化再生产中的宗教建构是一种'建构化的建构',而信仰者自身,也在这种有所建构的文化再生产中被建构了,即所谓'被建构的建构'。"[①] 简单来讲,就是民众建构了民间信仰,民间信仰也造就了民众。或者说,空间性民间信仰与大文化传统一样,具有可以再生、复制、延续、更新的能力,也因此具有了长久的生命力。

三

自古以来,中国传统社会的人口流动就是频繁而广泛的。也因此,南北各地的文化特征大体类同。就民间信仰而言,各地虽有差异,但本质上因隶属于大的文化系统之下,各地信仰民俗的基本特征亦可同论。如范正义先生所说:"民间信仰研究不仅要探讨不同地方的信仰仪式的不同意涵,还要站在全国的高度来发掘中国民间信仰与仪式形成的这一中国宗教体系的整体特征。"[②] 笔者以为,把"空间"这一视点放在全国的高度来看,仍具有一定的说服力。说到底,盖因民间信仰不过是中国传统文化之空间本质的一个面向而已,它内存于大文化之中,那么也必然在本质上体现大文化的基本特征。就此,我们可从信仰主体、信仰内容、信仰方式这三个方面大概论之。

首先,就家庭作为信仰基本单位这一点而言,全国并无分别,因为"家国一体"的政治体制是同一的,信仰不过是家庭生活的一个重要内容。或者说,纵然各地信仰习俗在形式和内容上各有特色,但无论东西南北,家庭都是核心单位,各家、族信仰谱系的建构亦围绕整个家庭、家族利益展开。不管是吃南方糯米糖的灶王爷,还是吃北方甜瓜的灶王奶奶,他们在家庭信仰中所起的作用是一样的。全因大的文化传统里,家庭即为核心

[①] 金泽:《当代中国民间信仰的形态建构》,《民俗研究》2018年第4期。
[②] 范正义:《民间信仰研究的理论反思》,《东南学术》2007年第2期。

单位，光宗耀祖的祖先崇拜和求家业兴隆的神灵供奉之意自在其中。如前文所述，家庭正是民间信仰的空间本质得以体现的根本形式。在以家庭为基本信仰单位的民间信仰系统里，信仰空间越大，神灵谱系愈益稀疏。及至国家信仰空间，能够享受皇帝祭祀的神灵便可列数了。各地区各家庭所供奉的神灵在空间位次上低于国祀的神灵，可以说从家到国的神灵供奉体系正与从家到国的世俗权力体系相映射。

其次，就作为主要信仰形式的风水而言，南北皆同，东西无异。且如前文所述，风水观念本就兴盛于南方，后而流布全国。阴阳宅地的设置，在各地均有讲究。虽然其中的细节或略有差别，但其基于阴阳五行原理对时空的布局是一样的。与风水联系在一起的民间禁忌、巫术等内容亦体现了民众在信仰过程中对空间的认知和把握。说到底，无论何地的何种民间信仰，它必然是内在于整个大的文化系统之中的。陈忠实在《白鹿原》里讲述的阴宅风水和陈耀华在《金翼》记录的阳宅风水，从根本上来讲，对民众的重要性是一样的。因而，虽然各地饮食习惯可以不同，但是反映民众内在时空观的民间信仰并无质的不同。概因光耀门楣（空间的）与光宗耀祖（时间的）的价值追求所反映的是中国民众在其时空意象中的终极求索。那么风水与之而言，不过是民众实现其生活目的的过程中，口碑相传的经验性手段而已。进而，既是经验的，就可以不分地域、可以得到传播、可以被重复运用，甚而可以被改造。总之，各地不同的民间信仰都不过是乡村民众根据自身的生活情境，所选择和保留下来的应对经验，与其生活、生命密切相关。

再者，在民间信仰的对象方面，祖先崇拜的普遍性毋庸赘述，在此仅以最能反映民众时空观念的财神、土地为例，做进一步说明。就财神而言，因其与现实家庭经济紧密相关，因而无论在何处都普遍受到欢迎。可以说，财神信仰是中国民众信仰目的的最直接表达，所反映的是民众试图通过钱财扩展或加固其生活空间的根本意愿。也因此，中国百姓对于财神的信仰具有世界观层面的正当性。除此之外，普通民众实在难以找到更加容易突破自身生活时空局限的途径了。另外，比起财神，土地为民众提供了更为根本的生活来源，也为民众的时空观念提供了最实在的依托。"立足之地"的内涵，不仅是物质的，更是精神的。因而，全国范围内，对土地爷的信仰同样具有毫无疑问的普遍性。对民众来说，供奉什么不重要，重要的是神灵与自身生活空间的契合度。如此，出身福建的妈祖有足够的理由在天津和大连燃起同样的香火。

最后，从民间信仰的整体定性上来说，大多数民间信仰呈现出以下特点：不需要固定的神职人员，日常信仰生活中，信众直接与神灵打交道，不需要神职人员的中介作用；神灵和信众之间没有精神上的依附或约束关系；信仰组织相对松散等如杨庆堃所述的"散开"的外在特征。另外，又有着神人一体、家庙一体、圣俗一体甚至某种情况下的家国一体等内在特征，这种统一的"一体"正是基于共同的文化"大传统"而来，与世俗之"礼"保持一致，并最终归因于对权力秩序的建构和维护。

追本溯源，中国传统文化中，以人为本，以现世社会为目的之生存内容，是民间信仰呈现世俗、功利、散开等特征的根本原因。神灵与信众之间是一种契约关系，正应了"信神如神在，不信神不怪"的民间俚语。空间性的信仰必然是多样而不可复制的，功利不过是中国民间信仰的空间本质之表现特征。普遍存在的五花八门的地域性神灵的供奉现象，恰是对民间信仰之空间本质最直接、最有力的证明。梁景之曾将"共通性与多样性、超域性与区域性的统一"作为民间宗教的重要特征，他对此解释说："虽然中国民间宗教具有超域性即跨区域性的一面，但不少事例表明，中国民间宗教的这种超域性往往是通过其区域性具体地体现出来。因为我们很容易发现，同一地区不同教门间的差异甚至远小于同一教门不同区系间的差异。也就是说，区域性是教门内多样性与教门间共通性的集中体现。"[①] 民间信仰与民间宗教向来关系密切，可以说前者是后者的基盘，故此，这个结论用在民间信仰这里也是准确无误的。

总之，各种看起来纷繁芜杂的神灵信仰，均归属于不同层次的森然有序的世俗空间。甚而可以说，费孝通先生关于民众亲缘关系所论的"差序格局"这一概念，在中国民众的信仰图谱里，同样适用。进而也可以说，在长久以来的民间信仰中，无论是区域史中的东西南北，还是各学科门类（民俗、人类、历史、社会……）上的划分，对"地域"的界定和考量始终是必要的、首要的研究前提。如此，就具像的"地域"之间的差异而言，各个"地域"显示的是个性，但是从作为共同研究前提的抽象的"地域"而言，"地域"显示的又是共性。这种共性是空间文化的体现，也是其证据。

说到底，地域虽有边界，但是传统却附着在人们的身上。无论东西南北，人们的身体时空观念并没有太大的区别，大部分中国人都将此生此世作为实现人生价值的阈限范围，所以寿命、福禄是众之所求；把握命运、闯荡天下是众之所望；对死亡的无知和对终极生命的困惑给人们带来不

---

① 梁景之：《清代民间宗教与乡土社会》，"绪论"第8页。

安；传宗接代是诸多民众对生命之有限困局的重要疏解方式；家庭是人们获得安全感的重要归属……所有这些共同的人生需求必然是超越空间并体现在民众的信仰特征之中的。

四

如金泽所说："民间信仰是本土的信仰资源，它构成了宗教信仰的深厚土壤，没有民众对鬼神、对奇迹、对阴间来世、对奖善惩恶的信仰，对敬天法祖的执着，任何宗教（包括创生性宗教）都会缺失其安身立命的基础。"① 关于民间信仰与其他宗教的比较研究是个庞大的课题，本书无力做全面分析，前文只是略有涉及，在此也仅就彼此的时空观念之联系做进一步的分别阐述。

首先，关于民间信仰与民间宗教（或曰民间秘密宗教）的关系。如《中国民间宗教史》开篇所讲："正是下层民众及其文化、信仰、风尚，首先孕育了最初的民间宗教。"② 可以肯定地说，民间信仰是民间宗教最终形成的核心因素。民间宗教所传播的"人间净土""劫难之灾"等思想对于生活常常陷入困境中的普通百姓来说是极具吸引力的，同时民间宗教中实行的茹素吃斋、降神附体、脱魂走阴、烧香上供、多神崇拜等信仰方式于乡村民众亦不陌生，加之乡村僧道巫师的参与以及谣言的传播等因素，使得民间宗教很容易附着于民间信仰而得到快速而广泛的传播。③

从本质上来讲，民间宗教与民间信仰有共同的本质，因而在空间的表现形态上便呈现出一致性。其不同之处就在于，民间宗教突破了民间信仰以家庭为中心的时空边界，超越身体（性别）、家庭、村落，甚至国家的空间束缚去追求"无生老母"的"天宫家乡"④。然而，民间宗教终究不能脱离此世的阈限和血缘家庭的牵绊，如他们惯以血缘家庭为其利益核心（夫妻父子兄弟共为领袖），或者仿血缘形式来形成组织（惯以师兄弟相称），更以人间帝王为其终极梦想（如朱元璋），因此，民间宗教与民间信

---

① 金泽：《当代中国民间信仰的形态建构》，《民俗研究》2018 年第 4 期。
② 马西沙、韩秉方：《中国民间宗教史》，上海人民出版社 1992 年版，第 7 页。
③ 关于民间信仰与民间宗教的关系之考察，参见梁景之《清代民间宗教与乡土社会》一书的第五章内容（第 270—326 页）。
④ 民间秘密宗教之一——罗教的教义认为无生老母是真空家乡至上神，她生了伏羲和女娲，又由伏羲和女娲混元生出九十六亿皇胎儿、皇胎女，凡世的人类都是老母的失乡儿女。

仰从根本上来说是一样——现实现世的，某种意义上也是"因俗成教"①。

其次，民间信仰与道教的关系。毋庸赘述，民间信仰与道教的关系十分密切，无论是神灵谱系的共享，还是信仰方式的借鉴，乃至信众群体的不分你我。追本溯源，道教本身就是道家思想与民间数术、民间信仰混杂在一起而形成的本土宗教，因此，无论是根源还是具体表现形式上，道教都难以撇清其与民间信仰的瓜葛。对此，可以参见李元国等人所著《道教与民间信仰》一书。② 在有关民间信仰之空间本质这一问题上，道教对民间信仰的影响主要体现在对身体的认知上，道教的人神一体、坐气运功、延年益寿等诸多内容都很容易被民众理解、接受，甚至实践。同时，关于神灵世界之空间层次的知识，道教也为民间信仰提供了广泛的借鉴。

再次，佛教与道教相比似乎与入世的民间信仰相去甚远，然而，本土化的佛教早已与初入中国的佛教面貌迥异，此点亦是众所周知的事实。只是，到底是何种原因使得中国文化接纳，并融合了佛教，以至儒释道三教合一的境地？对此，学界有诸多研究。这里我们仅从中国文化的空间本质（此问题在绪论部分有谈及）入手来探讨这个问题。笔者以为，重要原因即是佛教为中国民众的空间观提供了更为丰富的层次和可能。佛教的轮回观念弥补了（或曰解决了）中国传统社会中民众关于时间有限的困惑和症结。

佛教传入中国以前，以儒学为首的文化观念在死亡这一问题上基本上是无知无信的。对中国民众来说，此生便是全部，死亡的所有意义就是"死了（liǎo）"、结束、再没有、终结、没可能……也即身体的死亡对中国人来说意味着时空的终结。也因此，才有儒家文化在丧葬礼仪中的"事死如事生"，因为再不相见，所以必要重视、必要哀恸。陈旭麓先生在谈到孔教会时曾有过这样的论断："宗教是对超自然神灵的崇拜和敬仰，孔子不语怪力乱神，'敬鬼神而远之''未能事人，焉能事鬼？未知生，焉知死？'实际上已经拒斥了对宇宙本源的探索和对彼岸世界的价值关怀，而径直进入人间此岸的经验世界……孔子学说的内核是内圣外王，归根结底，是对人间此岸的规范。"③ 但是，对一般民众来说，此世的有限时空并不能为其提供足够的皈依感。于是，民众对诸神的信仰，既来源于生活经验，也来源于人追本溯源的本能。因而，可以说，对神灵的信仰，代表了

---

① 梁景之：《清代民间宗教与乡土社会》，第287页。
② 李远国等：《道教与民间信仰》，上海人民出版社2011年版。
③ 陈旭麓：《近代中国社会的新陈代谢》，第340页。

人们对此生时空有限性的反抗，于是死得不彻底，又反身回归，死成为生的一部分，重回此世的空间系统。祖先崇拜由此而生，亦为佛教得以传入留下伏笔。

民间信仰中虽有比儒学系统更为明确的死亡认知，然终归难逃其影响，如前文所述，其本质（无论是祖先崇拜还是神灵供奉）终究是以现世为中心的，因而，民众对于时间的感受，以死亡为终点。另外，佛教的时间轮回观念为民众的生命时间提供了更多的想象空间。关键是，这种想象在实操上仍以现世为核心，与民间信仰的空间本质没有根本的冲突。在此点上也为佛教的本土化提供了可能。

当然，民间信仰对于佛教的融合，不仅包括认可其轮回观念，还包括对佛教的诸多神灵的接纳，比如影响最大的观音、弥勒佛等。甚至在对神佛的礼拜方式上亦有借鉴。比如民众直接将祭祀时所用的各种经文统称为"佛"，无论祭祀对象是否为佛教神灵，"阿弥陀佛"都是最普遍的祷词。可以说民间信仰接纳了佛教的轮回观念，融合了佛教的信仰仪式，放弃了它的虚无思想。这也是佛教得以本土化的表现方式，和它广泛被接受的基础。

最后，同样为外来宗教，何以基督宗教在传入中国的过程中却遭遇了不同的待遇和命运呢？盖因基督教从本质上来说乃为时间性宗教，内含着个人主义的精神。基督教信仰以追求个体灵魂死亡之后的永生为其终极目的，现世不过是其生命存在形式的一部分，上帝君临于现世的时空之外，负责人类的最终审判和灵魂永福。耶稣则以上帝之子的名义道成肉身，给信众以生之态度的示范，并最终以从死者中复活这一神迹，引领其信众跨越了生死的时空之界，完成了对当世时空秩序的意义构建。总之，对于按照上帝肖像所造之人来说，此生此世不是时空的全部，只是起点，上帝所在才是时空的起源和终点。就此，中西方宗教的路径已经大相径庭。

基于以上分析，重新审视基督教在华传播的历程，也便不难理解其所处的窘境了。以神为本——个人主义的普世主义福音，在中国遭遇的是以人为本——集体主义的宗教观。进言之，基督教真正的本土化程度即是其空间化的程度——在多大程度上将个体灵魂的救赎目的转变为谋求家庭的现世福祉。当然这是不可能彻底完成的任务，否则，基督教即不成基督教。因而，在追求现世价值的中国民众眼中，追求来世价值的福音是无法理解的。对民众来说，"信教"是为了"活"，而不是为了"死"，因此信教也可以称为"在教"，如义和团运动期间山东地区曾流行一首民谚：

问你为什么要在教？
为的三块北洋造（北洋军阀期间所造银元）。
花完怎么着？
再给神父要。
神父若不给，
算我没在教。①

普通百姓是感性的，是聪明的，他们用一个"在"字就把民间信仰的本质表现得淋漓尽致。"在"这个修饰时空范围的介词，体现出了乡民对各种宗教信仰的统一态度和认知。"在"教与"不在"教表示一种根据需要所选择的临时的、外在的、可变化的空间委身姿态，而不是长久的、内在、不可逆转的时间归属关系。或者说，民众对信仰的选择是根据其对生活的感觉来判断和实践的。无论是产生于本土信仰环境中的道教，还是外来的佛教或基督教，最终都摆脱不了作为一种有用的"资源"被消解在原有的、不同的空间层次里的命运，当然可能会完全被吸收、消融——像佛教一样；也可能始终有个不能被消化的硬核——像基督教一样，但即便如此，外形的沾染，内里少许的浸入也是难以避免的。

民俗学家岳永逸基于对华北乡土庙会的研究，曾提出"乡土宗教"的概念，并将其"作为一种文化体系的乡野庙会视为乡土宗教的基本呈现"，试图纠正民间信仰作为研究对象的"低级"处境。需要注意，这种所谓的"低级"只是学术研究中的"低级"，而不是民间信仰的实际地位。具有浓郁乡土气息的"在教"一词，已经简单明了地表明了民间信仰与其他信仰一样，没有等级的高低之分，只有"在"或"不在"的空间状态之分。当然，"乡土宗教"这一定义本身并无问题，也实在是对费孝通"乡土中国"之研究的有力旁证。

归根结底，人们对生活的理解，来源于对世界，即对时空的理解。本书的研究即尝试在时空的视野下，将民间信仰聚焦于历史、文化、社会的三重阈限里进行分析，以期发现我们习以为常的惯行和思想背后所存在的源动力。毕竟，在不断变化的历史长河中去发现恒久不变的河床，属于历史研究的重要任务之一。

---

① 佐佐木衛編：《近代中國の社會と民眾文化：日中共同研究・華北農村社會調查資料集》，第 302 頁。

参考文献

一 基本史料及资料汇编

北平特别市社会局：《社会月刊》1929年版。

卞乾孙编：《河北省定兴县事情调查》，新民会中央指导部发行部1939年版。

卞乾孙编：《河北省良乡县事情调查》，新民会中央指导部发行部1939年版。

（清）陈士铎：《辨证录》，人民卫生出版社1965年版。

陈佩：《河北省大兴县事情调查》，新民会中央指导部发行部1939年版。

陈永龄：《平郊村的庙宇宗教》，学士学位论文，燕京大学，1941年。

丁世良等编：《中国地方志民俗资料汇编（华北卷）》，书目文献出版社1989年版。

董竹三、冯俊杰编：《洪洞介休水利碑刻辑录》，中华书局2003年版。

冯紫岗、刘端生编：《南阳农村社会调查报告》，上海黎明书局1934年版。

顾颉刚：《妙峰山》，中山大学民俗学会1928年版。

国家档案局明清档案馆编：《义和团档案史料》，中华书局1959年版。

国家图书馆分馆编：《乡土志抄稿本选编》，线装书局2002年版。

〔日〕华北综合调查研究所编：《石门市近郊农村实态调查报告书》1944年版。

華北交通株式會社資業局編：《北支農村の實態：山西省晋泉縣黄陵村實態調査報告書》，東京：龍文書局1944年版。

韩光远：《平郊村：一个农家的个案研究》，学士学位论文，燕京大学，1941年。

河南省政府秘书处统计室：《河南统计月报》，河南省政府秘书处发行1935—1937年。

华北基督教农村事业促进会编：《田家半月报》1934—1945年。

华北基督教宗教工作研究会编：《华北基督教宗教工作研究会会刊》
　　1941年。
贾景德撰：《沁水贾氏茔庙石刻文稿》1936年排印本。
贾栖：《河北赞皇县训政纪略》，河北省立第一工厂1929年版。
《金陵神学院乡村教会季刊社》，乡村教会发行1940—1950年。
基督教会民国二年全国议会组立续行委员会编制：《中华基督教会年鉴》，
　　上海商务印书馆1914年版。
李景汉、张世文编：《定县秧歌选》，中华平民教育促进会1933年版。
李景汉：《北平郊外之乡村家庭》，上海出版社1929年版。
李景汉编著：《定县社会概况调查》，上海人民出版社2005年版。
李桐文、李桐蔚等修：《交河李氏族谱》1937年铅印本。
李慰祖：《四大门》，学士学位论文，燕京大学，1941年。
李文海等主编：《民国时期社会调查丛编：宗教民俗卷》，福建教育出版社
　　2004年版。
李文海等主编：《民国时期社会调查丛编（2编）：乡村社会卷》，福建教
　　育出版社2009年版。
李文海等主编：《民国时期社会调查丛编：乡村社会卷》，福建教育出版社
　　2005年版。
李有义：《山西徐沟县农村社会组织》，学士学位论文，燕京大学，
　　1936年。
刘大鹏：《退想斋日记》，山西人民出版社1987年版。
路遥主编：《山东大学义和团调查资料汇编》（上下），山东大学出版社
　　2000年版。
民国学院编：《北平庙会调查报告》，北平民国学院刊行1937年。
南京第四中山大学通俗教育馆：《民众周报》1927年。
欧大年等编：《固安地区民俗辑录、邯郸地区民俗辑录》，天津古籍出版社
　　2006年版。
欧大年等编：《保定地区庙会文化与民俗辑录》，天津古籍出版社2007
　　年版。
浦士钊校阅：《绘图鲁班经》，上海鸿文书局1938年版。
乔志强编：《义和团在山西地区史料》，山西人民出版社1980年版。
青岛市博物馆等编：《德国侵占胶州湾史料选编》，山东人民出版社1986
　　年版。
山东省立民众教育馆：《民众周刊》1931—1934年。

山东省立民众教育馆出版部编：《山东民众教育月刊》1933—1937 年。
山西省立民众教育馆：《山西民众教育》1934—1937 年。
《圣经》，香港思高圣经学会出版 1968 年版。
台湾"中央研究院"近代史研究所编：《教务教案档》1977 年版。
台湾"中央研究院"近代史研究所编：《近代史资料汇编》1991 年版。
邰爽秋编：《庙产兴学问题》，上海中华书报流通社 1929 年版。
万树庸：《黄土北店村的研究》，学士学位论文，燕京大学，1932 年。
王基鸿等修：《黄县太原王氏族谱》清宣统乙酉刻本。
王言箴修：《高密王氏族谱》1933 年铅印本。
魏宏运主编：《二十世纪三四十年代冀东农村社会调查与研究》，天津人民出版社 1996 版。
魏宏运主编：《二十世纪三四十年代太行山地区社会调查与研究》，人民出版社 2003 年版。
魏宏运主编：《抗日战争时期晋察冀边区财政经济史资料选编》，南开大学出版社 1984 年版。
吴瓯等编：《天津市农业调查报告》，天津书局 1931 年版。
行政院农村复兴委员会编：《河南省农村调查》，商务印书馆 1934 年版。
燕京大学社会学会编：《社会学界》1927—1938 年。
中国社会学会：《社会学杂志》1922—1933 年。
张江裁辑：《京津风土丛书十七种》1938 年版。
张礼仁、张诗耀纂修：《西坡张氏宗谱》1915 年重修刊本。
张研、孙燕京主编：《民国史料丛刊》，大象出版社 2009 年版。
张云路等重修：《临清张氏族谱》1913 年篆文斋石印本。
佐々木衞编：《近代中国の社会と民衆文化：日中共同研究・華北農村社会調查資料集》，東京：東方書店 1992 年版。
中国第一历史档案馆编辑部：《义和团档案史料续编》，中华书局 1990 年版。
中国农村惯行调查刊行会编：《中国农村惯行调查》（日文 6 卷本），东京岩波书店 1952—1958 年。
中华续行委办会调查特委会编：《1901—1920 年中国基督教调查资料》，中国社会科学出版社 2007 年版。
《中国地方志集成・天津府县志辑》，上海书店出版社 2004 年版。
《中国地方志集成・河北府县志辑》，上海书店出版社 2006 年版。
《中国地方志集成・山西府县志辑》，南京凤凰出版社 2005 年版。

《中国地方志集成·山东府县志辑》，南京凤凰出版社2004年版。
大成老旧刊全文数据库，http：//www.dachengdata.com。
日本国立公文书馆亚洲历史资料中心，http：//www.jacar.go.jp/。
CADAL数据库，http：//www.cadal.zju.edu.cn/index。

二　外文及译作

〔奥〕西格蒙德·弗洛伊德：《论宗教》，张敦福等译，国际文化出版公司2001年版。

〔德〕恩斯特·卡西尔：《人论》，甘阳译，上海译文出版社2004年版。

〔德〕费尔巴哈：《宗教的本质》，王太庆译，商务印书馆1999年版。

〔德〕格奥尔格·西美尔：《宗教社会学》，曹卫东译，上海人民出版社2003年版。

〔德〕赫尔曼·鲍辛格：《技术世界中的民间文化》，户晓辉译，广西师范大学出版社2014年版。

〔德〕赫尔曼·鲍辛格等：《日常生活的启蒙者》，吴秀杰译，广西师范大学出版社2014年版。

〔德〕赫尔曼·费希尔：《传教士韩宁镐与近代中国》，雷立柏译，新星出版社2015年版。

〔德〕鲁道夫·奥托：《论"神圣"：对神圣观念中的非理性因素及其与理性之关系的研究》，周邦宪等译，四川人民出版社2003年版。

〔德〕鲁道夫·奥托：《神圣者的观念》，丁建波译，九州出版社2007年版。

〔德〕马克斯·韦伯：《新教伦理与资本主义精神》，于晓等译，生活·读书·新知三联书店1987年版。

〔德〕马克斯·韦伯：《中国的宗教：儒教与道教》，王容芬译，商务印书馆1995年版。

〔德〕尤尔根·哈贝马斯：《公共领域的结构转型》，曹卫东等译，学林出版社1999年版。

〔德〕尤尔根·哈贝马斯：《交往行为理论》，曹卫东译，上海人民出版社2004年版。

〔俄〕米·瓦·阿列克谢耶夫：《1907年中国纪行》，阎国栋译，云南人民出版社2001年版。

〔法〕阿诺尔德·范热内普：《过渡礼仪》，张举文译，商务印书馆2010年版。

〔法〕爱弥尔·涂尔干：《宗教生活的基本形式》，渠东等译，上海人民出版社 2006 年版。

〔法〕克劳德·列维·斯特劳斯:《结构人类学:巫术·宗教·艺术·神话》,陆晓禾、黄锡光译,文化艺术出版社 1989 年版。

〔法〕莫里斯·哈布瓦赫:《论集体记忆》,毕然等译,上海人民出版社 2002 年版。

〔罗马尼亚〕米恰尔·伊利亚德:《神圣与世俗》,王建光译,华夏出版社 2002 年版。

〔美〕爱德华·希尔斯:《论传统》,傅铿、吕乐译,上海人民出版社 1991 年版。

〔美〕包尔丹:《宗教的七种理论》,陶飞亚等译,上海古籍出版社 2005 年版。

〔美〕保罗·康纳顿:《社会如何记忆》,纳日碧力戈译,上海人民出版社 2000 年版。

〔美〕本杰明·史华兹:《古代中国的思想世界》,程钢译,江苏人民出版社 2008 年版。

〔美〕彼得·贝格尔:《神圣的帷幕:宗教社会学理论之要素》,高师宁译,上海人民出版社 1991 年版。

〔美〕丹尼尔·W. 费舍:《狄考文传:一位在中国山东生活了四十五年的传教士》,关志远等译,广西师范大学出版社 2009 年版。

〔美〕杜赞奇:《从民族国家拯救历史:民族主义话语与中国现代史研究》,王宪明等译,社会科学文献出版社 2003 年版。

〔美〕杜赞奇:《文化·权力与国家:1900—1942 年的华北农村》,王福明译,江苏人民出版社 2004 年版。

〔美〕费正清主编:《剑桥中国晚清史（1800—1911)》（上下卷）,中国社会科学院历史研究所编译室译,中国社会科学出版社 1985 年版。

〔美〕费正清主编:《剑桥中华民国史（1912—1949)》（上下卷）,杨品泉等译,中国社会科学出版社 1992 年版。

〔美〕黄宗智:《华北的小农经济和社会变迁》,中华书局 2000 年版。

〔美〕黄宗智:《中国农村的过密化与现代化:规范认识危机及出路》,上海社会科学院出版社 1992 年版。

〔美〕赫舍尔:《安息日的真谛》,邓元尉译,上海三联书店 2013 年版。

〔美〕李怀印:《华北村治:晚清和民国时期的国家与乡村》,岁有生等译,中华书局 2008 年版。

〔美〕罗德尼·斯达克等:《信仰的法则:解释宗教之人的方面》,杨凤岗译,中国人民大学出版社 2004 年版。

〔美〕米尔恰·伊利亚德：《神圣的存在：比较宗教的范型》，晏可佳等译，广西师范大学出版社2008年版。

〔美〕米尔恰·伊利亚德：《宗教思想史》，晏可佳等译，上海社会科学院出版社2004年版。

〔美〕明恩溥：《中国乡村生活》，陈午晴等译，中华书局2006年版。

〔美〕欧大年：《中国民间宗教教派研究》，刘心勇等译，上海古籍出版社1993年版。

〔美〕彭慕兰：《腹地的构建：华北内地的国家、社会和经济（1853—1973）》，马俊亚译，社会科学文献出版社2005年版。

〔美〕施坚雅：《中国农村的社会与市场结构》，史建云等译，中国社会科学出版社1998年版。

〔美〕王笛：《街头文化：成都公共空间——下层民众与地方政治（1870—1930）》，李德英等译，中国人民大学出版社2006年版。

〔美〕威廉·詹姆士：《宗教经验之种种：人性研究》，唐钺译，商务印书馆2002年版。

〔美〕韦思谛：《中国大众宗教》，陈仲丹译，江苏人民出版社2006年版。

〔美〕卫斐列：《卫三畏生平及书信：一位美国来华传教士的心路历程》，顾钧等译，广西师范大学出版社2004年版。

〔美〕杨懋春：《中国的一个村庄》，张雄等译，江苏人民出版社2002年版。

〔美〕杨庆堃：《中国社会中的宗教：宗教的现代社会功能与其历史因素之研究》，范丽珠等译，上海人民出版社2007年版。

〔美〕周锡瑞：《义和团运动的起源》，张俊义等译，江苏人民出版社2005年版。

〔日〕滨岛敦俊：《明清江南农村社会与民间信仰》，朱海斌译，厦门大学出版社2008年版。

〔日〕渡边欣雄：《汉族的民俗宗教：社会人类学的研究》，天津人民出版社1998年版。

渡邊欣雄：《風水の社会人類学：中国とその周辺比較》，東京：風響社2001年版。

福武直：《農業共同化と村落構造》，東京：有斐閣1961年版。

福武直：《中國村落の社會生活》，東京：弘文堂書房1947年版。

〔日〕沟口雄三、小岛毅编：《中国的思维世界》，孙歌等译，江苏人民出版社2006年版。

國立北京大學附設農村經濟研究所編:《華北に於ける現存諸部落（自然村）の發生》,國立北京大學附設農村經濟研究所 1941 年版。

黒田一充:《祭祀空間の伝統と機能》,大阪:清文堂出版 2004 年版。

〔日〕瀬川昌久:《族谱:华南汉族的宗族·风水·移居》,钱杭译,上海书店出版社 1999 年版。

内田智雄:《中国農村の家族と信仰》,東京:弘文堂書房 1948 年版。

旗田巍:《中国村落と共同体理論》,東京:岩波書店 1973 年版。

清水盛光:《中国郷村社会論》,東京:岩波書店 1983 年版。

仁井田陞:《中國の農村家族》,東京:大学出版会 1954 年版。

三谷孝:《中国農村変革と家族·村落·国家:華北農村調査の記録》,東京:汲古書院 2000 年版。

森隆男:《住居空間の祭祀と儀礼》,東京:岩田書院 1996 年版。

水野薫:《北支の農村》,北京華北交通社員会 1941 年版。

小林弘二編:《旧中国農村再考:変革の起点を問う》,アジア経済研究所 1986 年版。

小林弘二編:《中国農村変革再考:伝統農村と変革》,アジア経済研究所 1987 年版。

澤村幸夫:《支那民間の神々》,東京:象山閣 1941 年版。

〔日〕直江广治:《中国民俗文化》,王建朗等译,上海古籍出版社 1991 年版。

佐々木衛、柄澤行雄編:《中国村落社会の構造とダイナミズム》,東京:東方書店 2003 年版。

佐々木衛:《中国民衆の社会と秩序》,東京:東方書店 1993 年版。

〔英〕阿盖尔:《宗教心理学导论》,陈彪译,中国人民大学出版社 2005 年版。

〔英〕鲍伊:《宗教人类学导论》,金泽等译,中国人民大学出版社 2004 年版。

〔英〕大卫·休谟:《宗教的自然史》,徐晓宏译,上海人民出版社 2003 年版。

〔英〕李提摩太:《亲历晚清四十五年:李提摩太在华回忆录》,李宪堂等译,天津人民出版社 2005 年版。

〔英〕王斯福:《帝国的隐喻:中国民间宗教》,赵旭东译,江苏人民出版社 2009 年版。

〔英〕马林诺夫斯基:《巫术科学宗教与神话》,李安宅译,中国民间文艺出版社 1986 年版。

〔英〕莫里斯·弗里德曼:《中国东南的宗族组织》,刘晓春译,上海人民出版社 2000 年版。

三 中文研究著作

包伟民、韩森：《变迁之神》，浙江人民出版社1999年版。

陈金华、孙英刚编：《神圣空间：中古宗教中的空间因素》，复旦大学出版社2014年版。

陈进国：《信仰、仪式与乡土社会：风水的历史人类学探索》，中国社会科学出版社2005年版。

陈晓毅：《交响与变奏：青岩宗教生态的人类学研究》，社会科学文献出版社2008年版。

陈支平：《一统多元文化的宗教学阐释》，厦门大学出版社2011年版。

程歗：《晚清乡土意识》，中国人民大学出版社1990年版。

从翰香主编：《近代冀鲁豫乡村》，中国社会科学出版社1995年版。

董晓萍、〔法〕蓝克利：《不灌而治：山西四社五村水利文献与民俗》，中华书局2003年版。

段友文：《黄河中下游家族村落民俗与社会现代化》，中华书局2007年版。

范正义：《众神喧哗中的十字架：基督教与福建民间信仰共处关系研究》，社会科学文献出版社2015年版。

费孝通：《乡土中国·生育制度》，北京大学出版社1998年版。

复旦大学中外现代化进程研究中心编：《近代中国的乡村社会》，上海古籍出版社2005年版。

傅建成：《社会的缩影——民国时期华北农村家庭研究》，西北大学出版社1993年版。

高丙中：《民俗文化与民俗生活》，中国社会科学出版社1994年版。

高师宁、杨凤岗主编：《从书斋到田野：宗教社会学科学高峰论坛集》（上下），中国社会科学出版2010年版。

高有鹏：《沉重的祭奠：中原古庙会文化分析》，河南大学出版社2000年版。

高有鹏：《庙会与中国文化》，人民出版社2008年版。

葛兆光：《古代中国的历史、思想与宗教》，北京师范大学出版社2006年版。

郭于华主编：《仪式与社会变迁》，社会科学文献出版社2000年版。

侯杰、范丽珠：《中国民众宗教意识》，天津人民出版社2001年版。

胡朴安：《中华全国风俗志》，河北人民出版社1986年版。

华智亚：《龙牌会：一个冀中南村落中的民间宗教》，上海人民出版社

2013年版。

江沛、王先明主编:《近代华北区域社会史研究》,天津古籍出版社2005年版。

金耀基:《从传统到现代》,中国人民大学出版社1999年版。

瞿骏:《辛亥前后上海城市公共空间研究》,上海辞书出版社2009年版。

李秋零编译:《康德论上帝与宗教》,中国人民大学出版社2004年版。

李书磊:《村落中的"国家"——文化变迁中的乡村学校》,杭州人民出版社1999年版。

李向平:《信仰、革命与权力秩序——中国宗教社会学研究》,上海人民出版社2006年版。

李亦园:《从民间文化看文化中国》,台大考古人类学刊1993年版。

李亦园:《人类的视野》,上海文艺出版社1996年版。

梁景和:《近代中国陋俗文化嬗变研究》,首都师范大学出版社1998年版。

梁景之:《清代民间宗教与乡土社会》,社会科学文献出版社2004年版。

梁漱溟:《梁漱溟全集》,山东人民出版社1989年版。

林虹:《20世纪中国农民问题》,中国社会出版社1998年版。

林美容:《由祭祀圈到信仰圈——台湾民间社会的地域构成与发展》,《台湾史论文精选(上)》,台北玉山社1997年版。

刘家峰:《中国基督教乡村建设运动研究(1907—1950)》,天津人民出版社2008年版。

刘曙升主编:《沂源民俗》,人民日报出版社2002年版。

刘铁梁等主编:《中国民俗文化志·北京·门头沟区卷》,中央编译出版社2006年版。

鲁西奇:《中国历史的空间结构》,广西师范大学出版社2014年版。

路遥、〔日〕佐佐木卫:《中国的家、村、神神——近代华北农村社会论》,东京东方书店1990年版。

路遥、程歗:《义和团运动史研究》,齐鲁出版社1988年版。

路遥等:《中国民间信仰研究述评》,上海人民出版社2012年版。

罗勇、〔英〕劳格文主编:《赣南地区的庙会与宗族》,香港国际客家学会1997年版。

麻国庆:《家与中国社会结构》,文物出版社1999年版。

马西沙、韩秉方:《中国民间宗教史》(上下),中国社会科学出版社2004年版。

南开大学历史系中国现代史研究室编:《二十世纪的中国农村社会》,中国档案出版社 1996 年版。

欧阳肃通：《转型视野下的中国农村宗教》，中国社会科学出版社 2009 年版。

秦晖、苏文：《田园诗与狂想曲——关中模式与前近代社会的再认识》，中央编译出版社 1996 年版。

秦建明、〔法〕吕敏编：《尧山圣母庙与神社》，中华书局 2003 年版。

任骋：《中国民间禁忌》，作家出版社 1990 年版。

石忆邵：《中国农村集市的理论与实践》，陕西人民出版社 1995 年版。

史宗主编：《20 世纪西方宗教人类学文选》，金泽等译，上海三联书店 1995 年版。

孙达人：《中国农民变迁论：试探我国历史发展周期》，中央编译出版社 1996 年版。

唐力行编：《国家、地方、民众的互动与社会变迁》，商务印书馆 2004 年版。

万建中：《中国民间禁忌风俗》，中国电影出版社 2005 年版。

万建中、周耀明：《汉族风俗史之清代后期·民国汉族风俗》（第五卷），学林出版社 2004 年版。

王建革：《传统社会末期华北的生态与变迁》，生活·读书·新知三联书店 2009 年版。

王铭铭：《社会人类学与中国研究》，广西师范大学出版社 2005 年版。

王铭铭：《象征与社会：中国民间文化的探讨》，天津人民出版社 1997 年版。

王铭铭、〔英〕王斯福主编：《乡土社会的秩序：公正与权威》，中国政法大学出版社 1997 年版。

王守恩：《诸神与众生：清代、民国山西太谷的民间信仰与乡村社会》，中国社会科学出版社 2009 年版。

王先明：《变动时代的乡绅——乡绅与乡村社会结构（1901—1945 年）》，人民出版社 2009 年版。

王先明等编：《乡村社会文化与权力结构的变迁——华北乡村史学术研讨会论文集》，人民出版社 2002 年版。

王子今：《门祭与门神崇拜》，陕西人民出版社 2006 年版。

乌丙安：《乌丙安民俗研究文集》，长春出版社 2014 年版。

夏明方：《民国时期的自然灾害与乡村社会》，中华书局 2000 年版。

夏铸九：《公共空间》，艺术家出版社 1994 年版。

行龙:《近代山西社会研究——走向田野与社会》,中国社会科学出版社2002年版。

行龙、杨念群主编:《区域社会史比较研究》,社会科学文献出版社2006年版。

许纪霖:《公共空间中的知识分子》,江苏人民出版社2007年版。

严昌洪:《20世纪中国社会生活变迁史》,人民出版社2007年版。

晏阳初:《晏阳初全集》,湖南教育出版社1989年版。

杨念群:《新史学:多学科对话的图景》,中国人民大学出版社2003年版。

杨念群:《再造病人:中西医冲突下的空间政治(1832—1985)》,中国人民大学出版社2006年版。

杨念群:《中层理论:东西方思想会通下的中国史研究》,江西教育出版社2001年版。

杨念群编:《空间·记忆·社会转型:"新社会史"研究论文精选集》,上海人民出版社2001年版。

尹虎彬:《河北民间后土地祇崇拜》,学苑出版社2015年版。

俞孔坚:《理想景观探源——风水的文化意义》,商务印书馆1998年版。

袁银传:《小农意识与中国现代化》,武汉出版社2008年版。

苑书义等:《艰难的转轨历程——近代华北经济与社会发展研究》,人民出版社1997年版。

岳永逸:《灵验·磕头·传说:民间信仰的阴面与阳面》,生活·读书·新知三联书店2010年版。

岳永逸:《田野逐梦:走走华北乡村庙会现场》,广西人民出版社2007年版。

岳永逸:《行好:乡土的逻辑与庙会》,浙江大学出版社2014年版。

詹鄞鑫:《神灵与祭祀:中国传统宗教综论》,江苏古籍出版社1992年版。

张国刚编:《家庭史研究的新视野》,生活·读书·新知三联出版社2004年版。

张鸣:《乡土心路八十年:中国近代化过程中农民意识的变迁》,生活·读书·新知三联书店1997年版。

张佩国:《地权分配·农家经济·村落社区:1900—1945年的山东农村》,齐鲁书社2000年版。

张青仁:《个体的香会——百年来北京城"井"字里外的社会、关系与信仰》,博士学位论文,北京师范大学2013年。

张思:《近代华北村落共同体的变迁——农耕结合习惯的历史人类学考

察》，商务印书馆 2004 年版。

张思：《中国农村变革：家族、村落、国家——华北农村调查资料集》，社会科学出版社 2006 年版。

张志刚：《宗教学是什么》，北京大学出版社 2008 年版。

赵士林、段琦主编：《基督教在中国：处境化的智慧》，宗教文化出版社 2009 年版。

赵世瑜：《狂欢与日常——明清以来的庙会与民间社会》，生活·读书·新知三联书店 2002 年版。

赵世瑜：《小历史与大历史：区域社会史的理念、方法与实践》，生活·读书·新知三联书店 2006 年版。

郑大华：《民国乡村建设运动》，社会科学文献出版社 2000 年版。

郑起东：《转型期的华北农村社会》，上海书店出版社 2004 年版。

郑文光、习泽宗：《中国历史上的宇宙理论》，人民出版社 1975 年版。

郑振满、陈春声：《民间信仰与社会空间》，福建人民出版社 2003 年版。

朱汉国：《梁漱溟乡村建设研究》，山西教育出版社 1996 年版。

朱汉国、王印焕：《华北农村的社会问题（1928—1937）》，北京师范大学出版社 2004 年版。

朱玉湘：《中国近代农民问题与农村社会》，山东大学出版社 1997 年版。

左玉河：《民国大众婚丧嫁娶》，中国文史出版社 2005 年版。

〔法〕劳格文、〔英〕科大卫编：《中国乡村与墟镇神圣空间的建构》，社会科学文献出版社 2014 年版。

〔日〕酒井忠夫、胡小伟等：《民间信仰与社会生活》，上海人民出版社 2011 年版。

四 主要学术论文

陈春声：《信仰空间与社区历史的演变——以樟林的神庙系统为例》，《清史研究》1992 年第 3 期。

陈春声：《中国社会史研究必须重视田野调查》，《历史研究》1993 年第 2 期。

陈金龙：《从庙产兴学风波看民国时期的政教关系——以 1927 至 1937 年为中心的考察》，《广东社会科学》2006 年第 1 期。

陈勤建、毛巧晖：《民间信仰：世纪回顾与反思》，《华东师范大学学报》（哲学社会科学版）2012 年第 3 期。

程玲娟：《空间、资源争夺与晚清山东教案研究》，博士学位论文，山东大学，2006 年。

程歗、张鸣：《晚清乡村社会的洋教观——对教案的一种文化心理解释》，《历史研究》第 1995 年第 5 期。

段建宏：《国家与民间社会中的三教信仰：对山西三教堂的考察》，《社会科学论坛》2009 年第 2 期。

段建宏：《晋东南三教信仰的形成、表现形态及分析》，《宗教学研究》2015 年第 6 期。

段建宏：《戏台与社会：明清山西戏台研究》，博士学位论文，华中师范大学，2008 年。

范丽珠、李向平等：《对话民间信仰与弥散性宗教》，《世界宗教文化》2013 年第 6 期。

范正义：《民间信仰研究的理论反思》，《东南学术》2007 年第 2 期。

符平：《中国民间信仰研究的主体范式与社会学的超越》，《浙江社会科学》2007 年第 6 期。

傅建成：《论民国时期华北农村家庭宗教信仰》，《历史教学》1995 年第 2 期。

高丙中：《民间的仪式与国家的在场》，《北京大学学报》（哲学社会科学版）2001 年第 1 期。

高丙中：《作为一个过渡礼仪的两个庆典——对元旦与春节关系的表述》，《中国人民大学学报》2007 年第 1 期。

高师宁：《当代中国民间信仰对基督教的影响》，《浙江学刊》2005 年第 2 期。

葛兆光：《经典中的和生活中的——认识中国民间信仰的真实图景》，《寻根》1996 年第 5 期。

耿涵：《民间信仰实践中的造神与构境——河北省内丘县民间神码研究》，博士学位论文，天津大学，2014 年。

关昕：《"文化空间：节日与社会生活的公共性"国际学术研讨会综述》，《民俗研究》2007 年第 2 期。

韩书瑞：《北京妙峰山的进香之旅：宗教组织与圣地》，《民俗研究》2003 年第 1 期。

侯杰：《晚清社会文化与民间史观》，《清史研究》2000 年第 3 期。

奂平清：《华北乡村集市变迁与社会结构转型——以定州的实地研究为例》，博士学位论文，中国人民大学，2005 年。

江沛：《近代华北城乡民间信仰述评——以冀东诸县为例》，《河北大学学报》（哲学社会科学版）2002 年第 4 期。

江沛：《民国时期华北农村社会结构的变迁》，《南开学报》（哲社版）1998 年第 4 期。

姜生：《民间信仰与大型宗教的递变关系及能量交换》，《文史哲》2006 年第 1 期。

焦静宜：《浅析民初华北农村社会习俗变化中的逆向势力》，《南开学报》（哲社版）1996 年第 1 期。

金泽：《当代中国民间信仰的形态建构》，《民俗研究》2018 年第 4 期。

金泽：《民间信仰的聚散现象初探》，《西北民族研究》2002 年第 2 期。

李国庆：《关于中国村落共同体的论战——以"戒能—平野论战"为核心》，《社会学研究》2005 年第 6 期。

李华伟：《乡村公共空间的变迁与民众生活秩序的建构——以豫西李村宗族、庙会与乡村基督教的互动为例》，《民俗研究》2008 年第 4 期。

李怀印：《晚清及民国时期华北村庄中的乡地制——以河北获鹿县为例》，《历史研究》2001 年第 6 期。

李君：《农户居住空间演变及区位选择研究——以河南省巩义市为例》，博士学位论文，河南大学，2009 年。

李俊领：《近代中国民间信仰研究的理论反思》，《南京社会科学》2015 年第 1 期。

李汝宾：《民间信仰与村落社会研究——以山东青州市井塘村为对象》，博士学位论文，山东大学，2015 年。

李少兵：《民国民间传统礼俗文化研究——地方志、田野调查的综合考察》，《历史档案》2003 年第 2 期。

李天纲：《简论中国的宗教与宗教学》，《天津社会科学》2016 年第 1 期。

李向平、崔丽娟：《总体神圣格局与宗教的制度/扩散特征——中国宗教学话语体系建设的核心问题》，《宗教学研究》2018 年第 2 期。

李新华：《村落中的"神"与"像"——山东民间臆造神信仰的现存形态及其社会意义》，《民俗研究》2006 年第 3 期。

廖海波：《与神圣的对话——民间灶神信仰与传说研究》，博士学位论文，华东师范大学，2003 年。

林国平：《关于中国民间信仰研究的几个问题》，《民俗研究》2007 年第 1 期。

林继富：《神圣的叙事——民间传说与民间信仰互动研究》，《华中师范大学学报》（人文社会科学版）2003 年第 6 期。

林美容：《由祭祀圈看草屯镇的地方组织》，台湾《"中央研究院"民族学研究所集刊》1987年第62期。

林拓：《"边缘—核心转换"：区域神明信仰策源地的形成及特征——以福建为例》，《宗教学研究》2005年第3期。

刘海涛：《透视中国乡村基督教——河北乡村基督教的调查与思考》，博士学位论文，中央民族大学，2006年。

刘锦春：《象征与秩序——对民俗活动"旺火"的研究》，博士学位论文，南开大学，2005年。

刘铁梁：《村落——民俗传承的生活空间》，《北京师范大学学报》（社会科学版）1996年第6期。

刘铁梁：《作为公共生活的乡村庙会》，《民间文化》2001年第1期。

刘晓春：《非狂欢的庙会》，《民俗研究》2003年第1期。

路遥：《中国传统社会民间信仰之考察》，《文史哲》2010年第4期。

路遥等：《民间信仰与中国社会研究的若干学术视角》，《山东社会科学》2006年第5期。

麻国庆：《"会"与中国传统村落社会》，《民俗研究》1998年第2期。

马洪林：《迷信导致义和团失败的历史思考》，《探索与争鸣》2000年第3期。

马莉：《民国政府的宗教政策研究》，博士学位论文，中央民族大学，2007年。

欧大年：《神明·圣徒·灵媒和绕境：从中国文化观点比较地方民间信仰传统》，《台湾宗教研究》2003年第2期。

皮庆生：《"中国民间信仰：历史学研究的方法与立场"学术研讨会综述》，《世界宗教研究》2008年第3期。

任双霞：《庙、庙会、仪式与神圣感——以泰山王母池为例》，《民俗研究》2006年第4期。

沈洁：《现代中国的反迷信运动》，博士学位论文，中国人民大学，2006年。

覃琮：《人类学语境中的民间信仰与中国社会研究》，《民俗研究》2012年第5期。

陶思炎、（日）铃木岩弓：《论民间信仰的研究体系》，《世界宗教研究》1999年第1期。

万建中：《禁忌主题与禁忌民俗之相互关系》，《江西大学学报》（社会科学版）1991第3期。

万建中：《民间故事对禁忌习俗的攻击及其中心话语》，《思想战线》2010年第4期。

万建中：《民间故事与禁忌民俗的传播》，《北京师范大学学报》（社会科学版）1997年第6期。

王洪兵：《冲突与融合：民国时期华北农村的青苗会组织》，《中国社会历史评论》2006年第7卷。

王健：《近年来民间信仰问题研究的回顾与思考：社会史角度的考察》，《史学月刊》2005年第1期。

王铭铭：《中国民间宗教：国外人类学研究综述》，《世界宗教研究》1996年第2期。

王庆成：《晚清华北乡村：历史与规模》，《历史研究》2007年第2期。

王庆德：《中国民间宗教史研究百年回顾》，《文史哲》2001年第1期。

王日根、张先刚：《从墓地、族谱到祠堂：明清山东栖霞宗族凝聚纽带的变迁》，《历史研究》2008年第2期。

王守恩：《民间信仰研究的价值、成就与未来趋向》，《山西大学学报》（哲学社会科学版）2008年第5期。

王守恩：《民间信仰与现代性》，《宗教学研究》2011年第6期。

王习明：《对农村民间信仰的几点思考——以关中等地农村老人"朝庙子"现象为例》，《中国宗教》2008年第2期。

王先明：《新世纪以来中国近代乡村史研究的回顾与反思》，《史学月刊》2010年第7期。

王先明：《中国近代社会史研究的历程及走向》，《历史教学》（高校版）2007年第7期。

王先明：《中国近代乡村史研究及展望》，《近代史研究》2002年第2期。

王先明、尤永斌：《略论晚清乡村社会教化体系的历史变迁》，《史学月刊》1999年第3期。

王霄冰：《节日：一种特殊的公共文化空间》，《河南社会科学》2007年第4期。

王霄兵、王玉冰：《从事象/事件到民俗关系——40年民间信仰研究及其范式述评》，《民俗研究》2019年第2期。

王小红：《从天下到民族国家：十九世纪末期中国世界秩序观的空间重构》，硕士学位论文，兰州大学，2005年。

王晓莉：《顾颉刚与民间信仰研究》，《中央民族大学学报》（哲学社会科学版）2003年第3期。

王莹:《地方基督徒的身份建构研究——以中原地区 Y 县基督教会为例》,博士学位论文,上海大学,2008 年。

温春香:《祖先何在:人类学视野下的坟墓风水观之争》,《民俗研究》2010 年第 2 期。

乌丙安:《生态民俗链和北方民间信仰》,《民俗研究》1994 年第 1 期。

吴孟显:《清至民国晋南庙会市场研究》,《山西师大学报》(社会科学版) 2008 年第 3 期。

吴真:《民间信仰研究三十年》,《民俗研究》2008 年第 4 期。

吴祖鲲:《传统年画及其民间信仰价值》,《中国人民大学学报》2007 年第 6 期。

萧放:《春节习俗与岁时通过仪式》,《北京师范大学学报》(社会科学版) 2006 年第 6 期。

谢永栋:《近代华北庙会与乡村社会精神生活——以山西平鲁为个案》,《史林》2008 年第 6 期。

谢永栋:《清至民初山西平鲁农村的庙会与女性——以平鲁城村为例》,《沧桑》2006 年第 4 期。

徐松如等:《关于国家·地方·民众相互关系的理论与研究概述》,《上海师范大学学报》(哲社版) 2002 年第 6 期。

徐跃:《清末庙产兴学政策的缘起和演变》,《社会科学研究》2007 年第 4 期。

许祥麟:《关于中国鬼戏研究的几点思考》,《南开学报》(哲社版) 1998 年第 1 期。

许校正、张华腾:《试论民国初年 (1912—1915 年) 的祀典政策》,《云南社会科学》2009 年第 5 期。

严昌洪:《1930 年代国民政府风俗调查与改良活动述论》,《华中师范大学学报》(人文社会科学版) 2002 年第 6 期。

阎化川:《妈祖信俗在山东的分布、传播及影响研究》,《世界宗教研究》2005 年第 3 期。

杨念群:《"地方性知识""地方感"与"跨区域研究"的前景》,《天津社会科学》2004 年第 6 期。

杨念群:《边界的重设:从清末有关"采生折割"的反教话语看中国人空间观念的变化》,《开放时代》2001 年第 12 期。

杨念群:《当代中国历史学何以引入中层理论》,《社会观察》2004 年第 7 期。

叶涛：《泰山石敢当源流考》，《民俗研究》2006年第4期。

叶涛：《信仰、仪式与乡民的日常生活——井塘村的香社组织与民间信仰活动述论》，《民间文化论坛》2006年第6期。

游红霞整理：《田兆元、林美容对话：文化圈与信仰谱系——海峡两岸民间信仰的比较研究》，《民间文化论坛》2017年第4期。

俞黎媛：《论神祇生态位关系与民间信仰生态系统的平衡》，《民俗研究》2008年第3期。

苑利：《华北地区龙王传说研究》，《民族艺术》2002年第1期。

苑利：《华北地区龙王庙壁画中神灵世界的组织结构》，《西北民族大学学报》（哲学社会科学版）2004年第5期。

苑利：《华北地区祈雨活动中旱魃与斩旱魃仪式》，《思想战线》2001年第3期。

苑利：《华北地区祈雨活动中取水仪式研究》，《民族艺术》2001年第6期。

苑利：《华北地区祈雨仪式中的男性社会组织》，《西北民族研究》2003年第3期。

岳谦厚、郝正春：《传统庙会与乡民休闲——以明清以来山西庙会为中心的考察》，《山西大学学报》（哲学社会科学版）2009年第1期。

岳永逸：《传说、庙会与地方社会的互构——对河北C村娘娘庙会的民俗志研究》，《思想战线》2005年第3期。

岳永逸：《多面的胡仙与另一只眼：评〈胡仙敬拜：帝国晚期和现代中国的权力、性别与民众宗教〉》，《开放时代》2011年第9期。

岳永逸：《家中过会：中国民众信仰的生活化特质》，《开放时代》2008年第1期。

张宝海、徐峰：《南京国民政府（1927—1937）宗教法规评析》，《山东社会科学》2001年第6期。

张超：《私神信仰与公神信仰的流动：冀北的女性灵媒与女神信仰》，《民俗研究》2018年第2期。

张红军：《略论民俗信仰与义和团运动的关系》，《民俗研究》1992年第1期。

张宏明：《民间宗教祭祀中的义务性和自愿性——祭祀圈和信仰圈辨析》，《民俗研究》2002年第1期。

张俊峰：《前近代华北乡村社会水权的形成及其特点——"山西滦池"的历史水权个案研究》，《中国历史地理论丛》2008年第4期。

张俊峰、董春燕：《明清时期山西民间信仰的地域分布与差异性分析》，《中国地方志》2006年第7期。

张利民：《"华北"考》，《史学月刊》2006年第4期。

张利民：《论华北区域的空间界定与演变》，《天津社会科学》2006年第5期。

张鸣：《华北农村的巫觋风习与义和团运动》，《清史研究》1998年第4期。

张思等：《19世纪华北青苗会组织结构与功能变迁——以顺天府宝坻县为例》，《清史研究》2006年第2期。

张振国：《拒斥与吸纳：天主教对中国民间信仰的应对——以明末至鸦片战争为限》，博士学位论文，山东大学，2008年。

张志刚：《中国民间信仰研究的几个关键问题》，《民俗研究》2018年第4期。

张志刚：《中国民间信仰与宗教概念问题》，《宗教与哲学》2017年第6期。

张志刚：《中国宗教研究的几个关键问题》，《世界宗教研究》2015年第5期。

赵世瑜：《多元的时间和空间视阈下的19世纪中国社会——几个区域社会史的例子》，《北京师范大学学报》2008年第5期。

赵世瑜：《分水之争：公共资源与乡土社会的权力和象征——以明清山西汾水流域的若干案例为中心》，《中国社会科学》2005年第2期。

赵世瑜：《庙会与明清以来的城乡关系》，《清史研究》1997年第4期。

赵世瑜、邓庆平：《二十世纪中国社会史研究的回顾与思考》，《历史研究》2001年第6期。

赵旭东：《否定的逻辑——华北村落庙会中平权与等级的社会认知基础》，《开放时代》2008年第4期。

赵旭东：《中心的消解：一个华北乡村庙会中的平权与等级》，《社会科学》2006年第6期。

赵英霞：《乡土信仰与异域文化之纠葛——从迎神赛社看近代山西民教冲突》，《清史研究》2002年第2期。

赵昀峰：《宗教、民间文化与社会动乱——多维视野下的义和团运动研究》，《法制与社会》2008年第4期。

钟国发：《20世纪中国关于汉族民间宗教与民俗信仰的研究综述》，《当代宗教研究》2004年第2期。

周尚意、赵世瑜:《中国民间寺庙:一种文化景观的研究》,《江汉论坛》1990年第8期。

邹逸林:《"灾害与社会"研究刍议》,《复旦学报》(社会科学版)2000年第6期。

〔美〕柯文:《义和团、基督徒和神——从宗教战争角度看1900年的义和团斗争》,李莉等译,《历史研究》2001年第1期。

〔美〕欧大年:《中国民间宗教的秩序和内在理性》,《香港中文大学崇基学院宗教与中国社会研究中心通讯》1998年第3期。

后　　记

虽然博士毕业已经10余年，但是由于资质愚钝，却从未有能力和勇气自信地徜徉于学术的浩瀚海洋。我就这样只身一人在学术海边的无际沙滩上慢慢走着，欣赏着别人遨游、冲浪、远航，收获满满，自己心里既羡慕又害怕，于是只敢让浪花没膝，再没有勇气更进一步。这样日复一日地走着，手里紧紧地握着我初来沙滩时捡到的一块石头，沙滩上各种各样的石头有很多，我却舍不得换掉手中看起来极为普通的这块。

我在阳光下、海风里琢磨这块石头，几次想扔掉它，但是又总有些不舍，因为总觉得它有点特别。于是我把它当成自己的秘密，尝试开始研究并雕琢它。有时候我觉得它确实很美，应该是个珍宝，但有时候又觉得它真的是再平凡不过的一块小石头，每个人都能顺手拾起一块一模一样的来。但也许是冥冥之中注定，也许是缘分使然，我终究没有扔掉它，并尝试着在很多好心人的帮助下打磨、装饰它。

如今，我需要把它拿出来给大家鉴定，所以心情非常忐忑。我希望它作为一块宝石，终于得见天日，却又担心它被我修饰得面目全非，已不见原有的光泽和价值。当然，它也许本来就是一块普通的石头，那么也就不可避免地要接受被扔回茫茫海边的命运，尽管我曾经那么中意并珍惜过它。

以上即是我眼下对自己这部书稿的复杂心绪。因为，总觉得自己写的东西谁都知道，但又觉得有些东西可能有人并不知道。这样的纠结心态从始至终，直至勉强完稿。本书是在我的博士论文的基础上修改而成，也是我博士毕业后关于民间信仰继续展开思考的尝试性成果。

书稿在2016年有幸获得国家社科基金后期资助，至今将近七年多的时间里，虽然一直在继续原来的思考，努力将原有论文修改得更完善，使思路更加清晰，理论更加成熟，但是终究因自己学力浅薄，而时时感觉心有余而力不足。加之一双儿女尚小，所以这些年来一直在忙乱得几近狼狈的状态中度过，期限已到，虽觉惶恐，但终究还是要有个交代的。书稿质量的好坏当然要由自己负责，但是最终得以成形并有机会面世却得益于太多人的帮助。故有必要在此呈谢。

首先，感谢我的博士生导师侯杰先生。侯先生将我引入民间信仰的研究领域，并帮我铺垫起深入研究的基础，继而助我前行。在撰写博士学位论文期间，从选题的确立，到章节的设定以及资料的筹备，甚至基本观点的论述都得到了先生的悉心指点。资质愚钝如我，如果没有侯先生一直以来的鼓励和帮助，是不可能在学术研究的路上坚持到现在的。如果说现在的成果有什么令人可道之处，全赖先生之功劳。

其次，感谢我的硕士生导师刘正刚先生。二十年前，忝列刘先生门下，开蒙受教，先生认真、严谨的教学态度让我在工作中受惠至今。我的每一点进步都离不开先生当年的谆谆教诲。

如今已不惑之年，仍幸得以上两位先生多方提携关照，感念之情无以言表。得师如父，何其幸也。

再次，感谢大连大学历史学院的姜德福、郝虹、王夏刚、张春梅、王小健、安善花、曹明玉、付辛酉、于占杰等像家人一般的同事，他们一直用温暖、善良的心时时处处鼓励我、照顾我，乃至包容总也不成熟的我，无论是在工作中，还是在生活上，他们每每让我在不堪重负时感觉到支持的力量，感到温暖的情谊。愚痴如我，能够和这些淡泊名利、朴实勤恳、又极富人情味的同事们一起工作，实在是莫大的幸运。

感谢师弟侯亚伟先生于书稿各方面的大力帮助，感谢老友张晓东女士帮我承担了繁重的校对工作。此中情谊，没齿难忘。

感谢中国社会科学出版社及责编刘芳女士对本书的出版给以大力支持。

感谢深爱着我的及我所深爱着的亲人们，他们是我生命里不可割舍的一部分，是我所有坚持的动力源泉。

最后，感谢上天给我以信仰、力量、安慰、宽恕、祝福、历练和希望，让我能在如此富足的人生中充分感觉到生命的意义和分量。

我诚望将以上这些感激之情，能够借此书稿传达给那些曾经给我以各样关心和帮助的人们。对己而言，书稿的出版，终算是对过去十余年学术工作的一个交代。接下来的自己，只祈愿在纷扰的世事中能够抱持初心，砥砺前行，争取在下个十年，对自己有另一番交代。